Studien zum Handels-, Arbeits- und Wirtschaftsrecht

Band 206

Ioanna Tsotsa

Kapitalschutz bei den atypischen Personenhandelsgesellschaften de lege lata und de lege ferenda

Nomos

Onlineversion
Nomos eLibrary

Die Deutsche Nationalbibliothek verzeichnet diese Publikation in der Deutschen Nationalbibliografie; detaillierte bibliografische Daten sind im Internet über http://dnb.d-nb.de abrufbar.

Zugl.: LMU München, Diss., 2021

ISBN 978-3-8487-8825-5 (Print)

ISBN 978-3-7489-3354-0 (ePDF)

1. Auflage 2022

Für meinen Bruder und meine Eltern

Vorwort

Die vorliegende Arbeit wurde im Sommersemester 2021 von der Juristischen Fakultät der Ludwig-Maximilians-Universität München als Dissertation angenommen. Das Manuskript habe ich im April 2021 abgeschlossen. Später veröffentlichte Rechtsprechung und Literatur habe ich im Wesentlichen bis April 2022 nachgetragen.

Ich möchte mich bei den Personen bedanken, die entscheidend zur Fertigstellung dieser Arbeit beigetragen haben:

An erster Stelle ist mein verehrter Doktorvater, Herr Prof. Dr. Mathias Habersack, zu nennen. Für seine wertvollen Ratschläge, den mir gewährten Freiraum, die zügige Durchführung des Promotionsverfahrens und die insgesamt hervorragende Betreuung meiner Dissertation bin ich sehr dankbar. Außerdem danke ich Herrn Prof. Dr. Habersack sowie Frau Prof. Dr. Dr. h.c. Barbara Dauner-Lieb, Herrn Prof. Dr. Christoph Kumpan, LL.M. (Univ. of Chicago), und Herrn Prof. Dr. Adam Sagan, MJur (Oxon), für die Aufnahme meiner Dissertation in die Schriftenreihe *Studien zum Handels-, Arbeits- und Wirtschaftsrecht*.

Dank gebührt auch Herrn Prof. Dr. Dr. h.c. Peter Kindler für die Erstellung des Zweitgutachtens und Herrn Prof. Dr. Hans Christoph Grigoleit für die Übernahme des Beisitzes in der mündlichen Prüfung am 29. November 2021.

Außerdem möchte ich mich ganz besonders bei Herrn Prof. Dr. Jochen Vetter bedanken. Ohne seine wertvollen Anregungen zur Themenfindung wäre die vorliegende Arbeit so nicht entstanden.

Meinen Dank möchte ich auch an Herrn Prof. Dr. Hans-Jörg Ziegenhain richten – nicht nur für seine Unterstützung bei meinem Promotionsvorhaben, sondern auch dafür, dass er seit Beginn meiner praktischen Ausbildung bei Hengeler Mueller an mich glaubt.

Schließlich möchte ich meiner Familie – meinen Eltern Prof. Dr. Evangelos Tsotsas und Evangelia Mavridou und besonders meinem Bruder Niko – sowie Dr. Frederik Uller, LL.M. (LSE), auf diesem Wege von ganzem Herzen danken. Niko hat mich zum Verfassen dieser Arbeit inspiriert und bewegt. Frederik hat mich während des gesamten Promotionsverfahrens liebevoll unterstützt. Meinen Eltern habe ich alles zu verdanken, was ich bislang erreicht habe. Worte können nicht beschreiben, wie dankbar ich für ihre bedingungslose Unterstützung und ihren Glauben an mich bin.

München, im April 2022 *Ioanna Tsotsa*

Inhaltsverzeichnis

Abkürzungsverzeichnis

allg.M.	allgemeine Meinung
bzgl.	bezüglich
bzw.	beziehungsweise
gem.	gemäß
MoMiG	Gesetz zur Modernisierung des GmbH-Rechts und zur Bekämpfung von Missbräuchen (MoMiG) vom 23. Oktober 2008 (BGBl. I S. 2026)
MoPeG	Gesetz zur Modernisierung des Personengesellschaftsrechts (Personengesellschaftsrechtsmodernisierungsgesetz – MoPeG) vom 10. August 2021 (BGBl. I S. 3436)
NL-BGB	Niederländisches Bürgerliches Gesetzbuch
SanInsFoG	Gesetz zur Fortentwicklung des Sanierungs- und Insolvenzrechts (Sanierungs- und Insolvenzrechtsfortentwicklungsgesetz – SanInsFoG) vom 22. Dezember 2020 (BGBl. I S. 3256)

Abkürzungen für Literaturnachweise sind im Literaturverzeichnis gesondert erläutert. Im Übrigen wird auf die Ausführungen bei *Kirchner, Hildebert* (Begr.), Abkürzungsverzeichnis der Rechtssprache, 10. Auflage, Berlin/Boston 2021, verwiesen.

Einleitung

Das Recht der Personengesellschaften befindet sich im Umschwung. In der vergangenen 19. Legislaturperiode hat sich die Große Koalition dem in ihrem Koalitionsvertrag angekündigten Vorhaben angenommen, das Personengesellschaftsrecht zu reformieren.[1] Die zum Zweck der Herausarbeitung eines Gesetzentwurfs vom Bundesministerium der Justiz und für Verbraucherschutz eingesetzte Expertenkommission hat am 20. April 2020 ihren „Mauracher Entwurf“[2] vorgelegt.[3] Auf dem Mauracher Entwurf basiert der Regierungsentwurf eines Gesetzes zur Modernisierung des Personengesellschaftsrechts (MoPeG).[4] Der Bundestag hat den Gesetzentwurf in der vom Ausschuss für Recht und Verbraucherschutz empfohlenen Fassung in seiner 236. Sitzung am 24. Juni 2021 einstimmig angenommen.[5] Am darauffolgenden Tag ist der Beschluss des Bundesrates ergangen, keinen Antrag auf Einberufung des Vermittlungsausschusses gemäß Art. 77 Abs. 2 GG zu stellen.[6] Das MoPeG wurde schließlich am 17. August 2021

---

1 Siehe die Ankündigung im Koalitionsvertrag „Ein neuer Aufbruch für Europa – Eine neue Dynamik für Deutschland – Ein neuer Zusammenhalt für unser Land, Koalitionsvertrag zwischen CDU, CSU und SPD“, 19. Legislaturperiode, abrufbar unter https://www.bundesregierung.de/breg-de/themen/koalitionsvertrag-zwischen-cdu-csu-und-spd-195906 (letzter Zugriff: 1.5.2022), S. 131.

2 Mauracher Entwurf für ein Gesetz zur Modernisierung des Personengesellschaftsrechts (im Folgenden: Mauracher Entwurf), abrufbar unter https://www.bmjv.de/SharedDocs/Downloads/DE/News/PM/Modernisierung_PersonengesellschaftsR.html (letzter Zugriff: 1.5.2022).

3 Mitglieder der Expertenkommission waren *VRiBGH a.D. Prof. Dr. Alfred Bergmann*, *Prof. Dr. Barbara Grunewald*, *Dr. Marc Hermanns*, *Prof. Dr. Thomas Liebscher*, *Dr. Gabriele Roßkopf*, *Prof. Dr. Carsten Schäfer*, *Prof. Dr. Frauke Wedemann*, *Prof. Dr. Johannes Wertenbruch*; siehe zur Einsetzung der Expertenkommission Begr. RegE MoPeG, BT-Drucks. 19/27635, S. 100.

4 Gesetzentwurf der Bundesregierung – Entwurf eines Gesetzes zur Modernisierung des Personengesellschaftsrechts (Personengesellschaftsrechtsmodernisierungsgesetz – MoPeG), BT-Drucks. 19/27635; siehe für den Aufbau auf den Mauracher Entwurf Begr. RegE MoPeG, BT-Drucks. 19/27635, S. 100.

5 Deutscher Bundestag, 236. Sitzung, Plenarprotokoll 19/236, S. 30757C; BT-Drucks. 19/30942 (Beschlussempfehlung des Ausschusses für Recht und Verbraucherschutz (6. Ausschuss) zum RegE MoPeG); BT-Drucks. 19/31105 (Bericht des Ausschusses für Recht und Verbraucherschutz (6. Ausschuss) zum RegE MoPeG).

6 BR-Drucks. 567/21 (Beschluss).

im Bundesgesetzblatt verkündet und wird im Wesentlichen am 1. Januar 2024 in Kraft treten.[7]

Anliegen dieser Arbeit ist, einen Beitrag zur Reformierung des Personengesellschaftsrechts für einen Bereich zu leisten, der im Gesetzgebungsverfahren zum MoPeG nicht berücksichtigt wurde: den Gläubigerschutz bei atypischen Personenhandelsgesellschaften. Gemeint sind damit Personenhandelsgesellschaften, für deren Verbindlichkeiten weder unmittelbar noch mittelbar eine natürliche Person unbeschränkt haftet.[8] In diesem Sinne soll die Bezeichnung als „atypisch" auch im weiteren Verlauf der Arbeit verwendet werden.[9] Das MoPeG sieht bis auf eine punktuelle Regelung für die Einheitsgesellschaft[10] in der Rechtsform der KG keine Vorschriften vor, die spezifisch atypische Personenhandelsgesellschaften betreffen.[11] Stattdessen wird ausdrücklich von einer Kodifizierung der „Kapitalgesellschaft und Compagnie" KG abgesehen.[12] Ausweislich der Begründung des Regierungsentwurfs des MoPeG seien diese Erscheinungsformen einer KG wegen ihrer Vielgestaltigkeit einer abstrakt-generellen Regelung nicht ohne Weiteres zugänglich.[13] Es werde außerdem am gesetzlichen Leitbild der „personalistisch strukturierten Gesellschaft" festgehalten.[14] Als Komplementäre einer KG nach diesem gesetzlichen Leitbild fungieren natürliche Personen, die zugleich „die Geschicke der Gesellschaft lenken".[15] Dem-

---

7 Gesetz zur Modernisierung des Personengesellschaftsrechts (Personengesellschaftsrechtsmodernisierungsgesetz – MoPeG) vom 10. August 2021, BGBl. I S. 3436; siehe Art. 137 MoPeG zu dessen Inkrafttreten.

8 Siehe zum Aspekt einer über weitere Gesellschafterebenen vermittelten Haftung nach § 128 HGB noch die Einführung in Teil 1.

9 Ebenso etwa RegE MoPeG, BT-Drucks. 19/27635, S. 178, 213 f. (atypische GbR), 255 (atypische KG); *Habersack*, ZGR 2020, 539, 564 f.

10 Am Bsp. einer GmbH & Co. KG ist die KG in diesem Fall alleinige Gesellschafterin ihrer Komplementär-GmbH – siehe nur *Binz/Sorg*, GmbH & Co. KG, § 8 Rn. 3; *Henze/Notz*, in: Joost/Strohn, Anh 1 § 177a Rn. 23.

11 Begr. RegE MoPeG, BT-Drucks. 19/27635, S. 220; siehe Art. 51 Nr. 10 MoPeG, BGBl. 2021 I S. 3436, 3466, für die punktuelle Regelung für die Einheits-KG im künftigen § 170 Abs. 2 HGB. Erwähnenswert, wenn auch nicht die rechtliche Behandlung von atypischen Personenhandelsgesellschaften betreffend, ist, dass die Personenhandelsgesellschaften für die Ausübung Freier Berufe geöffnet werden sollen – siehe § 107 Abs. 1 HGB in der Fassung des MoPeG (Art. 51 Nr. 3 MoPeG, BGBl. 2021 I S. 3436, 3458) sowie Begr. RegE MoPeG, BT-Drucks. 19/27635, S. 110 mit S. 102.

12 Begr. RegE MoPeG, BT-Drucks. 19/27635, S. 220.

13 Begr. RegE MoPeG, BT-Drucks. 19/27635, S. 220.

14 Begr. RegE MoPeG, BT-Drucks. 19/27635, S. 220.

15 Begr. RegE MoPeG, BT-Drucks. 19/27635, S. 220.

gegenüber beschränke sich die Rolle der Kommanditisten vornehmlich auf die eines Kapitalgebers.[16] Die Empfehlung der wirtschaftsrechtlichen Abteilung des 71. Deutschen Juristentages[17], auf Ebene der atypischen KG „eigenständige Regelungen zu Themen“ einzuführen, die bisher im Falle einer GmbH & Co. KG durch Ausdehnung des GmbH-Rechts gelöst werden,[18] ist nicht aufgegriffen worden.[19] Eines dieser Themen ist die Anwendung von § 30 Abs. 1 GmbHG auf Auszahlungen aus dem Vermögen einer GmbH & Co. KG.[20] Darauf wird gerade auch mit Blick auf eine als Komplementär fungierende Kapitalgesellschaft, die nach dem Recht eines anderen EU-Mitgliedstaates gegründet worden ist – und insoweit mithin dem Fokus der genannten Empfehlung entsprechend –[21], im zweiten Teil dieser Arbeit näher einzugehen sein.

Nach der im Recht der Personenhandelsgesellschaften zum Ausdruck kommenden Wertung bedarf es neben der persönlichen Gesellschafterhaftung nach Maßgabe von § 128 HGB[22] weder besonderer Anforderungen an die Kapitalausstattung und flankierender Regelungen zur Sicherstellung einer entsprechenden Kapitalaufbringung noch Vorschriften zur Kapitalerhaltung.[23] Vermögensverlagerungen auf die Gesellschafter sind auch bei einer KG nicht spezifisch begrenzt. Eine etwa fortbestehende oder infolge

---

16 Begr. RegE MoPeG, BT-Drucks. 19/27635, S. 220.

17 Der 71. Deutsche Juristentag fand vom 13. bis zum 16. September 2016 in Essen statt.

18 Ständige Deputation DJT, Verhandlungen des 71. DJT, Band II/1, S. O 105 (Beschluss Nr. 28).

19 Siehe zum Mauracher Entwurf *Habersack*, ZGR 2020, 539, 565.

20 Siehe zunächst nur *Habersack*, in: Ständige Deputation DJT, Verhandlungen des 71. DJT, Band II/2, S. O 188, im Rahmen der Diskussion der wirtschaftsrechtlichen Abteilung des 71. DJT.

21 Siehe neben dem Nachweis in Fn. 18 *Wicke*, in: Ständige Deputation DJT, Verhandlungen des 71. DJT, Band II/1, S. O 31, 46–48.

22 Das MoPeG sieht mit den §§ 721, 721a und 721b BGB (Art. 1 Nr. 3 MoPeG, BGBl. 2021 I S. 3436, 3442) eine Aufnahme des Normenkomplexes zur persönlichen Gesellschafterhaftung in das BGB vor. Mit Inkrafttreten des MoPeG insoweit wird die persönliche Gesellschafterhaftung weiterhin (auch) im Recht der OHG geregelt sein; in der Sache entsprechen die vorgesehenen §§ 126–128 HGB (Art. 51 Nr. 3 MoPeG, BGBl. 2021 I S. 3436, 3461) im Wesentlichen den geltenden §§ 128–130 HGB (mit Ausnahme der Regelung zur Zwangsvollstreckung in § 129 Abs. 4 HGB, die sich der Sache nach in § 129 Abs. 2 HGB in der Fassung des MoPeG wiederfindet) – siehe zum Ganzen mit Bezug auf die Personenhandelsgesellschaften Begr. RegE MoPeG, BT-Drucks. 19/27635, S. 242.

23 Vgl. *Habersack*, in: Habersack/Schäfer, § 128 Rn. 1; *Wiedemann*, GesR I, § 10 III 1 b) (S. 540) (zur „gesetzgeberischen Leitidee“).

einer Auszahlung wiederauflebende Haftung des betreffenden Kommanditisten gegenüber den Gesellschaftsgläubigern ist davon strikt zu unterscheiden.[24] Ein Auszahlungsverbot geht damit gerade nicht einher.[25] Sind im Falle einer OHG sämtliche Gesellschafter, bei einer KG deren Komplementär bzw. Komplementäre natürliche Personen, haften diese nach Maßgabe von § 128 HGB unbeschränkt mit ihrem Privatvermögen für Gesellschaftsverbindlichkeiten. Auch im Falle einer atypischen Personenhandelsgesellschaft haften die als OHG-Gesellschafter bzw. Komplementäre fungierenden juristischen Personen unbeschränkt gemäß § 128 HGB. In beiden Konstellationen tritt zugunsten der Gesellschaftsgläubiger eine weitere Haftungsmasse neben das Gesellschaftsvermögen.[26] Die Bedeutung der persönlichen Haftung einer natürlichen Person im Vergleich zu der einer juristischen Person liegt jedoch darin, dass mit dem Risiko der persönlichen Inanspruchnahme ein ohne einschlägige gesetzliche Vorschriften funktionsfähiger Kapitalschutz einhergehen kann.[27] In Anbetracht des prinzipiell unbegrenzten Haftungsrisikos liegt es grundsätzlich im Interesse der als OHG-Gesellschafter bzw. Komplementäre fungierenden natürlichen Personen, Vermögensverlagerungen auf Mitgesellschafter entgegenzutreten, in deren Folge oder wenn bereits die Gesellschaft ihre fälligen Verbindlichkeiten nicht mehr begleichen kann.[28] Der BGH spricht mit Bezug auf die gesetzestypische KG und konkret hinsichtlich Auszahlungen an Kommanditisten von der „Bremsfunktion" des Komplementärs bzw. dessen unbeschränkter Haftung.[29] Mit Blick etwa auf eine Verringerung des Vermögens einer KG zugunsten eines Kommanditisten, die auf einer

---

24 Vgl. nur *K. Schmidt*, in: MüKo HGB, §§ 171, 172 Rn. 64; *Scholz*, in: Westermann/Wertenbruch, Hdb PersG, Rn. I 2951 (Stand Juni 2019).

25 Siehe die Nachweise in voriger Fn.

26 Siehe zu dieser Funktion der persönlichen Haftung *Huber*, ZGR 1988, 1, 16; *Wiedemann*, GesR I, § 10 III 1 a) bb) (S. 536) und § 10 III 1 b) (S. 539).

27 Vgl. mit Bezug auf die unbeschränkte Komplementärhaftung BGHZ 60, 324, 332 = NJW 1973, 1036, 1038 f.; BGHZ 110, 342, 356 = NJW 1990, 1725, 1729; *Huber*, ZGR 1988, 1, 16 f.; siehe zur Funktion der persönlichen Haftung als „Verhaltenskontrolle" bzw. „Verhaltenssteuerung" *Wiedemann*, GesR I, § 10 III 1 a) bb) (S. 536) und § 10 III 1 b) (S. 539 f.).

28 Siehe mit Bezug auf die unbeschränkte Komplementärhaftung BGHZ 60, 324, 332 = NJW 1973, 1036, 1038 f.; BGHZ 110, 342, 356 = NJW 1990, 1725, 1729; *Huber*, ZGR 1988, 1, 16 f.

29 BGHZ 60, 324, 332 = NJW 1973, 1036, 1039; BGHZ 110, 342, 357 = NJW 1990, 1725, 1729.

Vereinbarung über dessen Einlagepflicht[30] oder eine nachträgliche Disposition[31] darüber beruht, liegt dem zugrunde, dass es des Einvernehmens sämtlicher Gesellschafter bedarf.[32] Bei einer atypischen Personenhandelsgesellschaft ist keine natürliche Person dem Risiko einer unbeschränkten Haftung ausgesetzt. Eine sich potentiell positiv auf die Kapitalausstattung der Gesellschaft auswirkende „Bremsfunktion" der unbeschränkten Gesellschafterhaftung fehlt.[33] Angesichts dieser Funktion der persönlichen Haftung nach Maßgabe von § 128 HGB ist die Haftung im Falle einer atypischen Personenhandelsgesellschaft insoweit beschränkt, als keine natürliche Person unbeschränkt für die Gesellschaftsverbindlichkeiten haftet.[34]

Der Gesetzgeber hat darauf schon vor über 45 Jahren durch die Einführung von Sonderregelungen für atypische Personenhandelsgesellschaften reagiert.[35] In erster Linie ist damit eine derartige Vermeidung der unbeschränkten Haftung einer natürlichen Person anerkannt worden.[36]

---

30 Siehe zur Vertragsfreiheit mit Bezug auf Kommanditeinlagen nur *Sassenrath*, in: Westermann/Wertenbruch, Hdb PersG, Rn. I 2818 (Stand Januar 2018); *K. Schmidt*, in: MüKo HGB, §§ 171, 172 Rn. 11; siehe im Zusammenhang mit der Frage, inwieweit der Kommanditist von seiner Außenhaftung befreit wird, auch *K. Schmidt*, in: MüKo HGB, §§ 171, 172 Rn. 56; *Thiessen*, in: Staub, § 171 Rn. 151.

31 Siehe zur Dispositionsfreiheit der Gesellschafter über Einlageforderungen der Gesellschaft mit Bezug auf Kommanditeinlagen nur *Sassenrath*, in: Westermann/Wertenbruch, Hdb PersG, Rn. I 2818 (Stand Januar 2018); *K. Schmidt*, in: MüKo HGB, §§ 171, 172 Rn. 11, 39; *Strohn*, in: EBJS, § 171 Rn. 7.

32 In Abgrenzung zur Geschäftsführung handelt es sich insoweit um Grundlagengeschäfte – siehe dazu nur *Schäfer*, in: Habersack/Schäfer, § 105 Rn. 207, § 114 Rn. 15.

33 Siehe zum Versagen bzw. Wegfall der „Bremsfunktion" mit Bezug auf die unbeschränkte Komplementärhaftung BGHZ 110, 342, 357 f. = NJW 1990, 1725, 1729; *Hunscha*, GmbHR 1973, 257, 260 f.; *Immenga*, ZGR 1975, 487, 489; *Schläfke*, Vermögensbindung, S. 122–124, 128; *Stimpel*, in: 25 Jahre BGH, 13, 14; *Teichmann*, ZGR 2014, 220, 249.

34 Prägnant zur unbeschränkten Haftung einer juristischen Person vor dem Hintergrund der Funktion der persönlichen Haftung zur Verhaltenssteuerung *Wiedemann*, GesR I, § 10 III 1 b) (S. 539 f.); siehe auch BGHZ 110, 342, 356 f. = NJW 1990, 1725, 1729.

35 So durch das Erste Gesetz zur Bekämpfung der Wirtschaftskriminalität (1. WiKG) vom 29. Juli 1976, BGBl. I S. 2034; Näheres zu den Sonderregelungen folgt in Teil 1.

36 Bereits im Jahre 1912 hat sich das BayObLG für die Zulässigkeit der GmbH & Co. KG ausgesprochen – siehe dazu *Fleischer/Wansleben*, GmbHR 2017, 169, 171; zehn Jahre später RGZ 105, 101, insbesondere 104–106; bestätigt durch BGH WM 1956, 61, 63.

Zugleich wurde seitdem der Gläubigerschutz bei atypischen Personenhandelsgesellschaften schrittweise unter Orientierung an das Gläubigerschutzsystem bei den Kapitalgesellschaften ausgebaut.[37] Die den Sonderregelungen zugrundeliegende Überlegung ist, dass sich eine atypische Personenhandelsgesellschaft aus Gläubigerperspektive nicht wesentlich von einer Kapitalgesellschaft unterscheidet – haftet doch in beiden Fällen nur eine begrenzte Vermögensmasse für die Gesellschaftsverbindlichkeiten.[38] Daneben bestehen rechtsfortbildende Ansätze zur Ergänzung des Gläubigerschutzes bei atypischen Personenhandelsgesellschaften.[39] Bezugspunkt ist regelmäßig die GmbH & Co. KG.[40] Dabei handelt es sich um die praktisch häufigste Erscheinungsform einer atypischen Personenhandelsgesellschaft.[41]

Im Rahmen des ersten und zweiten Teils dieser Arbeit soll zunächst herausgearbeitet werden, inwieweit der zugunsten der beteiligten natürlichen Personen erreichten Haftungsbeschränkung bei atypischen Personenhandelsgesellschaften bereits *de lege lata* durch Mittel zur Kapitalsicherung begegnet wird bzw. unter Berücksichtigung rechtsfortbildender Ansätze begegnet werden kann. Die Grundlage dafür bilden die Sondervorschriften für atypische Personenhandelsgesellschaften. Im ersten Teil dieser Arbeit wird der Fokus zunächst auf dem Gläubigerschutzsystem liegen, welches sich aus der Insolvenzantragspflicht und den insolvenzbezogenen Zahlungsverboten ergibt. Letztere sind mit dem Inkrafttreten des SanInsFoG[42] am 1. Januar 2021 rechtsformneutral in § 15b InsO geregelt.[43] Gegenstand der anschließenden Betrachtung wird die rechtliche Behandlung von Forderungen auf Rückgewähr von Gesellschafterdarlehen sein. Der aus Gläubigerperspektive bestehende Unterschied zu Personenhandelsgesellschaften, für deren Verbindlichkeiten zumindest eine natürliche Person

---

37 Siehe dazu Teil 1.

38 Vgl. zunächst nur Begr. RegE 1. WiKG, BT-Drucks. 7/3441, S. 21, 47 f. (Erwägung zur Einführung des Konkursgrundes der Überschuldung und einer Konkursantragspflicht); siehe im Übrigen noch Teil 1.

39 Siehe dazu im Einzelnen Teil 2.

40 Siehe den Verweis in voriger Fn.

41 Siehe zur praktischen Relevanz der GmbH & Co. KG *Binz/Sorg*, GmbH & Co. KG, § 1 Rn. 37–40; *Oetker*, in: Oetker, § 161 Rn. 72; *Röder*, ZHR 184 (2020), 457, 465 f., 468; *Roth*, in: Hopt, Anh § 177a Rn. 2.

42 Gesetz zur Fortentwicklung des Sanierungs- und Insolvenzrechts (Sanierungs- und Insolvenzrechtsfortentwicklungsgesetz – SanInsFoG) vom 22. Dezember 2020, BGBl. I S. 3256.

43 Art. 5 Nr. 9 SanInsFoG, BGBl. 2020 I S. 3256, 3282; siehe dazu noch die Einführung in Teil 1 A.

unbeschränkt haftet, wird sich in den Überlegungen zur Rechtfertigung der besonderen rechtlichen Behandlung widerspiegeln. Anschließend soll es im zweiten Teil dieser Arbeit um rechtsfortbildende Ansätze zur Ergänzung des Kapitalschutzes bei atypischen Personenhandelsgesellschaften gehen. Dabei wird sowohl die werbende als auch die sich in Liquidation befindliche Gesellschaft in den Blick zu nehmen sein. Wenngleich es sich im Ausgangspunkt überwiegend um eine Rechtsfortbildung anhand der GmbH & Co. KG handeln wird, soll die maßgebliche Fragestellung stets sein, ob sich der betreffende Ansatz unabhängig von der Rechtsform der persönlich haftenden Gesellschafter dafür eignet, den Kapitalschutz bei der atypischen KG bzw. generell bei atypischen Personenhandelsgesellschaften zu ergänzen. So wird beispielsweise im Falle der Rechtsprechung des BGH zur Anwendung von § 30 Abs. 1 GmbHG auf Auszahlungen aus dem Vermögen einer GmbH & Co. KG die Präzisierung dieses Konzepts anhand der GmbH & Co. KG die Grundlage bilden. Darauf soll jedoch die maßgebende Frage aufbauen, ob sich dieser Ansatz auch für andere Erscheinungsformen einer atypischen KG eignet.

Im dritten Teil dieser Arbeit wird sodann zunächst festzustellen sein, ob die *de lege lata* vorhandenen Mittel zum Kapitalschutz bei atypischen Personenhandelsgesellschaften in rechtspolitischer Hinsicht genügen. Einen Maßstab dafür bietet die den Sondervorschriften für atypische Personenhandelsgesellschaften zugrundeliegende Wertung, dass aus Gläubigerperspektive kein wesentlicher Unterschied zu den Kapitalgesellschaften besteht.[44] Ziel wird es sein, auf Grundlage der zur geltenden Rechtslage gewonnenen Erkenntnisse und mithilfe des Kapitalschutzkonzepts bei den Kapitalgesellschaften etwa noch verbleibende Lücken im Gläubigerschutz bei atypischen Personenhandelsgesellschaften in systemkonsistenter Weise zu schließen. Wenngleich der Fokus auf den atypischen Personenhandelsgesellschaften liegen wird, soll im Unterschied zum ersten und zweiten Teil dieser Arbeit unter Berücksichtigung des MoPeG auch die atypische Außen-GbR in die Überlegungen einbezogen werden.

---

44 Siehe für diese Wertung sogleich die Einführung in Teil 1.

Teil 1: Das Sonderrecht für atypische Personenhandelsgesellschaften als Grundlage eines Kapitalschutzkonzepts

Aus Gläubigerperspektive unterscheidet sich eine atypische Personenhandelsgesellschaft nicht wesentlich von einer Kapitalgesellschaft.[45] In beiden Fällen haftet keine natürliche Person unbeschränkt für die Gesellschaftsverbindlichkeiten. Bei einer atypischen Personenhandelsgesellschaft wird die in der Erweiterung der Haftungsmasse bestehende Funktion der persönlichen Gesellschafterhaftung gemäß § 128 HGB im Unterschied zu einer gesetzestypischen Personenhandelsgesellschaft nicht durch das Risiko der persönlichen Inanspruchnahme von zumindest einer natürlichen Person ergänzt.[46] Damit fehlt der potentiell mit diesem persönlichen Haftungsrisiko einhergehende und von Vorschriften zur Kapitalsicherung unabhängige Schutz des Gesellschaftsvermögens.[47] In Anbetracht des Umstands, dass wie bei einer Kapitalgesellschaft auch bei einer atypischen Personenhandelsgesellschaft die Haftung gegenüber den Gesellschaftsgläubigern auf eine bestimmte Vermögensmasse begrenzt ist,[48] hat der Gesetzgeber das im Ausgangspunkt noch gänzlich unzulängliche, von der persönlichen Haftung natürlicher Personen ausgehende Gläubigerschutzsystem schrittweise an dasjenige der Kapitalgesellschaften angenähert. Was in der Überschrift zu diesem Teil der Arbeit als Sonderrecht[49] für atypische Personenhandelsgesellschaften bezeichnet wird, meint keine Ergänzung des allgemein auf Personenhandelsgesellschaften anwendbaren Rechts im Sinne einer in sich geschlossenen Kodifizierung. Stattdessen geht es um

---

45 Siehe zu dieser Ausgangsüberlegung zunächst nur Begr. RegE 1. WiKG, BT-Drucks. 7/3441, S. 21.

46 Siehe dazu bereits oben bei den Fn. 26–33.

47 Siehe dazu bereits oben bei den Fn. 27–33.

48 Siehe zu dieser Ausgangsüberlegung Begr. RegE 1. WiKG, BT-Drucks. 7/3441, S. 21, 47 f. (Erwägung zur Einführung des Konkursgrundes der Überschuldung und einer Konkursantragspflicht); Begr. RegE eines Gesetzes zur Änderung des Gesetzes betreffend die Gesellschaften mit beschränkter Haftung und anderer handelsrechtlicher Vorschriften, BT-Drucks. 8/1347 (im Folgenden: RegE GmbH-Novelle), S. 57 f. (Erwägung mit Bezug auf die Entwürfe der §§ 19a, 125a, 129a, 172 Abs. 6, 172a, 177a HGB).

49 Vgl. *Höhne*, Ltd. & Co. KG, S. 243; *Karollus*, in: FS Kropff, 669, 674 f.

vereinzelte Vorschriften, deren Anwendbarkeit davon abhängt, dass keine natürliche Person unbeschränkt für die Gesellschaftsverbindlichkeiten haftet.

Zu berücksichtigen ist, dass eine natürliche Person nicht nur dann unbeschränkt für die Verbindlichkeiten der betreffenden Personenhandelsgesellschaft haftet, wenn sie unmittelbar deren persönlich haftender Gesellschafter ist. Vielmehr kann die unbeschränkte Haftung einer natürlichen Person auch über eine weitere Gesellschafterebene vermittelt sein, sofern es sich bei den persönlich haftenden Gesellschaftern der aus dieser Perspektive auf unterster Ebene befindlichen Personenhandelsgesellschaft selbst um Personengesellschaften[50] handelt. Die natürliche Person haftet in derartigen Konstellationen gemäß § 128 HGB für die Verbindlichkeiten derjenigen Personengesellschaft, deren persönlich haftender Gesellschafter sie ist. Dazu zählen die Verbindlichkeiten, die sich aus der unbeschränkten Haftung jener Personengesellschaft für die Verbindlichkeiten der sich auf unterster Ebene befindlichen Personenhandelsgesellschaft ergeben.[51] Handelt es sich bei den persönlich haftenden Gesellschaftern der auf der ersten Beteiligungsstufe befindlichen Personengesellschaft wiederum um Personengesellschaften, wird die unbeschränkte Haftung der natürlichen Person über mehr als zwei Gesellschafterebenen vermittelt. Mit Blick auf die Ausgangsüberlegung zur Parallele zwischen atypischen Personenhandelsgesellschaften und Kapitalgesellschaften aus Gläubigerperspektive kann es grundsätzlich keinen Unterschied machen, auf welcher Ebene letztlich eine natürliche Person unbeschränkt für die Gesellschaftsverbindlichkeiten der betreffenden Personenhandelsgesellschaft haftet.[52] Dies spiegelt sich so im Wortlaut der relevanten Vorschriften jedoch größtenteils

50 Als persönlich haftender Gesellschafter kommt auch eine KGaA in Betracht, deren Komplementär eine natürliche Person ist – siehe dazu zunächst nur *Habersack*, in: Habersack/Schäfer, § 125a Rn. 4.

51 Siehe nur *Habersack*, in: Habersack/Casper/Löbbe, Anh § 30 Rn. 34 (bzgl. § 39 Abs. 4 S. 1 InsO); *dens.*, in: Habersack/Schäfer, § 130a Rn. 8 (bzgl. § 130a Abs. 1 S. 4 HGB vor dem Inkrafttreten des SanInsFoG).

52 Siehe dazu noch unten bei den Fn. 86 f. (§ 15a Abs. 1 S. 3 InsO) und bei Fn. 252 (§ 39 Abs. 4 S. 1 InsO).

nicht wider.[53] Mit Bezug auf § 15a Abs. 1 S. 3 Hs. 2 InsO sowie auf § 39 Abs. 4 S. 1 InsO wird auf diesen Aspekt zurückzukommen sein.[54]

Im Falle einer KG ist angesichts der grundsätzlich beschränkten Haftung der Kommanditisten irrelevant, ob jene natürliche Personen sind. Für den Anwendungsbereich des § 125a HGB ergibt sich dies explizit aus § 177a S. 1 HGB.[55] Im Übrigen stellen die entsprechenden Vorschriften, wenn auch mit zum Teil voneinander abweichenden Formulierungen, darauf ab, dass kein persönlich haftender Gesellschafter eine natürliche Person ist. Der Gesetzgeber bezieht sich insoweit auf die unbeschränkte Haftung nach Maßgabe von § 128 HGB.[56] Bei einer KG ist mithin ausschließlich das Fehlen eines Komplementärs in Gestalt einer natürlichen Person entscheidend, obschon Kommanditisten ebenfalls persönlich mit ihrem Privatvermögen haften.[57] Dies geht nicht nur aus der in § 177a S. 1 HGB zum Ausdruck kommenden Wertung des Gesetzgebers,[58] sondern bereits aus der in § 161 Abs. 1 HGB verwendeten Terminologie hervor.

Im Einzelnen handelt es sich bei den spezifisch auf atypische Personenhandelsgesellschaften anwendbaren Vorschriften zum einen um solche, die darauf abzielen, dem Rechtsverkehr die im Vergleich zu einer gesetzes-

---

53 Siehe zunächst nur die auf zwei Ebenen beschränkte Formulierung des Ausschlusses in § 15a Abs. 1 S. 3 Hs. 2 InsO. Hinsichtlich § 264a Abs. 1 HGB ist zu berücksichtigen, dass diese Vorschrift auch dann Anwendung findet, wenn unmittelbar oder mittelbar eine KGaA als persönlich haftender Gesellschafter fungiert und deren Komplementär wiederum eine natürliche Person ist; dies gilt nicht, sofern eine natürliche Person ohnehin unmittelbar oder mittelbar über deren Beteiligung an einer Personengesellschaft unbeschränkt für die Verbindlichkeiten der betreffenden Personenhandelsgesellschaft haftet – siehe zum Ganzen Begr. RegE KapCoRiLiG, BT-Drucks. 14/1806, S. 18.

54 Siehe daneben bzgl. § 19 Abs. 2 HGB bzw. § 125a Abs. 1 S. 3 unten die Fn. 59 und 62.

55 Vgl. Begr. RegE 1. WiKG, BT-Drucks. 7/3441, S. 47.

56 A.A. zur Bedeutung von „persönlicher Haftung“ *Reuschle*, in: EBJS, § 19 Rn. 16: Das Gesetz verstehe darunter nicht eine unbeschränkte und unbeschränkbare Haftung, sondern dass keine natürliche Person persönlich hafte; wäre *Reuschles* Auffassung zutreffend, wäre eine KG mit zumindest einem persönlich – aber eben nicht unbeschränkt haftenden – Kommanditisten in Gestalt einer natürlichen Person bspw. nicht von § 19 Abs. 2 HGB erfasst; freilich nimmt dies *Reuschle* selbst nicht an, sondern verweist a.a.O. auf die GmbH & Co. KG als den wichtigsten Anwendungsfall dieser Vorschrift; demgegenüber mit Bezug auf § 19 Abs. 2 HGB wie hier – nämlich im Sinne einer unbeschränkten und unbeschränkbaren Haftung – *Habersack*, FamRZ 1999, 1, 3.

57 Siehe für Letzteres nur *K. Schmidt*, in: MüKo HGB, §§ 171, 172 Rn. 1.

58 Vgl. auch Begr. RegE MoMiG, BT-Drucks. 16/6140, S. 57 (im Kontext von § 39 Abs. 1 Nr. 5, Abs. 4 InsO).

typischen Personenhandelsgesellschaft besonderen Haftungsverhältnisse offenzulegen. So muss die Firma einer atypischen Personenhandelsgesellschaft, auch wenn sie fortgeführt ist, gemäß § 19 Abs. 2 HGB eine Bezeichnung enthalten, welche die Haftungsbeschränkung kennzeichnet.[59] Außerdem sind auf Geschäftsbriefen atypischer Personenhandelsgesellschaften gemäß § 125a Abs. 1 S. 2 HGB zusätzlich zu den auf die Gesellschaft selbst bezogenen Angaben die Firmen[60] der persönlich haftenden Gesellschafter anzugeben sowie mit Bezug wiederum auf die persönlich haftenden Gesellschafter gegebenenfalls die nach § 35a GmbHG bzw. § 80 AktG für Geschäftsbriefe vorgeschriebenen Angaben[61] zu machen.[62] Dass sich diese über § 125a Abs. 1 S. 1 HGB hinausgehenden Erfordernisse im Falle einer atypischen KG ebenfalls nur auf die persönlich haftenden Gesellschafter, also die Komplementäre, nicht hingegen auf die Kommanditisten beziehen, geht explizit aus § 177a S. 2 HGB hervor. Für den Geschäftsverkehr soll bereits anhand der Firmierung bzw. der Geschäftsbriefe ersichtlich sein, dass kein unbeschränkt haftender Gesellschafter eine natürliche Person ist.[63] Transparenz der besonderen Haftungssituation bezweckt auch

---

59 Im Falle mehrstöckiger Konstruktionen ist § 19 Abs. 2 HGB nicht anwendbar, sofern mittelbar, gleich auf welcher Ebene, ein persönlich haftender Gesellschafter eine natürliche Person ist – so ausdrücklich Begr. RegE HRefG, BT-Drucks. 13/8444, S. 56; vgl. auch Begr. RegE KapCoRiLiG, BT-Drucks. 14/1806, S. 18.

60 Sofern ein Gesellschafter keine Firma, sondern einen Namen hat, ist dieser anzugeben – siehe *Habersack*, in: Habersack/Schäfer, § 125a Rn. 9; *K. Schmidt*, in: MüKo HGB, § 125a Rn. 11.

61 Im Schrifttum werden über den Wortlaut des § 125a Abs. 1 S. 2 HGB hinaus entsprechende Angabepflichten bezüglich weiterer persönlich haftender Gesellschafter befürwortet – so *Habersack*, in: Habersack/Schäfer, § 125a Rn. 9; *K. Schmidt*, in: MüKo HGB, § 125a Rn. 11.

62 Nach h.M. ist der Wortlaut des § 125a Abs. 1 S. 3 HGB insoweit zu eng, als es für eine Ausnahme von den Angabepflichten nach § 125a Abs. 1 S. 2 HGB nicht darauf ankommen könne, auf welcher Ebene ein persönlich haftender Gesellschafter eine natürliche Person ist – siehe nur *Habersack*, in: Habersack/Schäfer, § 125a Rn. 4; *K. Schmidt*, in: MüKo HGB, § 125a Rn. 4; a.A. (insoweit durch Wortlaut begrenzte Anwendung) *Haas*, in: Röhricht/v. Westphalen/Haas, § 125a Rn. 1. Außerdem kann die unbeschränkte Haftung einer natürlichen Person auch über eine GbR oder eine KGaA vermittelt sein – siehe für die Anwendung der Ausnahme auch insoweit *Habersack*, in: Habersack/Schäfer, § 125a Rn. 4; *K. Schmidt*, in: MüKo HGB, § 125a Rn. 4 (bzgl. einer GbR als persönlich haftendem Gesellschafter).

63 Siehe bzgl. der Firmierung Begr. RegE GmbH-Novelle, BT-Drucks. 8/1347, S. 57 f.; Begr. RegE HRefG, BT-Drucks. 13/8444, S. 56; siehe bzgl. der Geschäftsbriefe Begr. RegE GmbH-Novelle, BT-Drucks. 8/1347, S. 58.

§ 264a Abs. 1 HGB.[64] Darin werden die auf Kapitalgesellschaften anwendbaren Vorschriften der §§ 264–330 HGB betreffend die Pflicht zur Aufstellung von Jahres- und Konzernabschlüssen, deren Prüfung und die Abschlusspublizität auf Personenhandelsgesellschaften erstreckt, für deren Verbindlichkeiten keine natürliche Person unbeschränkt haftet.[65]

Zum anderen handelt es sich um insolvenzbezogene Gläubigerschutzmittel, auf die sogleich näher einzugehen sein wird. Ziel der folgenden Betrachtung ist, zu analysieren, inwieweit bereits auf Grundlage des geschriebenen Rechts das Vermögen einer atypischen Personenhandelsgesellschaft erhalten bzw. wieder ergänzt werden soll, damit es zur vorrangigen Gläubigerbefriedigung zur Verfügung steht.

A. *Geschäftsleiter- und Liquidatorenpflichten im Vorfeld und während der materiellen Insolvenz*

Mit Bezug auf diejenigen Mittel zur Ergänzung des Gläubigerschutzes bei atypischen Personenhandelsgesellschaften, die soeben überblicksartig als insolvenzbezogene Gläubigerschutzmittel bezeichnet worden sind, geht es zunächst um die in § 15a Abs. 1 S. 3 InsO vorgeschriebene Insolvenzantragspflicht sowie die Zahlungsverbote nach § 15b Abs. 1 und Abs. 5 InsO.

Durch das MoMiG[66] wurde die Insolvenzantragspflicht aus den jeweiligen Spezialgesetzen gelöst, konkret hinsichtlich atypischer Personenhandelsgesellschaften mithin § 130a Abs. 1 HGB aufgehoben, und stattdessen mit § 15a InsO eine rechtsformneutrale Vorschrift eingeführt.[67] In § 15a Abs. 1 S. 3 InsO[68] werden die organschaftlichen Vertreter der zur Vertretung ermächtigten Gesellschafter einer Gesellschaft ohne Rechtspersönlichkeit, bei der kein persönlich haftender Gesellschafter eine natürliche

64 Vgl. Begr. RegE KapCoRiLiG, BT-Drucks. 14/1806, S. 18 („Abschlusspublizität als der notwendige Ausgleich für die Haftungsbeschränkung").

65 Beachte bzgl. des Anwendungsbereichs aber den Hinweis oben in Fn. 53.

66 Gesetz zur Modernisierung des GmbH-Rechts und zur Bekämpfung von Missbräuchen (MoMiG) vom 23. Oktober 2008, BGBl. I S. 2026.

67 Art. 3 Nr. 12 a), Art. 9 Nr. 3 MoMiG, BGBl. 2008 I S. 2026, 2033, 2037; siehe zum Aspekt der rechtsformneutralen Regelung Begr. RegE MoMiG, BT-Drucks. 16/6140, S. 55.

68 In der Fassung des MoMiG war die Insolvenzantragspflicht für Gesellschaften ohne Rechtspersönlichkeit in § 15a Abs. 1 S. 2 InsO geregelt – siehe Art. 9 Nr. 3 MoMiG, BGBl. 2008 I S. 2026, 2037; durch das SanInsFoG ist jene Vorschrift um einen Satz verschoben worden – siehe Art. 5 Nr. 8 a) bb) und b), BGBl. 2020 I S. 3256, 3282.

Person ist, ebenso wie Abwickler solcher Gesellschaften, der Pflicht zur rechtzeitigen Stellung eines Insolvenzantrags unterworfen. In Zusammenschau mit der in § 11 Abs. 2 Nr. 1 InsO enthaltenen Legaldefinition einer „Gesellschaft ohne Rechtspersönlichkeit" erfasst § 15a Abs. 1 S. 3 InsO mithin von vornherein nicht nur atypische Personenhandelsgesellschaften, sondern auch die atypische Außen-GbR.[69] Durch die Bezugnahme auf die vorangehenden Sätze des § 15a Abs. 1 InsO ist die Insolvenzantragspflicht an die Zahlungsunfähigkeit oder Überschuldung der von § 15a Abs. 1 S. 3 InsO erfassten Gesellschaften geknüpft. Im Einklang damit erstreckt § 19 Abs. 3 InsO den Eröffnungsgrund der Überschuldung ebenfalls auf Gesellschaften ohne Rechtspersönlichkeit, bei denen kein persönlich haftender Gesellschafter eine natürliche Person ist.[70]

Vor dem Inkrafttreten des SanInsFoG wurden die organschaftlichen Vertreter der zur Vertretung einer atypischen Personenhandelsgesellschaft ermächtigten Gesellschafter und die Liquidatoren außerdem in § 130a Abs. 1 HGB dem Verbot von Zahlungen bei Insolvenzreife sowie dem Verbot von zur Zahlungsunfähigkeit führenden Zahlungen unterworfen.[71] Diese Zahlungsverbote waren entsprechend in § 64 GmbHG und § 92 Abs. 2 AktG vorgesehen. Durch das am 1. Januar 2021 in Kraft getretene SanInsFoG ist mit § 15b InsO eine rechtsformneutrale Regelung der Zahlungsverbote eingeführt worden.[72] Zugleich wurden die zuvor noch in den jeweiligen Spezialgesetzen vorgesehenen Regelungen aufgehoben.[73] Dies betrifft mit Blick auf atypische Personenhandelsgesellschaften § 130a HGB, für Kapitalgesellschaften § 64 GmbHG bzw. § 92 Abs. 2 AktG

69 Das MoPeG sieht als Folge der gesetzlichen Anerkennung der Außen-GbR als rechtsfähige Personengesellschaft (§ 705 Abs. 2 BGB in der Fassung des MoPeG) für § 15 und § 15a InsO die Änderung der Bezeichnung „Gesellschaft ohne Rechtspersönlichkeit" zu „rechtsfähige Personengesellschaft" vor – siehe Art. 35 Nr. 1 und Nr. 2 MoPeG, BGBl. 2021 I S. 3436, 3451 f., und Begr. RegE MoPeG, BT-Drucks. 19/27635, S. 203.

70 Der Eröffnungsgrund der Überschuldung ist ebenso wie § 130a HGB durch das Erste Gesetz zur Bekämpfung der Wirtschaftskriminalität (1. WiKG) eingeführt worden – siehe Art. 4 Nr. 3, Art. 5 Nr. 2 1. WiKG, BGBl. I 1976 S. 2034, 2038 f.

71 Für die Rechtslage vor dem Inkrafttreten des SanInsFoG ist im Schrifttum allgemein eine analoge Anwendung von § 130a HGB auf die atypische Außen-GbR befürwortet worden – so *Haas*, in: Röhricht/v. Westphalen/Haas, § 130a Rn. 3; *Habersack*, in: Habersack/Schäfer, § 130a Rn. 10; *Hillmann*, in: EBJS, § 130a Rn. 6; *Hoffmann/Bartlitz*, in: Heymann, § 130a Rn. 4; *Servatius*, in: Henssler/Strohn, HGB, § 130a Rn. 2.

72 Siehe neben dem Nachweis in Fn. 43 auch Begr. RegE SanInsFoG, BT-Drucks. 19/24181, S. 193, 196.

73 Art. 14 Nr. 1, Art. 15 Nr. 1, Art. 16 Nr. 2 SanInsFoG, BGBl. 2020 I S. 3256, 3296 f.

und § 93 Abs. 3 Nr. 6 AktG.[74] In § 15b Abs. 1 S. 1 und Abs. 5 S. 1 InsO sind die beiden Zahlungsverbote enthalten, die bis zum Inkrafttreten des SanInsFoG jeweils in den gesellschaftsrechtlichen Kodifikationen vorgeschrieben waren.[75] Änderungen gegenüber der vorherigen Rechtslage sind damit insoweit nicht verbunden.[76] Im weiteren Verlauf der Arbeit ist mit § 130a HGB die Fassung dieser Vorschrift vor dem Inkrafttreten des SanInsFoG gemeint und nur bei einer entsprechenden Angabe die Fassung noch vor den Änderungen durch das MoMiG.[77]

Adressaten der in § 15b Abs. 1 S. 1 und Abs. 5 InsO vorgeschriebenen Zahlungsverbote sind die nach § 15a Abs. 1 S. 1 InsO Antragspflichtigen.[78] Über § 15b Abs. 6 InsO finden die Zahlungsverbote unter anderem auch auf atypische Personenhandelsgesellschaften Anwendung. Demnach gelten die vorgehenden Absätze auch für die nach § 15a Abs. 1 S. 3 und Abs. 2 InsO Antragspflichtigen. Verwiesen wird dadurch auch auf die Ausnahmeregelungen. Nach § 15b Abs. 1 S. 2 InsO gilt das Zahlungsverbot des § 15b Abs. 1 S. 1 InsO nicht für Zahlungen, die mit der Sorgfalt eines ordentlichen und gewissenhaften Geschäftsleiters vereinbar sind. Auf diese Ausnahmeregelung wird in § 15b Abs. 5 S. 1 InsO für das Verbot von zur Zahlungsunfähigkeit führenden Zahlungen Bezug genommen. Insoweit besteht kein Unterschied zu der vor dem Inkrafttreten des SanInsFoG geltenden Rechtslage.[79] Mit Blick auf atypische Personenhandelsgesellschaften entsprechen die genannten Vorschriften inhaltlich also den zuvor noch in § 130a Abs. 1 S. 2 und S. 3 HGB vorgesehenen Ausnahmeregelungen.[80] Darüber hinaus wird jedoch der Maßstab für die Privilegierung nach § 15b Abs. 1 S. 2 InsO mit Bezug auf Zahlungen bei Insolvenzreife in

74 Siehe die Nachweise in voriger Fn.

75 Siehe Begr. RegE SanInsFoG, BT-Drucks. 19/24181, S. 193, 196.

76 Siehe Begr. RegE SanInsFoG, BT-Drucks. 19/24181, S. 194, 196.

77 Entsprechendes gilt bzgl. § 64 GmbHG.

78 Die Anknüpfung des § 15b Abs. 1 S. 1 InsO an eine nach § 15a Abs. 1 S. 1 InsO bestehende Antragspflicht beruht auf der entsprechenden Empfehlung des Rechtsausschusses – siehe dazu die Beschlussempfehlung des Ausschusses für Recht und Verbraucherschutz (6. Ausschuss), BT-Drucks. 19/25303, S. 90, und den dazugehörigen Bericht, BT-Drucks. 19/25353, S. 11. In Übereinstimmung mit dem aufgehobenen § 99 GenG ist das Verbot von zur Zahlungsunfähigkeit führenden Zahlungen gem. § 15b Abs. 5 S. 2 InsO jedoch nicht auf Genossenschaften anwendbar – siehe Begr. RegE SanInsFoG, BT-Drucks. 19/24181, S. 196; siehe für die Aufhebung von § 99 GenG Art. 17 Nr. 2 SanInsFoG, BGBl. 2020 I S. 3256, 3297.

79 Siehe Begr. RegE SanInsFoG, BT-Drucks. 19/24181, S. 194, 196.

80 Siehe den Nachweis in voriger Fn.

§ 15b Abs. 2 und Abs. 3 InsO konkretisiert.[81] So gelten nach § 15b Abs. 2 S. 1 InsO Zahlungen als mit der Sorgfalt eines ordentlichen und gewissenhaften Geschäftsleiters vereinbar, die im ordnungsgemäßen Geschäftsgang erfolgen.[82] Dadurch soll eine ordnungsgemäße Fortführung des Geschäftsbetriebs ermöglicht werden.[83] Gemäß § 15b Abs. 2 S. 2 InsO gilt die durch § 15b Abs. 2 S. 1 InsO konkretisierte Privilegierung im Rahmen des für die rechtzeitige Antragstellung nach § 15a Abs. 1 S. 1 und S. 2 InsO maßgeblichen Zeitraums aber nur dann und solange die Antragspflichtigen Maßnahmen zur nachhaltigen Beseitigung der Insolvenzreife oder zur Vorbereitung eines Insolvenzantrags mit der in § 15b Abs. 1 S. 2 InsO genannten Sorgfalt betreiben. § 15b Abs. 2 S. 1 InsO steht außerdem unter dem Vorbehalt der Vorschrift des § 15b Abs. 3 InsO. Darin ist eine gesetzliche Vermutung enthalten, nach der eine Privilegierung gemäß § 15b Abs. 1 S. 2, Abs. 2 InsO in der Regel nicht für Zahlungen im Stadium der Insolvenzverschleppung angenommen werden kann.[84] Für die nach § 15a Abs. 1 S. 3 und Abs. 2 InsO Antragspflichtigen erklärt § 15b Abs. 6 InsO schließlich auch § 15b Abs. 4 InsO für entsprechend anwendbar. Darin ist die Haftung der nach § 15a Abs. 1 S. 1 InsO Antragspflichtigen gegenüber der juristischen Person wegen verbotswidriger Zahlungen geregelt. Darauf wird im weiteren Verlauf dieses Abschnitts der Arbeit noch näher einzugehen sein.

Ziel der folgenden Betrachtung ist, die Ergänzung des Gläubigerschutzes bei atypischen Personenhandelsgesellschaften mittels dieser insolvenzbezogenen Geschäftsleiter- und Liquidatorenpflichten zu analysieren. Zu diesem Zweck gilt es zunächst den Anwendungsbereich und die Normadressaten zu präzisieren. Daran schließt sich eine nähere Betrachtung der Insolvenzantragspflicht und der Zahlungsverbote an. Insoweit geht es nicht um die Einzelheiten dieser Verhaltenspflichten, sondern um die sich daraus ergebende, dem Gläubigerschutz dienende Bindung des Vermögens einer atypischen Personenhandelsgesellschaft. Zu diesem Zweck soll zusätzlich zu denjenigen Aspekten, die parallel ebenso für den insolvenzbezogenen Kapitalschutz bei den Kapitalgesellschaften gelten, die Besonderheit der Ausgestaltung der insolvenzbezogenen Verhaltenspflichten gerade

81 Begr. RegE SanInsFoG, BT-Drucks. 19/24181, S. 194.

82 Hinzuweisen ist daneben auf § 15b Abs. 2 S. 3 InsO und mithin den Fall der Zustimmung eines vorläufigen Insolvenzverwalters – siehe dazu Begr. RegE SanInsFoG, BT-Drucks. 19/24181, S. 195.

83 Begr. RegE SanInsFoG, BT-Drucks. 19/24181, S. 194.

84 Siehe Begr. RegE SanInsFoG, BT-Drucks. 19/24181, S. 194 f.

mit Bezug auf atypische Personenhandelsgesellschaften herausgestellt werden.

I. Präzisierung des Anwendungsbereichs und der Normadressaten

1. Anwendungsbereich

Der Annäherung des Gläubigerschutzes bei den atypischen Personenhandelsgesellschaften an das Gläubigerschutzsystem bei den Kapitalgesellschaften liegt, wie gezeigt, die Überlegung zugrunde, dass in keinem Fall eine natürliche Person unbeschränkt für die Gesellschaftsverbindlichkeiten haftet.[85] Vor diesem Hintergrund ist der Wortlaut des § 15a Abs. 1 S. 3 Hs. 2 InsO hinsichtlich eines Aspekts zu eng.[86] Da § 15b Abs. 6 InsO an die nach § 15a Abs. 1 S. 3 und Abs. 2 InsO Antragspflichtigen anknüpft, betrifft dies ebenso den Anwendungsbereich der Zahlungsverbote. Die Ausnahmeregelung des § 15a Abs. 1 S. 3 Hs. 2 InsO muss stets dann analog angewandt werden, wenn auf einer, gleich welcher, Ebene ein persönlich haftender Gesellschafter eine natürliche Person ist.[87] Hinsichtlich der Haftung der natürlichen Person gemäß § 128 HGB für die auf den weiteren Gesellschafterebenen entstehenden Haftungsverbindlichkeiten kann auf die Einführung in diesen Teil der Arbeit verwiesen werden. Gegen eine derart erweiterte Anwendung der Ausnahmebestimmung wird eingewandt, dass dadurch bei einer Vielzahl zwischengeschalteter Gesellschafterebenen die Feststellung, ob eine natürliche Person letztlich unbe-

85 Siehe die Einführung in Teil 1.

86 Darüber hinaus bedurfte § 130a Abs. 1 S. 4 HGB in denjenigen Fällen einer analogen Anwendung, in denen eine natürliche Person nicht als persönlich haftender Gesellschafter einer an der atypischen Personenhandelsgesellschaft beteiligten OHG bzw. KG, sondern als solcher einer GbR oder einer KGaA mittelbar unbeschränkt haftete – siehe dazu *Haas*, in: Röhricht/v. Westphalen/Haas, § 130a Rn. 3; *Habersack*, in: Habersack/Schäfer, § 130a Rn. 8.

87 Siehe für § 15a Abs. 1 S. 2 Hs. 2 InsO a.F. bzw. § 15a Abs. 1 S. 3 Hs. 2 InsO *Klöhn*, in: MüKo InsO, § 15a Rn. 49; *K. Schmidt*, in: Scholz, 11. Aufl., § 64 Rn. 149; *Wertenbruch*, in: Westermann/Wertenbruch, Hdb PersG, Rn. I 1822 (Stand September 2021); siehe für § 130a Abs. 1 S. 4 HGB *Habersack*, in: Habersack/Schäfer, § 130a Rn. 8; *Hillmann*, in: EBJS, § 130a Rn. 4; a.A. (insoweit durch Wortlaut begrenzte Anwendung) *Haas*, in: Röhricht/v. Westphalen/Haas, § 130a Rn. 3; *Hoffmann/Bartlitz*, in: Heymann, § 130a Rn. 5, bzgl. § 15a Abs. 1 S. 2 Hs. 2 InsO a.F. und § 130a Abs. 1 S. 4 HGB (eng auszulegende Ausnahmevorschrift; Verschleierung der Haftungsverhältnisse würde Vorschub geleistet werden).

schränkt für die Gesellschaftsverbindlichkeiten haftet, erschwert werden würde.[88] Dieses Argument greift jedenfalls dann nicht, wenn Ansprüche der atypischen Personenhandelsgesellschaft im Rahmen des Insolvenzverfahrens vom Insolvenzverwalter geltend gemacht werden. Dieser unterliegt gerade nicht den Informationsschwierigkeiten, die möglicherweise für außenstehende Dritte bestehen.[89]

2. Normadressaten

Von der Ausnahmeregelung des § 15a Abs. 1 S. 3 Hs. 2 InsO ist die Vorschrift des § 15a Abs. 2 InsO zu unterscheiden. Dabei geht es – für die Zahlungsverbote über § 15b Abs. 6 InsO – um die Bestimmung der Adressaten der insolvenzbezogenen Verhaltenspflichten im Falle mehrstöckiger Konstruktionen.[90] Anliegen der in § 15a Abs. 2 InsO enthaltenen Regelung ist es, die in § 15a Abs. 1 S. 3 InsO vorgeschriebene Insolvenzantragspflicht und über § 15b Abs. 6 InsO mithin auch die Zahlungsverbote in jedem Fall an eine natürliche Person zu adressieren.[91] Sofern die persönlich haftenden Gesellschafter der betreffenden Personenhandelsgesellschaft ausschließlich juristische Personen in der Rechtsform einer GmbH oder AG sind, erfolgt dies bereits dadurch, dass deren organschaftliche Vertreter erfasst werden, bei denen es sich gemäß § 6 Abs. 2 GmbHG bzw. § 76 Abs. 3 S. 1 AktG zwingend um natürliche Personen handelt. Namentlich im Falle einer doppelstöckigen GmbH & Co. KG würde auf diese Weise jedoch die Komplementär-GmbH derjenigen GmbH & Co. KG erfasst werden, die als Komplementär der auf unterster Ebene befindlichen GmbH & Co. KG fungiert.[92] In derartigen Konstellationen, also wenn die andernfalls adressierten organschaftlichen Vertreter ihrerseits Gesellschaften sind, bei denen kein persönlich haftender Gesellschafter eine natürliche Person ist,

88 So *Hoffmann/Bartlitz*, in: Heymann, § 130a Rn. 5 (siehe bereits den Nachweis in Fn. 87).

89 Vgl. in anderem Zusammenhang *K. Schmidt*, DB 2011, 1149, 1154 („Informations-Insider").

90 Vgl. *Habersack*, in: Habersack/Schäfer, § 130a Rn. 13, zu § 130a Abs. 3 HGB unter Verweis auf die entsprechende Vorschrift des § 15a Abs. 2 InsO; *K. Schmidt/Herchen*, in: K. Schmidt InsO, § 15a Rn. 13.

91 Vgl. *Habersack*, in: Habersack/Schäfer, § 130a Rn 13; *Hoffmann/Bartlitz*, in: Heymann, § 130a Rn. 6 f.

92 Vgl. für dieses Bsp. nur *Habersack*, in: Habersack/Schäfer, § 130a Rn. 13; *Hillmann*, in: EBJS, § 130a Rn. 9.

werden die jeweiligen Pflichten durch § 15a Abs. 2 InsO daher auf die mittelbaren organschaftlichen Vertreter erstreckt. Ist auch der mittelbare organschaftliche Vertreter keine natürliche Person, verlagern sich die Verhaltenspflichten auf die nächst höhere oder eine darüber liegende Ebene, bis ein organschaftlicher Vertreter in Gestalt einer natürlichen Person erreicht wird.[93] Entsprechendes gilt hinsichtlich der Liquidatoren einer atypischen Personenhandelsgesellschaft, sofern es sich bei ihnen um sämtliche oder einzelne Gesellschafter handelt und diese juristische Personen sind.[94] Adressaten der insolvenzbezogenen Verhaltenspflichten sind dann die – gegebenenfalls mittelbaren – organschaftlichen Vertreter der als Liquidatoren fungierenden Gesellschafter.[95]

II. Insolvenzbezogene Kapitalerhaltung

1. Insolvenzantragspflicht

a) Funktion

Die der Insolvenzantragspflicht zugrundeliegende Überlegung ist, dass eine juristische Person bzw. eine Gesellschaft, für deren Verbindlichkeiten keine natürliche Person unbeschränkt haftet, aus dem Geschäftsverkehr gezogen werden soll, wenn deren Vermögen nicht mehr ausreicht, um die Gläubiger vollständig zu befriedigen.[96] Durch die rechtzeitige Einleitung eines Insolvenzverfahrens wird der Schutz sowohl von so genannten Altgläubigern als auch von Neugläubigern bezweckt.[97] Erstere sind die

---

93 Siehe § 15a Abs. 2 letzter Hs. InsO und nach alter Rechtslage § 130a Abs. 3 letzter Hs. HGB; vgl. daneben nur *Habersack*, in: Habersack/Schäfer, § 130a Rn. 13.

94 Vgl. *Habersack*, in: Habersack/Schäfer, § 130a Rn. 14; *Hillmann*, in: EBJS, § 130a Rn. 8 – jeweils mit Bezug auf die atypische OHG.

95 Siehe *Habersack*, in: Habersack/Schäfer, § 130a Rn. 14, mit Bezug auf die atypische OHG. Auch im Falle eines gekorenen Liquidators, der keine natürliche Person ist, sind Normadressaten dessen organschaftliche Vertreter – siehe *Habersack*, in: Habersack/Schäfer, § 130a Rn. 14; vgl. auch *Hoffmann/Bartlitz*, in: Heymann, § 130a Rn. 8.

96 Vgl. generell mit Bezug auf konkurs- bzw. insolvenzreife „Gesellschaften mit beschränktem Haftungsfonds“ BGHZ 126, 181, 194 = NJW 1994, 2220, 2223; BGH NZG 2015, 227, 228 f.; ebenso BGHZ 218, 80, 85 = NZG 2018, 625, 626.

97 Begr. RegE MoMiG, BT-Drucks. 16/6140, S. 55; mit Bezug auf § 64 Abs. 1 GmbHG in der Fassung vor dem Inkrafttreten des MoMiG (im Folgenden: a.F. vor MoMiG) BGHZ 126, 181, 190–192 = NJW 1994, 2220, 2222.

bereits bei Eintritt der materiellen Insolvenz vorhandenen Gläubiger, während Neugläubiger zu diesem Zeitpunkt noch keinen Anspruch gegen die insolvente juristische Person bzw. Gesellschaft haben.[98] Zugunsten der Altgläubiger soll verhindert werden, dass die im Insolvenzverfahren zur gleichmäßigen Gläubigerbefriedigung zur Verfügung stehende Masse verringert wird.[99] Daneben sollen Dritte, die bei Eintritt der Insolvenzreife der juristischen Person bzw. Gesellschaft noch nicht deren Gläubiger sind, davor bewahrt werden, überhaupt mit dieser in Vertragsbeziehungen zu treten und dadurch in ihren Vermögensinteressen gefährdet zu werden.[100]

b) Überblick über die Haftung wegen Insolvenzverschleppung gemäß § 823 Abs. 2 BGB iVm § 15a Abs. 1 InsO

Vor dem Inkrafttreten des SanInsFoG war in § 130a Abs. 2 S. 1 HGB im Unterschied zur Rechtslage für die Kapitalgesellschaften ein der atypischen Personenhandelsgesellschaft zugeordneter Anspruch auf Ersatz des durch die Insolvenzverschleppung verursachten Schadens gegen die Adressaten der Insolvenzantragspflicht vorgesehen. Mit Bezug auf den Ersatz des sogleich zu erläuternden Gesamtgläubigerschadens wurde im Schrifttum verbreitet eine Subsidiarität des Direktanspruchs der Gläubiger nach § 823 Abs. 2 BGB iVm § 15a Abs. 1 S. 2 InsO a.F. gegenüber dem Anspruch aus § 130a Abs. 2 S. 1 HGB befürwortet.[101] Infolge der Aufhebung

98 Siehe für diese Differenzierung nur BGHZ 126, 181, 192 = NJW 1994, 2220, 2222 (bzgl. § 64 Abs. 1 GmbHG a.F. vor MoMiG). Ob sich die Kategorisierung nach dem Zeitpunkt richtet, in dem das Vertragsverhältnis begründet worden ist oder ob es auf den Zeitpunkt der Kreditgewährung ankommt, wird uneinheitlich beurteilt – siehe für erstgenannte Auffassung OLG Hamburg ZIP 2007, 2318; in diese Richtung deutet auch Begr. RegE MoMiG, BT-Drucks. 16/6140, S. 55 („Vertragsabschluss"); siehe für letztgenannte Auffassung etwa BGH NZG 2009, 280; *Haas*, in: Röhricht/v. Westphalen/Haas, § 130a Rn. 43; *Habersack*, in: Habersack/Schäfer, § 130a Rn. 43; mitunter werden diese Aspekte auch vermengt – so in BGHZ 126, 181, 192 f. = NJW 1994, 2220, 2222 (bzgl. § 64 Abs. 1 GmbHG a.F. vor MoMiG).

99 Vgl. zunächst nur Begr. RegE MoMiG, BT-Drucks. 16/6140, S. 55.

100 Vgl. BGHZ 126, 181, 192–194 = NJW 1994, 2220, 2222 f. (bzgl. § 64 Abs. 1 GmbHG a.F. vor MoMiG sowie generell konkursreifer „Gesellschaften mit beschränktem Haftungsfonds" (BGHZ 126, 181, 194)); siehe dazu auch die weiteren Nachweise in Fn. 96; siehe daneben nur *Habersack*, in: Habersack/Schäfer, § 130a Rn. 2.

101 *Haas*, in: Röhricht/v. Westphalen/Haas, § 130a Rn. 41; *Habersack*, in: Habersack/Schäfer, § 130a Rn. 41; *Hillmann*, in: EBJS, § 130a Rn. 37. Der Anspruch

von § 130a HGB durch das SanInsFoG gewinnt der Anspruch aus § 823 Abs. 2 BGB auch bei atypischen Personenhandelsgesellschaften jedenfalls theoretisch an Relevanz.[102] Nach nahezu einhelliger Auffassung in der Rechtsprechung und im Schrifttum handelt es sich bei § 15a InsO um ein Schutzgesetz im Sinne von § 823 Abs. 2 BGB.[103] Der Rechtsprechung des BGH zufolge ist hinsichtlich des gemäß § 823 Abs. 2 BGB wegen Insolvenzverschleppung ersatzfähigen Schadens zwischen Alt- und Neugläubigern zu differenzieren. Altgläubiger haben demnach einen Anspruch auf Ersatz ihres Quotenschadens.[104] Dabei handelt es sich um denjenigen Betrag, um den die Insolvenzquote wegen verspäteter Antragstellung vermindert worden ist.[105] Im Rahmen eines Insolvenzverfahrens ist der Quotenschaden als Gesamtgläubigerschaden gemäß § 92 S. 1 InsO vom Insolvenzverwalter geltend zu machen.[106] Demgegenüber ist der Anspruch der Neugläubiger der Rechtsprechung des BGH zufolge nicht auf den Ersatz

---

der atypischen Personenhandelsgesellschaft wegen Insolvenzverschleppung aus § 130a Abs. 2 S. 1 HGB bezog sich auf den Gesamtgläubigerschaden – siehe dazu BGH NZG 2007, 462, 463 („Quotenschaden"); *Habersack*, in: Habersack/Schäfer, § 130a Rn. 34.

102 Nach der soeben im Text genannten, zur alten Rechtslage vertretenen Auffassung kam dem Direktanspruch aus § 823 Abs. 2 BGB im Rahmen eines Insolvenzverfahrens nur für den Ersatz der Individualschäden der Neugläubiger eine eigenständige Bedeutung zu – vgl. *Haas*, in: Röhricht/v. Westphalen/Haas, § 130a Rn. 41; *Habersack*, in: Habersack/Schäfer, § 130a Rn. 41; siehe zum Aspekt der Individualschäden der Neugläubiger sogleich im Text.

103 BGHZ 218, 80, 85 = NZG 2018, 625, 626; *Klöhn*, in: MüKo InsO, § 15a Rn. 140 m.w.N.; siehe auch Begr. RegE SanInsFoG, BT-Drucks. 19/24181, S. 196; a.A. namentlich *Altmeppen*, ZIP 2001, 2201, 2205 f. (zur Rechtslage vor dem Inkrafttreten des MoMiG: Vorschriften über Insolvenzantragspflicht keine Schutzgesetze); *ders.*, GmbHG, Vor § 64 GmbHG Rn. 120 f. (noch bzgl. der Rechtslage vor dem Inkrafttreten des SanInsFoG: Insolvenzantragspflicht und Zahlungsverbote bei Insolvenzreife seien entweder insgesamt Schutzgesetze oder insgesamt keine Schutzgesetze).

104 BGHZ 126, 181, 190 = NJW 1994, 2220, 2222 (bzgl. § 64 Abs. 1 GmbHG a.F. vor MoMiG); BGH NZG 2009, 280 (bzgl. § 64 Abs. 1 GmbHG und § 130a Abs. 1 HGB – beide a.F. vor MoMiG). Für Altgläubiger wird nicht zwischen vertraglichen und gesetzlichen Ansprüchen unterschieden – vgl. BGH NZG 2009, 280; *Spindler*, in: MüKo AktG, § 92 Rn. 95; siehe demgegenüber für Neugläubiger unten bei Fn. 109.

105 BGHZ 126, 181, 190 = NJW 1994, 2220, 2222 (bzgl. § 64 Abs. 1 GmbHG a.F. vor MoMiG).

106 *Gehrlein*, in: MüKo InsO, § 92 Rn. 9 f.; *Klöhn*, in: MüKo InsO, § 15a Rn. 253; *K. Schmidt*, in: K. Schmidt InsO, § 92 Rn. 16 (bzgl. des Quotenschadens nach dem Verständnis der h.M.); vgl. BGHZ 138, 211, 214 = NJW 1998, 2667, 2668 (bzgl. § 64 Abs. 1 GmbHG a.F. vor MoMiG).

des Quotenschadens begrenzt.[107] Neugläubiger haben vielmehr Anspruch auf Ersatz ihres Vertrauensschadens.[108] Dies gilt nach herrschender Auffassung angesichts des auf Neugläubiger bezogenen Schutzzwecks der Insolvenzantragspflicht jedoch nur für die vertraglichen Neugläubiger.[109] Jene können ihren Vertrauensschaden auch während des Insolvenzverfahrens selbständig gegenüber der Gesellschaft geltend machen.[110] Eine dazu konkurrierende Berechtigung des Insolvenzverwalters zur Geltendmachung eines Quotenschadens besteht nach der Rechtsprechung des BGH nicht.[111]

2. Zahlungsverbote

a) Überblick

Mit Blick auf atypische Personenhandelsgesellschaften und der seit dem Inkrafttreten des SanInsFoG geltenden Rechtslage dürfen die nach § 15a Abs. 1 S. 3 und Abs. 2 InsO Antragspflichtigen[112] gemäß § 15b Abs. 1 iVm Abs. 6 InsO bei bereits bestehender Zahlungsunfähigkeit oder Überschul-

107 BGHZ 126, 181, 192–198 = NJW 1994, 2220, 2222–2224; BGHZ 138, 211, 214 = NJW 1998, 2667 – jeweils bzgl. § 64 Abs. 1 GmbHG a.F. vor MoMiG.

108 BGHZ 126, 181, 201 = NJW 1994, 2220, 2224; BGHZ 138, 211, 214 = NJW 1998, 2667; BGHZ 164, 50, 60 = NZG 2005 886, 889 – jeweils bzgl. § 64 Abs. 1 GmbHG a.F. vor MoMiG.

109 BGHZ 164, 50, 60–62 = NZG 2005, 886, 889 (bzgl. § 64 Abs. 1 GmbHG a.F. vor MoMiG); BGH NZG 2009, 280 (bzgl. § 64 Abs. 1 GmbHG und § 130a Abs. 1 HGB – beide a.F. vor MoMiG); *Haas*, in: Röhricht/v. Westphalen/Haas, § 130a Rn. 43; siehe auch *K. Schmidt*, in: MüKo HGB, § 130a Rn. 18; dagegen auch bzgl. deliktischer Neugläubiger für Ersatzfähigkeit des vollen Schadens *Reiff/Arnold*, ZIP 1998, 1893, 1896–1898; *Spindler*, in: MüKo AktG, § 92 Rn. 95.

110 BGHZ 126, 181, 201 = NJW 1994, 2220, 2224; BGHZ 138, 211, 214 = NJW 1998, 2667 – jeweils bzgl. § 64 Abs. 1 GmbHG a.F. vor MoMiG.

111 BGHZ 138, 211, 214 = NJW 1998, 2667, 2668 (bzgl. § 64 Abs. 1 GmbHG a.F. vor MoMiG); a.A. namentlich *K. Schmidt*, in: MüKo HGB, § 130a Rn. 19 (Geltendmachung „des für alle Insolvenzgläubiger einheitlichen Quotenschadens" durch den Insolvenzverwalter nach § 92 InsO; selbständige Geltendmachung eines darüber hinausgehenden Individualschadens durch Neugläubiger); zustimmend etwa *Casper*, in: Habersack/Casper/Löbbe, Anh § 62 Rn. 220 f. (a.A. jedoch hinsichtlich der dogmatischen Grundlage des Individualanspruchs vertraglicher Neugläubiger, siehe a.a.O. Rn. 226).

112 Außer Betracht bleiben soll die Frage, inwieweit § 15a Abs. 3 InsO auch auf Gesellschaften iSv § 15a Abs. 1 S. 3 InsO Anwendung findet, ebenso wie die auf eine analoge Anwendung von § 15a Abs. 3 InsO aufbauende Frage, ob die darin in Bezug genommenen Personen auch Adressaten der Zahlungsverbote

dung der Gesellschaft keine Zahlungen leisten, sofern diese nicht mit der Sorgfalt eines ordentlichen und gewissenhaften Geschäftsleiters vereinbar sind. Verboten sind gemäß § 15b Abs. 5 S. 1 iVm Abs. 6 InsO, vorbehaltlich der Ausnahme bei Beachtung der nach § 15b Abs. 1 S. 2 InsO maßgeblichen Sorgfalt, außerdem Zahlungen an Gesellschafter, die zur Zahlungsunfähigkeit der Gesellschaft führen mussten. Letztgenanntes Zahlungsverbot beschränkt mithin spezifisch Vermögensverlagerungen auf die Gesellschafter.[113]

In beiden Fällen ist der Zahlungsbegriff nicht auf Geldleistungen beschränkt, sondern weit zu verstehen.[114] Insoweit ergeben sich aufgrund der rechtsformneutralen Fassung der Zahlungsverbote unter gleichzeitiger Verlagerung in die InsO durch das SanInsFoG keine Unterschiede zur vorherigen Rechtslage.[115] Vom Zahlungsverbot bei Insolvenzreife sind grundsätzlich sämtliche die hypothetische[116] Insolvenzmasse schmälernde Leistungen erfasst.[117] Nach herrschender Meinung bedarf es jedoch einer Verringerung des Aktivvermögens.[118] Im Falle des Zahlungsverbots nach § 15b Abs. 5 S. 1 InsO ist dessen Zweck zu berücksichtigen, der darin besteht, die Verursachung der Zahlungsunfähigkeit der Gesellschaft zu vermeiden.[119] Angesichts dessen sind tatbestandlich nur solche Leistungen

---

sind – siehe dazu für die Rechtslage vor dem Inkrafttreten des SanInsFoG nur *Habersack*, in: Habersack/Schäfer, § 130a Rn. 15 mit Rn. 28.

113 Vgl. BGHZ 219, 98, 106 = NJW 2018, 2494, 2496 (bzgl. § 64 S. 3 GmbHG).

114 Siehe für das Zahlungsverbot bei Insolvenzreife BGH NJW 2009, 1598, 1599 (bzgl. § 130a Abs. 2 HGB a.F. vor MoMiG); siehe daneben nur *Habersack*, in: Habersack/Schäfer, § 130a Rn. 26; *K. Schmidt*, in: MüKo HGB, § 130a Rn. 30; siehe für das Verbot von zur Zahlungsunfähigkeit führenden Zahlungen zunächst nur Begr. RegE MoMiG, BT-Drucks. 16/6140, S. 46.

115 Siehe Begr. RegE SanInsFoG, BT-Drucks. 19/24181, S. 194, 196.

116 Deutlich *Haas*, in: Röhricht/v. Westphalen/Haas, § 130a Rn. 15a.

117 Vgl. BGH NJW 2009, 1598, 1599 (bzgl. § 130a Abs. 2 HGB a.F. vor MoMiG); siehe bzgl. § 130a Abs. 1 S. 1 HGB *Haas*, in: Röhricht/v. Westphalen/Haas, § 130a Rn. 15a; *Habersack*, in: Habersack/Schäfer, § 130a Rn. 26; *K. Schmidt*, in: MüKo HGB, § 130a Rn. 30; *Servatius*, in: Henssler/Strohn, HGB, § 130a Rn. 10.

118 Siehe nur BGH NZG 2017, 1034, 1035 (bzgl. § 64 S. 1 GmbHG); *Haas*, in: Röhricht/v. Westphalen/Haas, § 130a Rn. 16; *Habersack*, in: Habersack/Schäfer, § 130a Rn. 26; a.A. etwa *Servatius*, in: Henssler/Strohn, HGB, § 130a Rn. 10, 21a (für beide Zahlungsverbote: auch Eingehung einer Verbindlichkeit unter den Zahlungsbegriff subsumierbar).

119 Siehe zum Normzweck *Habersack*, in: Habersack/Schäfer, § 130a Rn. 2, 30; ähnlich *Casper*, in: Habersack/Casper/Löbbe, Anh § 62 Rn. 187; *Greulich/Bunnemann*, NZG 2006, 681, 684.

erfasst, die dem Gesellschaftsvermögen letztlich Liquidität entziehen.[120] Eine Verringerung des Aktivvermögens muss damit nicht notwendigerweise einhergehen.[121]

b) Einordnung der Zahlungsverbote in das System insolvenzbezogener Verhaltenspflichten

(1) Verhältnis zwischen der Insolvenzantragspflicht und dem Verbot von Zahlungen bei Insolvenzreife der Gesellschaft

(a) Streit über die dogmatischen Grundlagen

Bekanntlich ist das Verhältnis des Verbots von Zahlungen bei Insolvenzreife der Gesellschaft zur Insolvenzantragspflicht und mithin das Verhältnis zwischen der Haftung wegen Insolvenzverschleppung und wegen verbotswidriger Zahlungen umstritten.

In ständiger Rechtsprechung knüpft der BGH ebenso wie das überwiegende Schrifttum tatbestandlich und dementsprechend auch für die Rechtsfolge von verbotswidrigen Zahlungen an die einzelnen Zahlungen an.[122] Der Zweck dieses Zahlungsverbots samt korrespondierender Erstattungspflicht bestehe darin, Masseschmälerungen im Vorfeld des Insolvenzverfahrens zu verhindern und im Falle einer Verletzung dieser Massesicherungspflicht das Gesellschaftsvermögen wiederaufzufüllen, damit es im Insolvenzverfahren zur ranggerechten und gleichmäßigen Befriedigung sämtlicher Gesellschaftsgläubiger zur Verfügung stehe.[123] Voraussetzung für die Erstattungspflicht ist mithin grundsätzlich die Eröffnung des Insol-

---

120 Vgl. Begr. RegE MoMiG, BT-Drucks. 16/6140, S. 46; *Habersack*, in: Habersack/Schäfer, § 130a Rn. 30; *Greulich/Bunnemann*, NZG 2006, 681, 684.

121 Deutlich *Habersack*, in: Habersack/Schäfer, § 130a Rn. 30.

122 Siehe zunächst nur BGH NZG 2007, 462, 463 (bzgl. § 130a Abs. 2 HGB a.F. vor MoMiG); BGHZ 203, 218, 221 = NZG 2015, 149, 150 (bzgl. § 130a Abs. 1 S. 1 HGB); siehe daneben statt vieler *Goette*, ZInsO 2005, 1, 2–4; *Habersack*, in: Habersack/Schäfer, § 130a Rn. 25; *H.-F. Müller*, in: MüKo GmbHG, § 64 Rn. 141.

123 Siehe nur BGHZ 146, 264, 278 = NJW 2001, 1280, 1283 (bzgl. § 64 Abs. 2 GmbHG a.F. vor MoMiG); BGH NZG 2015, 101, 102 (bzgl. § 64 Abs. 2 GmbHG a.F. vor MoMiG mit Verweis auf das identische Zahlungsverbot des § 64 S. 1 GmbHG); BGHZ 203, 218, 220 = NZG 2015, 149 (bzgl. § 130a Abs. 1 S. 1 HGB); siehe aus dem Schrifttum nur *Goette*, ZInsO 2005, 1, 3; *Habersack/Foerster*, ZHR 178 (2014), 387, 395 f.

venzverfahrens.[124] Nach der Rechtsprechung des BGH besteht die Erstattungspflicht jedoch auch bei Ablehnung des Eröffnungsantrags mangels Masse.[125]

Der herrschenden Auffassung zufolge ist die Pflicht zum Ersatz verbotswidrig geleisteter Zahlungen im Unterschied zur Haftung wegen Verletzung der Insolvenzantragspflicht unabhängig von einem Quotenschaden.[126] Stattdessen seien die einzelnen Zahlungen ungekürzt, insbesondere ohne Abzug der hypothetischen Insolvenzquote des Leistungsempfängers zu erstatten.[127] Der BGH sucht eine Bereicherung der Masse unter anderem dadurch zu verhindern, dass dem Erstattungspflichtigen im Urteil über die Erstattungspflicht das Recht vorzubehalten ist, seine Gegenansprüche nach Erstattung an die Masse gegen den Insolvenzverwalter zu verfolgen.[128] Diese decken sich nach Rang und Höhe mit denjenigen Beträgen, die die Zahlungsempfänger im Insolvenzverfahren erhalten hätten.[129]

Diesem Verständnis steht die – wenngleich im Einzelnen mit deutlichen konzeptionellen Unterschieden befürwortete – Auffassung gegenüber, dass die Haftung wegen verbotswidriger Zahlungen bei Insolvenzreife in der

---

124 BGH NJW 2001, 304, 305 (bzgl. § 64 Abs. 2 GmbHG a.F. vor MoMiG).

125 BGH NJW 2001, 304, 305 (bzgl. § 64 Abs. 2 GmbHG a.F. vor MoMiG); da in jenem Fall aber der insolvenzrechtliche Aspekt der verhältnismäßigen Gläubigerbefriedigung keine ausschlaggebende Rolle spielen könne, sei dem einzelnen Gläubiger der Zugriff auf den der Gesellschaft zugeordneten Ersatzanspruch im Wege der Einzelzwangsvollstreckung eröffnet (siehe a.a.O.). Auch die Haftung wegen zur Zahlungsunfähigkeit führenden Zahlungen kann nicht davon abhängen, ob das Insolvenzverfahren eröffnet oder mangels Masse abgelehnt wird – vgl. nur *Haas*, in: Noack/Servatius/Haas, § 64 (aufgehoben) Rn. 36; *H.-F. Müller*, in: MüKo GmbHG, § 64 Rn. 191, 198; dies ergibt sich nicht nur aus dem vom BGH herangezogenen Größenargument (BGH NJW 2001, 304, 305: keine Haftungsfreistellung „in diesem besonders krassen Fall einer Vermögensverschlechterung"), sondern bereits daraus, dass gerade die Verursachung der Insolvenz vermieden werden soll – siehe dazu bereits oben bei Fn. 119.

126 Siehe nur BGH NZG 2007, 462, 463 (bzgl. § 130a Abs. 2 HGB a.F. vor MoMiG); *Goette*, ZInsO 2005, 1, 3 f.

127 BGHZ 146, 264, 278 f. = NJW 2001, 1280, 1283 (bzgl. § 64 Abs. 2 GmbHG a.F. vor MoMiG); BGH NZG 2007, 678, 679 f. (bzgl. § 130a Abs. 3 S. 1 HGB a.F. vor MoMiG); aus dem Schrifttum statt vieler *H.-F. Müller*, in: MüKo GmbHG, § 64 Rn. 167 f.

128 BGHZ 146, 264, 279 = NJW 2001, 1280, 1283 (bzgl. § 64 Abs. 2 GmbHG a.F. vor MoMiG); vgl. *Goette*, ZInsO 2005, 1, 4 f.

129 BGHZ 146, 264, 279 = NJW 2001, 1280, 1283 (bzgl. § 64 Abs. 2 GmbHG a.F. vor MoMiG).

Insolvenzverschleppungshaftung aufgehe.[130] Die insoweit bestehenden Divergenzen lassen sich anhand prominenter Stimmen aus dem Schrifttum verdeutlichen. So vertritt zum einen *K. Schmidt* unter der Bezeichnung als „Einheitsbetrachtung“[131] bzw. „Einheitsmodell“[132] die Auffassung, dass die Insolvenzantragspflicht und das Verbot von Zahlungen während der Insolvenzreife Ausdruck eines einheitlichen Gläubigerschutzkonzepts im Sinne eines Verbots der Gläubigerschädigung durch „wrongful trading“ nach Eintritt der materiellen Insolvenz seien.[133] Dementsprechend handele es sich bei der wegen verbotswidriger Zahlung geschuldeten Ersatzleistung um einen Bestandteil des Schadensersatzes wegen Insolvenzverschleppung.[134] Umgekehrt befürworten *Altmeppen* und *Wilhelm* einen einheitlichen Ersatzanspruch nicht ausgehend von der Insolvenzantragspflicht, sondern vom Verbot insolvenzvertiefender Zahlungen.[135] Verboten und mithin von der Ausgleichspflicht betroffen seien nicht die einzelnen Zahlungen, sondern dass der Geschäftsführer bei Eintritt der materiellen Insolvenz die werbende Tätigkeit der Gesellschaft fortführe.[136] Im Sinne eines umfassenden Anspruchs der Gesellschaft wegen Insolvenzverschleppung sei die Ersatzpflicht darauf gerichtet, die Masse zur quotalen Gläubigerbefriedigung wiederherzustellen.[137]

(b) Beurteilung des Verhältnisses unter Berücksichtigung der Rechtslage vor und nach dem Inkrafttreten des SanInsFoG

Seit dem Inkrafttreten des SanInsFoG ist die Haftung wegen verbotswidriger Zahlungen rechtsformunabhängig in § 15b Abs. 4 InsO geregelt. Gemäß § 15b Abs. 4 S. 1 InsO sind die nach § 15a Abs. 1 S. 1 InsO Antrags-

---

130 Vgl. Formulierung von *Kleindiek*, in: Lutter/Hommelhoff, § 64 Rn. 4.

131 *K. Schmidt*, in: MüKo HGB, § 130a Rn. 8 (Hervorhebung im Original nicht übernommen).

132 *K. Schmidt*, in: Scholz, 11. Aufl., § 64 Rn. 16 (Hervorhebung im Original nicht übernommen).

133 *K. Schmidt*, in: MüKo HGB, § 130a Rn. 6, 8; *ders.*, in: Scholz, 11. Aufl., § 64 Rn. 10 f., 16.

134 *K. Schmidt*, in: MüKo HGB, § 130a Rn. 8, 39; *ders.*, in: Scholz, 11. Aufl., § 64 Rn. 11, 16, 68.

135 *Altmeppen*, GmbHG, § 64 Rn. 43; *ders.*, ZIP 2001, 2201, 2206 f.; *Altmeppen/Wilhelm*, NJW 1999, 673, 678–680.

136 *Altmeppen/Wilhelm*, NJW 1999, 673, 678.

137 *Altmeppen/Wilhelm*, NJW 1999, 673, 679; siehe auch *Altmeppen*, GmbHG, § 64 Rn. 43, 45, 47; *dens.*, ZIP 2001, 2201, 2207 f.

pflichtigen im Falle von gegen § 15b Abs. 1 InsO verstoßenden Zahlungen gegenüber der juristischen Person zur Erstattung verpflichtet. Über § 15b Abs. 6 InsO finden die Haftungsbestimmungen des § 15b Abs. 4 InsO unter anderem auch mit Bezug auf die bei einer atypischen Personenhandelsgesellschaft Antragspflichtigen Anwendung. Ausweislich der Begründung zum Regierungsentwurf des SanInsFoG soll durch die neue Regelung zur Haftung wegen verbotswidriger Zahlungen der „bestehende Streit über die Rechtsnatur des Anspruchs und insbesondere darüber, ob es sich um einen Schadensersatzanspruch oder einen Anspruch eigener Art handelt, [...] nicht abschließend entschieden werden".[138] Vor diesem Hintergrund erscheint es sinnvoll, das Verhältnis zwischen der Insolvenzantragspflicht und dem Zahlungsverbot bei Insolvenzreife zunächst in der Fassung der Regelungen der Zahlungsverbote nach der Rechtslage vor dem Inkrafttreten des SanInsFoG zu beurteilen. Erst anschließend soll es um die Veränderung durch die in § 15b Abs. 4 InsO enthaltenen Bestimmungen gehen.

Angesichts des mit diesem Teil der Arbeit verfolgten Ziels soll freilich nicht auf Grundlage einer vertieften Auseinandersetzung mit der einschlägigen Diskussion in Rechtsprechung und Schrifttum Stellung zum dargestellten Streit bezogen werden. Stattdessen muss es mit Blick zunächst nur auf die vor dem Inkrafttreten des SanInsFoG geltende Rechtslage bei den folgenden, für die herrschende Auffassung sprechenden Aspekten bleiben.

Zum einen wird im Schrifttum für eine eigenständige Bedeutung des Zahlungsverbots im Vergleich zur Insolvenzantragspflicht überzeugend auf § 42 Abs. 2 S. 2 BGB hingewiesen.[139] Darin ist die Haftung der Vorstandsmitglieder eines Vereins wegen Verletzung der in § 42 Abs. 2 S. 1 BGB angeordneten Insolvenzantragspflicht vorgesehen und der Anspruch den Gläubigern zugeordnet, ohne dass die Normadressaten zugleich den insolvenzbezogenen Zahlungsverboten unterliegen.[140]

Daneben wurde die eigenständige Bedeutung des Zahlungsverbots besonders durch das MoMiG unterstrichen.[141] Dies geschah einerseits durch

---

138 Begr. RegE SanInsFoG, BT-Drucks 19/24181, S. 195.

139 *Habersack/Foerster*, ZHR 178 (2014), 387, 394; zustimmend *H.-F. Müller*, DB 2015, 723, 724.

140 Siehe dazu auch BGH NZG 2010, 625, wonach es für eine Analogie zu den entsprechenden, die GmbH, AG bzw. Genossenschaft betreffenden Vorschriften an einer planwidrigen Regelungslücke fehle.

141 Vgl. *Fleischer*, in: Spindler/Stilz, § 92 Rn. 21; *Habersack/Foerster*, ZHR 178 (2014), 387, 395; *Kleindiek*, in: Lutter/Hommelhoff, § 64 Rn. 4; *H.-F. Müller*, DB 2015, 723, 724; a.A. *K. Schmidt*, in: Scholz, 11. Aufl., § 64 Rn. 16, 21: der Zusammenhang zwischen der Insolvenzantragspflicht und dem Zahlungsverbot sei vor

die Verlagerung der Insolvenzantragspflicht in die InsO.[142] Vor dem Inkrafttreten des SanInsFoG bestand mithin zwischen der Insolvenzantragspflicht und dem Verbot insolvenzvertiefender Zahlungen nicht nur in sprachlicher, sondern auch in rechtssystematischer Hinsicht eine Differenzierung. Diesem Aspekt allein konnte man vielleicht noch kein ausreichendes Gewicht beimessen.[143] Hinzukam allerdings die Einführung der besonderen Zahlungsverbote im Vorfeld der Insolvenz der jeweiligen juristischen Person bzw. Gesellschaft.[144] Dass diese nicht konzeptionell mit der Insolvenzantragspflicht zusammenhängen, ergibt sich aus deren Anwendbarkeit vor Eintritt der Insolvenzreife und dementsprechend dem abweichenden Normzweck.[145] Dieser besteht nicht darin, die künftige Insolvenzmasse zu sichern, sondern die Insolvenz zu vermeiden.[146] Das Verbot von zur Zahlungsunfähigkeit führenden Zahlungen ist aber nach wie vor nicht nur rechtssystematisch in unmittelbarem Zusammenhang mit dem Verbot insolvenzvertiefender Zahlungen geregelt, sondern knüpft auch in seinem Wortlaut an letztgenanntes Zahlungsverbot an. Den Zahlungsbegriff dennoch konzeptionell unterschiedlich zu verstehen, leuchtet vor diesem Hintergrund jedenfalls nach der Rechtslage vor dem Inkrafttreten des SanInsFoG nicht ein.[147]

Mit Blick nun auf die geltende Rechtslage ist der Anspruch nach § 15b Abs. 4 S. 1 InsO ausweislich der Begründung zum Regierungsentwurf des SanInsFoG „auf den Ersatz der Zahlungen gerichtet“.[148] Im Ausgangspunkt entspricht dies der herrschenden Auffassung, es wird also tatbestandlich und mithin auch für die Folge einer Verletzung an die einzelnen Zahlungen angeknüpft. An dieser Stelle bleibt die neue Haftungsvorschrift

---

dem MoMiG deutlicher gewesen, die Gestaltung des Gesetzes habe an der Sinneinheit jedoch nichts geändert; siehe auch *dens.*, ZHR 175 (2011), 433, 437.

142 Vgl. *Habersack/Foerster*, ZHR 178 (2014), 387, 395; zustimmend *H.-F. Müller*, DB 2015, 723, 724.

143 Vgl. *K. Schmidt*, in: Scholz, 11. Aufl., § 64 Rn. 21 („redaktionelle Gestaltung des Gesetzes“).

144 Art. 1 Nr. 43 b) bb), Art. 3 Nr. 12 c) bb), Art. 5 Nr. 11 b) MoMiG, BGBl. 2008 I S. 2026, 2031, 2033–2035.

145 Siehe zur eigenständigen Funktion dieses Zahlungsverbots gegenüber der Insolvenzantragspflicht und zur Anknüpfung an die einzelnen Zahlungen *Casper*, in: Habersack/Casper/Löbbe, Anh § 62 Rn. 190 mit Rn. 187; *Habersack*, in: Habersack/Schäfer, § 130a Rn. 29 f.; *K. Schmidt*, in: MüKo HGB, § 130a Rn. 26.

146 Siehe die Nachweise in Fn. 119.

147 So für die vorherige Rechtslage auch *H.-F. Müller*, DB 2015, 723, 724; vgl. auch *Habersack/Foerster*, ZHR 178 (2014), 387, 395.

148 Begr. RegE SanInsFoG, BT-Drucks. 19/24181, S. 195.

jedoch nicht stehen. Vielmehr heißt es in § 15b Abs. 4 S. 2 InsO: „Ist der Gläubigerschaft der juristischen Person ein geringerer Schaden entstanden, beschränkt sich die Ersatzpflicht auf den Ausgleich dieses Schadens." Mit Blick auf § 15b Abs. 4 S. 1 und S. 2 InsO heißt es in der Begründung zum Regierungsentwurf des SanInsFoG, dass dieser Ansatz auf die „Vermutung eines Gesamtgläubigerschadens in Höhe der verbotswidrig geleisteten Zahlungen" hinauslaufe.[149] Gelinge dem Ersatzpflichtigen „der Gegenbeweis eines die einzelnen Zahlungen unterschreitenden Gesamtschadens", bedürfe es nach der Entwurfsbegründung künftig nicht der Konstruktion eines im Urteil über die Ersatzpflicht vorzubehaltenden Verfolgungsrechts hinsichtlich der Gegenansprüche des Ersatzpflichtigen.[150]

Wenngleich im Ausgangspunkt die Erstattungspflicht ungekürzt in Höhe der verbotswidrigen Zahlungen besteht, so nähert sich der Gesetzgeber mit § 15b Abs. 4 S. 2 InsO doch an diejenige Auffassung zum Verhältnis zwischen der Insolvenzantragspflicht und dem Verbot insolvenzvertiefender Zahlungen an, welche die Haftung wegen verbotswidriger Zahlungen als Teil der Haftung wegen Insolvenzverschleppung versteht.[151] Als Zweck der Zahlungsverbote ist in der Begründung zum Regierungsentwurf des SanInsFoG allein die Masseerhaltung im Interesse der Gläubiger genannt.[152] Aus dem Zusammenhang ergibt sich, dass damit die ehemals noch in den jeweiligen Gesetzen geregelten Zahlungsverbote bei Insolvenzreife gemeint sind.[153] Die in der Rechtsprechung des BGH ebenfalls angenommene Funktion der Gläubigergleichbehandlung[154] wird nicht erwähnt. Was die Masseerhaltung anbelangt, deckt sich nach der Rechtsprechung des BGH der Zweck des Zahlungsverbots bei Insolvenzreife hinsichtlich der Altgläubiger mit dem Zweck der Insolvenzantragspflicht.[155] Im Einklang damit müsste der nach § 15b Abs. 4 S. 2 InsO zu beweisende Schaden dem bereits über § 823 Abs. 2 BGB wegen Insolvenzverschleppung ersatzfähigen Gesamtgläubigerschaden entsprechen. Das Verbot von Zahlungen bei Insolvenzreife hat auf Grundlage dieser Annah-

149 Begr. RegE SanInsFoG, BT-Drucks. 19/24181, S. 195.

150 Begr. RegE SanInsFoG, BT-Drucks. 19/24181, S. 195; siehe zum Vorbehalt des Verfolgungsrechts nach der Rspr. des BGH bereits oben bei den Fn. 128 f.

151 So auch *Bitter*, GmbHR 2020, 1157, 1158.

152 Begr. RegE SanInsFoG, BT-Drucks. 19/24181, S. 195.

153 Siehe den Bezug auf § 64 S. 1 GmbHG und die parallelen Vorschriften in der Begr. RegE SanInsFoG, BT-Drucks. 19/24181, S. 195.

154 Siehe BGHZ 203, 218, 220 = NZG 2015, 149 m.w.N. zur Rspr. des BGH.

155 Siehe insoweit zum Zweck der Insolvenzantragspflicht und der Ersatzfähigkeit des Quotenschadens gem. § 823 Abs. 2 BGB bereits oben bei den Fn. 99, 104 f.

me noch insoweit eine über die Insolvenzantragspflicht hinausgehende Bedeutung, als mangels Gegenbeweises der Ersatzpflichtigen grundsätzlich die Summe der verbotswidrigen Zahlungen ungekürzt zu erstatten ist. Damit kommt der separaten Regelung des Zahlungsverbots samt Erstattungspflicht neben der Insolvenzantragspflicht und der Haftung wegen Insolvenzverschleppung eine Funktion zu, die *K. Schmidt* bereits vor dem Inkrafttreten des SanInsFoG angenommen hat.[156] Mit Bezug auf die ehemalige Rechtslage werde *K. Schmidt* zufolge zugunsten desjenigen, der den Gesamtgläubigerschaden wegen Insolvenzverschleppung geltend macht, die Darlegungs- und Beweislast erleichtert.[157] So sei eine auf den Ersatz der einzelnen Zahlungen gerichtete Klage schlüssig, aber nicht ohne Weiteres begründet, weil der Gegenbeweis eines geringeren Gesamtgläubigerschadens möglich sei.[158]

(2) Verbot von zur Zahlungsunfähigkeit der Gesellschaft führenden Zahlungen

Der dargestellte Streit bezieht sich nur auf das Verhältnis zwischen der Insolvenzantragspflicht und dem Verbot von Zahlungen bei Insolvenzreife. Dass es sich demgegenüber bei dem Verbot von Zahlungen im Vorfeld der Insolvenzreife um eine von der Insolvenzantragspflicht konzeptionell unabhängige Verhaltenspflicht handelt, ist unter Verweis auf die voneinander abweichenden Normzwecke bereits gesagt worden. Auch Befürworter der Auffassung, dass sich die Haftung wegen verbotswidriger Zahlungen bei Insolvenzreife jedenfalls nicht von vornherein auf den Ersatz der einzelnen Zahlungen beläuft, stellen insoweit auf die einzelnen, zur Zahlungsunfähigkeit der juristischen Person bzw. Gesellschaft führenden Zahlungen ab.[159]

In § 15b Abs. 5 S. 1 InsO wird jedoch auf den gesamten § 15b Abs. 4 InsO Bezug genommen, mithin auch auf dessen S. 2. In Anbetracht der Begründung zum Regierungsentwurf des SanInsFoG erscheint dies

156 *K. Schmidt*, in: Scholz, 11. Aufl., § 64 Rn. 16.

157 *K. Schmidt*, in: Scholz, 11. Aufl., § 64 Rn. 16, 63, 68.

158 *K. Schmidt*, in: Scholz, 11. Aufl., § 64 Rn. 68 f.; siehe demgegenüber *Goette*, ZInsO 2005, 1, 3, mit Bezug auf die Rspr. des II. Zivilsenats des BGH: dem Geschäftsführer sei es überlassen, darzulegen und zu beweisen, dass keine Masseschmälerung erfolgt sei.

159 Siehe *Casper*, in: Habersack/Casper/Löbbe, Anh § 62 Rn. 190; *K. Schmidt*, in: MüKo HGB, § 130a Rn. 25 f., 42, 48.

fragwürdig. Darin wird der mit § 15b Abs. 4 S. 1 und S. 2 InsO gewählte Ansatz unter Verweis auch auf die §§ 64 S. 1 GmbHG, 92 Abs. 2 S. 1 AktG und § 99 S. 1 GenG und mithin auf die vor dem Inkrafttreten des SanInsFoG noch in den jeweiligen Gesetzen geregelten Zahlungsverbote bei Insolvenzreife begründet.[160] Verwiesen wird in diesem Zusammenhang außerdem auf den mit diesen Zahlungsverboten verfolgten Zweck, die Masse im Interesse der Gläubiger zu erhalten.[161] Inwieweit sich die Bezugnahme auch auf § 15b Abs. 4 S. 2 InsO für das Zahlungsverbot nach § 15b Abs. 5 S. 1 InsO praktisch auswirkt, bleibt abzuwarten.

Der Rechtsprechung des BGH zufolge liegt die praktische Bedeutung dieses Zahlungsverbots vornehmlich im Bereich unrechtmäßiger Vermögensverschiebungen auf die Gesellschafter.[162] Mit Bezug auf Forderungen der Gesellschafter auf Rückzahlung eines Gesellschafterdarlehens wird auf diesen Aspekt noch zurückzukommen sein.[163] Sofern das Zahlungsverbot einschlägig ist, die betreffende Zahlung also die Zahlungsunfähigkeit der Gesellschaft verursachen würde, hat die Gesellschaft nach der Rechtsprechung des BGH sowie der herrschenden Auffassung im Schrifttum ein Leistungsverweigerungsrecht.[164]

III. Bedeutung der Ausgestaltung der Verhaltenspflichten spezifisch für den Gläubigerschutz bei atypischen Personenhandelsgesellschaften

1. Unabdingbarkeit der insolvenzbezogenen Verhaltenspflichten

Die Insolvenzantragspflicht und die Zahlungsverbote sind unabdingbar.[165] Dies ergibt sich schon daraus, dass weder die Gesellschaft noch die Gesellschafter als solche in den Schutzbereich dieser Verhaltenspflichten

---

160 Begr. RegE SanInsFoG, BT-Drucks. 19/24181, S. 195.

161 Begr. RegE SanInsFoG, BT-Drucks. 19/24181, S. 195 – siehe dazu bereits oben bei den Fn. 152 f.

162 BGHZ 195, 42, 47 = NZG 2012, 1379, 1381 (bzgl. § 64 S. 3 GmbHG).

163 Siehe unten Teil 1 B.II.2.

164 BGHZ 195, 42, 48 f. = NZG 2012, 1379, 1381 (bzgl. § 64 S. 3 GmbHG); aus dem Schrifttum statt vieler *H.-F. Müller*, in: MüKo GmbHG, § 64 Rn. 197; *K. Schmidt*, in: Scholz, 11. Aufl., § 64 Rn. 106; a.A. OLG München ZIP 2011, 225, 226; aus dem Schrifttum etwa *Altmeppen*, GmbHG, § 87 Rn. 64; *Haas*, in: Noack/Servatius/Haas, § 64 (aufgehoben) Rn. 208.

165 Siehe zunächst nur *Habersack*, in: Habersack/Schäfer, § 130a Rn. 6.

einbezogen sind.[166] Durch die rechtzeitige Einleitung eines Insolvenzverfahrens sollen gerade auch im Zeitpunkt des Eintritts der Insolvenzreife noch nicht vorhandene Gläubiger und mithin allgemein der Rechtsverkehr geschützt werden.[167] Im Einklang damit ergibt sich die zwingende Geltung der Insolvenzantragspflicht auch aus den Strafvorschriften des § 15a Abs. 4–6 InsO.[168] Daneben kommt die Unabdingbarkeit der Zahlungsverbote nach wie vor durch die ausdrückliche Beschränkung der Dispositionsfreiheit über die Haftung wegen verbotswidriger Zahlungen zum Ausdruck. Vor dem Inkrafttreten des SanInsFoG war im Falle von atypischen Personenhandelsgesellschaften die Haftung der Adressaten der insolvenzbezogenen Verhaltenspflichten wegen schuldhafter[169] Insolvenzverschleppung bzw. Verletzung der Zahlungsverbote in § 130a Abs. 2 HGB zusammengefasst. Darin war insbesondere auch die Dispositionsbefugnis der Gesellschaft und ihrer Gesellschafter über den Anspruch aus § 130a Abs. 2 S. 1 HGB beschränkt. Dies ergab sich allgemein bereits aus § 130a Abs. 2 S. 3 HGB und wurde in den beiden darauffolgenden Sätzen – inhaltlich mit § 43 Abs. 3 S. 2 und S. 3 GmbHG übereinstimmend – präzisiert. Soweit der Ersatz zur Gläubigerbefriedigung erforderlich war und vorbehaltlich der in § 130a Abs. 2 S. 5 HGB enthaltenen Ausnahmen, konnte demnach die Haftung weder durch einen Verzicht oder Vergleich der Gesellschaft aufgehoben werden, noch konnten sich die Ersatzpflichtigen darauf berufen, dass sie einen entsprechenden Gesellschafterbeschluss ausgeführt haben.

Durch die Zusammenfassung der Zahlungsverbote samt korrespondierender Haftungsbestimmungen in dem durch das SanInsFoG eingeführten § 15b InsO hat sich mit Blick auf die Beschränkung der Dispositionsfreiheit über die Ersatzpflicht wegen verbotswidriger Zahlungen und insoweit auf den Gläubigerschutz bei atypischen Personenhandelsgesellschaften nichts verändert.[170] Die Ergänzung durch das SanInsFoG erschöpft sich in dieser Hinsicht darin, dass die nunmehr rechtsformneutral in § 15b Abs. 4

166 Siehe zum Zweck der Insolvenzantragspflicht bereits oben Teil 1 A.II.1.a); siehe dazu außerdem *Habersack*, in: Habersack/Schäfer, § 130a Rn. 2 mit Rn. 5; *K. Schmidt*, in: Scholz, 11. Aufl., § 64 Rn. 168; bzgl. der Zahlungsverbote *Habersack*, in: Habersack/Schäfer, § 130a Rn. 5 f., 40.

167 Siehe bereits oben bei den Fn. 97, 100.

168 *Habersack*, in: Habersack/Schäfer, § 130a Rn. 6; siehe zum geschützten Rechtsgut im Kontext der Strafvorschriften auch *Klöhn*, in: MüKo InsO, § 15a Rn. 322.

169 Siehe statt vieler *Haas*, in: Röhricht/v. Westphalen/Haas, § 130a Rn. 20, 31, 38; *Habersack*, in: Habersack/Schäfer, § 130a Rn. 36.

170 Vgl. Begr. RegE SanInsFoG, BT-Drucks. 19/24181, S. 195 f.

S. 5 InsO enthaltene Ausnahme von der Beschränkung der Wirksamkeit eines Verzichts oder Vergleichs klarstellend insoweit ergänzt worden ist, als diese Beschränkung auch dann nicht gilt, wenn ein Insolvenzverwalter für die juristische Person handelt.[171] Stattdessen wird die Wirksamkeit von Rechtshandlungen des Insolvenzverwalters insoweit nur durch den Insolvenzzweck begrenzt.[172] Dies entspricht der Rechtsprechung des BGH mit Bezug auf die Haftung nach § 64 S. 1 GmbHG und mithin der Beschränkung der Dispositionsfreiheit über den in § 64 S. 4 GmbHG enthaltenen Verweis auf § 43 Abs. 3 GmbHG.[173]

Festhalten lässt sich in Anbetracht der Unabdingbarkeit der insolvenzbezogenen Verhaltenspflichten, dass auf diese Weise bereits mit dem 1. WiKG[174] ein dem Personengesellschaftsrecht grundsätzlich unbekannter Ansatz zum Schutz der Gläubiger eingeführt worden ist – nämlich die Sicherung des Gesellschaftsvermögens.

2. Unmittelbarkeit der insolvenzbezogenen Verhaltenspflichten

Eine weitere Besonderheit der Ausgestaltung der insolvenzbezogenen Verhaltenspflichten samt korrespondierender Haftung besteht für atypische Personenhandelsgesellschaften darin, dass diese unmittelbar im Verhältnis zwischen den organschaftlichen Vertretern der zur Vertretung der Personenhandelsgesellschaft berechtigten Gesellschafter und der Personenhandelsgesellschaft vorgesehen sind. Wie gezeigt ist darüber hinaus in § 15a Abs. 2 InsO eine Vorkehrung enthalten, um stets natürliche Personen zu adressieren.[175] Im Rahmen der Präzisierung der Normadressaten ist ebenfalls bereits herausgestellt worden, dass diese unmittelbare Adressierung einer natürlichen Person nicht nur für die werbende atypische Personenhandelsgesellschaft, sondern auch hinsichtlich der Liquidatoren relevant

---

171 Begr. RegE SanInsFoG, BT-Drucks. 19/24181, S. 195 f.

172 Vgl. Begr. RegE SanInsFoG, BT-Drucks. 19/24181, S. 196.

173 BGHZ 219, 98, 100 f., 103–108 = NJW 2018, 2494, 2495–2497 (zur Unwirksamkeit von Rechtshandlungen, die evident dem Insolvenzzweck zuwiderlaufen; Frage nach einer entsprechenden Anwendung von § 9b Abs. 1 S. 1 GmbHG); siehe daneben aus dem Schrifttum nur *Kleindiek*, in: Lutter/Hommelhoff, § 64 Rn. 69; siehe hinsichtlich der Übernahme der Rspr. des BGH insoweit Begr. RegE SanInsFoG, BT-Drucks. 19/24181, S. 195 f.

174 Siehe dazu den Nachweis in Fn. 70.

175 Siehe oben Teil 1 A.I.2.

ist, sofern es sich bei ihnen um Gesellschafter in Gestalt einer juristischen Person handelt.

Im Übrigen sind die organschaftlichen Vertreter der vertretungsberechtigten Gesellschafter grundsätzlich nicht unmittelbar der atypischen Personenhandelsgesellschaft zur sorgfältigen Geschäftsführung verpflichtet, sofern nicht gerade in diesem Verhältnis ein Anstellungsvertrag geschlossen worden ist.[176] In welchen Rechtsverhältnissen eine Pflicht zur sorgfältigen Geschäftsführung besteht, lässt sich am Beispiel einer atypischen KG, deren geschäftsführender Gesellschafter eine GmbH ist, wie folgt verdeutlichen. Führt der Geschäftsführer der Komplementär-GmbH als deren organschaftlicher Vertreter die Geschäfte der KG schuldhaft sorgfaltswidrig, haftet die Komplementär-GmbH gegenüber der KG wegen schuldhafter Verletzung der sich aus dem Gesellschaftsverhältnis selbst ergebenden Pflichten, da ihr die Pflichtverletzung ihres Geschäftsführers analog § 31 BGB zugerechnet wird.[177] Diese Belastung mit einer Schadensersatzverbindlichkeit ist wiederum eine Pflichtverletzung des Geschäftsführers gegenüber der Komplementär-GmbH, für die er in diesem Verhältnis gemäß § 43 Abs. 2 GmbHG haftet.[178] Um den GmbH-Geschäftsführer auf Schadensersatz in Anspruch zu nehmen, muss die KG, vorbehaltlich etwaiger deliktsrechtlicher Ansprüche, ebendiesen Anspruch der Komplementär-GmbH pfänden und sich überweisen lassen.[179]

In ständiger, bislang lediglich am Beispiel der GmbH & Co. KG ergangener Rechtsprechung dehnt der II. Zivilsenat des BGH jedoch jedenfalls dann, wenn die alleinige oder wesentliche Aufgabe der Komplementär-GmbH die Führung der Geschäfte der KG ist, die unmittelbar nur zwischen der Komplementär-GmbH und deren Geschäftsführer bestehenden Sorgfaltspflichten mittels der Grundsätze zum Vertrag mit Schutzwirkung zugunsten Dritter auf die KG aus.[180] Die zugrundeliegende Überlegung ist

---

176 Vgl. BGHZ 75, 321, 322 = NJW 1980, 589; statt vieler außerdem *Paefgen*, in: Habersack/Casper/Löbbe, § 43 Rn. 302, 305.

177 Siehe unabhängig von der Besonderheit einer atypischen Personenhandelsgesellschaft zur Haftung wegen sorgfaltswidriger Geschäftsführung auf Grundlage des Gesellschaftsverhältnisses nur *Rawert*, in: MüKo HGB, § 114 Rn. 56; *Roth*, in: Hopt, § 114 Rn. 9, 15; siehe zur analogen Anwendung von § 31 BGB statt vieler *K. Schmidt*, GesR, § 56 IV 3 a) (S. 1649).

178 Siehe dazu nur *Paefgen*, in: Habersack/Casper/Löbbe, § 43 Rn. 302 mit Rn. 185; vgl. auch BGH WM 1956, 61, 64.

179 Vgl. *Paefgen*, in: Habersack/Casper/Löbbe, § 43 Rn. 302.

180 So zunächst BGHZ 75, 321, 322–325 = NJW 1980, 589, 590, für eine Publikums-KG; ergänzt durch BGHZ 76, 326, 327 (4. Leitsatz), 337 f. = NJW 1980, 1524,

im Wesentlichen, dass sich in einer derartigen Konstellation eine sorgfaltswidrige Geschäftsführung des GmbH-Geschäftsführers stets und primär zum Nachteil der KG auswirke.[181] Der II. Zivilsenat hat die Schutzwirkung zunächst aus dem Anstellungsverhältnis[182] und in der Folge aus dem organschaftlichen Sonderrechtsverhältnis[183] zwischen der Komplementär-GmbH und ihrem Geschäftsführer hergeleitet. Dieses rechtsfortbildenden Ansatzes bedarf es hinsichtlich der insolvenzbezogenen Verhaltenspflichten bei atypischen Personenhandelsgesellschaften nicht. Jene Verhaltenspflichten sind, wie gezeigt, von vornherein an die natürlichen Personen adressiert, die unmittelbar oder bei mehrstufigen Konstruktionen mittelbar als organschaftliche Vertreter der zur Vertretung der atypischen Personenhandelsgesellschaft berechtigten Gesellschafter fungieren.

B. *Nachrang von Forderungen auf Rückgewähr eines Gesellschafterdarlehens in der Insolvenz der atypischen Personenhandelsgesellschaft*

Ein weiteres Mittel zur Ergänzung des Gläubigerschutzes bei atypischen Personenhandelsgesellschaften ist die rechtliche Behandlung von Forderungen auf Rückgewähr eines Gesellschafterdarlehens im Falle der Insolvenz der Gesellschaft. Den Ausgangspunkt bildet die Vorschrift des § 39 Abs. 1 Nr. 5 InsO.[184] Demnach sind nach Maßgabe von § 39 Abs. 4 und

---

1526 f., insoweit, als es sich bei der GmbH & Co. KG nicht um eine Publikumsgesellschaft handeln müsse.

181 BGHZ 75, 321, 323 = NJW 1980, 589, 590; ähnlich BGHZ 197, 304, 309 = NJW 2013, 3636, 3637.

182 BGHZ 75, 321 (Leitsatz), 324 = NJW 1980, 589, 590; verneinend hingegen noch BGH WM 1956, 61, 63.

183 BGHZ 197, 304 (1. Leitsatz), 308–310 = NJW 2013, 3636, 3637; ansatzweise bereits zuvor BGH NJW-RR 1992, 800, 801 („organschaftliche Sonderrechtsbeziehung“ jedoch nicht im Zusammenhang mit Schutzwirkungen zugunsten Dritter genannt); BGH NZG 2002, 568, 569 („Schutzbereich des Organ- und Anstellungsverhältnisses“); deutlich bereits zuvor OLG München NZG 2013, 742, 743; die Einbeziehung in dieses Sonderrechtsverhältnis bereits zuvor befürwortend *K. Schmidt*, GmbHR 1984, 272, 279; *ders.*, GesR, § 56 IV 3 b) (S. 1649) („GmbH-&-Co.-spezifische Fortbildung des § 43 GmbHG zu einem Sonderrechtsverhältnis mit Schutzwirkungen zugunsten der Kommanditgesellschaft“).

184 *Habersack*, in: Habersack/Casper/Löbbe, Anh § 30 Rn. 18; siehe auch BGHZ 212, 272, 282, 285 = NJW 2017, 1235, 1238; a.A. *Pentz*, in: FS Hüffer, 747, 760 (Jahresfrist des § 135 Abs. 1 Nr. 2 InsO als Ausgangspunkt zur Begründung des Nachrangs).

Abs. 5 InsO Forderungen auf Rückgewähr eines Gesellschafterdarlehens ebenso wie Forderungen aus Rechtshandlungen, die einem Gesellschafterdarlehen wirtschaftlich entsprechen, im Rang nach den Forderungen der Insolvenzgläubiger im Sinne von § 38 InsO sowie mit Blick auf die gemäß der vorhergehenden Nummern nachrangigen Forderungen an letzter Stelle zu berichtigen. In § 39 Abs. 4 S. 1 InsO ist der Anwendungsbereich, was die erfassten Gesellschaften anbelangt, rechtsformneutral formuliert. Betroffen sind demnach nicht nur Kapitalgesellschaften, sondern allgemein Gesellschaften, bei denen kein persönlich haftender Gesellschafter eine natürliche Person ist.[185] Hinsichtlich Gesellschaften ohne Rechtspersönlichkeit sind mithin im Einklang mit der Regelung der Insolvenzantragspflicht und dementsprechend auch der Zahlungsverbote nicht nur atypische Personenhandelsgesellschaften, sondern ohne Erfordernis einer analogen Anwendung auch die atypische Außen-GbR erfasst.

Neben dem in § 39 Abs. 1 Nr. 5 InsO angeordneten Nachrang ist die Vorschrift des § 44a InsO zu berücksichtigen. Demnach kann ein der Gesellschaft als Dritter gegenüberstehender Gläubiger Befriedigung für eine Forderung auf Rückgewähr eines Darlehens bzw. aus einer wirtschaftlich entsprechenden Rechtshandlung, die von einem Gesellschafter mittels einer Bürgschaft oder auf andere Weise besichert worden ist, nur insoweit aus der Insolvenzmasse verlangen, als dieser Dritte bei Verwertung der Sicherheit ausgefallen ist.

Ergänzt werden der Nachrang gemäß § 39 Abs. 1 Nr. 5 InsO und die Vorschrift des § 44a InsO im Rahmen eines Insolvenzverfahrens durch die Anfechtungstatbestände des § 135 Abs. 1 und Abs. 2 InsO, außerhalb eines Insolvenzverfahrens durch diejenigen der §§ 6, 6a AnfG.[186] Praktisch relevant ist die Gläubigeranfechtung nach Maßgabe der §§ 6, 6a AnfG im Falle der masselosen Insolvenz der Gesellschaft.[187]

Angesichts der einführend zu diesem Teil der Arbeit formulierten Zielsetzung ist Anliegen der folgenden Betrachtung, die Erweiterung des Gläubigerschutzes bei atypischen Personenhandelsgesellschaften auch in dieser Hinsicht zu analysieren und auf diese Weise das Bild des insolvenzbezoge-

---

185 Siehe zum Ausschluss der Anwendbarkeit im Falle der mittelbar unbeschränkten Haftung einer natürlichen Person noch unten bei Fn. 252.

186 Im Falle der Befriedigung eines gesellschafterbesicherten Drittdarlehens innerhalb des gemäß § 135 Abs. 2 InsO bzw. § 6a S. 1 AnfG maßgeblichen Zeitraums richtet sich die Rechtsfolge der Anfechtung nach den speziellen Bestimmungen des § 143 Abs. 3 InsO bzw. § 11 Abs. 3 AnfG.

187 *Kirchhof*, in: MüKo AnfG, § 6 Rn. 3, § 6a Rn. 3; siehe auch *Huber/Habersack*, BB 2006, 1, 6; *Huber*; in: FS Priester, 259, 261 f.

nen Sonderrechts zu ergänzen. Zweckdienlich ist zunächst ein Überblick über das bis zur Neuregelung durch das MoMiG maßgebliche Eigenkapitalersatzrecht auf Grundlage der Rechtsprechung des BGH sowie der so genannten Novellenregeln. Der Umstand, dass sich eine atypische Personenhandelsgesellschaft aus Gläubigerperspektive mangels unbeschränkter Haftung einer natürlichen Person nicht wesentlich von einer Kapitalgesellschaft unterscheidet, ist bereits nach alter Rechtslage berücksichtigt worden. Dies geschah einerseits durch Ergänzung des Rechts der Personenhandelsgesellschaften um die §§ 129a, 172a HGB durch die GmbH-Novelle vom 4. Juli 1980[188].[189] Andererseits war die Rückgewähr von eigenkapitalersetzenden Gesellschafterdarlehen der Hauptanwendungsfall der Rechtsprechung des II. Zivilsenats des BGH zur Anwendung des Auszahlungsverbots des § 30 Abs. 1 GmbHG a.F. auf Leistungen aus dem Vermögen einer GmbH & Co. KG.[190] Auf jene richterliche Rechtsfortbildung wird zu Beginn des zweiten Teils dieser Arbeit näher einzugehen sein. Erst im Anschluss an den Überblick über das Eigenkapitalersatzrecht geht es um die Ergänzung des Gläubigerschutzes bei atypischen Personenhandelsgesellschaften durch die besondere rechtliche Behandlung von Gesellschafterdarlehen nach aktueller Rechtslage. Diese Ausrichtung der Betrachtung und mithin der aus Gläubigerperspektive bestehende Unterschied zu Personenhandelsgesellschaften, für deren Verbindlichkeiten zumindest eine natürliche Person unbeschränkt haftet, wird sich in den Überlegungen zur Rechtfertigung der besonderen rechtlichen Behandlung von Gesellschafterdarlehen widerspiegeln. Abschließend wird auf das Verhältnis der Regelungen für Gesellschafterdarlehen zu den insolvenzbezogenen Zahlungsverboten einzugehen sein.

---

188 Gesetz zur Änderung des Gesetzes betreffend die Gesellschaften mit beschränkter Haftung und anderer handelsrechtlicher Vorschriften vom 4. Juli 1980, BGBl. I S. 836 (im Folgenden: GmbH-Novelle 1980).

189 Siehe Begr. RegE GmbH-Novelle, BT-Drucks. 8/1347, S. 58.

190 Siehe nur BGHZ 67, 171 = NJW 1977, 104; BGHZ 76, 326 = NJW 1980, 1524; vgl. auch *K. Schmidt*, in: MüKo HGB, §§ 171, 172 Rn. 130.

I. Überblick über das Eigenkapitalersatzrecht

1. Grundlagen des Rechts eigenkapitalersetzender Gesellschafterdarlehen

a) Qualifizierung eines Gesellschafterdarlehens als Eigenkapitalersatz

Das Recht der eigenkapitalersetzenden Gesellschafterdarlehen beruhte zunächst ausschließlich auf den in richterlicher Rechtsfortbildung entwickelten Grundsätzen.[191] Durch die so genannten Novellenregeln – bei denen es sich mit Blick vorerst nur auf die GmbH um die §§ 32a, 32b GmbHG sowie um § 32a KO und § 3b AnfG handelte – sollte ausweislich der Begründung zum Regierungsentwurf eine gesetzliche Rechtsgrundlage für die Folgen eigenkapitalersetzender Gesellschafterdarlehen geschaffen werden.[192] Da der Gläubigerschutz allein auf Grundlage der Novellenregeln jedoch hinter dem durch die Rechtsprechungsgrundsätze bereits erreichten Standard zurückbliebe, ein dahingehender Wille dem Gesetzgeber jedoch nicht unterstellt werden könne, hat sich der BGH im Einklang mit der seinerzeit herrschenden Auffassung im Schrifttum für eine Fortgeltung der Rechtsprechungsgrundsätze neben den Novellenregeln ausgesprochen.[193]

Was zunächst den Anwendungsbereich der Rechtsprechungsgrundsätze bzw. der gesetzlichen Regelungen anbelangt, war der entscheidende Ausgangspunkt in beiden Fällen die Qualifizierung eines Gesellschafterdarlehens bzw. einer wirtschaftlich entsprechenden Rechtshandlung[194] als eigenkapitalersetzend.[195] Angesichts des Versuchs des Gesetzgebers, das auf Rechtsprechungsgrundsätzen basierende Eigenkapitalersatzrecht zu kodifizieren,[196] soll der Blick für die Annahme eigenkapitalersetzender Gesellschafterleistungen zunächst vornehmlich auf die Rechtsprechung des

---

191 Siehe zunächst nur die grundlegende Entscheidung BGHZ 31, 258 = NJW 1960, 285.

192 Begr. RegE GmbH-Novelle, BT-Drucks. 8/1347, S. 39.

193 BGHZ 90, 370, 377–380 = NJW 1984, 1891, 1892 f.; siehe zur seinerzeit h.M. im Schrifttum statt vieler *Habersack*, in: Ulmer/Habersack/Löbbe, 1. Aufl., §§ 32a/b Rn. 24; vgl. zur Akzeptanz dieses Nebeneinander durch den Gesetzgeber Begr. RegE KapAEG, BT-Drucks. 13/7141, S. 11 f.

194 Siehe etwa BGHZ 81, 252, 255 f. = NJW 1981, 2570, 2571 (Bürgschaft eines Gesellschafters); vgl. bzgl. § 32a Abs. 3 S. 1 GmbHG auch *Habersack*, in: Ulmer/Habersack/Löbbe, 1. Aufl., §§ 32a/b Rn. 103.

195 Siehe zunachst nur BGHZ 90, 370, 374 = NJW 1984, 1891 („Kapitalersatz"); Begr. RegE GmbH-Novelle, BT-Drucks. 8/1347, S. 39.

196 Siehe dazu *Habersack*, in: Ulmer/Habersack/Löbbe, 1. Aufl., §§ 32a/b Rn. 11, 23.

BGH gerichtet sein, bevor anschließend für die Rechtsfolgen zwischen den unterschiedlichen Konzeptionen zu unterscheiden ist.

Der Rechtsprechung des BGH zufolge wurde ein Gesellschafterdarlehen als eigenkapitalersetzend qualifiziert, wenn es der Gesellschaft zu einem Zeitpunkt gewährt oder belassen worden ist, in welchem sich diese in der Krise befand.[197] Entscheidend war mithin eine Finanzierungsentscheidung des Gesellschafters während der Krise der Gesellschaft.[198] Dieses in zeitlicher Hinsicht maßgebliche Kriterium erfasste im Sinne eines Oberbegriffs nicht nur den Zeitraum der Konkursreife, sondern konkursunabhängig und in diesem Sinne vorverlagert auch denjenigen einer etwaigen Kreditunwürdigkeit der Gesellschaft.[199] Gesellschafterdarlehen waren mithin auch dann eigenkapitalersetzend, wenn sie der Gesellschaft zu einem Zeitpunkt gewährt oder belassen worden sind, zu dem jene von dritter Seite keinen Kredit zu marktüblichen Konditionen hätte erlangen können und mithin ohne die Finanzierung durch den Gesellschafter hätte liquidiert werden müssen.[200]

b) Rechtsfolgen der Annahme eines eigenkapitalersetzenden Gesellschafterdarlehens

Hinsichtlich der Rechtsfolgen der Annahme eines eigenkapitalersetzenden Gesellschafterdarlehens bzw. eigenkapitalersetzender Rechtshandlungen, die einem Gesellschafterdarlehen wirtschaftlich entsprechen, ist zwischen den Rechtsprechungsgrundsätzen und den gesetzlichen Regelungen zu differenzieren.

Was zunächst die Rechtsprechungsgrundsätze anbelangt, waren Forderungen auf Rückgewähr eines Gesellschafterdarlehens bzw. aus Rechtshandlungen, die einem Gesellschafterdarlehen wirtschaftlich entsprechen, schon im Vorfeld der Insolvenz der Gesellschaft nicht frei durchsetzbar,

---

197 Siehe insbesondere BGHZ 76, 326, 329–331 = NJW 1980, 1524, 1525; BGHZ 127, 336, 344 f. = NJW 1995, 326, 329.

198 BGHZ 90, 381, 389 = NJW 1984, 1893, 1895; BGHZ 105, 168, 175 f. = NJW 1988, 3143, 3145; BGHZ 127, 336, 345 = NJW 1995, 326, 329 („echte Finanzierungsentscheidung“ mit Bezug auf das so genannte Stehenlassen von als Fremdkapital gewährten Finanzierungsmitteln in der Krise der Gesellschaft); siehe auch *Habersack*, in: Ulmer/Habersack/Löbbe, 1. Aufl., §§ 32a/b Rn. 11 f.; *Huber*; in: FS Priester, 259, 270 f.

199 BGHZ 76, 326, 329–331 = NJW 1980, 1524, 1525.

200 BGHZ 76, 326, 330 f. = NJW 1980, 1524, 1525.

sondern die entsprechenden Finanzierungsmittel im Falle einer GmbH[201] dem Auszahlungsverbot des § 30 Abs. 1 GmbHG a.F. unterworfen.[202] Die Rückzahlung der betreffenden Finanzierungsmittel war mithin verboten, soweit die Auszahlung zulasten des zur Deckung des Stammkapitals erforderlichen Vermögens ginge oder die Gesellschaft bereits überschuldet war.[203] In der Rechtsprechung des BGH hat sich zur Begründung dieser Folge der Begriff der Finanzierungsfolgenverantwortung etabliert.[204] Im Unterschied zum vorher genutzten Begriff der Finanzierungsverantwortung sollte verdeutlicht werden, dass die Umqualifizierung von Fremd- in Eigenkapital samt der daran anknüpfenden Rückzahlungsbeschränkung ausschließlich Folge einer tatsächlichen Finanzierung der sich in der Krise befindlichen Gesellschaft war.[205] Hingegen sollte keine Pflicht des Gesellschafters zum Nachschuss von Kapital begründet werden.[206] Vielmehr stand es den Gesellschaftern auch den Rechtsprechungsgrundsätzen zufolge gerade frei, ihrer sich in der Krise befindlichen Gesellschaft weitere Finanzierungsmittel zu verweigern und jene stattdessen zu liquidieren.[207] Ihrer Verantwortung für eine ordnungsgemäße Unternehmensfinanzierung sollten sie sich jedoch für den Fall, dass sie sich in jenem maßgeblichen Zeitpunkt für eine weitere Finanzierung der Gesellschaft entschieden, nicht durch die Gewährung von Fremd- anstelle von Eigenkapital und damit durch die Wahl einer mit einem geringeren Ausfallrisiko behafteten Finanzierungsform entziehen können.[208]

Demgegenüber knüpfte das gesetzliche Konzept die Folgen der Annahme einer eigenkapitalersetzenden Gesellschafterleistung an die Insolvenz

---

201 Siehe BGHZ 90, 381, 386 f., 389–392 = NJW 1984, 1893, 1894–1896, für eine Anwendung der Rechtsprechungsgrundsätze im Falle einer AG unter der Voraussetzung einer unternehmerischen Beteiligung des Darlehensgebers.

202 Grundlegend BGHZ 31, 258, 272 f. = NJW 1960, 285, 288; siehe daneben nur BGHZ 76, 326, 335 = NJW 1980, 1526; BGHZ 90, 370, 376 = NJW 1984, 1891, 1892.

203 BGHZ 76, 326, 335 = NJW 1980, 1524, 1526; BGHZ 90, 370, 376 = NJW 1984, 1891, 1892; siehe auch *Habersack*, in: Ulmer/Habersack/Löbbe, 1. Aufl., §§ 32a/b Rn. 8, 24; *Huber*, in: FS Priester, 259, 269 f.

204 BGHZ 127, 336, 344 f. = NJW 1995, 326, 329; siehe dazu *Huber*, in: FS Priester, 259, 267.

205 BGHZ 127, 336, 344 f. = NJW 1995, 326, 329; siehe auch BGHZ 90, 381, 388 f. = NJW 1984, 1893, 1895; BGHZ 142, 116, 120 = NJW 1999, 2809, 2810; *Huber*, in: FS Priester, 259, 267.

206 Siehe die Nachweise in voriger Fn.

207 BGHZ 127, 336, 344 = NJW 1995, 326, 329.

208 Vgl. BGHZ 90, 381, 389 = NJW 1984, 1893, 1895; siehe zum Aspekt des Ausfallrisikos noch unten Teil 1 B.II.1.b)(3).

der Gesellschaft. Mit § 32a Abs. 1 GmbHG in der durch die GmbH-Novelle 1980 eingeführten Fassung war zunächst noch vorgesehen, dass die betreffenden Forderungen im Konkurs- bzw. Vergleichsverfahren nicht geltend gemacht werden konnten. Erst im Rahmen der Einführung der InsO ist mittels § 39 Abs. 1 Nr. 5 InsO a.F., einhergehend mit einer entsprechenden Fassung des § 32a Abs. 1 GmbHG, der Nachrang von Forderungen aus eigenkapitalersetzenden Gesellschafterdarlehen und aus wirtschaftlich entsprechenden Rechtshandlungen im Rahmen des Insolvenzverfahrens eingeführt worden. Ein wesentlicher Unterschied dieser zuletzt vor Änderung durch das MoMiG geltenden Konzeption gegenüber derjenigen nach den Rechtsprechungsgrundsätzen bestand mithin darin, dass die betreffenden Forderungen im Vorfeld eines Insolvenzverfahrens, unbeschadet der flankierenden Anfechtungsvorschriften, keiner Rückzahlungssperre unterlagen.[209]

2. Einbeziehung atypischer Personenhandelsgesellschaften

Mit Blick nun auf die Erstreckung des Rechts eigenkapitalersetzender Gesellschafterdarlehen auf atypische Personenhandelsgesellschaften ist wiederum zwischen den Rechtsprechungsgrundsätzen und den gesetzlichen Regelungen zu differenzieren.

Die Rechtsprechungsgrundsätze konnten angesichts deren konzeptioneller Anknüpfung an die Kapitalerhaltung nicht in dem Sinne auf atypische Personenhandelsgesellschaften übertragen werden, dass die Qualifizierung von Gesellschafterdarlehen als Eigenkapitalersatz unmittelbar mit Blick auf die atypische Personenhandelsgesellschaft erfolgte und auch die Rechtsfolge der Rückzahlungssperre unmittelbar auf dieser Ebene ansetzte. Für eine derartige Konzeption fehlte – und fehlt es nach wie vor – an einem insolvenzunabhängigen Auszahlungsverbot bei den Personenhandelsgesellschaften.[210] Wie bereits angeklungen, hat der BGH jedoch seine Rechtsprechung zur Anwendung von § 30 Abs. 1 GmbHG a.F. auf Auszahlungen aus dem Vermögen einer GmbH & Co. KG mit dem Konzept

---

209 Vgl. *Habersack*, in: Ulmer/Habersack/Löbbe, 1. Aufl., §§ 32a/b Rn. 2.

210 Dieses müsste zur Übertragbarkeit der Rechtsprechungsgrundsätze nicht unbedingt an ein gesetzlich vorgeschriebenes Mindestkapital gekoppelt sein – deutlich *Huber/Habersack*, in: Kapital der Aktiengesellschaft, 370, 380.

zur Annahme und zu den Folgen eigenkapitalersetzender Gesellschafterleistungen verknüpft.[211]

Demgegenüber ist mittels der durch die GmbH-Novelle 1980 eingeführten Bestimmungen der §§ 129a, 172a HGB das Eigenkapitalersatzrecht, jedenfalls soweit die gesetzlichen Regelungen reichten, auch für atypische Personenhandelsgesellschaften kodifiziert worden. Durch jene Vorschriften wurden die §§ 32a, 32b GmbHG sinngemäß für anwendbar erklärt. Im Einklang mit dem jeweils für die GmbH geltenden Konzept war mithin zunächst der Ausschluss der Geltendmachung der relevanten Forderungen im Konkurs- bzw. Vergleichsverfahren, mit Einführung der InsO der Nachrang jener Forderungen im Rahmen des Insolvenzverfahrens vorgesehen.

Abgesehen vom Ausschluss der Anwendbarkeit bei mittelbarer Haftung einer natürlichen Person als persönlich haftendem Gesellschafter wurde der Verweis auf die GmbH-rechtlichen Vorschriften hinsichtlich der relevanten Darlehensgeber ergänzt. Bei einer atypischen OHG traten gemäß § 129a S. 1 HGB an die Stelle der GmbH-Gesellschafter nicht die unmittelbar persönlich haftenden Gesellschafter, also die juristischen Personen, sondern deren Gesellschafter. Dies galt im Falle einer atypischen KG entsprechend hinsichtlich der Komplementäre. Relevante Darlehensgeber waren daneben gemäß § 172a S. 1 HGB die Kommanditisten.

Ausweislich der Begründung zum Regierungsentwurf der GmbH-Novelle sollten die Gesellschafter einer Personenhandelsgesellschaft, für deren Verbindlichkeiten letztlich nur eine beschränkte Vermögensmasse haftet, ebenso wie die Gesellschafter einer GmbH ihr Geschäftsrisiko nicht teilweise auf die Gesellschaftsgläubiger abwälzen dürfen, indem die Unternehmensfinanzierung nicht mit haftenden Einlagen, sondern durch Gesellschafterdarlehen erfolgt.[212] Mit Blick auf § 32a Abs. 1 GmbHG, gleich in welcher Fassung und mithin anknüpfend an eine während der Krise der Gesellschaft getroffene Finanzierungsentscheidung, entspricht diese Überlegung derjenigen, die in der Rechtsprechung des BGH zu eigenkapitalersetzenden Gesellschafterleistungen als Finanzierungsfolgenverantwortung umschrieben ist.[213]

---

211 Grundlegend BGHZ 67, 171, 174–176 = NJW 1977, 104, 105.

212 Begr. RegE GmbH-Novelle, BT-Drucks. 8/1347, S. 58.

213 Auch der Gesetzgeber hat die Krise der Gesellschaft, wenngleich zunächst nur generalklauselartig umschrieben, als in zeitlicher Hinsicht zur Qualifizierung von Gesellschafterdarlehen maßgeblichen Zeitraum gewählt und insoweit bewusst an die bereits durch die Rspr. herausgearbeiteten Abgrenzungskriterien angeknüpft sowie künftigen Entwicklungen Raum gelassen – siehe Begr. RegE

II. Geltende Rechtslage

1. Neuregelung des Rechts der Gesellschafterdarlehen durch das MoMiG

a) Wesentliche Veränderungen

Das Recht der Gesellschafterdarlehen ist durch das MoMiG neu geregelt worden. Im Sinne eines Überblicks lassen sich die wesentlichen Änderungen im Vergleich zur vorherigen, vom Nebeneinander der Rechtsprechungsgrundsätze und der gesetzlichen Regelungen geprägten Rechtslage wie folgt zusammenfassen.

Zum einen ist eine vollständige Verlagerung in das Insolvenz- und Anfechtungsrecht erfolgt.[214] Zu diesem Zweck sind nicht nur die §§ 32a, 32b GmbHG ebenso wie die §§ 129a, 172a HGB aufgehoben worden.[215] Vielmehr hat der MoMiG-Gesetzgeber auch die Vorschrift des § 30 Abs. 1 S. 3 GmbHG bzw. des § 57 Abs. 1 S. 4 AktG eingeführt,[216] wonach das in § 30 Abs. 1 S. 1 GmbHG bzw. § 57 Abs. 1 S. 1 AktG geregelte Auszahlungsverbot nicht auf die Rückgewähr eines Gesellschafterdarlehens und Leistungen auf Forderungen aus Rechtshandlungen, die einem Gesellschafterdarlehen wirtschaftlich entsprechen, anzuwenden ist. Damit ist der Anknüpfung an den Kapitalschutz und mithin der rechtlichen Behandlung eigenkapitalersetzender Gesellschafterdarlehen nach Maßgabe der Rechtsprechungsgrundsätze eine Absage erteilt worden.[217] Stattdessen entspricht die aktuelle Rechtslage konzeptionell insoweit dem vorherigen gesetzlichen Konzept, als die relevanten Gesellschafterforderungen im Rahmen des Insolvenzverfahrens nachrangig sind.[218] Zu einer Veränderung im Vergleich zur vorherigen Rechtslage führt die Verhinderung der Anknüpfung an die jeweiligen Auszahlungsverbote sowohl außerhalb eines Insolvenz-

GmbH-Novelle, BT-Drucks. 8/1347, S. 39; siehe für den Klammerzusatz „Krise der Gesellschaft" in § 32a Abs. 1 GmbHG – eingefügt durch Art. 10 Nr. 1 des Gesetzes zur Kontrolle und Transparenz im Unternehmensbereich (KonTraG) vom 27. April 1998, BGBl. I S. 786, 793 – Beschlussempfehlung und Bericht des Rechtsausschusses (6. Ausschuss), BT-Drucks. 13/10038, S. 28.

214 Vgl. Begr. RegE MoMiG, BT-Drucks. 16/6140, S. 26, 42.

215 Art. 1 Nr. 22, Art. 3 Nr. 11, 13 MoMiG, BGBl. I 2008 S. 2026, 2029, 2033 f.

216 Art. 1 Nr. 20, Art. 4 Nr. 5 MoMiG, BGBl. I 2008 S. 2026, 2029, 2035.

217 Siehe Begr. RegE MoMiG, BT-Drucks. 16/6140, S. 26, 42.

218 Vgl. Begr. RegE MoMiG, BT-Drucks. 16/6140, S. 42, 56.

verfahrens als auch hinsichtlich Rückzahlungen, die zeitlich nicht mehr von § 135 Abs. 1 Nr. 2 InsO erfasst werden.[219]

Zum anderen ist die Differenzierung zwischen eigenkapitalersetzenden und sonstigen Gesellschafterdarlehen aufgegeben worden.[220] Stattdessen sind die von § 39 Abs. 1 Nr. 5 InsO erfassten Forderungen, unter Berücksichtigung der bereits nach alter Rechtslage vorgesehenen, nunmehr in § 39 Abs. 4 S. 2 und Abs. 5 InsO geregelten Ausnahmen, stets nachrangig.[221] Schon angesichts der Verweisungstechnik gilt dies, also eine Gleichbehandlung sämtlicher Gesellschafterdarlehen, auch für die einschlägigen Anfechtungstatbestände.[222]

b) Rechtfertigung der besonderen rechtlichen Behandlung

(1) Ziel der Betrachtung

Der Grund für die besondere rechtliche Behandlung von Forderungen aus Gesellschafterdarlehen – sei es im Rahmen eines Insolvenzverfahrens oder angesichts der einschlägigen Anfechtungsvorschriften des AnfG – wird im Schrifttum kontrovers beurteilt, und auch die Rechtsprechung des BGH verfolgt insoweit keine einheitliche Linie.[223] Ziel der folgenden Überlegungen ist es nicht, diese Kontroverse im Einzelnen nachzuzeichnen. Die Legitimation der nachrangigen Befriedigung ist jedoch angesichts der rechtsformneutralen Regelung und der damit gleichsam Gesellschafter einer Kapitalgesellschaft wie Gesellschafter[224] einer atypischen Personenhandelsgesellschaft betreffenden besonderen rechtlichen Behandlung hin-

219 Siehe *Huber*, in: Liber Amicorum Winter, 261, 266 f., 269–271.

220 Begr. RegE MoMiG, BT-Drucks. 16/6140, S. 26, 42, 56.

221 Begr. RegE MoMiG, BT-Drucks. 16/6140, S. 56 f.

222 Siehe auch Begr. RegE MoMiG, BT-Drucks. 16/6140, S. 57.

223 Siehe *Habersack*, in: Habersack/Casper/Löbbe, Anh § 30 Rn. 16, zur Rspr. des BGH.

224 Bei einer atypischen Personenhandelsgesellschaft sind prinzipiell als Darlehensgeber – neben Kommanditisten im Falle einer KG – im Unterschied zur vorherigen Rechtslage die persönlich haftenden Gesellschafter selbst erfasst. Darlehen von Gesellschaftern der persönlich haftenden Gesellschafter können im Einzelfall über die Variante der wirtschaftlich entsprechenden Rechtshandlungen in den Anwendungsbereich von § 39 Abs. 1 Nr. 5 InsO fallen – siehe Begr. RegE MoMiG, BT-Drucks. 16/6140, S. 57 mit S. 56; hinsichtlich der Erstreckung des Anwendungsbereichs auf Forderungen Dritter zur Zurückhaltung mahnend *Habersack*, in: Staub, Anh § 129 Rn. 13; *Huber*, in: FS Priester, 259, 279 f.

sichtlich der vom Nachrang erfassten Forderungen gerade auch für das Verständnis dieser Ergänzung des Gläubigerschutzes bei atypischen Personenhandelsgesellschaften von Bedeutung. Außerdem wird die Begründung dieser Sonderstellung der Gesellschafter speziell im Vergleich zur vorherigen Rechtslage noch im zweiten Teil dieser Arbeit eine Rolle spielen. Konkret wird es um ein im Schrifttum entwickeltes Konzept einer krisenbedingten Vermögensbindung bei der Kapitalgesellschaft & Co. KG und in diesem Zusammenhang um die Annahme einer Finanzierungsfolgenverantwortung der Kommanditisten gehen.[225] An die folgenden Überlegungen kann dann im Rahmen der Stellungnahme zu diesem Konzept teilweise angeknüpft werden.

(2) Keine Finanzierungsfolgenverantwortung im Sinne des Eigenkapitalersatzrechts

Im Ausgangspunkt lässt sich zunächst festhalten, dass die besondere rechtliche Behandlung von Forderungen auf Rückgewähr von Gesellschafterdarlehen nach der Neuregelung durch das MoMiG nicht an eine Finanzierungsentscheidung des betreffenden Gesellschafters im Zeitraum der Krise der Gesellschaft geknüpft werden kann.[226] Eine derartige Annahme durch Aufrechterhaltung des Krisenmerkmals in Form einer unwiderleglichen Vermutung einer Finanzierungsentscheidung in der Krise der Gesellschaft entbehrt nicht nur einer gesetzlichen Grundlage, sondern widerspricht auch dem zum Ausdruck gekommenen Willen des Gesetzgebers.[227] Auf eine Finanzierungsentscheidung in der Krise der Gesellschaft und damit eine Qualifizierung der Finanzierungsmittel als eigenkapitalersetzend kommt es nach der Neuregelung durch das MoMiG, wie gezeigt, gerade

225 Siehe unten Teil 2 A.III.2.a).

226 *Behme*, in: MüKo InsO, § 39 Rn. 43; *Haas*, in: Noack/Servatius/Haas, Anh § 64 Rn. 12; *Habersack*, in: Habersack/Casper/Löbbe, Anh § 30 Rn. 15; *ders.*, ZIP 2007, 2145, 2147; *Huber*, in: FS Priester, 259, 271 f.; *ders.*, in: Liber Amicorum Winter, 261, 276 mit Fn. 50; *Kleindiek*, in: Lutter/Hommelhoff, Anh § 64 Rn. 133; siehe auch *K. Schmidt.*, in: Liber Amicorum Winter, 601, 613–615.

227 So aber *Altmeppen*, NJW 2008, 3601, 3602 f. (innerhalb der Anfechtungsfristen); *Bork*, ZGR 2007, 250, 257; *Hirte*, in: Hirte/Vallender, § 39 Rn. 35; wie hier *Behme*, in: MüKo InsO, § 39 Rn. 43; *Habersack*, in: Habersack/Casper/Löbbe, Anh § 30 Rn. 15, 17; *Huber*, in: FS Priester, 259, 274; *Kleindiek*, in: Lutter/Hommelhoff, Anh § 64 Rn. 133; siehe auch *K. Schmidt*, in: Liber Amicorum Winter, 601, 609 f.

nicht mehr an. Das in zeitlicher Hinsicht für die Annahme eigenkapitalersetzender Gesellschafterleistungen nach alter Rechtslage noch maßgebliche Merkmal der Krise findet sich *de lege lata* nicht mehr wieder.[228] Stattdessen werden Forderungen auf Rückgewähr von Gesellschafterdarlehen vom Nachrang und mithin den relevanten Anfechtungsvorschriften unterschiedslos erfasst.[229]

Mit der Aufgabe der Rechtsfigur des eigenkapitalersetzenden Gesellschafterdarlehens geht gleichsam eine typisierende Betrachtungsweise einher.[230] Ähnliche Bedenken wie der unwiderleglichen Vermutung einer Krisenfinanzierung stehen mithin der Auffassung entgegen, dass die Insolvenzreife als maßgebliches Abgrenzungskriterium an die Stelle der Krise trete und § 135 Abs. 1 Nr. 2 InsO eine widerlegliche Vermutung dahingehend enthalte, dass der betreffende Gesellschafter der Gesellschaft eigenkapitalähnliche Leistungen zu einem Zeitpunkt, in welchem diese jedenfalls drohend zahlungsunfähig war, gewährt oder belassen hat.[231]

Vor diesem Hintergrund erhellt auch, dass im Schrifttum mit Bezug auf den Begriff der Finanzierungsfolgenverantwortung teilweise gerade mit Blick auf die Neuregelung des Rechts der Gesellschafterdarlehen von einer „sinnentleerte[n] Worthülse"[232] und einer „Leerformel"[233] die Rede ist. Ungeachtet der Frage, inwiefern die Verwendung dieses Begriffs zur Begründung der Annahme eigenkapitalersetzender Finanzierungsmittel und der daran anknüpfenden Folgen nach alter Rechtslage beizutragen vermochte,[234] ist jedenfalls mit Bezug auf die Neuregelung allein durch eine Bezeichnung als Finanzierungsfolgenverantwortung nichts über die

---

228 Vgl. *Habersack*, in: Habersack/Casper/Löbbe, Anh § 30 Rn. 14 f., 17; *Huber*, in: FS Priester, 259, 272 f.; siehe zur Aufgabe der Differenzierung zwischen eigenkapitalersetzenden und sonstigen Gesellschafterdarlehen oben bei den Fn. 220–222.

229 Siehe oben bei den Fn. 220–222.

230 BGHZ 212, 272, 285 = NJW 2017, 1235, 1239; *Haas*, in: Noack/Servatius/Haas, Anh § 64 Rn. 12; *Habersack*, in: Habersack/Casper/Löbbe, Anh § 30 Rn. 15, 17 f.; in diesem Sinne bereits der Vorschlag von *Huber/Habersack*, BB 2006, 1, 5 f.

231 So aber *Pentz*, in: FS Hüffer, 747, 764 f., 767, 770–772; diese Auffassung ablehnend BGHZ 212, 272, 285 = NJW 2017, 1235, 1238 f.; aus dem Schrifttum statt vieler *Habersack*, in: Habersack/Casper/Löbbe, Anh § 30 Rn. 18.

232 *Huber*, in: Liber Amicorum Winter, 261, 276 (Fn. 50); ähnlich schon *Huber*, in: FS Priester, 259, 271.

233 *Habersack*, in: Habersack/Casper/Löbbe, Anh § 30 Rn. 20 (Hervorhebung im Original nicht übernommen).

234 Siehe dazu *Bitter*, in: Scholz, Anh § 64 Rn. 16–18.

Rechtfertigung der besonderen rechtlichen Behandlung von Gesellschafterdarlehen gesagt.[235]

(3) Verhinderung einer Steuerung des Insolvenzrisikos zulasten außenstehender Gläubiger

Anhand der gesetzlichen Regelung des Nachrangs ist ersichtlich, dass sich der Gesellschafter einer Gesellschaft, für deren Verbindlichkeiten weder unmittelbar noch mittelbar eine natürliche Person unbeschränkt haftet, hinsichtlich der von § 39 Abs. 1 Nr. 5 InsO erfassten Forderungen in der Insolvenz der Gesellschaft grundsätzlich nicht gleichrangig neben außenstehende Gläubiger stellen darf. Nach Maßgabe von § 39 Abs. 4 und Abs. 5 InsO gilt dies – vorbehaltlich der in § 39 Abs. 4 S. 2 InsO vorgesehenen Ausnahme – stets dann, wenn der darlehensgebende Gesellschafter entweder geschäftsführungsbefugt oder am Haftkapital der Gesellschaft mit mehr als 10 % beteiligt ist.[236] Durch den Nachrang werden die betroffenen Finanzierungsmittel zwar nicht dem Eigenkapital gleichgestellt. Während die Gesellschafter hinsichtlich ihrer Einlagen gemäß § 199 S. 2 InsO nicht an der Befriedigung aus der Insolvenzmasse teilnehmen, werden die von § 39 Abs. 1 Nr. 5 InsO erfassten Forderungen prinzipiell im Rahmen der Schlussverteilung und mithin vorrangig gegenüber den Einlagen bedient.[237] Das dadurch erreichte Ergebnis stimmt mit der rechtlichen Behandlung der Einlagen im Falle der Insolvenz der Gesellschaft jedoch insoweit überein, als vorrangig sämtliche Insolvenzgläubiger, einschließlich derjenigen der nach den übrigen Tatbeständen des § 39 Abs. 1 Nr. 5 InsO nachrangigen Forderungen, vollständig befriedigt werden müssen.

Ebenfalls ist ersichtlich, dass die betroffenen Gesellschafter, wären ein Nachrang im Insolvenzverfahren und die ergänzenden Anfechtungsvorschriften nicht vorgesehen, ihr Insolvenzrisiko durch die Gestaltung des Verhältnisses von Eigen- und Fremdkapital zulasten außenstehender Gläu-

---

235 *Habersack*, in: Habersack/Casper/Löbbe, Anh § 30 Rn. 20 (zum Aspekt der Rechtfertigung der Sonderstellung der Gesellschafter).

236 Siehe zum Erfordernis der unternehmerischen Beteiligung des darlehensgebenden Gesellschafters *Huber*, in: Liber Amicorum Winter, 261, 276; *Huber/Habersack*, BB 2006, 1, 3 f.

237 Siehe nur *Habersack*, in: Habersack/Casper/Löbbe, Anh § 30 Rn. 13.

biger steuern könnten.[238] Bei Kapitalgesellschaften wäre dies angesichts des jeweils gesetzlich vorgegebenen Mindestkapitals jedenfalls für den Teil der Unternehmensfinanzierung der Fall, der über die Aufbringung von Eigenkapital in Höhe des relevanten Mindestbetrags hinausgeht. Insoweit würden die Gesellschafter hinsichtlich ihrer Forderungen jedoch einem im Vergleich zur Leistung von Einlagen verringerten Ausfallrisiko bei Insolvenz der Gesellschaft unterliegen. Noch deutlicher wird diese Möglichkeit der Beeinflussung des Insolvenzrisikos bei atypischen Personenhandelsgesellschaften. Für deren Eigenkapitalausstattung ist gesetzlich nicht einmal ein Mindestbetrag vorgegeben. Damit ist freilich noch nicht gesagt, weshalb die Gesellschafter einer gemäß § 39 Abs. 4 S. 1 InsO erfassten Gesellschaft hinsichtlich ihrer Forderungen auf Darlehensrückgewähr nachrangig gegenüber außenstehenden Gläubigern aus dem Gesellschaftsvermögen befriedigt werden sollen.[239]

(4) Ausgleich für eine gesetzlich vorgesehene oder faktisch erreichte Haftungsbeschränkung

Gerade mit Blick auf die hier vornehmlich interessierende Erfassung atypischer Personenhandelsgesellschaften vermag es nur zu überzeugen, die besondere rechtliche Behandlung der von § 39 Abs. 1 Nr. 5 InsO erfassten Forderungen als Ausgleich dafür zu sehen, dass die Gesellschafter ihr unternehmerisches Risiko auf das Gesellschaftsvermögen, im Falle einer atypischen Personenhandelsgesellschaft jedenfalls auf eine begrenzte Vermögensmasse, beschränken dürfen. In dem notwendigen Ausgleich für die Haftungsbeschränkung sehen namentlich *Huber* und *Habersack* – und mithin die Verfasser eines Vorschlags für die Neuregelung des Rechts der Gesellschafterdarlehen im Vorfeld des MoMiG,[240] welcher weitgehend der geltenden Rechtslage entspricht – den Grund des Nachrangs samt der begleitenden Anfechtungsvorschriften.[241] Zum Vorwurf werde den Gesell-

238 *Huber*, in: Liber Amicorum Winter, 261, 277; siehe auch *Habersack*, in: Habersack/Casper/Löbbe, Anh § 30 Rn. 13.

239 Vgl. *Bitter*, in: Scholz, Anh § 64 Rn. 27.

240 *Huber/Habersack*, BB 2006, 1.

241 *Huber/Habersack*, BB 2006, 1, 2, 7; *dies.*, in: Kapital der Aktiengesellschaft, 370, 393–396; siehe auch *Habersack*, in: Habersack/Casper/Löbbe, Anh § 30 Rn. 21; *dens.*, in: FS Seibert, 257, 265–267; *Huber*, in: Liber Amicorum Winter, 261, 276–278; zustimmend etwa *Fedke*, NZG 2009, 928, 929 f.; ähnlich *Bitter*, in: Scholz, Anh § 64 Rn. 30–36; *Kleindiek*, in: Lutter/Hommelhoff, Anh § 64

schaftern nicht gemacht, dass sie die Gesellschaft in der betreffenden Höhe mit Fremd- anstatt mit Eigenkapital ausgestattet haben.[242] Adressiert werde stattdessen der Versuch, sich in der Insolvenz der Gesellschaft als Gläubiger neben außenstehende Gläubiger zu stellen.[243] Dass dies angesichts der Beschränkung des unternehmerischen Risikos der gesetzlichen Wertung für eine gerechte Risikoverteilung widerspräche,[244] wird deutlich, wenn man den Blick speziell auf atypische Personenhandelsgesellschaften im Vergleich zu gesetzestypischen Personenhandelsgesellschaften richtet.

Für Personenhandelsgesellschaften ist gesetzlich keine Mindestrisikobeteiligung der Gesellschafter durch Vorgabe eines Mindestkapitals samt korrespondierender Regeln zur Kapitalaufbringung und -erhaltung vorgesehen. Ebenso wenig wird das Gesellschaftsvermögen insolvenzunabhängig vor Verschiebungen auf die Gesellschafter gesichert. Haftet jedenfalls eine natürliche Person unbeschränkt für die Gesellschaftsverbindlichkeiten, entspricht es gerade der Wertung des Gesetzgebers, dass der Schutz der Gläubiger ausreichend durch ebendiese persönliche Haftung gewährleistet wird.[245] Unabhängig davon, inwieweit die Unternehmensfinanzierung durch Einlagen bzw. durch Fremdkapital erfolgt, geht es angesichts der unbeschränkten – und nur individuell durch eine Vereinbarung mit dem betreffenden Gesellschaftsgläubiger beschränkbaren[246] – Außenhaftung gemäß § 128 HGB unmittelbar zulasten der persönlich haftenden Gesellschafter, wenn das Gesellschaftsvermögen nicht ausreicht, um außenstehende Gläubiger vollständig zu befriedigen. Jedenfalls nach außen tragen sie mangels realisierbarer Freistellungsansprüche das Risiko, mit

Rn. 134 („Korrektur des gestörten Risikogleichgewichts" – Hervorhebung im Original nicht übernommen).

242 *Habersack*, in: Habersack/Casper/Löbbe, Anh § 30 Rn. 14; *ders.*, in: FS Seibert, 257, 266; *Huber*, in: Liber Amicorum Winter, 261, 277 (Fn. 53).

243 Vgl. *Huber*, in: Liber Amicorum Winter, 261, 277 (Fn. 53); siehe auch *Habersack*, in: Habersack/Casper/Löbbe, Anh § 30 Rn. 21; *dens.*, in: FS Seibert, 257, 266.

244 *Huber/Habersack*, in: Kapital der Aktiengesellschaft, 370, 395 (Nachrang gegenüber Drittgläubigern hinsichtlich des gesamten Kapitals, mit dem die Gesellschafter die Gesellschaft tatsächlich ausgestattet haben, entspreche „dem Gedanken einer ökonomisch sinnvollen und fairen Risikoverteilung"); *Habersack*, in: Habersack/Casper/Löbbe, Anh § 30 Rn. 21 („wertungswidersprüchlich"); *Huber*, in: Liber Amicorum Winter, 261, 278 („faire Lastenverteilung").

245 Siehe oben bei Fn. 23.

246 Siehe zu § 128 S. 2 HGB statt vieler *Habersack*, in: Habersack/Schäfer, § 128 Rn. 15 f; siehe auch RegE MoPeG, BT-Drucks. 19/27635, S. 165.

dem Scheitern des Unternehmens auch ihre Lebensgrundlage zu verlieren.[247]

Diesem Risiko sind demgegenüber grundsätzlich weder die an einer Kapitalgesellschaft[248] noch die an einer atypischen Personenhandelsgesellschaft beteiligten natürlichen Personen ausgesetzt. Bei Kapitalgesellschaften wird das Gesellschaftsvermögen allerdings auch über eine bloße Schuldendeckung hinaus vor Vermögensverlagerungen auf die Gesellschafter geschützt.[249] Zugleich besteht nach der zum Ausdruck gekommenen Auffassung des Gesetzgebers aus Gläubigerperspektive kein wesentlicher Unterschied zwischen Kapitalgesellschaften und atypischen Personenhandelsgesellschaften.[250] Diesen gesetzlichen Wertungen würde es aber gerade vor dem Hintergrund des Gläubigerschutzes bei gesetzestypischen Personenhandelsgesellschaften widersprechen, wenn die Gesellschafter es trotz Haftungsbeschränkung – gleich, ob gesetzlich vorgesehen oder faktisch zugunsten der beteiligten natürlichen Personen erreicht – in der Hand hätten, durch die Gestaltung des Verhältnisses von Eigen- und Fremdkapital das Gesellschaftsvermögen zulasten außenstehender Gläubiger zu verringern.[251]

c) Präzisierung des Anwendungsbereichs für atypische Personenhandelsgesellschaften

Für den Ausschluss der Anwendbarkeit auf Personenhandelsgesellschaften kann es vor diesem Hintergrund, ebenso wenig wie für den Ausschluss der insolvenzbezogenen Verhaltenspflichten, einen Unterschied machen, auf welcher Gesellschafterebene letztlich eine natürliche Person unbeschränkt haftet.[252] Diese trägt unabhängig von der Finanzierungsform das Insol-

247 *Huber*, ZGR 1988, 1, 16; siehe auch *Bitter*, in: Scholz, § 13 Rn. 65, im Kontext der Rechtfertigung der Haftungsbeschränkung aus rechtsökonomischer Perspektive.

248 Abgesehen insbesondere von der persönlichen Haftung des Komplementärs einer KGaA – siehe dazu nur *Habersack*, in: Habersack/Schäfer, § 128 Rn. 1, 3.

249 Siehe dazu nur *Habersack*, in: Habersack/Casper/Löbbe, § 30 Rn. 3; *Vetter*, ZGR 2005, 788, 801, 826.

250 Siehe bereits die Einführung in Teil 1.

251 Siehe zur Verringerung der Insolvenzmasse *Huber*, in: Liber Amicorum Winter, 261, 277 (Fn. 53).

252 *Behme*, in: MüKo InsO, § 39 Rn. 56; *Habersack*, in: Habersack/Casper/Löbbe, Anh § 30 Rn. 34; a.A. *Hirte*, in: Hirte/Vallender, § 39 Rn. 59.

venzrisiko hinsichtlich sämtlicher Gesellschaftsverbindlichkeiten, für deren Begleichung das Gesellschaftsvermögen nicht genügt. Einem etwaigen Einwand unübersichtlicher Haftungsverhältnisse lässt sich gerade mit Bezug auf den Nachrang im Insolvenzverfahren entgegenhalten, dass der Insolvenzverwalter nicht den Informationsschwierigkeiten unterliegt, die möglicherweise für außenstehende Dritte bestehen.[253]

2. Verhältnis zu den Zahlungsverboten

Hinsichtlich des Verhältnisses der Regelungen für Gesellschafterdarlehen zu den seit dem Inkrafttreten des SanInsFoG in § 15b InsO geregelten Zahlungsverboten, um das es abschließend zur geltenden Rechtslage gehen soll, ist wie folgt zu differenzieren. Was zunächst das Zahlungsverbot bei Insolvenzreife der Gesellschaft anbelangt, ist generell eine Verringerung des Aktivvermögens untersagt.[254] Darlehensrückzahlungen sind mithin unabhängig davon verboten, ob es sich um das Darlehen eines Gesellschafters oder eines außenstehenden Dritten handelt.[255] Demgegenüber verstößt die Rückzahlung eines Gesellschafterdarlehens nach der Rechtsprechung des BGH grundsätzlich nicht gegen das durch das MoMiG eingeführte Verbot insolvenzverursachender Zahlungen. Der BGH hat sich der im Schrifttum vertretenen Auffassung angeschlossen, nach der fällige und durchsetzbare Gesellschafterforderungen in der Liquiditätsbilanz zu berücksichtigen sind.[256] Demnach liegt der wesentliche Anwendungsbereich dieses Zahlungsverbots im Bereich unrechtmäßiger Vermögensverschiebungen auf die Gesellschafter.[257] Hinsichtlich fälliger Forderungen auf Rückzahlung eines Gesellschafterdarlehens bleibt es nach der Rechtsprechung des BGH mithin bei den speziellen Regelungen für Gesellschafterdarlehen.

---

253 Siehe zu diesem Einwand mit Bezug auf § 15a Abs. 1 S. 2 Hs. 2 InsO a.F. und § 130a Abs. 1 S. 4 HGB den Nachweis in Fn. 87 sowie oben bei Fn. 88 f.

254 Siehe oben bei den Fn. 117 f.

255 *Habersack*, in: Habersack/Casper/Löbbe, Anh § 30 Rn. 26.

256 BGHZ 195, 42, 44 f. = NZG 2012, 1379, 1380 (bzgl. § 64 S. 3 GmbHG).

257 BGHZ 195, 42, 47 = NZG 2012, 1379, 1381 (bzgl. § 64 S. 3 GmbHG).

Teil 2: Ergänzung des Kapitalschutzes für atypische Personenhandelsgesellschaften auf Grundlage des geltenden Rechts

Nachdem der Blick auf das Sonderrecht für atypische Personenhandelsgesellschaften und insoweit vornehmlich auf die insolvenzbezogenen Gläubigerschutzmittel gerichtet war, soll im zweiten Teil dieser Arbeit geklärt werden, inwieweit darüber hinausgehend auf Grundlage des geltenden Rechts Gläubigerschutz bei atypischen Personenhandelsgesellschaften durch Mittel zur Kapitalsicherung gewährleistet werden kann.

Zu diesem Zweck betrifft die folgende Betrachtung zunächst rechtsfortbildende Ansätze für eine prinzipiell insolvenzunabhängige Kapitalerhaltung. Differenzierend zwischen der werbenden und der sich in Liquidation befindlichen Gesellschaft wird es im Ausgangspunkt in beiden Fällen um eine Ergänzung des sich auf Grundlage des Sonderrechts ergebenden Kapitalschutzes anhand einer GmbH & Co. KG gehen. Diese Vorgehensweise orientiert sich an den entsprechenden Ansätzen in der Rechtsprechung des BGH bzw. nach der herrschenden Auffassung im Schrifttum, wonach die unmittelbar nur auf die Komplementär-GmbH anwendbaren Auszahlungsverbote nach § 30 Abs. 1 GmbHG bzw. § 73 Abs. 1 und Abs. 2 GmbHG auf Auszahlungen aus dem Vermögen einer GmbH & Co. KG selbst angewandt werden.[258] Nachdem das jeweilige Konzept präzisiert worden ist, soll es um die Frage gehen, ob sich der betreffende Ansatz dafür eignet, nicht nur spezifisch für eine GmbH & Co. KG, sondern allgemein für eine atypische KG den Kapitalschutz zu ergänzen. Diese Ausrichtung wird bereits im Rahmen der Betrachtung der Rechtsfortbildung anhand der GmbH & Co. KG maßgebend sein. Für die werbende atypische KG wird es außerdem um zwei komplementärunabhängige, also prinzipiell von vornherein auf Ebene der atypischen KG anknüpfende Konzepte zur Ergänzung des Kapitalschutzes auf Grundlage des geltenden Rechts gehen.

Abschließend betrifft dieser Teil der Arbeit eine etwaige Erweiterung des Gläubigerschutzsystems bei atypischen Personenhandelsgesellschaften mittels des zur Ergänzung des Kapitalschutzes bei einer GmbH ent-

258 Siehe dazu im Einzelnen noch unten Teil 2 A.I bzw. B.II.

wickelten Konzepts der Haftung wegen existenzvernichtenden Eingriffs in das Gesellschaftsvermögen. Wenngleich nach Erfassung der Grundlagen dieses Haftungskonzepts der Blick wiederum zunächst auf die GmbH & Co. KG gerichtet sein wird, ist die zu beantwortende und mithin maßgebliche Frage, ob dieses Konzept komplementär- bzw. gesellschafterunabhängig auf atypische Personenhandelsgesellschaften übertragen werden kann.

A. Kapitalerhaltung bei der werbenden atypischen Kommanditgesellschaft

I. Rechtsfortbildung anhand der GmbH & Co. KG

1. Überblick über die Rechtsprechung des BGH zur Anwendung von § 30 Abs. 1 GmbHG

a) Mittelbare Beeinträchtigung des Vermögens der Komplementär-GmbH

Noch ungeachtet der sogleich zu betrachtenden Rechtsprechung des BGH findet das Auszahlungsverbot des § 30 Abs. 1 GmbHG im Falle einer GmbH & Co. KG unmittelbar nur auf die Komplementär-GmbH Anwendung. Für werbende atypische Personenhandelsgesellschaften sind Vermögensverlagerungen auf die Gesellschafter mittels der bereits betrachteten Zahlungsverbote im Vorfeld und während der Insolvenzreife der Gesellschaft beschränkt bzw. über eine zwingende Haftung gegenüber der Gesellschaft auszugleichen, soweit dies zur Gläubigerbefriedigung erforderlich ist. *De lege lata* fehlt es hingegen an einem unmittelbar für atypische Personenhandelsgesellschaften geltenden, prinzipiell insolvenzunabhängigen Auszahlungsverbot.

Durch Auszahlungen aus dem KG-Vermögen zugunsten von Gesellschaftern, die nicht mit einer entsprechenden Gegenleistung einhergehen und mithin zu einer Minderung des KG-Vermögens führen, kann jedoch mittelbar auch eine Verringerung des Vermögens der Komplementär-GmbH bewirkt werden.[259] In ständiger Rechtsprechung differenziert der BGH insoweit zwischen zwei Konstellationen und beurteilt Auszahlungen aus dem Vermögen einer GmbH & Co. KG angesichts der dadurch vermittelten Verringerung des Vermögens der Komplementär-GmbH an-

---

259 Siehe zunächst nur BGHZ 60, 324, 328 f. = NJW 1973, 1036, 1038.

hand des Auszahlungsverbots des § 30 Abs. 1 GmbHG.[260] Zu unterscheiden ist danach, ob die Komplementär-GmbH am Kapital der KG beteiligt ist oder nicht.[261] In der erstgenannten Variante kommt eine mittelbare Beeinträchtigung des Vermögens der Komplementär-GmbH bereits in Betracht, ohne dass das Eigenkapital der KG vollständig aufgezehrt sein muss, nämlich durch die Minderung des Werts des Kapitalanteils.[262] Ist die Komplementär-GmbH hingegen nicht am Kapital der KG beteiligt, hängt eine mittelbare Beeinträchtigung des Komplementärvermögens entscheidend davon ab, ob das KG-Vermögen die Gesellschaftsverbindlichkeiten deckt.[263] Ist dies nicht der Fall, können die wegen der Komplementärhaftung nach § 128 S. 1 iVm § 161 Abs. 2 HGB in der Bilanz der GmbH zu verbuchenden Verbindlichkeiten oder jedenfalls Rückstellungen nicht durch Aktivierung entsprechender Freistellungsansprüche gegen die KG ausgeglichen werden.[264] In diesem Stadium wirkt sich jede Auszahlung aus dem KG-Vermögen ohne entsprechende Gegenleistung auch zulasten des Vermögens der Komplementär-GmbH aus.

Soweit durch eine Auszahlung aus dem KG-Vermögen mittelbar das zur Deckung des Stammkapitals erforderliche Vermögen der Komplementär-GmbH verringert wird, nimmt der BGH in ständiger Rechtsprechung eine nach § 30 Abs. 1 GmbHG verbotswidrige Auszahlung an und ordnet den Erstattungsanspruch aus § 31 Abs. 1 GmbHG der KG zu.[265]

b) Kommanditisten als Auszahlungsempfänger

Die den relevanten BGH-Entscheidungen zugrundeliegenden Sachverhalte betrafen, soweit ersichtlich, stets Auszahlungen aus dem Vermögen einer GmbH & Co. KG zugunsten von Kommanditisten. Nach der Rechtspre-

---

260 Grundlegend BGHZ 60, 324, 328 f. = NJW 1973, 1036, 1038; siehe außerdem BGHZ 76, 326, 336 f. = NJW 1980, 1524, 1526; BGHZ 224, 235, 246 f. = NZG 2020, 384, 387.

261 Siehe die Nachweise in voriger Fn.

262 BGHZ 76, 326, 336 = NJW 1980, 1524, 1526.

263 Vgl. BGHZ 76, 326, 336 f. = NJW 1980, 1524, 1526.

264 Grundlegend BGHZ 60, 324, 329 = NJW 1973, 1036, 1038; siehe außerdem BGHZ 110, 342, 357 = NJW 1990, 1725, 1729; BGHZ 224, 235, 247, 249 = NZG 2020, 384, 387 f.

265 Grundlegend BGHZ 60, 324, 328 f. = NJW 1973, 1036, 1038; siehe daneben nur BGHZ 110, 342, 357 = NJW 1990, 1725, 1729; BGHZ 224, 235, 248 = NZG 2020, 384, 388.

chung des BGH kommt eine Anwendung von § 30 Abs. 1 GmbHG und mithin eine Erstattungspflicht des begünstigten Kommanditisten gegenüber der KG in entsprechender Anwendung von § 31 Abs. 1 GmbHG unabhängig davon in Betracht, ob dieser zugleich Gesellschafter der Komplementär-GmbH ist oder es sich bei diesem um einen so genannten Nur-Kommanditisten handelt.[266] Ein wesentlicher Unterschied zwischen einem Kommanditisten, der zugleich GmbH-Gesellschafter ist, und einem Nur-Kommanditisten liegt denn aber – noch ungeachtet der Begründung der jeweiligen Verantwortlichkeit – darin, dass nach der Rechtsprechung des BGH im erstgenannten Fall eine Verantwortlichkeit für die Kapitalerhaltung bei der Komplementär-GmbH unabhängig davon besteht, ob es sich um eine atypische KG handelt.[267] Dagegen komme im Falle eines Nur-Kommanditisten eine entsprechende Verantwortlichkeit grundsätzlich nur in Betracht, wenn keine natürliche Person unbeschränkt für die Gesellschaftsverbindlichkeiten haftet.[268]

2. Konzept zur Ergänzung des Gläubigerschutzes bei atypischen Kommanditgesellschaften?

a) Haftung eines Kommanditisten, der zugleich GmbH-Gesellschafter ist

Im Falle eines Kommanditisten, der auch GmbH-Gesellschafter ist, bedarf es für die Anwendung von § 30 Abs. 1 GmbHG und entsprechend für die Annahme einer Haftung nach § 31 Abs. 1 GmbHG keiner spezifisch auf den Kapitalschutz bei einer GmbH & Co. KG als atypischer KG ausgerichteten Begründung. Würde man § 30 Abs. 1 GmbHG vor dem Hintergrund der möglichen Auswirkungen von Auszahlungen aus dem KG-Vermögen zulasten des Komplementärvermögens nicht anwenden, könnte durch die Konstruktion einer GmbH & Co. KG das Auszahlungsverbot und mithin insoweit der für die GmbH geltende Kapitalschutz umgangen werden.[269] Die in dieser Hinsicht maßgebliche Perspektive ist, dass es im Falle eines

266 Grundlegend BGHZ 110, 342, 357 f. = NJW 1990, 1725, 1729; siehe außerdem BGH NJW 1991, 1057, 1059; BGH NJW 1995, 1960, 1961; BGH NZG 2015, 225; BGHZ 214, 258, 262 = NZG 2017, 658, 659; BGHZ 224, 235, 246 = NZG 2020, 384, 387.

267 BGH NZG 2015, 225.

268 BGH NZG 2015, 225.

269 In diesem Sinne BGHZ 60, 324, 328 = NJW 1973, 1036, 1038; grundlegend *Kuhn*, in: Ehrengabe Heusinger, 203, 215.

GmbH-Gesellschafters weder darauf ankommen kann, ob dieser zugleich Kommanditist ist, noch ob die betreffende Auszahlung aus dem KG-Vermögen oder unmittelbar aus dem GmbH-Vermögen erfolgt, sofern nur in deren Folge das GmbH-Vermögen in einem für die Anwendung von § 30 Abs. 1 GmbHG relevanten Umfang beeinträchtigt wird.[270] Diese Perspektive wird in der Rechtsprechung des BGH daran deutlich, dass es im Falle eines Kommanditisten, der auch GmbH-Gesellschafter ist, für die Anwendung des Auszahlungsverbots und eine entsprechende Haftung nach § 31 Abs. 1 GmbHG gegenüber der KG nicht darauf ankommt, ob neben der Komplementär-GmbH noch eine natürliche Person als weiterer persönlich haftender Gesellschafter vorhanden ist.[271]

b) Haftung eines Nur-Kommanditisten

(1) Begründung des BGH

Was demgegenüber Nur-Kommanditisten als Auszahlungsempfänger anbelangt, kommt die soeben für Kommanditisten, die auch GmbH-Gesellschafter sind, skizzierte Perspektive nicht in Betracht. In der Grundsatzentscheidung des BGH zur Anwendbarkeit von § 30 Abs. 1 GmbHG auch im Falle einer Auszahlung aus dem Vermögen einer GmbH & Co. KG an einen Nur-Kommanditisten bedurfte es mithin einer spezifisch auf den Schutz der Gläubiger einer GmbH & Co. KG als atypischer KG ausgerichteten Begründung. Auch diese Perspektive ist bereits angeklungen im Rahmen des Überblicks über die Rechtsprechung des BGH zur Anwendung von § 30 Abs. 1 GmbHG. Demnach besteht eine Verantwortlichkeit von Nur-Kommanditisten für die Kapitalerhaltung bei der Komplementär-GmbH grundsätzlich nur dann, wenn für die Gesellschaftsverbindlichkeiten der KG nicht auch eine natürliche Person unbeschränkt haftet, es sich also um eine atypische KG handelt.[272]

Der BGH hat die Verantwortung auch von Nur-Kommanditisten für die Kapitalerhaltung bei der Komplementär-GmbH anhand eines Vergleichs mit einer KG, für deren Verbindlichkeiten eine natürliche Person als

270 Siehe neben den Nachweisen in voriger Fn. auch BGH NZG 2015, 225; BGHZ 224, 235, 250 = NZG 2020, 384, 388.

271 BGH NZG 2015, 225.

272 BGH NZG 2015, 225.

Komplementär unbeschränkt haftet, begründet.[273] Die Verantwortung der KG dafür, dass nach GmbH-Recht unzulässige Auszahlungen aus ihrem Vermögen diesem zum Ausgleich wieder zugeführt werden, treffe, ähnlich wie einen Gesellschafter der Komplementär-GmbH, auch den Kommanditisten, wenn die Stelle des Komplementärs von einer Kapitalgesellschaft mit nur begrenztem Haftungsfonds besetzt sei.[274] Anstelle der „Bremsfunktion“[275] eines Komplementärs in Gestalt einer natürlichen Person gegenüber Vermögensverlagerungen auf die Kommanditisten müsse zugunsten der Gläubiger der KG wenigstens dieser Haftungsfonds erhalten bleiben.[276]

(2) Konzeptionelle Bedenken

Im Einklang mit der Rechtsprechung des BGH befürwortet auch die herrschende Auffassung im Schrifttum eine Anwendung von § 30 Abs. 1 GmbHG und mithin eine Erstattungspflicht analog § 31 Abs. 1 GmbHG im Falle von Auszahlungen an Nur-Kommanditisten, die mittelbar das zur Deckung des Stammkapitals erforderliche Vermögen der Komplementär-GmbH beeinträchtigen.[277] Daneben bestehende Vorbehalte im Schrifttum betreffen unter anderem die Begründung der Verantwortlichkeit von Nur-Kommanditisten für die Kapitalerhaltung bei der Komplementär-GmbH und die damit einhergehende Gleichstellung mit einem GmbH-Gesellschafter in dieser Hinsicht.[278] So wird teilweise für die Annahme einer Haftung eines Nur-Kommanditisten in analoger Anwendung von § 31 Abs. 1 GmbHG gefordert, dass der begünstigte Kommanditist zumindest Informationsrechte hat, die denjenigen eines GmbH-Gesellschafters nach § 51a GmbHG entsprechen, um die Vereinbarkeit der relevanten

273 BGHZ 110, 342, 356–358 = NJW 1990, 1725, 1729.

274 BGHZ 110, 342, 357 f. = NJW 1990, 1725, 1729.

275 BGHZ 110, 342, 357 = NJW 1990, 1725, 1729; zur Bremsfunktion einer natürlichen Person in der Rolle eines Komplementärs bereits BGHZ 60, 324, 332 = NJW 1973, 1036, 1038 f.

276 BGHZ 110, 342, 356–358 = NJW 1990, 1725, 1729.

277 Siehe nur *Altmeppen*, GmbHG, § 30 Rn. 175; *Heidinger*, in: MHLS, § 30 Rn. 169–171; bereits zuvor *Hunscha*, GmbHR 1973, 257, 260 f., 263; *Lutter/Hommelhoff*, ZGR 1979, 31, 48; *Servatius*, in: Noack/Servatius/Haas, § 30 Rn. 70; a.A. *Schläfke*, Vermögensbindung, S. 222 f., 307–309 (Aufgabe der analogen Anwendung der §§ 30, 31 GmbHG auf Auszahlungen an Nur-Kommanditisten).

278 Siehe *Ekkenga*, in: MüKo GmbHG, § 30 Rn. 197; *Habersack*, in: Habersack/Casper/Löbbe, § 30 Rn. 128; *Pöschke/Steenbreker*, NZG 2015, 614, 618 f.

Auszahlung mit dem Auszahlungsverbot des § 30 Abs. 1 GmbHG prüfen zu können.[279]

Es bestehen jedoch schon konzeptionelle Bedenken gegen einen derartigen Ansatz zur Ergänzung des Gläubigerschutzes bei einer GmbH & Co. KG als atypischer KG. Wenn der BGH auf das Fehlen der Bremsfunktion einer natürlichen Person in der Rolle eines Komplementärs verweist, geht es letztlich um nichts anderes als um die Grundüberlegung, auf der das Sonderrecht für atypische Personenhandelsgesellschaften basiert. Wenn keine natürliche Person unbeschränkt für die Gesellschaftsverbindlichkeiten haftet, trifft die dem Gläubigerschutz bei gesetzestypischen Personenhandelsgesellschaften zugrundeliegende Wertung, dass es neben der unbeschränkten Gesellschafterhaftung keine Mittel zur Kapitalsicherung bedarf, nicht zu. Wie bei Kapitalgesellschaften besteht dann für keine natürliche Person das Risiko eines Totalverlustes.[280] Zwar ist die Haftung für Gesellschaftsverbindlichkeiten bei einer atypischen Personenhandelsgesellschaft im Unterschied zur Rechtslage bei einer GmbH oder AG nicht nur auf das Gesellschaftsvermögen selbst beschränkt. Daneben haften die als Komplementäre bzw. OHG-Gesellschafter fungierenden juristischen Personen unbeschränkt mit ihrem Gesellschaftsvermögen. Dass der Gesetzgeber darin aus Gläubigerperspektive keinen wesentlichen Unterschied zwischen atypischen Personenhandelsgesellschaften und Kapitalgesellschaften erblickt, ist an der Ergänzung des Gläubigerschutzes für erstgenannte Gesellschaften durch die Mittel zur Transparenz der besonderen Haftungssituation sowie für eine insolvenzbezogene Kapitalsicherung und -ergänzung ersichtlich. Damit wird letztlich auch der gesellschafterunabhängige Ansatz der Sonderregelungen für atypische Personenhandelsgesellschaften unterstrichen. Von diesem typisierenden, maßgeblich mit einer negativen Definition des Anwendungsbereichs arbeitenden Ansatz des Gesetzgebers

279 *Habersack*, in: Habersack/Casper/Löbbe, § 30 Rn. 128; zustimmend *Ekkenga*, in: MüKo GmbHG, § 30 Rn. 197; in diesem Sinne bereits zuvor *Berg*, Rechtsdogmatische Fragen zu § 30 I GmbHG, S. 166 (einem GmbH-Gesellschafter vergleichbare Informationsmöglichkeiten); erwägend *Verse*, in: Scholz, § 30 Rn. 131; anders *Pöschke/Steenbreker*, NZG 2015, 614, 618 f. (rechtliche oder faktische Möglichkeit des Nur-Kommanditisten, die konkrete Entscheidung zur Auszahlung zu beeinflussen).

280 Vgl. oben in Teil 1 B.II.1.b)(4) die Erwägungen zur Legitimation der besonderen rechtlichen Behandlung von Forderungen aus Gesellschafterdarlehen.

unterscheidet sich die Herangehensweise des BGH in konzeptioneller Hinsicht wesentlich.[281]

(3) Analoge Anwendung von § 30 Abs. 1 GmbHG auf die atypische Kommanditgesellschaft?

Den eben geschilderten konzeptionellen Bedenken könnte möglicherweise durch den von *K. Schmidt* begründeten Ansatz, die Kapitalerhaltungsvorschriften der §§ 30, 31 GmbHG analog auf die atypische KG selbst anzuwenden, begegnet werden.[282] Der wesentliche Unterschied zur Rechtsprechung des BGH liegt darin, dass *K. Schmidt* und im Anschluss an ihn auch *Duys* eine Anwendung dieser Vorschriften unabhängig von der Rechtsform der als Komplementär fungierenden juristischen Person befürworten.[283] Auch nach diesem Ansatz ist jedoch ein Verstoß gegen § 30 Abs. 1 GmbHG anhand der mittelbaren Auswirkungen zulasten des Komplementärvermögens zu beurteilen.[284] Im Einklang mit der Rechtsprechung des BGH ist mithin maßgeblich, ob infolge der Verringerung des KG-Vermögens eine Unterbilanz des Komplementärvermögens verursacht wird oder im Zeitpunkt der sich mittelbar zulasten des Komplementärvermögens auswirkenden Auszahlung bereits besteht.[285] Im Falle einer GmbH & Co. KG verläuft dieser Ansatz, was das Bestehen und den

---

281 Vgl. die Argumentation von *Höhne*, Ltd. & Co. KG, S. 242–247, für ein einheitliches Kapitalerhaltungssystem für die atypische KG.

282 Siehe zunächst nur *K. Schmidt*, GmbHR 1989, 141, 143.

283 Siehe für die Stiftung & Co. KG *K. Schmidt*, GesR, § 56 VII 3 (S. 1664); für die ausländische Kapitalgesellschaft & Co. KG *K. Schmidt*, GesR, § 56 VII 2 (S. 1662 f.) sowie *Duys*, Auslands-Kapitalgesellschaft & Co. KG, zunächst S. 53–58; zur Unabhängigkeit von den Regeln nach dem für den betreffenden Komplementär maßgeblichen Recht ausdrücklich *K. Schmidt*, GesR, § 56 VII 2 (S. 1663) – dies verkennt *Schlichte*, DB 2006, 1357, 1360, welcher am Bsp. der Ltd. & Co. KG insoweit darauf abstellt, dass die §§ 30, 31 GmbHG gerade nicht auf die englische Ltd. anwendbar seien.

284 *K. Schmidt*, GesR, § 56 V 1 b) (S. 1656); *Duys*, Auslands-Kapitalgesellschaft & Co. KG, S. 57.

285 Vgl. *K. Schmidt*, GesR, § 56 V 1 b) (S. 1656). Davon zu unterscheiden ist die auf eine GmbH & Co. KG bezogene Überlegung von *K. Schmidt*, GesR, § 56 V 1 b) (Fn. 131) (S. 1656), wonach eine für § 30 Abs. 1 GmbHG maßgebliche Unterbilanzfeststellung unmittelbar am KG-Vermögen im Sinne eines Vergleichs des Aktivvermögens der KG mit der Summe aus dem Stammkapital der Komplementär-GmbH und den Kommanditistenhaftsummen ansetzen könnte; *K. Schmidt*, a.a.O., weist freilich darauf hin, dass ein derartiger, über

Umfang einer Erstattungspflicht nach § 31 Abs. 1 GmbHG zugunsten der KG anbelangt, daher parallel zum Konzept nach der Rechtsprechung des BGH.

Allein durch eine derartige Anwendung von § 30 Abs. 1 GmbHG könnte wegen der Beurteilung der Unterbilanz anhand des Komplementärvermögens jedoch kein einheitliches Kapitalschutzkonzept für die atypische KG etabliert werden. Aus dem Kapitalschutzsystem bei der GmbH würde man sich auf diese Weise lediglich Elemente der Kapitalerhaltung zunutze machen.[286] In welcher Höhe das Komplementärvermögen zu erhalten wäre, würde sich nach den für den jeweiligen Komplementär maßgeblichen Bestimmungen richten.[287]

Freilich nehmen auch *K. Schmidt* und *Duys* nicht an, dass auf diese Weise ein einheitliches Kapitalschutzkonzept entwickelt werden kann. Stattdessen gehen sie davon aus, dass aufgrund der für eine KG ohne natürlichen Komplementär geltenden Normativbestimmungen nur juristische Personen, die einen dem GmbH-Recht gleichwertigen Gläubigerschutz gewährleisten, als Komplementäre anzuerkennen seien.[288] Angesprochen ist damit insbesondere ein dem Mindeststammkapital der GmbH entsprechendes „Garantiekapital“[289], welches *K. Schmidt* zufolge für die betreffende juristische Person entweder gesetzlich oder satzungsmäßig vorgesehen sein müsse.[290] Auf diese Weise wird prinzipiell einer Kapitalerhaltung nach Maßgabe der §§ 30, 31 GmbHG eine dem GmbH-Mindeststammkapital entsprechende Anforderung an die Kapitalausstattung gegenübergestellt.[291]

---

eine Anknüpfung an eine Unterbilanz bei der Komplementär-GmbH hinausgehender Kapitalschutz *de lege lata* fragwürdig sei.

286 Vgl. *Klöhn/Schaper*, ZIP 2013, 49, 53; *Schaper*, Selektion und Kombination von Gesellschaftsformen im institutionellen Wettbewerb, S. 271, 275 f. – jeweils am Bsp. der Ltd. & Co. KG.

287 Vgl. die Nachweise in voriger Fn.

288 *K. Schmidt*, GesR, § 56 VII 2 (S. 1662) (im Kontext der ausländischen Kapitalgesellschaft & Co. KG); *ders.*, GesR, § 56 VII 3 (S. 1664) (Stiftung als Komplementärin); *ders.*, GmbHR 1989, 141, 143 (KG ohne natürlichen Komplementär); *Duys*, Auslands-Kapitalgesellschaft & Co. KG, insbesondere S. 40, 53–58 (Kapitalerhaltung analog §§ 30, 31 GmbHG), 63–67 (Drittorganhaftung analog § 43 GmbHG), 77–87 (Kapitalaufbringung analog § 5 GmbHG) – siehe für die Auffassung von *Duys* aber noch Fn. 291.

289 *K. Schmidt*, GmbHR 1989, 141, 143.

290 *K. Schmidt*, GesR, § 56 VII 2 (S. 1662) (im Kontext der ausländischen Kapitalgesellschaft & Co. KG); vgl. *Duys*, Auslands-Kapitalgesellschaft & Co. KG, S. 85 f.

291 Jedoch verneint *Duys* für den Fall, dass eine ausländische Kapitalgesellschaft, die nach dem Recht eines anderen EU-Mitgliedstaates gegründet worden ist, als

Die mit Bezug auf die Herangehensweise des BGH zur Ergänzung des Gläubigerschutzes einer GmbH & Co. KG als atypischer KG geschilderten Bedenken bestehen in ähnlicher Weise auch gegen den soeben dargestellten Ansatz. Wieder lässt sich die von der Rechtsform der persönlich haftenden Gesellschafter völlig unabhängige Funktionsweise der Sonderregelungen für atypische Personenhandelsgesellschaften heranziehen. Eine analoge Anwendung der §§ 30, 31 GmbHG auf die atypische KG ist aber nur vermeintlich vom konkreten Komplementär unabhängig, indem diese Vorschriften – gepaart mit einer dem Mindeststammkapital für die GmbH entsprechenden Anforderung an die Kapitalausstattung – als Normativbestimmungen auf der KG-Ebene verortet werden. Auf diese Weise wird letztlich nicht auf Ebene der atypischen Personenhandelsgesellschaft selbst angeknüpft, sondern eine einheitliche Beurteilung der mittelbaren Beeinflussung des Komplementärvermögens erreicht.

(4) Weitere Vorgehensweise

Dem Anliegen dieses Abschnitts der Arbeit entsprechend soll die Haftung von Nur-Kommanditisten in analoger Anwendung von § 31 Abs. 1 GmbHG nach der Rechtsprechung des BGH nicht spezifisch mit Blick auf die Rechtsfortbildung für die GmbH & Co. KG beurteilt werden. Es stellt sich vielmehr die Frage, ob sich eine reflexartige Sicherung des KG-Vermögens dazu eignet, auch für andere Erscheinungsformen einer atypischen KG eine vergleichbare Ergänzung des Kapitalschutzes zu bewirken.[292] Im Falle eines stark von der konkreten Komplementärbesetzung abhängigen Kapitalschutzes würden sich die konzeptionellen Bedenken bestätigen. Von einem für die atypische KG generalisierbaren Kapitalschutzkonzept könnte dann nicht die Rede sein.

Um dieser Überlegung nachzugehen, soll im Folgenden geprüft werden, inwieweit sich das Konzept des BGH zur Anwendung von § 30

Komplementärin fungieren soll, sowohl die Zulässigkeit einer am GmbH-Recht orientierten Anforderung an eine Mindestkapitalausstattung – die er im Übrigen in Analogie zu § 5 GmbHG annimmt (siehe dazu bereits den Nachweis in Fn. 288) – als auch einer analogen Anwendung der §§ 30, 31 GmbHG; derartige Anforderungen wären eine nicht gerechtfertigte Beeinträchtigung der Niederlassungsfreiheit – so *Duys*, Auslands-Kapitalgesellschaft & Co. KG, insbesondere S. 124 (einheitliche Prüfung von Kapitalaufbringung und -erhaltung am Maßstab des Beschränkungsverbots), 154–166 (Rechtfertigungsprüfung).

292 Zuvor bereits *Schläfke*, Vermögensbindung, S. 192.

Abs. 1 GmbHG sinngemäß auf atypische KGen mit Komplementären anderer Rechtsformen übertragen lässt.[293] An die Stelle des einzigen Komplementärs soll dafür zunächst eine UG (haftungsbeschränkt)[294] und anschließend eine Kapitalgesellschaft ausländischer Rechtsform treten. Hinsichtlich letztgenannter Variante wird noch ein konkretes Beispiel herauszustellen sein. Nachdem die Zulässigkeit der jeweiligen Kombination geklärt ist, erfolgt die Prüfung der Generalisierbarkeit des Rechtsprechungskonzepts anhand dessen Funktionsweise im Falle einer GmbH & Co. KG.

II. Kapitalschutz für die atypische Kommanditgesellschaft?

1. UG & Co. KG

a) Zulässigkeit

Die UG ist eine Rechtsformvariante der GmbH.[295] Die grundsätzliche Komplementärfähigkeit einer UG steht mithin außer Frage.[296] Umstritten im Schrifttum und höchstrichterlich noch nicht geklärt ist jedoch, ob eine UG vor dem Hintergrund der Thesaurierungspflicht gemäß § 5a Abs. 3 S. 1 GmbHG nur unter bestimmten Anforderungen als Komplementär einer KG eingesetzt werden darf.[297] Nach dieser Vorschrift ist im Jahresabschluss der UG eine gesetzliche Rücklage in Höhe von einem Viertel eines etwaigen, um einen Verlustvortrag aus dem Vorjahr geminderten Jahresüberschusses zu dotieren. Zweck dieser Thesaurierungspflicht ist eine allmähliche Erhöhung der Eigenkapitalausstattung der Gesellschaft

293 Siehe für eine derartige Prüfung bereits *Blaum*, in: Westermann/Wertenbruch, Hdb PersG, Rn. I 3406–3412 (AG & Co. KG sowie SE & Co. KG), 3445 (Stiftung & Co. KG), 3488–3490 (ausländische Kapitalgesellschaft & Co. KG) (jeweils Stand Januar 2018); *Höhne*, Ltd. & Co. KG, S. 238 f. (Ltd. & Co. KG); *Schläfke*, Vermögensbindung, S. 230–249 (AG/Stiftung/Ltd. & Co. KG); *Schlichte*, DB 2006, 1357, 1361 f. (Ltd. & Co. KG); vgl. auch *Teichmann*, ZGR 2014, 220, 248 (ausländische Kapitalgesellschaft & Co. KG).

294 Im Folgenden: UG.

295 Begr. RegE MoMiG, BT-Drucks. 16/6140, S. 1, 31.

296 Allg.M., siehe nur *H.-F. Müller*, ZGR 2012, 81, 102; *Paura*, in: Habersack/Casper/Löbbe, § 5a Rn. 72; *Servatius*, in: Noack/Servatius/Haas, § 5a Rn. 36; *Stenzel*, NZG 2009, 168; *Veil*, GmbHR 2007, 1080, 1084.

297 Siehe zunächst nur *Fastrich*, in: Gesellschaftsrecht in der Diskussion 2010, 119, 144 f.; *H.-F. Müller*, ZGR 2012, 81, 102.

als Ausgleich zum Fehlen eines Mindeststammkapitals.[298] Für die auf dieser Grundlage gebildete Rücklage sind in § 5a Abs. 3 S. 2 GmbHG abschließend zulässige Verwendungsmöglichkeiten vorgesehen.[299] Hervorzuheben ist insoweit § 5a Abs. 3 S. 2 Nr. 1 GmbHG, wonach die gesetzliche Rücklage zum Zweck einer Kapitalerhöhung aus Gesellschaftsmitteln gemäß § 57c GmbHG verwendet werden darf. Gemäß § 5a Abs. 5 Hs. 1 GmbHG gelten die vorhergehenden Absätze und damit auch die Thesaurierungspflicht solange, bis das Stammkapital der UG derart erhöht wird, dass es jedenfalls den Betrag des Mindeststammkapitals nach § 5 Abs. 1 GmbHG erreicht. Wenngleich dies selbst bei einer dafür ausreichend dotierten Rücklage nicht vorgeschrieben ist, so ist doch das in § 5a Abs. 3 und Abs. 5 GmbHG verankerte Kapitalaufholungsmodell[300] ersichtlich darauf angelegt, eine UG schrittweise in eine GmbH überzuführen.[301]

Die Thesaurierungspflicht kann im Falle einer UG & Co. KG weitgehend leer laufen, wenn die selbst nicht unternehmenstragende Komplementär-UG – entsprechend einer für die GmbH & Co. KG praktisch relevanten Ausgestaltung[302] – nicht am Unternehmensgewinn beteiligt ist.[303] Eine aus steuerrechtlichen Gründen regelmäßig vereinbarte Haftungsvergütung ist üblicherweise am Stammkapital orientiert.[304] Auf dieser Grundlage kann eine Thesaurierung in der Regel jedenfalls nicht in einem Umfang erfolgen, der in absehbarer Zeit eine Überführung der

---

298 Vgl. Begr. RegE MoMiG, BT-Drucks. 16/6140, S. 32; *Kleindiek*, in: Lutter/Hommelhoff, § 5a Rn. 4 f., 34.

299 Dass die Aufzählung abschließend ist, ergibt sich bereits aus dem Wortlaut der Vorschrift („darf nur verwandt werden"); siehe daneben statt vieler *H.-F. Müller*, ZGR 2012, 81, 93.

300 Siehe Begr. RegE MoMiG, BT-Drucks. 16/6140, S. 32 („Kapitalaufholung").

301 Vgl. *Fastrich*, in: Gesellschaftsrecht in der Diskussion 2010, 119, 142; *Joost*, ZIP 2007, 2242, 2245; *Kleindiek*, in: Lutter/Hommelhoff, § 5a Rn. 4 f., 34; *Veil*, ZGR 2009, 623, 633.

302 *Binz/Sorg*, GmbH & Co. KG, § 5 Rn. 72.

303 Vgl. zunächst nur *Fastrich*, in: Gesellschaftsrecht in der Diskussion 2010, 119, 144 f. – jedoch ohne Bezug auf den sogleich im Text folgenden Aspekt der Haftungsvergütung.

304 Siehe für die Bedeutung einer Aufwandsentschädigung und einer Haftungsvergütung aus steuerrechtlichen Gründen *Kock/Vater/Mraz*, BB 2009, 848, 849; *H.-F. Müller*, ZGR 2012, 81, 107.; siehe bzgl. der Orientierung einer pauschalen Haftungsvergütung am Stammkapital *Kock/Vater/Mraz*, BB 2009, 848, 849 f.; *Paura*, in: Habersack/Casper/Löbbe, § 5a Rn. 74; *Schläfke*, Vermögensbindung, S. 60 f.

UG in eine GmbH ermöglichen würde.[305] Im Schrifttum werden daher verschiedene Ansätze zur Einschränkung der Komplementärfähigkeit einer UG vertreten, um dem Zweck der Thesaurierungspflicht nach § 5a Abs. 3 S. 1 GmbHG Rechnung zu tragen. So muss einer Auffassung zufolge eine UG, deren Aufgabe im Wesentlichen darin bestehen soll, als Komplementär der betreffenden KG zu fungieren, am Unternehmensgewinn beteiligt werden.[306] Einer anderen Auffassung zufolge ist dem Zweck der Thesaurierungspflicht dadurch Rechnung zu tragen, dass die UG in einem Umfang am Gewinn der KG beteiligt wird, der es ermöglicht, innerhalb eines bestimmten Zeitraums eine gesetzliche Rücklage zu dotieren, die zusammen mit dem Stammkapital der UG dem Mindeststammkapital der GmbH entspricht.[307] Wieder anders wird vertreten, dass es für die Komplementärfähigkeit der konkreten UG zwar keiner Gewinnbeteiligung bedürfe, sondern prinzipiell auch eine feste Haftungsvergütung genüge.[308] Nach einer Ansicht müsse diese allerdings so bemessen sein, dass die Zwangsrücklage aus ihr „messbar bestückt werden“ könne.[309] Die Gesellschafter müssten bei der Anmeldung der KG darlegen, dass und auf welche Weise – also ob über eine Gewinnbeteiligung oder mittels einer festen Haftungsvergütung – die gesetzliche Rücklage der UG dotiert werden soll.[310]

Mit der herrschenden Meinung im Schrifttum ist jedoch die Komplementärfähigkeit einer UG *de lege lata* unabhängig davon zu befürworten,

---

305 *Schläfke*, Vermögensbindung, S. 60 f.; vgl. jeweils hinsichtlich der in der Regel geringen Beträge der Haftungsvergütung auch *Kock/Vater/Mraz*, BB 2009, 848, 850; *H.-F. Müller*, ZGR 2012, 81, 107.

306 *Henze/Notz*, in: EBJS, Anh 1 § 177a Rn. 19; in diesem Sinne auch *Gehrlein*, Der Konzern 2007, 771, 779; *Tamm*, MDR 2010, 1025, 1028; *Veil*, GmbHR 2007, 1080, 1084 – ob anstelle einer Gewinnbeteiligung auch eine Haftungsvergütung für die Annahme der Komplementärfähigkeit genügt, hat *Veil*, a.a.O., wenn insoweit auch tendenziell kritisch („kümmerliche[n] Rente“) noch offen gelassen; siehe demgegenüber *Veil*, ZGR 2009, 623, 641 (Gewinnbeteiligung oder jedenfalls Haftungsvergütung).

307 *Fastrich*, in: Baumbach/Hueck, 21. Aufl., § 5a Rn. 36 (entsprechende Anwendung von § 300 Nr. 1 AktG, Vorschlag eines Zeitraums von zehn Jahren); *ders.*, in: VGR, Gesellschaftsrecht in der Diskussion 2010, 119, 145 f.; ebenso *Servatius*, in: Noack/Servatius/Haas, § 5a Rn. 36; sympathisierend *H. P. Westermann*, in: Scholz, § 5a Rn. 40; ähnlich *Priester*, in: FS Roth, 573, 584 (ohne entsprechend § 300 Nr. 1 AktG heranzuziehen, Vorschlag einer Thesaurierungszeit von fünf Jahren).

308 *Schäfer*, in: Bork/Schäfer, § 5a Rn. 9; *ders.*, ZIP 2011, 53, 59; *Veil*, ZGR 2009, 623, 641.

309 *Schäfer*, ZIP 2011, 53, 59.

310 *Schäfer*, ZIP 2011, 53, 59.

ob und gegebenenfalls in welchem Umfang diese am Unternehmensgewinn beteiligt ist bzw. eine feste Haftungsvergütung erhält.[311] Demnach kann eine UG auch dann zulässigerweise als Komplementär einer KG eingesetzt werden, wenn aufgrund der konkreten Vertragsgestaltung in absehbarer Zeit mangels entsprechender Eigenkapitalaufholung keine Überführung der UG in eine GmbH möglich ist.

Für diese Auffassung spricht zunächst der in der *lex lata* zum Ausdruck kommende Wille des Gesetzgebers. Nach der geltenden Rechtslage sind keine flankierenden Maßnahmen zur Thesaurierungspflicht vorgesehen, die dem jedenfalls theoretisch zugrundeliegenden Gedanken, dass die UG allmählich in eine GmbH übergeführt wird, praktisch zur Geltung verhelfen.[312] Stattdessen ist eine Überführung zur GmbH mittels einer entsprechenden Kapitalerhöhung schlicht möglich und mit der Vorschrift des § 5a Abs. 5 Hs. 1 GmbHG ein gewisser, dahingehender Anreiz vorhanden.[313]

Zweitens ist zu berücksichtigen, dass die Einführung der UG als Rechtsformvariante der GmbH neben einer Erleichterung von Existenzgründungen insbesondere das Ziel verfolgte, die Position der GmbH im europäischen Wettbewerb der Rechtsformen zu stärken.[314] Hintergrund war die Rechtsprechung des EuGH zur Niederlassungsfreiheit, insbesondere dessen Urteil in der Rechtssache *Inspire Art*.[315] Demnach handelt es sich um eine nicht zu rechtfertigende Beeinträchtigung der Niederlassungsfreiheit der betreffenden, nach dem Recht eines anderen Mitgliedsstaates gegründeten Kapitalgesellschaft, wenn dieser Mindestkapitalanforderungen, die auch für inländische Gesellschaften gelten, auferlegt werden.[316] Der

311 *Altmeppen*, GmbHG, § 5a Rn. 38 (sofern nicht lediglich Umgehung der Thesaurierungspflicht bezweckt); *Binz/Sorg*, GmbH & Co. KG, § 4 Rn. 51; *Casper*, in: Staub, § 161 Rn. 72; *Heckschen*, DStR 2009, 166, 171; *Heeg*, DB 2009, 719, 721 f.; *Hennrichs*, NZG 2009, 921, 924; *Kock/Vater/Mraz*, BB 2009, 848, 850; *Grunewald*, in: MüKo HGB, § 161 Rn. 106 f.; *H.-F. Müller*, ZGR 2012, 81, 104–106; *Paura*, in: Habersack/Casper/Löbbe, § 5a Rn. 73; *Rieder*, in: MüKo GmbHG, § 5a Rn. 64; *Schläfke*, Vermögensbindung, S. 61; *Stenzel*, NZG 2009, 168, 170 f.

312 Siehe *Kleindiek*, in: Lutter/Hommelhoff, § 5a Rn. 35, der beispielhaft die Androhung der Auflösung der UG nennt, sofern innerhalb eines bestimmten Zeitraums die Summe aus Stammkapital und dotierter Rücklage nicht das Mindeststammkapital nach § 5 Abs. 1 GmbHG erreicht.

313 Vgl. nur *Kleindiek*, in: Lutter/Hommelhoff, § 5a Rn. 35, 45, 52; *H.-F. Müller*, ZGR 2012, 81, 88 f., 104.

314 Begr. RegE MoMiG, BT-Drucks. 16/6140, S. 1, 25.

315 Begr. RegE MoMiG, BT-Drucks. 16/6140, S. 25.

316 EuGH Slg. 2003, I-10155, Rn. 100 f., 141 f. = NJW 2003, 3331, 3333 f. (Inspire Art).

MoMiG-Gesetzgeber hatte insoweit bei Einführung der UG insbesondere die englische Limited vor Augen.[317] In Betracht kommen jedoch auch weitere Kapitalgesellschaften ausländischer Rechtsform ohne Mindestkapitalerfordernis. Nach herrschender Meinung sind jedenfalls nach dem Recht eines anderen EU-Mitgliedstaates oder eines EWR-Staates gegründete Kapitalgesellschaften, die ihren Verwaltungssitz im Inland haben, komplementärfähig.[318] Auf diese Weise kann mithin die Komplementärstelle durch eine Kapitalgesellschaft ohne nennenswerte Anforderungen an deren Eigenkapitalausstattung besetzt werden.[319] Vor diesem Hintergrund wäre es wertungswidersprüchlich, demgegenüber für die Komplementärfähigkeit der UG besondere Anforderungen mit Bezug auf eine allmähliche Kapitalaufholung zu stellen.[320]

Schließlich stoßen diejenigen Ansätze, nach denen die Komplementärfähigkeit der UG etwa von einer angemessenen Dotierungsmöglichkeit abhängig gemacht wird oder nach denen die UG derart am Unternehmensgewinn zu beteiligen sei, dass die gesetzliche Rücklage bei entsprechenden Gewinnen innerhalb eines bestimmten Zeitraums zusammen mit dem Stammkapital das Mindeststammkapital der GmbH erreicht, auf praktische Schwierigkeiten. Problematisch ist hinsichtlich der erstgenannten Variante offensichtlich die Bestimmung der Angemessenheit.[321] Mit Bezug auf den letztgenannten Ansatz stellt sich etwa die Frage, wie damit umzugehen wäre, wenn zum Ablauf des festgelegten Zeitraums die erstrebte Eigenkapitalausstattung der Komplementär-UG nicht erreicht wird.[322] Dies konzedieren die Befürworter jener Ansätze freilich zum Teil selbst.[323]

---

317 Siehe nur *Kleindiek*, in: Lutter/Hommelhoff, § 5a Rn. 1; *Rieder*, in: MüKo GmbHG, § 5a Rn. 1–4.

318 Siehe die Nachweise in den Fn. 374 f.

319 Siehe für das Bsp. der niederländischen B.V., konkret zum Fehlen eines Mindestkapitalerfordernisses, unten bei Fn. 405.

320 So auch *Heeg*, DB 2009, 719, 722; *Kock/Vater/Mraz*, BB 2009, 848, 850 – jeweils mit Bezug auf die englische Ltd.; siehe auch *Baukelmann/C. Schmidt-Leithoff*, in: Rowedder/Schmidt-Leithoff, § 5a Rn. 66; *Binz/Sorg*, GmbH & Co. KG, § 4 Rn. 52; *H.-F. Müller*, ZGR 2012, 81, 106; *Rieder*, in: MüKo GmbHG, § 5a Rn. 64 – ebenfalls jeweils mit Bezug auf die englische Ltd.

321 Siehe dazu *Heeg*, DB 2009, 719, 721 f.; *Paura*, in: Habersack/Casper/Löbbe, § 5a Rn. 73.

322 *Rieder*, in: MüKo GmbHG, § 5a Rn. 65.

323 *Fastrich*, in: Gesellschaftsrecht in der Diskussion 2010, 119, 146; *Veil*, GmbHR 2007, 1080, 1084.

b) Kapitalerhaltung im Sinne des BGH-Konzepts?

(1) Gleichlauf hinsichtlich des Stammkapitals

Was nun die Prüfung der Übertragbarkeit des BGH-Konzepts zur Kapitalerhaltung bei der GmbH & Co. KG auf eine UG & Co. KG anbelangt, ist eine sinngemäße Anwendung dieser Rechtsprechung insoweit unproblematisch, als es um die Erhaltung des zur Deckung des Stammkapitals erforderlichen Vermögens der UG geht. In dieser Hinsicht ist das Auszahlungsverbot des § 30 Abs. 1 GmbHG auf Ebene der UG direkt anwendbar. Der reflexartige Schutz des KG-Vermögens verliefe insoweit parallel zu demjenigen bei einer GmbH & Co. KG. Auszahlungen aus dem KG-Vermögen wären demnach insoweit verboten und vom begünstigten Kommanditisten an die KG zu erstatten, als dadurch mittelbar eine Unterbilanz des Vermögens der Komplementär-UG verursacht werden würde. Entsprechendes würde im Falle einer mittelbaren Verringerung des UG-Vermögens in einem Zeitpunkt gelten, in dem dieses das Stammkapital schon nicht mehr deckt oder gar überschuldet ist.[324] Ein Unterschied zur Kapitalerhaltung bei der GmbH & Co. KG bestünde insoweit allein hinsichtlich des Mindestumfangs, da eine UG theoretisch mit einem Stammkapital in Höhe von nur einem Euro gegründet werden kann.[325]

(2) Ergänzung des Auszahlungsverbots bei der UG

Die Besonderheit einer UG im Vergleich zu einer GmbH und mithin für die Prüfung der Übertragbarkeit des Rechtsprechungskonzepts auf die UG & Co. KG liegt jedoch in der Thesaurierungspflicht nach § 5a Abs. 3

---

324 Das Auszahlungsverbot des § 30 Abs. 1 GmbHG ist auch dann unmittelbar anwendbar, wenn das zur Deckung des Stammkapitals erforderliche Vermögen bereits aufgezehrt und das Gesellschaftsvermögen überschuldet ist oder durch die Auszahlung eine Überschuldung verursacht wird – so BGH NJW 1990, 1730, 1731 f.; siehe daneben aus dem Schrifttum nur *Habersack*, in: Habersack/Casper/Löbbe, § 30 Rn. 43; anders noch BGHZ 60, 324, 331 f. = NJW 1973, 1036, 1038 (entsprechende Anwendung). Maßgeblich für die Feststellung der Verursachung oder des Bestehens einer Unterbilanz – und mithin auch einer bilanziellen Überschuldung – ist die Vermögenslage im Zeitpunkt der Auszahlung – siehe dazu nur BGH NJW 1988, 139, 140; BGH NJW 2003, 3629, 3631; *Habersack*, in: Habersack/Casper/Löbbe, § 30 Rn. 44; *Servatius*, in: Noack/Servatius/Haas, § 30 Rn. 22.

325 Siehe für Letzteres nur *Kleindiek*, in: Lutter/Hommelhoff, § 5a Rn. 17.

S. 1 GmbHG. Mit Blick zunächst nur auf die UG, also noch ungeachtet der Bedeutung für die Kapitalerhaltung im Falle einer UG & Co. KG, ist hinsichtlich der damit einhergehenden Ergänzung des Kapitalschutzes wie folgt zu differenzieren.

(a) Bereits gebildete Rücklage

Was zunächst den Fall einer bereits nach § 5a Abs. 3 S. 1 GmbHG gebildeten Rücklage anbelangt, ist nach herrschender Meinung das Auszahlungsverbot des § 30 Abs. 1 GmbHG analog zur Erhaltung des zur Deckung der gesetzlichen Rücklage erforderlichen Vermögens anwendbar.[326] Mithin verstößt eine Auszahlung aus dem Gesellschaftsvermögen gegen § 30 Abs. 1 GmbHG und ist nach § 31 Abs. 1 GmbHG an die UG zu erstatten, soweit deren Nettoaktivvermögen[327] infolge oder bereits im Zeitpunkt der Auszahlung die Summe aus Stammkapital und gesetzlicher Rücklage nicht mehr deckt. Dies ist überzeugend, entspricht doch eine Beschränkung von Vermögensverlagerungen auf die Gesellschafter dem Zweck der Thesaurierungspflicht, das Fehlen eines Mindeststammkapitals durch eine allmähliche Erhöhung der Eigenkapitalausstattung auszugleichen.[328] Dass das Gesellschaftsvermögen in Höhe einer nach § 5a Abs. 3 S. 1 GmbHG bereits gebildeten Rücklage ebenso wenig wie das zur Deckung des Stammkapitals erforderliche Vermögen für Ausschüttungen an die Gesellschafter zur Verfügung steht, ergibt sich außerdem bereits aus der abschließenden Aufzählung der zulässigen Verwendungsmöglichkeiten in § 5a Abs. 3 S. 2 GmbHG.[329]

---

326 *Habersack*, in: Habersack/Casper/Löbbe, § 30 Rn. 17a, 30; *Joost*, ZIP 2007, 2242, 2247; *Paura*, in: Habersack/Casper/Löbbe, § 5a Rn. 44 f.; *Schäfer*, in: Bork/Schäfer, § 5a Rn. 29; *Servatius*, in: Noack/Servatius/Haas, § 30 Rn. 14, 17; *Verse*, in: Scholz, § 30 Rn. 11; a.A. *Noack*, DB 2007, 1395, 1396; *Thiessen*, in: Bork/Schäfer, § 30 Rn. 9 f.

327 Das Nettoaktivvermögen, auch bezeichnet als Reinvermögen, ist die sich anhand eines Abzugs der Verbindlichkeiten samt Rückstellungen für ungewisse Verbindlichkeiten vom Aktivvermögen ergebende Differenz – siehe nur *Servatius*, in: Noack/Servatius/Haas, § 30 Rn. 15; *Verse*, in: Scholz, § 30 Rn. 58.

328 Vgl. *Habersack*, in: Habersack/Casper/Löbbe, § 30 Rn. 17a; *Schäfer*, in: Bork/Schäfer, § 5a Rn. 29 mit Rn. 24; siehe zum Zweck der Thesaurierungspflicht oben bei Fn. 298.

329 *H.-F. Müller*, ZGR 2012, 81, 93 (im Kontext von Gewinnausschüttungen bei entgegen § 5a Abs. 3 S. 1 GmbHG unterbliebener oder unzureichender Thesaurierung).

(b) Gewinnausschüttungen infolge unterbliebener oder unzureichender Dotierung

Neben einer bereits gebildeten Rücklage bietet die Thesaurierungspflicht nach § 5a Abs. 3 S. 1 GmbHG als solche einen weiteren Anknüpfungspunkt für die Ergänzung des Kapitalschutzes bei der UG.[330] Der Blick ist insoweit mithin auf eine nach dieser Vorschrift noch zu bildende Rücklage gerichtet. Relevant sind in dieser Hinsicht zunächst Gewinnausschüttungen, die auf einem Jahresabschluss beruhen, in welchem die gesetzliche Rücklage nicht oder – gemessen an der Vorgabe von § 5a Abs. 3 S. 1 GmbHG – nicht in vollständiger Höhe dotiert worden ist. In diesem Fall sind nach herrschender Auffassung der den Jahresabschluss der UG feststellende Gesellschafterbeschluss analog § 256 Abs. 1 Nr. 1 AktG und der darauf basierende Gewinnverwendungsbeschluss analog § 253 AktG nichtig.[331] Als Rechtsfolge hat der begünstigte Gesellschafter das Empfangene zurückzugewähren, soweit dies für eine vollständige Rücklagenbildung erforderlich ist.[332] Nach herrschender Meinung folgt der darauf ausgerichtete Anspruch der Gesellschaft nicht nur aus § 812 Abs. 1 S. 1 Var. 1 BGB, sondern auch aus einer analogen Anwendung der §§ 30, 31 GmbHG, also konkret aus § 31 Abs. 1 GmbHG.[333] Dies überzeugt aus denselben Gründen wie für die Sicherung des zur Deckung einer bereits gebildeten Rücklage erforderlichen Vermögens.[334] Angesichts des mit der Thesaurierungspflicht verfolgten Zwecks kann es für die Beschränkung

330 Siehe zunächst nur *Habersack*, in: Habersack/Casper/Löbbe, § 30 Rn. 17a; *Paura*, in: Habersack/Casper/Löbbe, § 5a Rn. 44; *Servatius*, in: Noack/Servatius/Haas, § 30 Rn. 14 (wie schon *Fastrich* in der Vorauflage).

331 Statt vieler *H.-F. Müller*, ZGR 2012, 81, 91 f.; *Paura*, in: Habersack/Casper/Löbbe, § 5a Rn. 50; *Rieder*, in: MüKo GmbHG, § 5a Rn. 33; a.A. (§ 256 Abs. 1 Nr. 4 AktG analog) *Hirte*, ZInsO 2008, 933, 935; *Veil*, ZGR 2009, 623, 634; siehe auch Begr. RegE MoMiG, BT-Drucks. 16/6140, S. 32 (ohne Präzisierung der einschlägigen Nummer von § 256 Abs. 1 AktG).

332 Siehe zum Umfang *Fastrich*, in: Baumbach/Hueck, 21. Aufl., § 5a Rn. 26.

333 Statt vieler *Fastrich*, in: Baumbach/Hueck, 21. Aufl., § 5a Rn. 26; *Paura*, in: Habersack/Casper/Löbbe, § 5a Rn. 50; für eine direkte Anwendung von § 30 Abs. 1 GmbHG *Pentz*, in: Rowedder/Schmidt-Leithoff, § 30 Rn. 8a; unklar Begr. RegE MoMiG, BT-Drucks. 16/6140, S. 32 („gegebenenfalls kann man auch ausdrücklich auf die Kapitalerhaltung nach den §§ 30, 31 verweisen"); abweichend von der h.M. etwa *H.-F. Müller*, ZGR 2012, 81, 94 (Vorrang von § 31 Abs. 1 GmbHG analog); *Servatius*, in: Noack/Servatius/Haas, § 5a Rn. 22 (Rückzahlung allein nach § 31 Abs. 1 GmbHG analog).

334 Vgl. *H.-F. Müller*, ZGR 2012, 81, 92 f.

von Vermögensverlagerungen auf die Gesellschafter nicht darauf ankommen, ob die Rücklage bereits besteht oder entgegen der Vorgabe des § 5a Abs. 3 S. 1 GmbHG nicht bzw. nicht in korrekter Höhe dotiert worden ist. Praktisch unterscheidet sich der Anspruch auf Rückzahlung nach § 31 Abs. 1 GmbHG vom Kondiktionsanspruch zum einen hinsichtlich der Verjährungsfrist, zum anderen kann sich der begünstigte Gesellschafter in jenem Fall von vornherein nicht gemäß § 818 Abs. 3 BGB auf den Wegfall der Bereicherung berufen.[335]

(c) Verdeckte Gewinnausschüttungen

Mit Blick auf eine nach § 5a Abs. 3 S. 1 GmbHG noch zu dotierende Rücklage sind neben Gewinnausschüttungen, die auf einem spezifisch wegen unterbliebener oder unzureichender Dotierung der gesetzlichen Rücklage fehlerhaften Jahresabschluss beruhen, schließlich unterjährige Auszahlungen[336] an die Gesellschafter relevant, die nicht mit einer entsprechenden Gegenleistung einhergehen. Dadurch bewirkte Minderungen des Gesellschaftsvermögens beeinflussen den Umfang bzw. gar die Erzielung eines Jahresüberschusses und entsprechend in welcher Höhe bzw. ob überhaupt die gesetzliche Rücklage nach § 5a Abs. 3 S. 1 GmbHG zu dotieren ist. Überzeugend wird daher im Schrifttum verbreitet ein Verbot verdeckter Gewinnausschüttungen bei der UG befürwortet.[337] Als verdeckte Gewinnausschüttungen werden im gesellschaftsrechtlichen Sinne allgemein Vermögensverlagerungen auf die Gesellschafter oder diesen nahe stehenden Personen außerhalb der förmlichen Gewinnverteilung erfasst, die auf dem Gesellschaftsverhältnis beruhen und nicht mit einer entsprechenden Gegenleistung einhergehen.[338] Da es mithin nicht um die Auskehrung von erzielten Gewinnen, sondern generell um Zuwendungen aus dem

335 *H.-F. Müller*, ZGR 2012, 81, 94.

336 Bezeichnung nach *Servatius*, in: Noack/Servatius/Haas, § 30 Rn. 14.

337 *Eusani*, GmbHR 2009, 512, 516; *Fastrich*, in: VGR, Gesellschaftsrecht in der Diskussion 2010, 119, 144; *Leuschner*, in: Habersack/Casper/Löbbe, § 29 Rn. 265; *Pentz*, in: Rowedder/Schmidt-Leithoff, § 30 Rn. 8a; *Rieder*, in: MüKo GmbHG, § 5a Rn. 36 f.; *Servatius*, in: Noack/Servatius/Haas, § 30 Rn. 14; *Verse*, in: Scholz, § 29 Rn. 118, § 30 Rn. 11; a.A. *Römermann*, NJW 2010, 905, 908.

338 *Ekkenga*, in: MüKo GmbHG, § 29 Rn. 257; *Kersting*, in: Noack/Servatius/Haas, § 29 Rn. 68, 70; *Leuschner*, in: Habersack/Casper/Löbbe, § 29 Rn. 259; *Mock*, in: MHLS, § 29 Rn. 237; *Verse*, in: Scholz, § 29 Rn. 115; vgl. auch BGH NZG 2008, 783, 784 f.

Gesellschaftsvermögen geht, werden derartige Vermögensverlagerungen synonym auch als verdeckte Vermögenszuwendungen bezeichnet.[339] Im Falle einer UG spricht für ein Verbot verdeckter Vermögenszuwendungen, dass andernfalls die Thesaurierungspflicht umgangen werden könnte.[340] Demnach darf nur ein unter Berücksichtigung der Thesaurierungspflicht festgestellter Jahresüberschuss an die Gesellschafter ausgeschüttet werden. Damit besteht insoweit ein Unterschied zur Kapitalerhaltung bei der GmbH.[341] Im Falle einer GmbH sind verdeckte Vermögenszuwendungen nicht *per se* unzulässig.[342] Sofern derartige Vermögensverlagerungen auf die Gesellschafter nicht gegen die relevanten gesellschaftsinternen Schranken, namentlich die Kompetenzordnung und den Grundsatz der Gleichbehandlung der Gesellschafter, verstoßen, ist das Auszahlungsverbot des § 30 Abs. 1 GmbHG maßgeblich.[343] Verdeckte Vermögenszuwendungen sind demnach zulässig, wenn und soweit sie nicht zulasten des zur Deckung des Stammkapitals erforderlichen Vermögens der GmbH erfolgen.

Angesichts des mit dieser strengen Vermögensbindung verfolgten Zwecks, Umgehungen der Thesaurierungspflicht zu begegnen, kann in analoger Anwendung von § 31 Abs. 1 GmbHG nur insoweit eine Haftung des begünstigten Gesellschafters auf Erstattung an die UG angenommen werden, als es der Rückzahlung bedarf, um die gesetzliche Rücklage in einer Höhe zu dotieren, wie sie auf Grundlage eines Jahresüberschusses ohne die verdeckte Vermögenszuwendung hätte dotiert werden können.[344] Es ist fraglich, ob pauschal eine Pflicht zur Rückzahlung in Höhe von einem Viertel des empfangenen Betrags angenommen werden

339 *Verse*, in: Scholz, § 29 Rn. 115, insbesondere Fn. 5; vgl. auch *Habersack*, in: Habersack/Casper/Löbbe, § 30 Rn. 13; *Leuschner*, in: Habersack/Casper/Löbbe, § 29 Rn. 259; *Pentz*, in: Rowedder/Schmidt-Leithoff, § 29 Rn. 160.

340 *Leuschner*, in: Habersack/Casper/Löbbe, § 29 Rn. 265; *Rieder*, in: MüKo GmbHG, § 5a Rn. 36 f.; *Verse*, in: Scholz, § 30 Rn. 11.

341 Siehe zunächst nur *Fastrich*, in: Gesellschaftsrecht in der Diskussion 2010, 119, 144.

342 Siehe neben dem Nachweis in voriger Fn. statt vieler *Kersting*, in: Noack/Servatius/Haas, § 29 Rn. 71; *Verse*, in: Scholz, § 29 Rn. 115.

343 *Kersting*, in: Noack/Servatius/Haas, § 29 Rn. 72–75; *Leuschner*, in: Habersack/Casper/Löbbe, § 29 Rn. 264, 266 (zur h.M.); *Verse*, in: Scholz, § 29 Rn. 118–121.

344 *Fastrich*, in: Gesellschaftsrecht in der Diskussion 2010, 119, 144 („jede Zuwendung an einen Gesellschafter, die nicht durch eine adäquate Gegenleistung gedeckt ist, […] soweit sie die Rücklagenbildung betrifft, teilrückgängig zu machen ist"; ohne Nennung der Anspruchsgrundlage); *H.-F. Müller*, ZGR 2012, 81, 99.

kann.[345] Im Zeitpunkt der einzelnen unterjährigen Auszahlungen ist nämlich einerseits noch nicht absehbar, ob und gegebenenfalls in welcher Höhe tatsächlich ein Jahresüberschuss erzielt wird.[346] Andererseits ist die Differenz zu einem ohne die unterjährigen Vermögensverlagerungen auf die Gesellschafter erzielbaren Jahresüberschuss noch unbekannt. Diese Komplexität der Rückabwicklung geht jedoch notwendigerweise mit der Sicherung der Thesaurierungspflicht vor Umgehungen einher.[347]

(3) Auswirkung der Ergänzung im Falle einer UG & Co. KG

Mit Blick nun wieder auf die Übertragung des BGH-Konzepts zur Kapitalerhaltung bei der GmbH & Co. KG auf eine UG & Co. KG erweist sich die aus der Thesaurierungspflicht folgende Ergänzung des Kapitalschutzes bei der UG insoweit als unproblematisch, als es um eine bereits nach § 5a Abs. 3 S. 1 GmbHG dotierte Rücklage geht. Bei Anwendung des Rechtsprechungskonzepts wäre eine Auszahlung aus dem KG-Vermögen verboten, soweit mittelbar das Vermögen der Komplementär-UG derart verringert wird, dass das Reinvermögen nicht die Summe aus Stammkapital und der bereits dotierten gesetzlichen Rücklage deckt. Entsprechendes würde wiederum im Falle einer mittelbaren Verringerung des UG-Vermögens in einem Zeitpunkt gelten, in dem dieses die relevante Summe aus Stammkapital und gesetzlicher Rücklage schon nicht mehr deckt oder gar überschuldet ist.

Was den Schutz der Thesaurierungsmöglichkeit als solcher, also die Ergänzung des Kapitalschutzes bei der UG hinsichtlich einer noch zu dotierenden Rücklage anbelangt, soll der Fokus im Folgenden auf dem Aspekt verdeckter Vermögenszuwendungen liegen. Die Konstellation von Gewinnausschüttungen infolge unterbliebener oder unzureichender Dotierung lässt sich auf eine UG & Co. KG nicht in dem Sinne übertragen, wie sie auf Ebene der UG dargestellt worden ist. Es geht hier um Auszahlungen aus dem KG-Vermögen. Sofern diese in Gestalt von Gewinnausschüttungen erfolgen, ist der Jahresabschluss der KG maßgeblich. Insofern

345 So *Habersack*, in: Habersack/Casper/Löbbe, § 30 Rn. 17a; *Paura*, in: Habersack/Casper/Löbbe, § 5a Rn. 45; *Schäfer*, ZIP 2011, 53, 58; *Verse*, in: Scholz, § 30 Rn. 11; nicht pauschal, sondern anhand eines konkreten Bsp. *H. F. Müller*, ZGR 2012, 81, 99.

346 Vgl. *Pentz*, in: Rowedder/Schmidt-Leithoff, § 30 Rn. 8a.

347 Treffend *Fastrich*, in: Gesellschaftsrecht in der Diskussion 2010, 119, 144.

besteht die Thesaurierungspflicht nach § 5a Abs. 3 S. 1 GmbHG *de lege lata* aber nicht.[348]

Fraglich ist also, wie sich die Annahme eines Verbots verdeckter Vermögenszuwendungen bei der UG auf die Anwendung des BGH-Konzepts im Falle einer UG & Co. KG auswirkt. Vor dem Hintergrund, dass nach der hier vertretenen Auffassung eine UG unabhängig von einer Gewinnbeteiligung und anderer Ansätze zur Ermöglichung einer allmählichen Eigenkapitalaufholung komplementärfähig ist, bestehen Zweifel an einer undifferenzierten Beantwortung der aufgeworfenen Frage. Mit Blick zunächst nur auf die UG soll durch das Verbot verdeckter Vermögenszuwendungen eine jedenfalls theoretisch bestehende Thesaurierungsmöglichkeit vor Umgehungen gesichert werden. Dem „Ansparmodell"[349] bei der UG ist zwar einerseits die Schwäche immanent, dass die Dotierung der gesetzlichen Rücklage gewinnabhängig ist.[350] Diese Schwäche hat der Gesetzgeber bewusst in Kauf genommen.[351] Davon zu unterscheiden ist aber eine Konstruktion, in der eine Thesaurierung nach § 5a Abs. 3 S. 1 GmbHG schon theoretisch nicht in Betracht kommt.[352] Diese Möglichkeit eröffnet man gerade dadurch, dass man die Komplementärfähigkeit einer selbst nicht unternehmenstragenden UG unabhängig von einer Gewinnbeteili-

348 So auch *H.-F. Müller*, ZGR 2012, 81, 107 f. A.A. *Sawada*, UG (haftungsbeschränkt) & Co. KG, S. 256–267, zusammenfassend S. 271 f.: Analoge Anwendung von § 5a Abs. 3 GmbHG auf eine UG & Co. KG, deren einziger Komplementär eine nicht am Gewinn der KG beteiligte UG ist bzw. wenn dies auf sämtliche Komplementäre zutrifft (a.a.O. S. 256, 266 f., 271 f.); *Sawada* befürwortet die Analogie unter der weiteren Voraussetzung, dass die sich aus den „Hafteinlagen" – gemeint sind die Haftsummen (a.a.O. S. 260) – der Kommanditisten und dem Stammkapital der Komplementär-UG ergebende Summe nicht das Mindeststammkapital einer GmbH erreicht (a.a.O. S. 266, 272); im Anschluss an seine Darlegung des Vorliegens der Analogievoraussetzungen meint *Sawada*, dass eine entsprechende Regelung *de lege ferenda* vorzugswürdig sei (a.a.O. S. 264); mit *Sawadas* Vorschlag nur *de lege ferenda* sympathisierend *Wicke*, GmbHG, § 5a Rn. 19.

349 *Fastrich*, in: Gesellschaftsrecht in der Diskussion 2010, 119, 142.

350 Vgl. nur *Fastrich*, in: Gesellschaftsrecht in der Diskussion 2010, 119, 143.

351 Siehe einerseits die Stellungnahme des Bundesrates zum RegE MoMiG, BT-Drucks. 16/6140, S. 63 f. (Bitte um Prüfung des Erfordernisses einer Ergänzung um weitere gläubigerschützende Maßnahmen mit Bezug auch auf Gewinnabhängigkeit der Thesaurierungspflicht) und andererseits die Gegenäußerung der Bundesregierung, BT-Drucks. 16/6140, S. 75 (Ergänzung sei nicht erforderlich).

352 *Fastrich*, in: Baumbach/Hueck, 21. Aufl., § 5a Rn. 24; *Schäfer*, ZIP 2011, 53, 59; *Servatius*, in: Noack/Servatius/Haas, § 5a Rn. 25 (wie *Fastrich*, a.a.O.).

gung sowie dem Vorliegen und der Höhe einer festen Haftungsvergütung befürwortet.

Konsequenterweise müsste man dann auch hinsichtlich der Anwendung des BGH-Konzepts danach differenzieren, ob eine Dotierung der gesetzlichen Rücklage der UG theoretisch überhaupt möglich ist. Nur bejahendenfalls ist der Zweck des Verbots verdeckter Vermögenszuwendungen einschlägig. Genau genommen wäre darüber hinaus im Einzelfall sogar danach zu unterscheiden, ob eine Thesaurierung nach § 5a Abs. 3 S. 1 GmbHG auf Ebene der Komplementär-UG im Wesentlichen über eine Gewinnbeteiligung oder nur über eine etwaige Haftungsvergütung in Betracht kommt. Ist die Komplementär-UG nicht am Unternehmensgewinn beteiligt, könnte ein Verbot verdeckter Vermögenszuwendungen auf Ebene der KG nicht mit dem Argument befürwortet werden, dass auf diese Weise die auf Ebene der Komplementär-UG bestehende Thesaurierungspflicht nach § 5a Abs. 3 S. 1 GmbHG vor Umgehungen gesichert werden soll. In jenem Fall ist eine Beeinflussung des Jahresüberschusses durch verdeckte Vermögenszuwendungen mangels Gewinnbeteiligung der Komplementär-UG für die Thesaurierung nach § 5a Abs. 3 S. 1 GmbHG von vornherein ohne Bedeutung. Demzufolge würde es in dieser Hinsicht grundsätzlich dabei bleiben, dass die Annahme eines Verstoßes gegen § 30 Abs. 1 GmbHG davon abhängt, dass durch die relevante Auszahlung mittelbar das zur Deckung des Stammkapitals erforderliche Vermögen der UG beeinträchtigt wird. Für den Fall, dass die Komplementär-UG zwar nicht am Unternehmensgewinn beteiligt ist, aber eine feste Haftungsvergütung erhält, könnte man hinsichtlich der Anwendung des BGH-Konzepts wiederum zu einem anderen Ergebnis gelangen. In dieser Konstellation wäre einerseits die Beeinflussung des Jahresüberschusses auf Ebene der KG an sich ohne Auswirkung auf die Thesaurierungsmöglichkeit für die Komplementär-UG. Andererseits würden Auszahlungen aus dem KG-Vermögen, die nicht mit einer entsprechenden Gegenleistung einhergehen, mittelbar die wegen der Haftungsvergütung grundsätzlich mögliche Thesaurierung beeinflussen, soweit infolge der Auszahlung das Vermögen der Komplementär-UG verringert wird. Im Unterschied zur Deckung des Stammkapitals und einer bereits dotierten Rücklage käme es insoweit nicht auf die Verursachung bzw. das Bestehen einer Unterbilanz an.

Bei einer derartigen Differenzierung nach der konkreten gesellschaftsvertraglichen Ausgestaltung kann aber nicht mehr von einer Übertragung der Rechtsprechung des BGH zur Kapitalerhaltung bei der GmbH & Co. KG auf eine UG & Co. KG die Rede sein. Im Falle einer GmbH & Co. KG ist die Frage, ob die Komplementär-GmbH am Kapital der

KG beteiligt ist, nur für die Feststellung einer mittelbaren Verringerung des GmbH-Vermögens relevant. Unabhängig von der konkreten Ausgestaltung des KG-Vertrags muss die betreffende, das Komplementärvermögen mittelbar verringernde Auszahlung aus dem KG-Vermögen für die Annahme einer Erstattungspflicht nach § 31 Abs. 1 GmbHG jedoch entweder zu einer Unterbilanz des Vermögens der Komplementär-GmbH führen oder bei bereits bestehender Unterbilanz erfolgen. Die für eine UG & Co. KG skizzierte Differenzierung geht mithin über diejenigen Unterschiede hinaus, die sich notwendigerweise aufgrund der Anknüpfung an den für den Komplementär maßgeblichen Kapitalschutz ergeben.

2. Ausländische Kapitalgesellschaft & Co. KG

a) Zulässigkeit

Schließlich soll die Generalisierbarkeit der Rechtsprechung des BGH zur Kapitalerhaltung bei der GmbH & Co. KG anhand einer atypischen KG geprüft werden, deren einziger Komplementär eine ausländische Kapitalgesellschaft ist. Gemeint ist mit dieser allgemeinen Bezeichnung, die es noch anhand eines Beispiels zu konkretisieren gilt, eine nach dem Recht eines anderen Staates gegründete Kapitalgesellschaft, die als solche im Inland anerkannt wird. Was zunächst wieder die Frage nach der Zulässigkeit einer solchen Kombination, also der Besetzung der Stelle des Komplementärs mit einer ausländischen Kapitalgesellschaft, anbelangt, soll es im Folgenden zunächst um die Anerkennung der Kapitalgesellschaft als solcher nach dem Recht des Herkunftsstaates gehen. Üblicherweise wird dieser Aspekt als allgemeine Rechtsfähigkeit der betreffenden Kapitalgesellschaft bezeichnet und im Rahmen der Zulässigkeit der ausländischen Kapitalgesellschaft & Co. KG geprüft.[353] Daran orientieren sich auch die folgenden Ausführungen. Genau genommen betrifft die Frage nach der Anerkennung der ausländischen Kapitalgesellschaft als solcher jedoch nicht erst die Zulässigkeit der Besetzung der Komplementärstelle durch eine ausländische Kapitalgesellschaft, sondern ist entscheidend für die Feststellung, ob es sich bei der betreffenden Personenhandelsgesellschaft überhaupt um eine atypische Personenhandelsgesellschaft handelt. Darauf

---

353 BayObLG NJW 1986, 3029, 3030; OLG Saarbrücken NJW 1990, 647; *Casper*, in: Staub, § 161 Rn. 74 (kritisch bzgl. der Bezeichnung als allgemeiner Rechtsfähigkeit); *Schlichte*, DB 2006, 87.

wird sogleich zurückzukommen sein. Dementsprechend ist der Aspekt der Anerkennung der ausländischen Kapitalgesellschaft auch für die Wahl eines konkreten Beispiels relevant.

Daneben wird in der Rechtsprechung und im Schrifttum unter der Bezeichnung als besondere Rechtsfähigkeit geprüft, ob die betreffende Kapitalgesellschaft sowohl nach deutschem Sachrecht als auch nach dem jedenfalls insoweit für sie maßgeblichen Gesellschaftsstatut als Komplementär einer deutschen KG fungieren darf.[354] Letztgenannter Aspekt soll im Folgenden mit Blick auf etwaige Wegzugsbeschränkungen nach dem Recht des Herkunftsstaates im Rahmen der Auseinandersetzung mit der Anerkennung der ausländischen Kapitalgesellschaft als solcher berücksichtigt werden. Davon zu unterscheiden ist die Frage, ob die betreffende Kapitalgesellschaft nach dem Recht ihres Herkunftsstaates als persönlich haftender Gesellschafter einer aus deutscher Perspektive ausländischen Personengesellschaft fungieren darf.[355] Sofern eine derartige Beschränkung überhaupt besteht, bezieht diese sich auf die innere Struktur der Personengesellschaft ausländischer Rechtsform, nicht jedoch auf die Beteiligungsfähigkeit der ausländischen Kapitalgesellschaft an einer deutschen Personengesellschaft.[356]

(1) Anerkennung der ausländischen Kapitalgesellschaft

Nach herrschender Meinung unterfällt die Anerkennung der Rechtsfähigkeit dem Regelungsbereich des anwendbaren Gesellschaftsstatuts.[357] Anschaulich formuliert in einer Entscheidung des BGH richtet sich nach dem Gesellschaftsstatut, also nach dem insoweit anwendbaren Recht, „unter welchen Voraussetzungen die juristische Person entsteht, lebt und ver-

---

354 BayObLG NJW 1986, 3029, 3031; OLG Saarbrücken NJW 1990, 647; *Kindler*, in: MüKo BGB, IntGesR Rn. 553 (mit Nachweisen auch zur a.A.); *Schlichte*, DB 2006, 87, 88, 91.

355 Vgl. BayObLG NJW 1986, 3029, 3031; OLG Saarbrücken NJW 1990, 647, 648; *Kindler*, in: MüKo BGB, IntGesR Rn. 556; *Teichmann*, ZGR 2014, 220, 228.

356 So OLG Saarbrücken NJW 1990, 647, 648 (bzgl. einer AG schweizerischen Rechts und mit Blick auf Art. 594 Abs. 2 OR (Obligationenrecht)); zustimmend *Teichmann*, ZGR 2014, 220, 228; so im Ergebnis auch *Leible*, in: MHLS, Systematische Darstellung 2 Rn. 137; vgl. dazu auch *Kindler*, in: MüKo BGB, IntGesR Rn. 556.

357 *Behrens/Hoffmann*, in: Habersack/Casper/Löbbe, Einleitung Rn. B 146; *Leible*, in: MHLS, Systematische Darstellung 2 Rn. 94; *Kindler*, in: MüKo BGB, IntGesR Rn. 320 f.

geht".[358] Noch ungeachtet der sich aus der Niederlassungsfreiheit ergebenden Einschränkung bestimmt sich nach der herrschenden, so genannten modifizierten[359] Sitztheorie das Gesellschaftsstatut nach dem tatsächlichen Sitz, mithin insbesondere nach dem Sitz der Hauptverwaltung der betreffenden Gesellschaft.[360] Befindet sich der Verwaltungssitz der Gesellschaft in Deutschland, richtet sich deren Rechtsfähigkeit demnach grundsätzlich nach deutschem Gesellschaftsrecht. Wenn aber die Gründungsanforderungen nach dem Recht des Herkunftsstaates, nicht jedoch die rechtlichen Anforderungen zur Gründung einer deutschen Kapitalgesellschaft erfüllt worden sind, hätte dies nach der Rechtsprechung des BGH auf Grundlage der modifizierten Sitztheorie – und mithin wiederum ungeachtet der Schutzwirkungen der Niederlassungsfreiheit – grundsätzlich zur Folge, dass die Gesellschaft im Inland nicht als Kapitalgesellschaft, sondern als Personengesellschaft behandelt werden würde.[361] Sofern deren persönlich haftende Gesellschafter unmittelbar oder mittelbar auch natürliche Personen sind, hieße dies mit Blick auf die Besetzung der Komplementärstelle einer KG durch die betreffende Gesellschaft, dass für die Verbindlichkeiten der KG letztlich jedenfalls eine natürliche Person unbeschränkt haftet. Es würde sich also gerade nicht um eine atypische KG handeln.

Der inländische Verwaltungssitz der Gesellschaft darf jedoch nicht als Anknüpfungspunkt zur Bestimmung deren Rechtsfähigkeit herangezogen werden, wenn die Gesellschaft in den Schutzbereich der Niederlassungsfreiheit fällt. Dies gilt daher sowohl für eine nach dem Recht eines anderen Mitgliedstaates als auch für eine nach dem Recht eines EWR-Staates gegründete Gesellschaft.[362] Eine Versagung der Anerkennung der betreffenden Gesellschaft als solcher, also als einer nach dem Recht ihres Her-

358 BGHZ 25, 134, 144 = NJW 1957, 1433, 1434; siehe dazu *Habersack/Verse*, Europäisches Gesellschaftsrecht, § 3 Rn. 25 mit Fn. 88; *Leible*, in: MHLS, Systematische Darstellung 2 Rn. 4; *Weller*, in: MüKo GmbHG, Einleitung Rn. 419.

359 Vgl. BGHZ 151, 204, 206 f. = NJW 2002, 3539, 3540; siehe dazu nur *Weller*, in: MüKo GmbHG, Einleitung Rn. 349 mit Rn. 347.

360 BGHZ 178, 192, 197 f. = NJW 2009, 289, 290 f. (Trabrennbahn); *Fastrich*, in: Noack/Servatius/Haas, Einleitung Rn. 61, 63; *Leible*, in: MHLS, Systematische Darstellung 2 Rn. 4; *Weller*, in: MüKo GmbHG, Einleitung Rn. 341.

361 BGHZ 151, 204, 206 f. = NJW 2002, 3539, 3540; BGHZ 178, 192, 199 = NJW 2009, 289, 291 (Trabrennbahn).

362 Siehe für letztgenannten Fall Art. 31 iVm Art. 34 des Abkommens über den Europäischen Wirtschaftsraum vom 2. Mai 1992 (für Deutschland am 1. Januar 1994 in Kraft getreten – siehe dazu die Bekanntmachung vom 6. April 1994 im BGBl. 1994 II S. 515); siehe dazu auch BGHZ 164, 148, 151 f. = NJW 2005, 3351, 3352; *Leible*, in: MHLS, Systematische Darstellung 2 Rn. 70.

kunftsstaates gegründeten Kapitalgesellschaft, wäre nach der Rechtsprechung des EuGH eine nicht gerechtfertigte Beschränkung deren Niederlassungsfreiheit.[363]

Für die Frage, ob die als Kapitalgesellschaft ausländischer Rechtsform gegründete Gesellschaft auch im Inland als solche zu behandeln ist und es mithin bei einer entsprechenden Besetzung der Komplementärstelle überhaupt um eine atypische KG geht, ist jedoch auch die Wegzugsperspektive zu berücksichtigen.[364] Nach der Entscheidung des EuGH in der Rechtssache *Cartesio* kann das Recht des Herkunftsstaates den maßgeblichen Anknüpfungspunkt für die Beibehaltung der Anerkennung als nach diesem Recht gegründete Gesellschaft, also für die Anwendung dieses Gesellschaftsrechts, bestimmen.[365] Die Bestimmung des relevanten Anknüpfungspunkts, etwa dass die betreffende Gesellschaft, um weiterhin als nach dem Recht des Herkunftsstaates gegründete Gesellschaft zu bestehen, ihren tatsächlichen Sitz im Herkunftsstaat belassen muss, ist nicht an der Niederlassungsfreiheit zu messen.[366] Stattdessen handelt es sich um eine dem Anwendungsbereich der Niederlassungsfreiheit vorgelagerte Frage, nach der sich entscheidet, ob überhaupt eine Gesellschaft im Sinne von Art. 54 AEUV vorliegt.[367] Für die beabsichtigte Prüfung der Übertragung des BGH-Konzepts auf eine ausländische Kapitalgesellschaft & Co. KG eignen sich daher mit Blick auf Kapitalgesellschaften, die nach dem Recht eines anderen Mitgliedstaates oder eines EWR-Staates gegründet worden sind, nur solche, für die das Kollisionsrecht des jeweiligen Herkunftsstaates die Anwendbarkeit dessen Gesellschaftsrechts an den satzungsmäßigen Sitz knüpft und mithin eine rechtsformwahrende Sitzverlegung ermöglicht. Als konkretes Beispiel einer als Komplementär fungierenden ausländischen Kapitalgesellschaft lässt sich eine niederländische B.V. anführen.[368] Der maßgebliche Anknüpfungspunkt für die Anwendbarkeit nie-

---

363 EuGH Slg. 2002, I-09919, Rn. 80–82, 92–94 = NJW 2002, 3614, 3616 f. (Überseering); so namentlich durch eine Behandlung als rechtsfähige Personengesellschaft – siehe dazu BGHZ 154, 185, 189 = NJW 2003, 1461, im Anschluss an die EuGH-Entscheidung in der Rechtssache *Überseering*.

364 Vgl. *Binz/Mayer*, GmbHR 2003, 249, 255.

365 EuGH Slg. 2008, I-09641, Rn. 110 = NJW 2009, 569, 571 (Cartesio).

366 Vgl. EuGH Slg. 2008, I-09641, Rn. 109 f. = NJW 2009, 569, 570, 571 (Cartesio); siehe dazu auch *Habersack/Verse*, Europäisches Gesellschaftsrecht, § 3 Rn. 22.

367 EuGH Slg. 2008, I-09641, Rn. 109 = NJW 2009, 569, 571 („Vorfrage“) (Cartesio); siehe dazu auch *Habersack/Verse*, Europäisches Gesellschaftsrecht, § 3 Rn. 22.

368 Das Bsp. der Ltd. & Co. KG eignet sich infolge des „Brexit“ nicht mehr. Angesichts der in Deutschland vorherrschenden modifizierten Sitztheorie wären britische Gesellschaften nur auf Grundlage eines völkerrechtlichen Abkom-

derländischen Gesellschaftsrechts bestimmt sich nach der Gründungstheorie.[369] Eine nach niederländischem Recht gegründete Kapitalgesellschaft kann mithin rechtsformwahrend ihren Hauptverwaltungssitz ins Ausland verlegen.[370] Eine Vorschrift des niederländischen Gesellschaftsrechts, aus der sich ein Verbot der Beteiligung einer B.V. an einer – aus jener Perspektive – ausländischen Gesellschaft ergibt, ist nicht ersichtlich.

In Betracht käme auch, die Übertragbarkeit des BGH-Konzepts anhand einer atypischen KG zu prüfen, deren Komplementär eine nach dem Recht eines Drittstaates gegründete Gesellschaft ist und deren Verwaltungssitz im Gründungsstaat verbleibt.[371] Dagegen spricht jedoch zum einen die geringere praktische Relevanz dieser Konstellation. Die als Komplementär fungierende ausländische Kapitalgesellschaft hat regelmäßig ihren Verwaltungssitz am Geschäftsort der KG im Inland.[372] Befindet sich deren Verwaltungssitz im Ausland und werden die Geschäfte der KG von dort aus

---

mens zwischen der EU und dem Vereinigten Königreich mit entsprechenden Bestimmungen als solche im Inland anzuerkennen – vgl. dazu *Blaum*, in: Westermann/Wertenbruch, Hdb PersG, Rn. I 3461 (Stand Januar 2018); *Kindler*, in: MüKo BGB, IntGesR Rn. 522; *Leible*, in: MHLS, Systematische Darstellung 2 Rn. 52; *Teichmann/Knaier*, EuZW-Sonderausgabe 1/2020, 14, 17 f.; siehe zur grundsätzlichen Nichtanwendbarkeit der Niederlassungsfreiheit infolge des „Brexit" BGH NZG 2021, 702. Laut einer Pressemitteilung der Europäischen Kommission vom 24. Dezember 2020 zum Entwurf eines Handels- und Kooperationsabkommens zwischen der EU und dem Vereinigten Königreich (abrufbar unter https://ec.europa.eu/commission/presscorner/detail/de/IP_20_2531; letzter Zugriff: 1.5.2022), werde es am 1. Januar 2021 auch mit dem (zunächst vorläufig anwendbaren) Handels- und Kooperationsabkommen „zu großen Veränderungen kommen". An diesem Tag scheide das Vereinigte Königreich aus dem EU-Binnenmarkt aus; der freie Personen-, Waren-, Dienstleistungs- und Kapitalverkehr zwischen der EU und dem Vereinigten Königreich werde enden. Es würden unter anderem für die grenzüberschreitende Mobilität Hindernisse entstehen, die es bis dahin nicht gebe. Das Handels- und Kooperationsabkommen zwischen der EU und der Europäischen Atomgemeinschaft einerseits und dem Vereinigten Königreich andererseits (ABl. 2021, L 149/10) trat in der Fassung vom 30.4.2021 am 1.5.2021 in Kraft.

369 *Blaum*, in: Westermann/Wertenbruch, Hdb PersG, Rn. I 3461 (Stand Januar 2018); *Kindler*, in: MüKo BGB, IntGesR, Rn. 512; *Rademakers/de Vries*, in: Süß/Wachter, Hdb des internationalen GmbH-Rechts, Niederlande Rn. 278; *Teichmann*, ZGR 2014, 220, 230.

370 *Blaum*, in: Westermann/Wertenbruch, Hdb PersG, Rn. I 3461 (Stand Januar 2018); *Rademakers/de Vries*, in: Süß/Wachter, Hdb des internationalen GmbH-Rechts, Niederlande Rn. 278.

371 Vgl. *Blaum*, in: Westermann/Wertenbruch, Hdb PersG, Rn. I 3461 (Stand Januar 2018).

372 *Binz/Mayer*, GmbHR 2003, 249; *Schlichte*, DB 2006, 87 (bzgl. Ltd. & Co. KG).

geführt, würde sich im Übrigen die Frage stellen, ob überhaupt deutsches Gesellschaftsrecht auf die KG selbst Anwendung findet.[373]

(2) Komplementärfähigkeit nach deutschem Sachrecht

Die Komplementärfähigkeit einer als solchen anerkannten ausländischen Kapitalgesellschaft wird grundsätzlich kontrovers beurteilt, jedoch jedenfalls für eine nach dem Recht eines anderen EU-Mitgliedstaates gegründete Gesellschaft nach herrschender Auffassung in der Rechtsprechung und im Schrifttum bejaht.[374] Im Schrifttum wird dies unter anderem, also gegebenenfalls über eine grundsätzliche Befürwortung der Komplementärfähigkeit einer ausländischen Kapitalgesellschaft hinaus, damit begründet, dass die Versagung der Komplementärfähigkeit eine nicht gerechtfertigte Beschränkung der Niederlassungsfreiheit der betreffenden Gesellschaft wäre.[375] Praktisch wird es regelmäßig um eine Kapitalgesellschaft mit tatsächlichem Sitz im Inland gehen, die nach dem Recht eines anderen EU- oder eines EWR-Staates gegründet worden ist und mithin in den Schutzbereich der Niederlassungsfreiheit fällt. Insoweit kann auf die Ausführungen zur Anerkennung der ausländischen Kapitalgesellschaft als solcher und insbesondere der Begründung der Wahl des konkreten Beispiels der niederländischen B.V. verwiesen werden. Einer Auffassung zufolge ist die Beteiligungsfähigkeit einer nach dem Recht eines anderen Mitgliedstaates

---

373 Siehe *Blaum*, in: Westermann/Wertenbruch, Hdb PersG, Rn. I 3461a (Stand Januar 2018); *Kindler*, in: MüKo BGB, IntGesR Rn. 557 f.

374 Grundlegend BayObLG NJW 1986, 3029, 3031 f. (englische Ltd.); OLG Saarbrücken NJW 1990, 647, 648 (schweizerische AG); OLG Frankfurt a.M. NZG 2006, 830 (englische Ltd.; Betonung der Eigenschaft als nach dem Recht eines anderen Mitgliedstaates gegründete Kapitalgesellschaft); OLG Frankfurt a.M. GmbHR 2008, 707, 708 (englische Ltd.; Betonung der Eigenschaft als nach dem Recht eines anderen Mitgliedstaates gegründete Kapitalgesellschaft); siehe aus dem Schrifttum nur *Kindler*, in: MüKo BGB, IntGesR Rn. 558 mit Rn. 557 (die Komplementärfähigkeit nur für den Fall einer niederlassungsberechtigten Kapitalgesellschaft bejahend); *Schlichte*, DB 2006, 87, 88–91; *Teichmann*, ZGR 2014, 220, 225–227; a.A. AG Bad Oeynhausen GmbHR 2005, 692, 693 f. (Verneinung der Zulässigkeit einer ausländischen Kapitalgesellschaft & Co. KG am Bsp. der Ltd.).

375 Siehe nur *Schlichte*, DB 2006, 87, 90 f.; *Teichmann*, ZGR 2014, 220, 225 f.; vgl. *Kindler*, in: MüKo BGB, IntGesR Rn. 558 mit Rn. 557 (die Komplementärfähigkeit nur für den Fall einer niederlassungsberechtigten Kapitalgesellschaft bejahend).

gegründeten Kapitalgesellschaft an einer deutschen KG jedoch nicht an der Niederlassungsfreiheit zu messen.[376] Entscheidend sei das anzuwendende Sachrecht der beteiligten Rechtsformen.[377] Das Gesellschaftsrecht des Aufnahmestaates könne ein auf in- und ausländische Rechtsformen gleichermaßen anwendbares Beteiligungsverbot vorsehen.[378] Auch mit dieser Maßgabe ist die Komplementärfähigkeit einer ausländischen Kapitalgesellschaft und konkret einer niederländischen B.V. aus deutscher Perspektive zu bejahen, da das deutsche Recht ein derartiges Beteiligungsverbot gerade nicht vorsieht.

b) Kapitalerhaltung im Sinne des BGH-Konzepts?

Im Einklang mit der Vorgehensweise bei der UG & Co. KG soll im Folgenden die Beschränkung von Auszahlungen an die Gesellschafter zunächst auf Ebene des Komplementärs betrachtet werden. Insoweit gelten die Ausführungen zum Meinungsstand hinsichtlich des anwendbaren Rechts generell für eine nach dem Recht eines anderen Mitgliedstaates bzw. eines EWR-Staates gegründete Kapitalgesellschaft, die ihren tatsächlichen Sitz im Inland hat. Die sich zwischen der Anwendung der Kapitalerhaltung nach dem Gründungsrecht und einer analogen Anwendung von § 30 Abs. 1 GmbHG ergebenden Unterschiede sollen anschließend am Beispiel der niederländischen B.V. dargestellt werden. Der Blick wird vorerst allein auf die Komplementärebene gerichtet sein, bevor der Versuch zu unternehmen ist, das BGH-Konzept auf Auszahlungen aus dem Vermögen einer B.V. & Co. KG anzuwenden.

(1) Kapitalerhaltung auf Ebene der ausländischen Kapitalgesellschaft

(a) Meinungsstand

Im Falle einer ausländischen Kapitalgesellschaft, die nach dem Recht eines anderen Mitgliedstaates gegründet worden ist und ihren Verwaltungssitz im Inland hat, ist umstritten, nach welchem Recht sich die Zulässigkeit von Vermögenszuwendungen an die Gesellschafter richtet. Für die Beant-

---

376 *Klöhn/Schaper*, ZIP 2013, 49, 55 (am Bsp. der englischen Ltd.).
377 *Klöhn/Schaper*, ZIP 2013, 49, 55 (am Bsp. der englischen Ltd.).
378 *Klöhn/Schaper*, ZIP 2013, 49, 55 (am Bsp. der englischen Ltd.).

wortung der Frage nach der Anwendbarkeit inländischer Schutzvorschriften auf eine ausländische Gesellschaft sind zwei Aspekte auseinanderzuhalten.[379] Zum einen bedarf es in kollisionsrechtlicher Hinsicht eines Anwendungsbefehls.[380] Daneben muss die Anwendung der inländischen Vorschrift auf die ausländische Kapitalgesellschaft unionsrechtskonform, also insbesondere mit deren Niederlassungsfreiheit vereinbar sein.[381]

Nach herrschender Meinung ist die Anwendbarkeit von § 30 Abs. 1 GmbHG und der korrespondierenden Haftung nach § 31 Abs. 1 GmbHG auf eine nach dem Recht eines anderen Mitgliedstaates gegründete Kapitalgesellschaft grundsätzlich sowohl in kollisionsrechtlicher Hinsicht als auch vor dem Hintergrund der Niederlassungsfreiheit zu verneinen. Was zunächst die Frage nach einem kollisionsrechtlichen Anwendungsbefehl anbelangt, bildet den Ausgangspunkt, dass die Kapitalerhaltungsvorschriften der §§ 30, 31 GmbHG nach nahezu einhelliger Auffassung gesellschaftsrechtlich qualifiziert werden.[382] Nach der Rechtsprechung des BGH und der herrschenden Auffassung im Schrifttum bestimmt sich das auf eine solche Kapitalgesellschaft anwendbare Gesellschaftsrecht grundsätzlich insgesamt nach dem Recht des Herkunftsstaates.[383] Abweichungen davon sind für einzelne gesellschaftsrechtliche Teilfragen mittels Sonderanknüpfungen prinzipiell möglich.[384] Voraussetzung einer Sonderanknüpfung ist jedoch, dass die betreffende Vorschrift des deutschen Gesellschaftsrechts einen internationalen Geltungsanspruch er-

---

379 *Habersack/Verse*, Europäisches Gesellschaftsrecht, § 3 Rn. 28; *Weller*, in: MüKo GmbHG, Einleitung Rn. 461.

380 Siehe die Nachweise in voriger Fn.

381 *Habersack/Verse*, Europäisches Gesellschaftsrecht, § 3 Rn. 28; *Weller*, in: MüKo GmbHG, Einleitung Rn. 461, 508.

382 BGHZ 148, 167, 168 = NJW 2001, 3123; BGH NJW 2011, 844, 845 („Ausschüttungssperren"); *Behrens/Hoffmann*, in: Habersack/Casper/Löbbe, Einleitung Rn. B 107; *Eidenmüller*, in: Eidenmüller, Ausländische Kapitalgesellschaften, § 4 Rn. 13; siehe dazu auch *Ego*, in: MüKo AktG, Europäische Niederlassungsfreiheit Rn. 408; a.A. (insolvenzrechtliche Qualifikation) anscheinend *Mankowski*, NZG 2016, 281, 285 f.

383 BGH NJW 2011, 844, 845 f.; BGHZ 190, 242, 245 f. = NJW 2011, 3372, 3373; siehe für die h.M. im Schrifttum nur *Behrens/Hoffmann*, in: Habersack/Casper/Löbbe, Einleitung Rn. B 84; *Weller*, in: MüKo GmbHG, Einleitung Rn. 420.

384 *Habersack/Verse*, Europäisches Gesellschaftsrecht, § 3 Rn. 29; *Weller*, in: MüKo GmbHG, Einleitung Rn. 490 f.; vgl. auch *Behrens/Hoffmann*, in: Habersack/Casper/Löbbe, Einleitung Rn. B 84, 108.

hebt.[385] Daneben muss die Anwendung der inländischen Vorschrift auf die ausländische Kapitalgesellschaft mit der Niederlassungsfreiheit vereinbar sein.[386] Nach der herrschenden Auffassung im Schrifttum stellt die Anwendung deutscher Kapitalerhaltungsvorschriften auf die ausländische Kapitalgesellschaft eine Beschränkung deren Niederlassungsfreiheit dar.[387] Die Prüfung verlagert sich dann auf die Ebene der Rechtfertigung der Beschränkung. Die Meinungen darüber, ob und bejahendenfalls inwieweit die nach dem Recht des Herkunftsstaates vorgesehenen Gläubigerschutzmittel im Rahmen der Rechtfertigungsprüfung zu berücksichtigen sind, gehen weit auseinander.[388]

Nach anderer Auffassung bestimmt sich die Zulässigkeit von Ausschüttungen an die Gesellschafter und die darauf bezogene Gesellschafter- und Geschäftsleiterhaftung bei einer nach dem Recht eines anderen Mitgliedstaates gegründeten Kapitalgesellschaft, die ihren Verwaltungssitz im Inland hat, nach deutschem Recht. Von den unterschiedlichen Varianten dieser Ansicht sollen im Folgenden die Ansätze von *Altmeppen* und *Kindler* hervorgehoben werden. In materiell-rechtlicher Hinsicht handelt es sich mit Blick auf eine der GmbH vergleichbaren ausländischen Kapitalgesellschaft letztlich um eine analoge Anwendung des Auszahlungsverbots des § 30 Abs. 1 GmbHG und der die Gesellschafter- und Geschäftsleiterhaftung regelnden §§ 31, 43 Abs. 3 GmbHG.[389] Die Anwendung der Ausschüt-

---

385 *Habersack/Verse*, Europäisches Gesellschaftsrecht, § 3 Rn. 29; *Weller*, in: MüKo GmbHG, Einleitung Rn. 498–503; siehe auch *Behrens/Hoffmann*, in: Habersack/Casper/Löbbe, Einleitung Rn. B 108–110.

386 *Habersack/Verse*, Europäisches Gesellschaftsrecht, § 3 Rn. 29; *Weller*, in: MüKo GmbHG, Einleitung Rn. 508; vgl. auch *Behrens/Hoffmann*, in: Habersack/Casper/Löbbe, Einleitung Rn. B 109, 113.

387 *Behrens*, IPRax 2004, 20, 24 f.; *Behrens/Hoffmann*, in: Habersack/Casper/Löbbe, Einleitung Rn. B 113; *Eidenmüller*, in: Eidenmüller, Ausländische Kapitalgesellschaften, § 4 Rn. 13; *Fischer*, ZIP 2004, 1477, 1479 f.; *Fleischer*, in: Europäische Auslandsgesellschaften, 49, 117; *Huber*, in: Europäische Auslandsgesellschaften, 131, 155 f.; *Schlichte*, DB 2006, 1357, 1359.

388 Siehe die Übersicht von *Fleischer*, in: Europäische Auslandsgesellschaften, 49, 104 f. mit 102, hinsichtlich der Voraussetzung der Erforderlichkeit im Rahmen der Rechtfertigung wegen zwingender Gründe des Allgemeininteresses – siehe für die vier Voraussetzungen EuGH Slg. 2003, I-10155, Rn. 133 = NJW 2003, 3331, 3334 (Inspire Art).

389 So ausdrücklich *Altmeppen*, NJW 2004, 97, 102 f.; hingegen nicht explizit *ders.*, IWRZ 2017, 107, 114 („Kapitalerhaltungshaftung im Sinne der §§ 30, 31 GmbHG; 57, 62 AktG"); *Kindler*, in: MüKo BGB, IntGesR, Rn. 598 („Ausschüttungssperren nach Art der §§ 57, 62 AktG oder §§ 30, 31 GmbHG"); *ders.*, EuZW 2016, 136, 139; siehe zum methodischen Aspekt der analogen Anwen-

tungsbegrenzung nach deutschem Recht ist freilich nicht in dem Sinne gemeint, dass ein zuvor in entsprechender Höhe von § 5 Abs. 1 GmbHG aufzubringendes Kapital zu erhalten ist.[390] Stattdessen geht es um die Erhaltung des satzungsmäßig vorgesehenen Kapitals,[391] jedenfalls um ein Ausschüttungsverbot an der Grenze zur bilanziellen Überschuldung[392].

Was zunächst die Frage nach einem kollisionsrechtlichen Anwendungsbefehl für die deutschen Kapitalerhaltungsvorschriften anbelangt, lässt sich unter Berücksichtigung der voneinander abweichenden Begründungen als gemeinsamer Nenner der Auffassungen von *Altmeppen* und *Kindler* zunächst ausmachen, dass sich das auf die ausländische Kapitalgesellschaft anwendbare Gesellschaftsrecht von vornherein nicht grundsätzlich einheitlich nach dem Recht des Herkunftsstaates richte. Stattdessen wird differenziert für die einzelnen Teilfragen bestimmt, ob das Recht des Herkunftsstaates oder – bei tatsächlichem Sitz der ausländischen Kapitalgesellschaft im Inland – deutsches Gesellschaftsrecht anwendbar ist. So bleibt es nach der Auffassung von *Kindler* zur Bestimmung des Gesellschaftsstatuts grundsätzlich bei der Sitztheorie, soweit nicht die Niederlassungsfreiheit zwingend die Anwendung des Rechts, nach dem die betreffende Gesellschaft gegründet worden ist, gebiete.[393] Letzteres gelte nicht für „Ausschüttungssperren nach Art der §§ 57, 62 AktG oder §§ 30, 31 GmbHG".[394] Insoweit komme das Sitzrecht als „Gesellschaftsstatut II" zur Anwendung.[395] *Altmeppen* gelangt zu einer Anwendung der deutschen Kapitalerhaltungsvorschriften über die seiner Auffassung zufolge maßgebliche Kollisionsregel, nach der zur Bestimmung des anwendbaren Rechts nach dem Sitz des Rechtsverhältnisses bzw. der Streitigkeit zu differenzieren sei.[396] Stehe ein bestimmtes Handeln der Gesellschafter und Geschäftsführer in Rede, gebe „die räumliche Beziehung des unternehmerischen Handelns zu den Gläubigern der Kapitalgesellschaft die Anknüpfungsregel".[397] Es sei an das die

---

dung der §§ 30, 31 GmbHG *Huber*, in: Europäische Auslandsgesellschaften, 131, 153 f.

390 *Altmeppen*, IWRZ 2017, 107, 114; *Kindler*, in: MüKo BGB, IntGesR, Rn. 598.

391 *Altmeppen*, IWRZ 2017, 107, 114 („Kapitalerhaltungshaftung ausschließlich im Rahmen des gezeichneten Kapitals"); zuvor bereits *Altmeppen/Wilhelm*, DB 2004, 1083, 1088 f.; *Kindler*, in: MüKo BGB, IntGesR, Rn. 598.

392 So *Altmeppen*, NJW 2004, 97, 102 f.; vgl. auch *Kindler*, in: MüKo BGB, IntGesR, Rn. 598 (am Bsp. eines Stammkapitals in Höhe von einem englischen Penny).

393 *Kindler*, in: MüKo BGB, IntGesR, Rn. 158, 430 f., 598.

394 *Kindler*, in: MüKo BGB, IntGesR, Rn. 598.

395 *Kindler*, in: MüKo BGB, IntGesR, Rn. 598.

396 *Altmeppen*, IWRZ 2017, 107, 109 f.

397 *Altmeppen*, IWRZ 2017, 107, 110.

Gläubiger gefährdende Handeln im Zuzugsstaat anzuknüpfen, weil das maßgebliche Rechtsverhältnis zu den Gläubigern dort begründet werde.[398] Dies sei die treffende Variante der Sitztheorie.[399]

Was die Vereinbarkeit der Anwendung deutscher Kapitalerhaltungsvorschriften mit der Niederlassungsfreiheit der ausländischen Kapitalgesellschaft anbelangt, sehen sich *Altmeppen* und *Kindler* durch die Entscheidung des EuGH in der Rechtssache *Kornhaas* in ihren bereits zuvor vertretenen Ansichten bestätigt, dass nicht gegen die Niederlassungsfreiheit verstoßen werde.[400] Die Beantwortung der relevanten Vorlagefrage durch den EuGH in der Rechtssache *Kornhaas* erfolgt zwar nicht etwa mit Bezug auf das Auszahlungsverbot des § 30 Abs. 1 GmbHG. Stattdessen geht es um die Anwendung von § 64 Abs. 2 S. 1 GmbHG in der Fassung vor dem Inkrafttreten des MoMiG, also des Zahlungsverbots bei Insolvenzreife.[401] Das Augenmerk liegt jedoch auf der Begründung, mit der der EuGH bereits eine Beeinträchtigung der Niederlassungsfreiheit der ausländischen Kapitalgesellschaft[402] durch Anwendung des Zahlungsverbots zulasten deren Geschäftsleiters verneint.[403] Unter Abgrenzung von den in den Rechtssachen *Überseering* und *Inspire Art* ergangenen Entscheidungen führt der EuGH aus, dass die Anwendung des Zahlungsverbots des § 64 Abs. 2 S. 1 GmbHG a.F. weder die Gründung der Gesellschaft in einem bestimmten Mitgliedstaat noch deren spätere Niederlassung in einem anderen Mitgliedstaat betreffe, sondern erst nach der Gründung der Gesellschaft im Rahmen deren Tätigkeit Anwendung finde.[404]

---

398 *Altmeppen*, IWRZ 2017, 107, 114.

399 *Altmeppen*, IWRZ 2017, 107, 110.

400 *Altmeppen*, IWRZ 2017, 107, 110 f., 114; *Altmeppen*, NJW 2004, 97, 102 (bzgl. eines Ausschüttungsverbots an der Grenze zur bilanziellen Überschuldung); *Kindler*, EuZW 2016, 136, 139.

401 EuGH, ECLI:EU:C:2015:806, Rn. 5, 22 = NJW 2016, 223, 224 (Kornhaas).

402 Konkret ging es um die Anwendung des Zahlungsverbots auf den Direktor einer Gesellschaft englischen oder walisischen Rechts – siehe EuGH, ECLI:EU:C:2015:806, Rn. 22 = NJW 2016, 223, 224 (Kornhaas).

403 EuGH, ECLI:EU:C:2015:806, Rn. 28 = NJW 2016, 223, 225 (Kornhaas).

404 EuGH, ECLI:EU:C:2015:806, Rn. 23–25, 28 = NJW 2016, 223, 224 f. (Kornhaas); siehe zur Begründung auch *Kindler*, EuZW 2016, 136, 138 f.

(b) Subsumtion am Beispiel der niederländischen B.V.

Wendet man auf Grundlage der herrschenden Meinung auf eine niederländische B.V., die ihren Verwaltungssitz im Inland hat, zur Beurteilung der Zulässigkeit von Auszahlungen an deren Gesellschafter niederländisches Gesellschaftsrecht an, gilt im Wesentliches Folgendes. Seit der Reformierung des niederländischen Gesellschaftsrechts durch die Flex-B.V.-Gesetzgebung ist für die B.V. kein Mindestkapitalerfordernis mehr vorgesehen.[405] Die Voraussetzungen für Ausschüttungen an Gesellschafter sind in Art. 2:216 Abs. 1 und Abs. 2 NL-BGB[406] in Gestalt eines zweistufigen Tests geregelt.[407] Demnach ist die Gesellschafterversammlung[408] befugt, auf Basis des zuletzt festgestellten Jahresabschlusses den Gewinn festzustellen und eine Ausschüttung zu beschließen, soweit das Eigenkapital die gesetzlich oder aufgrund des Gesellschaftsvertrags zu bildenden Rücklagen übersteigt.[409] Zu letztgenannten Rücklagen zählt gerade nicht das gezeichnete Kapital, welches die Gesellschafter nach Belieben festlegen können.[410] Der Ausschüttungsbeschluss bleibt jedoch ohne Wirkung, solange nicht die Geschäftsleiter für das geschäftsleitende Organ die Ausschüttung genehmigt haben.[411] Die Geschäftsleiter dürfen ihre Genehmigung nur verweigern, wenn sie wissen oder redlicherweise wissen können, dass die Gesellschaft infolge der Ausschüttung nicht mehr in der Lage sein wird, ihre fälligen Verbindlichkeiten zu begleichen.[412] Die Geschäftsleiter müssen in-

405 Siehe dazu *Hirschfeld*, RIW 2013, 134, 137 f.; *Rademakers/de Vries*, in: Süß/Wachter, Hdb des internationalen GmbH-Rechts, Niederlande Rn. 15, 58, 73.

406 Niederländisches Bürgerliches Gesetzbuch; Abkürzung als „NL-BGB" nach *Rademakers/de Vries*, in: Süß/Wachter, Hdb des internationalen GmbH-Rechts, Niederlande Rn. 2.

407 Siehe dazu *Hirschfeld*, RIW 2013, 134, 138 f.; *Rademakers/de Vries*, in: Süß/Wachter, Hdb des internationalen GmbH-Rechts, Niederlande Rn. 88.

408 Dies gilt gem. Art. 2:216 Abs. 1 S. 2 NL-BGB, sofern im Gesellschaftsvertrag kein anderes Gesellschaftsorgan ermächtigt ist – vgl. *Rademakers/de Vries*, in: Süß/Wachter, Hdb des internationalen GmbH-Rechts, Niederlande Rn. 88.

409 Art. 2:216 Abs. 1 S. 1 NL-BGB; siehe dazu *Rademakers/de Vries*, in: Süß/Wachter, Hdb des internationalen GmbH-Rechts, Niederlande Rn. 88.

410 *Höfer*, Flex-GmbH, S. 96; vgl. auch *Hirschfeld*, RIW 2013, 134, 138 (Fn. 68) (mit Bezug allerdings auf die Variante der gesetzlich zu bildenden Rücklagen); siehe zur freien Bestimmbarkeit des gezeichneten Kapitals *Rademakers/de Vries*, in: Süß/Wachter, Hdb des internationalen GmbH-Rechts, Niederlande Rn. 58.

411 Art. 2:216 Abs. 2 S. 1 NL-BGB; siehe dazu *Rademakers/de Vries*, in: Süß/Wachter, Hdb des internationalen GmbH-Rechts, Niederlande Rn. 88.

412 Art. 2:216 Abs. 2 S. 2 NL-BGB; siehe dazu *Rademakers/de Vries*, in: Süß/Wachter, Hdb des internationalen GmbH-Rechts, Niederlande Rn. 88.

soweit auch die Liquidität des Gesellschaftsvermögens berücksichtigen.[413] Für den Fall, dass die Gesellschaft infolge der Ausschüttung ihre fälligen Verbindlichkeiten nicht mehr begleichen kann, haften die Geschäftsleiter, die dies im Zeitpunkt der Ausschüttung wussten oder redlicherweise hätten vorhersehen können, grundsätzlich gesamtschuldnerisch gegenüber der Gesellschaft in Höhe des Defizits.[414] Einzelne Geschäftsleiter sind jedoch von der Haftung ausgenommen, wenn sie jeweils beweisen, dass sie zum einen kein Verschulden daran trifft, dass die Gesellschaft die Zahlung geleistet hat, und dass sie auch nicht fahrlässig Maßnahmen unterlassen haben, um die Folgen der Auszahlung abzuwehren.[415] Die daneben[416] bestehende Haftung der begünstigten Gesellschafter knüpft ebenso an die Solvenzprognose an.[417] Zahlungsempfänger, die wussten oder redlicherweise hätten wissen müssen, dass die Gesellschaft infolge der Ausschüttung ihre fälligen Verbindlichkeiten nicht mehr wird begleichen können, haften dieser gegenüber in Höhe des Defizits, höchstens jedoch bis zum Betrag der empfangenen Ausschüttung.[418]

Wendet man mit der dargestellten Gegenauffassung § 30 Abs. 1 GmbHG analog auf die niederländische B.V. an, wären Auszahlungen insoweit unzulässig, als in deren Folge das gezeichnete Kapital, welches im Gesellschaftsvertrag angegeben werden muss,[419] nicht mehr gedeckt wäre oder wenn bereits eine Unterdeckung bestünde. Ein wesentlicher Unterschied zur Anwendung des Gründungsrechts liegt offensichtlich darin, dass es sich um einen rein bilanziellen Ausschüttungstest handelt. Außerdem wären verdeckte Vermögenszuwendungen mit Blick nur auf das Auszahlungsverbot zulässig, solange die maßgebliche Grenze nicht erreicht wird.

---

413 *Rademakers/de Vries*, in: Süß/Wachter, Hdb des internationalen GmbH-Rechts, Niederlande Rn. 88; vgl. auch *Hirschfeld*, RIW 2013, 134, 139.

414 Art. 2:216 Abs. 3 S. 1 NL-BGB; siehe dazu *Rademakers/de Vries*, in: Süß/Wachter, Hdb des internationalen GmbH-Rechts, Niederlande Rn. 88.

415 Art. 2:216 Abs. 3 S. 3 NL-BGB; siehe dazu *Hirschfeld*, RIW 2013, 134, 139; *Rademakers/de Vries*, in: Süß/Wachter, Hdb des internationalen GmbH-Rechts, Niederlande Rn. 88.

416 Siehe aber Art. 2:216 Abs. 3 S. 5 NL-BGB und dazu *Hirschfeld*, RIW 2013, 134, 139, für den Fall, dass die Geschäftsleiter den nach Art. 2:216 Abs. 3 S. 1 NL-BGB geschuldeten Ersatz bereits geleistet haben.

417 Art. 2:216 Abs. 3 S. 4 NL-BGB; siehe dazu *Rademakers/de Vries*, in: Süß/Wachter, Hdb des internationalen GmbH-Rechts, Niederlande Rn. 88.

418 Siehe die Nachweise in voriger Fn.

419 Art. 2:178 Abs. 1 S. 1 NL-BGB; siehe dazu *Rademakers/de Vries*, in: Süß/Wachter, Hdb des internationalen GmbH-Rechts, Niederlande Rn. 73 mit Rn. 58.

(2) Anwendung am Beispiel der B.V. & Co. KG

Es vermag nicht zu verwundern, dass sich das Konzept des BGH zur Anwendung der §§ 30, 31 GmbHG auf Auszahlungen aus dem Vermögen einer GmbH & Co. KG jedenfalls in rechtstechnischer Hinsicht einfach auf eine B.V. & Co. KG übertragen lässt, wenn man auf Komplementärebene § 30 Abs. 1 GmbHG analog anwendet. Auszahlungen an Kommanditisten wären demnach verboten und in entsprechender Anwendung von § 31 Abs. 1 GmbHG an die KG zurückzugewähren, soweit diese mittelbar zulasten des zur Deckung des gezeichneten Kapitals erforderlichen Vermögens der Komplementär-B.V. erfolgten.

Ungeachtet der Frage nach dem kollisionsrechtlichen Anwendungsbefehl mag jedoch bezweifelt werden, dass eine analoge Anwendung von § 30 Abs. 1 GmbHG auf eine nach dem Recht eines anderen Mitgliedstaates gegründete Kapitalgesellschaft und konkret auf eine niederländische B.V. – und damit die Grundlage für eine entsprechende reflexartige Erhaltung des KG-Vermögens – mit der Niederlassungsfreiheit der betreffenden ausländischen Gesellschaft vereinbar ist. Bis zu einer Klärung durch den EuGH besteht insoweit Rechtsunsicherheit. Tendenziell sprechen mit Blick auf die bisherigen EuGH-Entscheidungen zur Niederlassungsfreiheit, unter Berücksichtigung auch der Entscheidung des EuGH in der Rechtssache *Kornhaas*, gute Argumente dafür, dass eine Anwendung deutscher Auszahlungssperren auf die ausländische Kapitalgesellschaft nicht mit deren Niederlassungsfreiheit vereinbar ist. Dafür spricht zum einen die Kernaussage der EuGH-Entscheidung in der Rechtssache *Überseering*, dass die ausländische Gesellschaft als solche ihres Herkunftsstaates das Recht habe, von ihrer Niederlassungsfreiheit Gebrauch zu machen.[420] Würde man die Reichweite des Schutzbereichs der Niederlassungsfreiheit auf die Anerkennung der Rechtsfähigkeit der ausländischen Kapitalgesellschaft und mithin die Gründungsanforderungen beschränken, im Übrigen gesellschaftsrechtliche Aspekte jedoch nach dem Recht des Sitzstaates beurtei-

420 EuGH Slg. 2002, I-09919, Rn. 80 = NJW 2002, 3614, 3616; siehe für dieses Argument und die darauf aufbauende Annahme einer Beschränkung der Niederlassungsfreiheit der betreffenden Gesellschaft *Huber*, in: Europäische Auslandsgesellschaften, 131, 147, 155 f. (zeitlich vor der Entscheidung des EuGH in der Rechtssache *Kornhaas*); ähnlich, wenn auch ohne Bezug auf die Entscheidung des EuGH in der Rechtssache *Überseering*, einen Eingriff in die Niederlassungsfreiheit der betreffenden Gesellschaft begründend *Schlichte*, DB 2006, 1357, 1359 (am Bsp. der englischen Ltd.).

len, würde diese Aussage stark eingeschränkt.[421] Es mag auch bezweifelt werden, dass die Entscheidung des EuGH in der Rechtssache *Kornhaas* die Annahme stützt, eine Anwendung deutscher Auszahlungssperren und der damit einhergehenden Haftungsvorschriften beeinträchtigten als reine Tätigkeitsbeschränkung die Niederlassungsfreiheit der betreffenden Gesellschaft schon nicht.[422] Die auf eine Anwendung von § 64 Abs. 2 S. 1 GmbHG a.F. bezogene Begründung erscheint doch recht knapp, um daraus Schlussfolgerungen für prinzipiell insolvenzunabhängige Gläubigerschutzmittel zu ziehen.[423] Verlagert sich die Prüfung eines Verstoßes gegen die Niederlassungsfreiheit der betreffenden Gesellschaft aber auf die Ebene der Rechtfertigung, müsste es jedenfalls für das konkrete Beispiel der niederländischen B.V. an der Voraussetzung der Erforderlichkeit der Anwendung deutscher Auszahlungssperren fehlen. Zwar mag ein Vergleich der Kapitalschutzbestimmungen, gerade auch mit Blick auf die Einbettung in das ausländische Gläubigerschutzsystem, mit praktischen Schwierigkeiten einhergehen.[424] Im Schrifttum wird daher eine Beurteilung der Rechtfertigung einer Beeinträchtigung der Niederlassungsfreiheit allein aus der Perspektive des inländischen Rechts erwogen.[425] Dagegen spricht jedoch, dass es nach der Rechtsprechung des EuGH keine missbräuchliche Ausnutzung der Niederlassungsfreiheit darstellt, eine Gesellschaft nach dem Recht eines Staates zu gründen, welches die vermeintlich größeren Freiheiten lässt, um sich dann letztlich in einem anderen Mitgliedstaat niederzulassen.[426] Vielmehr wird gerade ein solches Vorgehen durch die Niederlassungsfreiheit gewährleistet.[427]

---

421 *Habersack/Verse*, Europäisches Gesellschaftsrecht, § 3 Rn. 20 (mit Bezug auch auf die Entscheidungen des EuGH in den Rechtssachen *Centros* und *Inspire Art*).

422 So aber *Altmeppen*, IWRZ 2017, 107, 110 f., 114; *Kindler*, EuZW 2016, 136, 139; *Schall*, ZIP 2016, 289, 292.

423 In diesem Sinne bereits *Habersack/Verse*, Europäisches Gesellschaftsrecht, § 3 Rn. 20 mit Rn. 25 (Fn. 90); ähnlich zurückhaltend hinsichtlich Schlussfolgerungen, die über die Beantwortung der konkreten Vorlagefrage in der Rechtssache *Kornhaas* hinausgehen, *Teichmann*, ZGR 2017, 543, 566.

424 Vgl. *Fleischer*, in: Europäische Auslandsgesellschaften, 49, 107 f.; *Ulmer*, NJW 2004, 1201, 1208; siehe auch *Altmeppen*, NJW 2004, 97, 98.

425 So die pragmatische Erwägung von *Ulmer*, NJW 2004, 1201, 1208 f., der jedoch die damit verbundene Rechtsunsicherheit bis zu einer diesbezüglichen Entscheidung des EuGH konzediert (a.a.O. S. 1209).

426 Siehe einerseits EuGH Slg. 1999, I-01459, Rn. 27 = NJW 1999, 2027, 2028 (Centros); andererseits die überzeugende Argumentation von *Huber*, in: Europäische Auslandsgesellschaften, 131, 157 f.

427 EuGH Slg. 1999, I-01459, Rn. 27, 30 = NJW 1999, 2027, 2028 f. (Centros).

Unter der Prämisse, dass sich die Zulässigkeit von Ausschüttungen auf Komplementärebene im Falle einer B.V. & Co. KG nach niederländischem Recht richtet, bestehen hinsichtlich der Anwendung des BGH-Konzepts auf Auszahlungen aus dem KG-Vermögen jedoch derartige Schwierigkeiten und Zweifelsfragen, dass von einer Übertragung dieses Konzepts nicht mehr die Rede sein kann. Dies betrifft zum einen den Aspekt, dass nach den skizzierten niederländischen Kapitalschutzvorschriften von vornherein nur ein festgestellter Gewinn ausgeschüttet werden darf. Diese Beschränkung ohne Rückkoppelung an die mittelbaren Auswirkungen zulasten des Komplementärvermögens auf die KG-Ebene zu verlagern, würde gerade nicht dem Konzept für die Kapitalerhaltung bei der GmbH & Co. KG entsprechen. Denkbar wäre vor diesem Hintergrund, jede mittelbare, bilanziell messbare Verringerung des Komplementärvermögens genügen zu lassen.[428] Diese Überlegung kann letztlich dahinstehen, weil die Gesellschafterhaftung nach den niederländischen Kapitalschutzvorschriften nicht an den bilanziellen Ausschüttungstest, sondern an einen Solvenztest geknüpft ist. Wäre demnach die Haftung eines begünstigten Kommanditisten, insbesondere auch eines Nur-Kommanditisten, daran geknüpft, dass dieser bei Auszahlung aus dem KG-Vermögen wusste oder redlicherweise wissen konnte, dass infolge der mittelbaren Verringerung des Komplementärvermögens auf jener Ebene die fälligen Verbindlichkeiten nicht mehr beglichen werden können?[429] Dieser Ansatz wirkt sehr konstruiert und hat mit dem BGH-Konzept nicht mehr viel zu tun. Schon im Falle einer GmbH & Co. KG stellt sich berechtigterweise die Frage, ob es zur Annahme der Verantwortlichkeit auch von Nur-Kommanditisten für die Kapitalerhaltung bei der Komplementär-GmbH nicht gewisser Anforderungen an die konkreten Möglichkeiten zur Prüfung eines Verstoßes gegen § 30

428 Vgl. die Überlegungen von *Blaum*, in: Westermann/Wertenbruch, Hdb PersG, Rn. I 3407, 3409 f. (Stand Januar 2018), bzgl. einer Übertragung der Rspr. des BGH zur Kapitalerhaltung bei der GmbH & Co. KG auf die AG & Co. KG: *Blaum*, a.a.O., Rn. I 3407, beginnt mit Blick auf die Kapitalerhaltung bei der AG zunächst mit der Überlegung, dass jede mittelbare Wertminderung erheblich wäre, ohne dass es einer bilanziell messbaren Auswirkung auf das Vermögen der Komplementär-AG bedürfe; mit Blick auf die Funktionsweise des BGH-Konzepts im Falle einer GmbH & Co. KG gelangt *Blaum*, a.a.O. Rn. I 3409 f., dann zum Aspekt einer bilanziell messbaren Verringerung des Vermögens der Komplementär-AG – tendenziell, jedoch mit verbleibenden Zweifeln, im Sinne jeglicher mittelbarer Vermögensverringerung, also unabhängig von einer Deckung des Grundkapitals und der Kapitalrücklagen der AG.

429 Anders die Überlegung von *Teichmann*, ZGR 2014, 220, 248, der für die Solvenzprognose hypothetisch auf das KG-Vermögen blickt.

Abs. 1 GmbHG bedarf.[430] Ein Solvenztest auf Ebene der KG wäre darüber hinaus jedenfalls mit Blick auf die Gesellschafterhaftung ein Fremdkörper im deutschen Gesellschaftsrecht.[431]

3. Fazit

Eine reflexartige Erhaltung des KG-Vermögens im Sinne des Konzepts des BGH für die GmbH & Co. KG ist keine befriedigende Lösung zur Ergänzung des Kapitalschutzes bei einer atypischen KG.[432] Bei dem Versuch, dieses Rechtsprechungskonzept auf andere Erscheinungsformen einer atypischen KG anzuwenden, hat sich unter Berücksichtigung der Funktionsweise bei einer GmbH & Co. KG im Einzelnen bereits eine Übertragung als schwierig erwiesen. Dies ist immer dann der Fall, wenn sich schon mit Blick nur auf den betreffenden Komplementär die Zulässigkeit von Auszahlungen an Gesellschafter nicht allein nach einem bilanziellen Test bemisst. Gezeigt werden konnte dies nicht nur am Beispiel der B.V. & Co. KG bei Anwendung niederländischen Gesellschaftsrechts, sondern auch anhand einer UG & Co. KG. Ausgangspunkt war insoweit die Annahme, dass der Kapitalschutz bei der UG zur Sicherung der Thesaurierungspflicht als solcher um ein Verbot verdeckter Vermögenszuwendungen zu ergänzen ist. Davon ausgehend ist bereits fraglich, wie sich das BGH-Konzept unter Rückkoppelung an die mittelbaren Auswirkungen auf das Komplementärvermögen übertragen lässt. Zu dieser bereits in technischer Hinsicht bestehenden Schwierigkeit kommt die Annahme hinzu, dass eine UG unabhängig von einer Gewinnbeteiligung und anderer Ansätze zur Ermöglichung einer allmählichen Eigenkapitalaufholung komplementärfähig ist. Vor dem Hintergrund des Zwecks des Verbots verdeckter Vermögenszuwendungen bei der UG muss dies zu einer Differenzierung nach der jeweiligen Vertragsgestaltung führen.

Darüber hinaus konnte verdeutlicht werden, dass ein derartiges Kapitalschutzkonzept mit einer erheblichen Komplexität und Rechtsunsicherheit einherginge. Erforderlich wäre stets zunächst ein isolierter Blick auf die

430 Siehe dazu oben bei den Fn. 278 f.

431 Vgl. in anderem Kontext *Röder*, ZHR 184 (2020), 457, 485 f.

432 So im Ergebnis auch *Schläfke*, Vermögensbindung, S. 192, 248 f.; mit Bezug auf die ausländische Kapitalgesellschaft & Co. KG; *Blaum*, in: Westermann/Wertenbruch, Hdb PersG, Rn. I 3489 mit der ersten (von zwei) Fn. 1 (Stand Januar 2018).

Funktionsweise der Kapitalerhaltung bei dem jeweiligen Komplementär. Insoweit bestehende Kontroversen würden sich auf Ebene der KG fortsetzen. Beispielhaft ist hinsichtlich einer nach dem Recht eines anderen Mitgliedstaates gegründeten Kapitalgesellschaft die umstrittene Frage zu nennen, nach welchem Recht sich die Kapitalerhaltung bemisst. Darüber hinaus wäre aber auch jedes Mal zu bestimmen, inwiefern sich Auszahlungen aus dem KG-Vermögen auf das Komplementärvermögen auswirken müssen.

Diese Erkenntnisse betreffen allein die Frage nach einer Ergänzung des Kapitalschutzes bei einer atypischen KG als solcher – also unabhängig davon, inwieweit nach den auf den jeweiligen Komplementär anwendbaren Kapitalschutzvorschriften auch mittelbare Beeinträchtigungen erfasst werden.[433] Insoweit wäre man wieder bei der Perspektive einer zweckentsprechenden Anwendung des betreffenden Kapitalschutzes. Für eine Ergänzung des Kapitalschutzes bei einer atypischen Personenhandelsgesellschaft als solcher bedarf es, so wie es das Gesetz mit den Sondervorschriften bereits zeigt, einer gesellschafterunabhängigen Anknüpfung auf Ebene der Personenhandelsgesellschaft selbst. Im Folgenden sollen zwei Ansätze aus dem Schrifttum beurteilt werden, die für eine prinzipiell insolvenzunabhängige Kapitalerhaltung mit Bezug vornehmlich auf die atypische KG eben auf diese Weise vorgehen.

III. Ansätze für einen komplementärunabhängigen Kapitalschutz bei der atypischen Kommanditgesellschaft

1. Auszahlungsverbot an der Grenze zur bilanziellen Überschuldung

a) Ansätze von *Karollus* und *Blaum*

Der Vorschlag von *Karollus* und die Erwägungen von *Blaum* für eine Kapitalerhaltung auf Ebene atypischer Personenhandelsgesellschaften[434] bzw. mit Blick auf die atypische KG[435] stimmen in den wesentlichen Punkten

433 So auch *Schläfke*, Vermögensbindung, S. 248 f., mit Bezug auf „Doppelgesellschafter“.

434 Siehe zur Einbeziehung auch der atypischen OHG *Karollus*, in: FS Kropff, 669, 675 f.

435 *Blaum*, in: Westermann/Wertenbruch, Hdb PersG, Rn. I 3489 (Stand Januar 2018) mit Bezug auf die Kapitalgesellschaft & Co. KG.

überein und sollen daher im Folgenden gemeinsam dargestellt werden. Zusammengefasst geht es um ein unmittelbar auf atypische Personenhandelsgesellschaften bzw. eine atypische KG anwendbares Auszahlungsverbot an der Grenze zur bilanziellen Überschuldung.[436] Beide Ansätze orientieren sich am Auszahlungsverbot des § 30 Abs. 1 GmbHG, ohne dass jedoch explizit von einer analogen Anwendung dieser Vorschrift die Rede ist.[437]

Karollus stützt seine Überlegungen zum einen auf die Sonderregelungen für atypische Personenhandelsgesellschaften und die insoweit ersichtliche Gleichstellung mit Kapitalgesellschaften.[438] Die Legitimation für die Entwicklung eines unmittelbar auf atypische Personenhandelsgesellschaften anwendbaren Kapitalschutzes begründet *Karollus* im Übrigen damit, dass der Gesetzgeber für Personengesellschaften erkennbar nur deswegen auf einen besonderen Kapitalschutz verzichte, weil den Gesellschaftsgläubigern natürliche Personen als OHG-Gesellschafter bzw. zumindest eine natürliche Person als Komplementär persönlich hafte.[439] Das gesetzliche Modell, nach welchem die persönliche Haftung an die Stelle eines sonst erforderlichen Kapitalschutzes trete, laufe demgegenüber leer, wenn die unbeschränkte Haftung einer natürlichen Person vermieden werde.[440] Vor diesem Hintergrund sei es nur folgerichtig, für atypische Personenhandelsgesellschaften rechtsfortbildend besondere Kapitalschutzvorschriften einzuführen.[441] Als Orientierung sei das Recht der Kapitalgesellschaften heranzuziehen, da es sich insoweit um das „Organisationsmodell des Gesetzgebers für Unternehmensträger mit beschränkter Haftung" handele.[442] Als Maßstab der Vermögensbindung könne nur die Vermögenbindung nach § 30 GmbHG dienen, da der Gesetzgeber zum Ausdruck gebracht habe, dass bereits dieses Maß an Kapitalschutz – im Vergleich zur aktienrechtlichen Vermögensbindung nach § 57 AktG – als Gegengewicht zur Haftungsbeschränkung genüge.[443] Im Übrigen stehe die GmbH eher

---

436 Siehe zunächst nur *Karollus*, in: FS Kropff, 669, 678; *Blaum*, in: Westermann/Wertenbruch, Hdb PersG, Rn. I 3489 (Stand Januar 2018).

437 *Karollus*, in: FS Kropff, 669, 677 f.; *Blaum*, in: Westermann/Wertenbruch, Hdb PersG, Rn. I 3489 (Stand Januar 2018).

438 *Karollus*, in: FS Kropff, 669, 674 f.

439 *Karollus*, in: FS Kropff, 669, 676.

440 *Karollus*, in: FS Kropff, 669, 676 f.

441 *Karollus*, in: FS Kropff, 669, 677.

442 *Karollus*, in: FS Kropff, 669, 677.

443 *Karollus*, in: FS Kropff, 669, 678.

noch einer Personengesellschaft nahe.[444] Da aber weder die gesellschaftsvertraglich bestimmten Einlagen noch die Haftsummen der Kommanditisten mit dem Garantiekapital einer Kapitalgesellschaft vergleichbar seien, liege die Grenze der Vermögensbindung für atypische Personenhandelsgesellschaften bei der bilanziellen Überschuldung.[445] Entnahmen seien unzulässig und an die KG zurückzugewähren, soweit diese auf Kosten des zur Deckung der Verbindlichkeiten und Rückstellungen erforderlichen Aktivvermögens erfolgen.[446] Daneben anwendbar bleibe im Falle einer als Komplementär fungierenden GmbH bzw. AG der Schutz des Komplementärvermögens im Sinne der Rechtsprechung des BGH zur GmbH & Co. KG.[447]

Blaum erwägt einen Kapitalschutz unmittelbar auf Ebene der KG im Kontext seiner Auseinandersetzung mit der Kapitalerhaltung bei der ausländischen Kapitalgesellschaft & Co. KG.[448] Zuvor hat *Blaum* bereits für den Fall einer als Komplementär fungierenden AG die Übertragbarkeit des BGH-Konzepts geprüft und damit verbundene Schwierigkeiten festgestellt.[449] Unter der Annahme, dass sich die Kapitalerhaltung bei einer ausländischen Kapitalgesellschaft unabhängig von deren Herkunftsstaat grundsätzlich nach dem jeweiligen Gründungsrecht richte, gelangt *Blaum* zu der Erkenntnis, dass eine Übertragung des BGH-Konzepts im Sinne einer reflexartigen Erhaltung des KG-Vermögens über das jeweilige Gründungsrecht eine unbefriedigende Lösung mit verfehlter Blickrichtung wäre.[450] Zu einer an das Vermögen der atypischen KG anknüpfenden Kapitalerhaltung gelangt *Blaum* über eine Auseinandersetzung mit der Überle-

444 *Karollus*, in: FS Kropff, 669, 678.

445 *Karollus*, in: FS Kropff, 669, 678.

446 *Karollus*, in: FS Kropff, 669, 678 f.

447 *Karollus*, in: FS Kropff, 669, 679 mit 672; im Falle einer als Komplementär fungierenden GmbH oder AG nimmt *Karollus* an, dass über den mittelbaren Schutz des Komplementärvermögens ein effektiver Kapitalschutz erreicht werden könne (a.a.O. S. 672).

448 *Blaum*, in: Westermann/Wertenbruch, Hdb PersG, Rn. I 3488 f. (Stand Januar 2018).

449 *Blaum*, in: Westermann/Wertenbruch, Hdb PersG, Rn. I 3406–3411 (Stand Januar 2018); siehe ferner *dens.*, in: Westermann/Wertenbruch, Hdb PersG, Rn. I 3445 (Stand Januar 2018), zur verneinten Frage, ob im Falle einer Stiftung & Co. KG die §§ 30, 31 GmbHG entsprechend der Funktionsweise bei einer GmbH & Co. KG, also mit Bezug auf Auszahlungen aus dem KG Vermögen, anwendbar sind.

450 *Blaum*, in: Westermann/Wertenbruch, Hdb PersG, Rn. I 3487, 3489 mit der ersten (von zwei) Fn. 1 (Stand Januar 2018).

gung von *K. Schmidt*, die §§ 30, 31 GmbHG unmittelbar mit Bezug auf das Vermögen einer GmbH & Co. KG selbst anzuwenden.[451] *Blaum* betrachtet insoweit nicht den Ansatz von *K. Schmidt*, nach dem das Auszahlungsverbot des § 30 Abs. 1 GmbHG zwar komplementärunabhängig auf jede atypische KG anzuwenden, ein Verstoß jedoch unter Rückbezug auf die mittelbaren Auswirkungen zulasten des Komplementärvermögens zu beurteilen sei.[452] Stattdessen geht es um die von *K. Schmidt* mit Bezug auf die GmbH & Co. KG geäußerte Überlegung, die Unterbilanzfeststellung anhand des KG-Vermögens selbst vorzunehmen, nämlich durch einen Vergleich des Aktivvermögens der KG mit der Summe aus dem Stammkapital der Komplementär-GmbH und den Haftsummen der Kommanditisten.[453] Dieser Ansatz begegne, so *Blaum*, erheblichen Bedenken.[454] Da das KG-Recht kein zu schützendes Kapital kenne, sich ein zu erhaltendes Vermögen insbesondere nicht durch die Summe der Kommanditeinlagen bemessen lasse, könne ein Vermögensschutz erst an der Grenze zur handelsbilanziellen Überschuldung der KG ansetzen.[455] *Blaum* erwägt mithin ein Auszahlungsverbot samt einer an § 31 GmbHG orientierten Erstattungspflicht der begünstigten Kommanditisten für den Fall, dass durch die Vermögensverlagerung eine nach handelsbilanziellen Grundsätzen bestimmte Überschuldung des KG-Vermögens verursacht oder vertieft werden würde.[456] Eine derartige Rechtsfortbildung hin zu einem eigenständigen Vermögensschutz für die Kapitalgesellschaft & Co. KG würde, so *Blaum* im Unterschied zu *Karollus*, die Berechtigung der Regeln zur analogen Anwendung der §§ 30, 31 GmbHG insgesamt in Frage stellen.[457]

---

451 *Blaum*, in: Westermann/Wertenbruch, Hdb PersG, Rn. I 3489 (Stand Januar 2018).

452 Siehe für diesen Ansatz von *K. Schmidt* oben bei den Fn. 282–285.

453 Siehe zunächst oben Fn. 285 für diese Überlegung von *K. Schmidt*; siehe dann *Blaum*, in: Westermann/Wertenbruch, Hdb PersG, Rn. I 3489 (Stand Januar 2018) – wobei der Bezug auf die Kommanditeinlagen anstelle der Haftsummen vermutlich auf einem Versehen beruht.

454 *Blaum*, in: Westermann/Wertenbruch, Hdb PersG, Rn. I 3489 (Stand Januar 2018); *K. Schmidt* befürwortet diesen Ansatz freilich selbst nicht *de lege lata* – siehe dazu bereits oben Fn. 285.

455 *Blaum*, in: Westermann/Wertenbruch, Hdb PersG, Rn. I 3489 (Stand Januar 2018).

456 *Blaum*, in: Westermann/Wertenbruch, Hdb PersG, Rn. I 3489 (Stand Januar 2018).

457 *Blaum*, in: Westermann/Wertenbruch, Hdb PersG, Rn. I 3489 (Stand Januar 2018).

Anders als *Blaum* differenziert *Karollus* nicht eindeutig zwischen einer nach handelsbilanziellen Grundsätzen bestimmten Überschuldung und einer Überschuldung im Sinne von § 19 Abs. 2 S. 1 InsO.[458] Für die sogleich folgende Stellungnahme ist insoweit unter stärkerer Orientierung an *Blaums* Ausführungen von einem Auszahlungsverbot an der Grenze zu einer nach handelsbilanziellen Grundsätzen ermittelten Überschuldung auszugehen.

b) Stellungnahme

Mit Blick auf die atypische KG besticht ein unmittelbar auf jener Ebene ansetzendes Auszahlungsverbot dadurch, dass die mit der Frage nach der Übertragbarkeit des BGH-Konzepts einhergehende Komplexität entfiele. Bei Annahme eines generell für atypische Personenhandelsgesellschaften anwendbaren Auszahlungsverbots, so wie es *Karollus* auch mit Bezug auf die atypische OHG befürwortet, würde sich außerdem die Frage, ob der BGH jedenfalls bei einer GmbH & Co. OHG ebenfalls § 30 Abs. 1 GmbHG auf Auszahlungen aus dem OHG-Vermögen anwenden würde, insoweit gar nicht erst stellen. Bei einer GmbH & Co. KG bliebe der Kapitalschutz nach diesem Ansatz auch nicht generell hinter einer reflexartigen Kapitalerhaltung im Sinne der Rechtsprechung des BGH zurück.[459] Dies wäre im Einzelnen zwar der Fall, wenn eine Auszahlung aus dem KG-Vermögen schon durch eine damit einhergehende Verringerung des Werts des Kapitalanteils der Komplementär-GmbH mittelbar gegen § 30 Abs. 1 GmbHG verstößt. In jener Konstellation bedarf es, wie schon im Kontext der relevanten BGH-Rechtsprechung herausgestellt, nicht notwendigerweise einer Überschuldung des KG-Vermögens.[460] Demgegenüber hängt aber gerade in der praktisch relevanten Ausgestaltung, in der die Komplementär-GmbH nicht am Kapital der KG beteiligt ist,[461]

458 Siehe *Karollus*, in: FS Kropff, 669, 674 (mit Bezug auf die Sonderregeln für atypische Personenhandelsgesellschaften), 678 (im Rahmen seines Vorschlags); siehe demgegenüber *Blaum*, in: Westermann/Wertenbruch, Hdb PersG, Rn. I 3489 (Stand Januar 2018).

459 So aber tendenziell *Blaum*, in: Westermann/Wertenbruch, Hdb PersG, Rn. I 3489 (Stand Januar 2018); wie hier *Schläfke*, Vermögensbindung, S. 226.

460 Siehe oben bei Fn. 262.

461 Siehe für die praktische Relevanz dieser Konstellation *Binz/Sorg*, GmbH & Co. KG, § 5 Rn. 72; *Gummert*, in: MHdb GesR II, § 50 Rn. 8; *Hoffmann*, DStR 2000,

ein mittelbarer Verstoß gegen § 30 Abs. 1 GmbHG davon ab, dass das KG-Vermögen die Verbindlichkeiten nicht mehr deckt.[462]

Es stellt sich jedoch schon die Frage, auf welcher Grundlage *de lege lata* für atypische Personenhandelsgesellschaften ein Auszahlungsverbot des dargestellten Inhalts und eine darauf bezogene Rückgewährpflicht der begünstigten Gesellschafter angenommen werden kann. Gegenüber einer analogen Anwendung von § 30 Abs. 1 GmbHG und § 31 Abs. 1 GmbHG bestehen bereits in methodischer Hinsicht Bedenken. Unerheblich ist noch, dass auch für atypische Personenhandelsgesellschaften kein Mindestkapital vorgesehen ist. § 30 Abs. 1 GmbHG bezieht sich auf die Erhaltung des jeweils im Gesellschaftsvertrag vorgesehenen Stammkapitals.[463] Insoweit ist für die GmbH in § 5 Abs. 1 GmbHG ein Mindestbetrag vorgesehen. Dass § 30 Abs. 1 GmbHG aber auch unabhängig davon funktioniert, ist bereits an der UG ersichtlich. Im direkten Anwendungsbereich kann sich das Auszahlungsverbot bei einer UG auf ein Stammkapital in Höhe von nur einem Euro beziehen.[464] Daran wird aber sogleich der Unterschied zu einem von vornherein erst an der Grenze zur bilanziellen Überschuldung ansetzenden Auszahlungsverbot ersichtlich. Mit der Kapitalerhaltung nach § 30 Abs. 1 GmbHG geht es im Ausgangspunkt um die Deckung eines noch so geringen Stammkapitals und mithin eines in der Bilanz als Eigenkapital verbuchten Postens.[465] Dass auch Auszahlungen im Sinne von § 30 Abs. 1 GmbHG gegen diese Vorschrift verstoßen, wenn das Gesellschaftsvermögen zu jenem Zeitpunkt bereits überschuldet, ein positives Reinvermögen also schon gar nicht mehr vorhanden ist, basiert im Sinne einer Erst-recht-Überlegung auf dieser Prämisse.[466] Das Stammkapital ist nach § 30 Abs. 1 GmbHG nicht gegenständlich geschützt.[467] Stattdessen soll das zur Deckung dieses feststehenden Rech-

---

837, 839; *Mueller-Thuns*, in: Mueller-Thuns, Hdb GmbH & Co. KG, Anhang B, § 3 Abs. 1.

462 Siehe oben bei den Fn. 263 f.; vgl. auch *Schläfke*, Vermögensbindung, S. 226.

463 Statt vieler *Ulmer*, NJW 2004, 1201, 1209.

464 Siehe oben bei Fn. 325.

465 Deutlich statt vieler *Habersack*, in: Habersack/Casper/Löbbe, § 30 Rn. 25.

466 Siehe *Habersack*, in: Habersack/Casper/Löbbe, § 30 Rn. 26, 43; *Verse*, in: Scholz, § 30 Rn. 54; vgl. ferner BGHZ 60, 324, 331 f. = NJW 1973, 1036, 1038 (freilich unter der nicht mehr der aktuellen Rspr. des BGH entsprechenden Annahme, dass das Auszahlungsverbot dann nur analog anwendbar sei – siehe demgegenüber BGH NJW 1990, 1730, 1731 f.).

467 BGH NJW 1990, 1730, 1732.

nungspostens erforderliche Vermögen erhalten werden.[468] Demgegenüber wäre bei einer atypischen Personenhandelsgesellschaft von vornherein die bilanzielle Überschuldung maßgeblich. Das Auszahlungsverbot würde erst bei vollständiger Aufzehrung des Eigenkapitals ansetzen, ohne dass zumindest im Ansatz ein noch so geringer, als Eigenkapital verbuchter Posten gedeckt sein müsste. Diese Überlegung mag die Zurückhaltung von *Karollus* und *Blaum* erklären, die nur von einer Orientierung an § 30 GmbHG bzw. von einer an § 31 GmbHG orientierten Haftung der Kommanditisten sprechen.[469]

Es bliebe die Frage, auf welcher Grundlage man *de lege lata* ein Auszahlungsverbot für atypische Personenhandelsgesellschaften an der Grenze zur bilanziellen Überschuldung und eine entsprechende Gesellschafterhaftung annehmen könnte. Dieser Ansatz erinnert an eine im Schrifttum vertretene Auffassung für die Kapitalerhaltung bei nach dem Recht eines anderen EU-Mitgliedstaates gegründeten Kapitalgesellschaften, die ihren tatsächlich Sitz im Inland haben. Vertreten wird in dieser Hinsicht eine Ausschüttungssperre jedenfalls an der „0-Grenze"[470] auf der Grundlage des Wesens der Kapitalgesellschaft.[471] In diesem Bereich, also wenn durch die Ausschüttung eine Überschuldung verursacht oder bei bereits bestehender Überschuldung vorgenommen wird, erfolgten Vermögensverlagerungen auf die Gesellschafter nur noch auf Kosten der Gesellschaftsgläubiger.[472] Eine entsprechende Gesellschafterhaftung auf Rückgewähr verstehe sich von selbst.[473] Dieser Ansatz erscheint jedenfalls mit Blick auf atypische Personenhandelsgesellschaften – ganz ungeachtet davon, inwiefern eine Begründung mit dem Wesen der Kapitalgesellschaft für die Kapitalerhaltung bei ausländischen Kapitalgesellschaften überzeugt – nicht tauglich. Im Rahmen der Bewertung des Versuchs, das BGH-Konzept auf andere Erscheinungsformen einer atypischen KG zu übertragen, ist auch die damit einhergehende Rechtsunsicherheit hervorgehoben worden. Dieser Aspekt ließe sich in erhöhtem Maße einem auf dem Wesen der atypischen Per-

468 BGH NJW 1990, 1730, 1732; siehe daneben nur *Habersack*, in: Habersack/Casper/Löbbe, § 30 Rn. 25, 43.

469 *Karollus*, in: FS Kropff, 669, 677 f.; *Blaum*, in: Westermann/Wertenbruch, Hdb PersG, Rn. I 3489 (Stand Januar 2018).

470 *Bitter*, WM 2004, 2190, 2195.

471 *Altmeppen*, NJW 2004, 97, 102 f.; *Altmeppen/Wilhelm*, DB 2004, 1083, 1088 f.; zustimmend *Bitter*, WM 2004, 2190, 2195.

472 *Altmeppen*, NJW 2004, 97, 102; *Bitter*, WM 2004, 2190, 2195.

473 *Altmeppen*, NJW 2004, 97, 102; *Altmeppen/Wilhelm*, DB 2004, 1083, 1088 f.; zustimmend *Bitter*, WM 2004, 2190, 2195.

sonenhandelsgesellschaft gestützten Auszahlungsverbot entgegenhalten – bliebe doch unklar, was genau mit diesem Wesen gemeint ist.

Eine Ergänzung des Gläubigerschutzes bei atypischen Personenhandelsgesellschaften um ein Auszahlungsverbot an der Grenze zur bilanziellen Überschuldung ist *de lege lata* aber auch aus einem anderen Grund zu verneinen. Verdeutlicht werden soll dies unter Annahme einer analogen Anwendung von § 30 Abs. 1 GmbHG mit einer korrespondierenden Erstattungspflicht nach § 31 Abs. 1 GmbHG. Voraussetzung für eine Analogie ist zum einen eine planwidrige Regelungslücke des Gesetzes.[474] Notwendig ist zum anderen, dass „der zu beurteilende Sachverhalt in rechtlicher Hinsicht so weit mit dem Tatbestand vergleichbar ist, den der Gesetzgeber geregelt hat, dass angenommen werden kann, der Gesetzgeber wäre bei einer Interessenabwägung, bei der er sich von den gleichen Grundsätzen hätte leiten lassen wie bei dem Erlass der herangezogenen Gesetzesvorschrift, zu dem gleichen Abwägungsergebnis gekommen“.[475] Eine vergleichbare Interessenlage ließe sich noch mit der den Sondervorschriften für atypische Personenhandelsgesellschaften zugrundeliegenden Überlegung annehmen. Diese geht, wie bereits gezeigt, dahin, dass mangels unmittelbar oder mittelbar unbeschränkt haftender natürlicher Person aus Gläubigerperspektive kein wesentlicher Unterschied zu einer Kapitalgesellschaft bestehe.[476] Es fehlt jedoch an einer planwidrigen Regelungslücke. Der Gläubigerschutz ist für atypische Personenhandelsgesellschaften mit den im Rahmen des ersten Teils dieser Arbeit bereits dargestellten Verhaltenspflichten der Geschäftsleiter und Liquidatoren und den damit einhergehenden Sanktionen um Mittel zur Kapitalsicherung ergänzt worden. Diese Kapitalsicherung ist allerdings insolvenzbezogen. Neben der Zahlungsunfähigkeit der Gesellschaft ist insoweit eine Überschuldung im insolvenzrechtlichen Sinne als Eröffnungsgrund für die Insolvenzantragspflicht gemäß § 15a Abs. 1 S. 3 InsO sowie für das Verbot von Zahlungen bei Insolvenzreife nach § 15b Abs. 1 S. 1 InsO maßgeblich. Davon ist eine nach handelsbilanziellen Grundsätzen ermittelte Überschuldung zu unterscheiden. Zum einen bedarf es für eine Überschuldung im insolvenzrechtlichen Sinne gemäß § 19 Abs. 2 S. 1 InsO einer negativen Fortführungs-

---

474 BGHZ 184, 117, 121 = NJW 2010, 1065, 1066; BGH NJW 2010, 3087; BGH NJW 2015, 3511, 3514; siehe auch BGHZ 218, 80, 87 f. = NZG 2018, 625, 626 f. („planwidrige Unvollständigkeit“).

475 BGHZ 184, 117, 121 f. = NJW 2010, 1065, 1066; BGH NJW 2010, 3087.

476 Siehe die Einführung in Teil 1.

prognose.[477] Zum anderen ist die für die Feststellung einer bilanziellen Überschuldung relevante Überschuldungsbilanz von der Handelsbilanz zu unterscheiden.[478] In der Überschuldungsbilanz erfolgen die Ansätze nicht zu Buch-, sondern zu Verkehrswerten.[479] Ergibt sich aus der Handelsbilanz ein nicht durch Eigenkapital gedeckter Fehlbetrag, hat dies für die Annahme einer Überschuldung im Sinne von § 19 Abs. 2 S. 1 InsO nur indizielle Bedeutung.[480] Mit einem Auszahlungsverbot, welches an der Grenze zu der nach handelsbilanziellen Grundsätzen bemessenen Überschuldung ansetzt, würde mithin ein prinzipiell insolvenzunabhängiger Kapitalschutz angenommen. Der Wegfall der Wertungsgrundlage für den Gläubigerschutz bei Personengesellschaften, wenn keine natürliche Person unbeschränkt für die Gesellschaftsverbindlichkeiten haftet, ist dem Gesetzgeber ausweislich der Ergänzungen durch das 1. WiKG und im Rahmen der GmbH-Novelle 1980 jedoch schon seit geraumer Zeit bekannt. Dass das Fehlen einer insolvenzunabhängigen Kapitalerhaltung für atypische Personenhandelsgesellschaften planwidrig ist, kann vor diesem Hintergrund nicht angenommen werden.

2. Beschränkung der Dispositionsfreiheit über das Eigenkapital der Gesellschaft durch die Treupflicht

a) Ansatz von *Schläfke*

Den Gegenstand der folgenden Betrachtung bildet der von *Schläfke* im Rahmen seiner Dissertation entwickelte Ansatz für eine Beschränkung der Dispositionsfreiheit der Gesellschafter einer Kapitalgesellschaft & Co. KG über deren Eigenkapital.[481] Die Bezeichnung als Kapitalgesellschaft & Co. KG verwendet *Schläfke* im Sinne des KapCoRiLiG.[482] Mithin bezieht er sich auf eine KG, bei der kein persönlich haftender Gesellschafter

---

477 Siehe dazu nur BGH NZG 2013, 675, 676; *Bitter*, in: Scholz, Vor § 64 Rn. 52; *Verse*, in: Scholz, § 30 Rn. 54.

478 BGH NZG 2013, 675, 676; *Bitter*, in: Scholz, Vor § 64 Rn. 68; *Drukarczyk/Schüler*, in: MüKo InsO, § 19 Rn. 114.

479 Siehe nur BGH NZG 2009, 750; *Bitter*, in: Scholz, Vor § 64 Rn. 68; *Verse*, in: Scholz, § 30 Rn. 54.

480 BGH NZG 2009, 750; BGH NZG 2014, 100, 101; siehe auch BGH NZI 2020, 167, 169.

481 Siehe zunächst nur *Schläfke*, Vermögensbindung, S. 325, 328.

482 *Schläfke*, Vermögensbindung, S. 29 f.

eine natürliche Person ist, ohne dass als Komplementär notwendigerweise eine Kapitalgesellschaft fungieren muss.[483] Im Folgenden soll daher im Einklang mit der in der vorliegenden Arbeit verwendeten Terminologie von einer atypischen KG die Rede sein. Hinzuweisen ist jedoch noch darauf, dass *Schläfke* sich vordergründlich und so auch mit Bezug auf den sogleich zu betrachtenden Ansatz auf eine atypische KG „im engeren Sinne" bezieht.[484] Gemeint ist damit eine atypische KG mit nur einem Komplementär, dessen Gesellschaftszweck sich in der Übernahme der Geschäftsführung und der Komplementärhaftung erschöpft.[485]

Dementsprechend ist der Blick, was das Eigenkapital der atypischen KG anbelangt, auf die Einlageverpflichtungen der Kommanditisten und insoweit sowohl auf bereits geleistete Einlagen als auch auf noch nicht erfüllte Forderungen der Gesellschaft auf Einlageleistung gerichtet.[486] Bei einer KG sei eine Abkehr von diesen „gesellschaftsvertraglich getroffenen Finanzierungsentscheidung[en]"[487] der Kommanditisten durch eine entsprechende Änderung des Gesellschaftsvertrags bzw. mittels eines Gesellschafterbeschlusses möglich.[488] Die Dispositionsfreiheit der Gesellschafter über das Eigenkapital der Gesellschaft sei jedoch wegen der im Falle einer atypischen KG erreichten faktischen Haftungsbeschränkung unter bestimmten Voraussetzungen zu verneinen.[489] Mit anderen Worten sei das Eigenkapital der Gesellschaft dann ausnahmsweise der Gesellschafterdisposition entzogen.[490] Als „Abgrenzungsparameter" für die Bestimmung dieses Ausnahmefalls im Einzelnen könnten *Schläfke* zufolge „die Konzepte der Finanzierungsfolgenverantwortung und die Krise der Gesellschaft" herangezogen werden.[491] Was zunächst die Finanzierungsfolgenverantwortung anbelangt, so möchte *Schläfke* diese „als spezielle Ausprägung der Treuepflicht" verstanden wissen.[492] Auch nach der Neukonzeption des Rechts der Gesellschafterdarlehen durch das MoMiG bliebe für dieses Konzept ein Anwendungsbereich, wenn „auf der Ebene der Mitgliedschaft Finanzierungsentscheidungen getroffen werden, die an der Treuepflicht

483 Siehe den Nachweis in voriger Fn.
484 *Schläfke*, Vermögensbindung, S. 30, 324.
485 *Schläfke*, Vermögensbindung, S. 30.
486 *Schläfke*, Vermögensbindung, S. 325, 328.
487 *Schläfke*, Vermögensbindung, S. 332 f.
488 *Schläfke*, Vermögensbindung, S. 326 mit S. 325, 328, 332 f.
489 *Schläfke*, Vermögensbindung, S. 329.
490 *Schläfke*, Vermögensbindung, S. 328.
491 *Schläfke*, Vermögensbindung, S. 324 f.
492 *Schläfke*, Vermögensbindung, S. 324.

gegenüber der Gesellschaft gemessen werden" könnten.[493] Was die Krise als maßgeblichen Parameter für die Verneinung einer Dispositionsbefugnis der Gesellschafter über das Eigenkapital der atypischen KG anbelangt, greift *Schläfke* auf das in der Rechtsprechung des BGH zur Qualifizierung und Behandlung eigenkapitalersetzender Gesellschafterdarlehen entwickelte Merkmal der Kreditunwürdigkeit zurück.[494] Dieses sei im Vergleich zu der in § 32a GmbHG a.F. definierten Krise der Gesellschaft – als dem Zeitpunkt, in dem ordentliche Kaufleute der Gesellschaft Eigenkapital zugeführt hätten – „trennschärfer".[495] Über die Treupflicht seien die Kommanditisten an ihre Finanzierungsentscheidungen gebunden, „wenn die zuvor gegebenen Eigenkapitalversprechen zur materiellen Unternehmensfinanzierung notwendig"[496] seien und die Gesellschaft diesen Kapitalbedarf nicht zu marktüblichen Bedingungen mittels einer Fremdfinanzierung durch außenstehende Dritte decken könne.[497]

Durch den Abzug von Eigenkapital in einem Zeitpunkt, in dem sich die atypische KG finanziell in der soeben beschriebenen Situation befindet, missachte der betreffende Kommanditist seine Finanzierungsfolgenverantwortung.[498] In diesem *actus contrarius* zur Finanzierungsentscheidung liege der Verstoß gegen die Treupflicht.[499] Davon differenziert *Schläfke* explizit die Auszahlung von zuvor bereits in Fremdkapital umgewandeltem Eigenkapital.[500] Der entscheidende Akt, an den die Kontrolle anknüpfe, sei die Umwandlung von Eigen- in Fremdkapital.[501] Ist auf eine derartige Umwandlung bereits eine Umbuchung auf das Fremdkapitalkonto des betreffenden Kommanditisten erfolgt, könne sich die Treupflicht gegenüber einer Entnahme durch den Kommanditisten grundsätzlich nicht durchsetzen.[502] Dies sei nur der Fall, wenn auch eine entsprechende Gewinnentnahme unzulässig wäre.[503]

Wegen des Treupflichtverstoßes sei zum einen der der Umwandlung von Eigen- in Fremdkapital zugrundeliegende Gesellschafterbeschluss

---

493 *Schläfke*, Vermögensbindung, S. 324.
494 *Schläfke*, Vermögensbindung, S. 329.
495 *Schläfke*, Vermögensbindung, S. 329.
496 *Schläfke*, Vermögensbindung, S. 329.
497 *Schläfke*, Vermögensbindung, S. 329 f.
498 *Schläfke*, Vermögensbindung, S. 325 f.
499 *Schläfke*, Vermögensbindung, S. 326, 328.
500 *Schläfke*, Vermögensbindung, S. 327.
501 *Schläfke*, Vermögensbindung, S. 324 mit S. 327.
502 *Schläfke*, Vermögensbindung, S. 327 f.
503 *Schläfke*, Vermögensbindung, S. 327 f.

nichtig.[504] Eine etwa erfolgte Umbuchung und gegebenenfalls auch Auszahlung sei mangels Rechtsgrundes nach Bereicherungsrecht rückabzuwickeln.[505] Zum anderen komme ein Schadensersatzanspruch der Gesellschaft nach § 280 Abs. 1 BGB in Betracht, sofern der betroffene Kommanditist nicht schon das Vorliegen einer Pflichtverletzung widerlegen oder sich hinsichtlich des vermuteten Verschuldens entlasten kann.[506] Ein Schadensersatzanspruch nach § 280 Abs. 1 BGB komme jedoch nur in Betracht, wenn bereits eine Auszahlung erfolgt sei.[507] Der Anspruch der Gesellschaft belaufe sich dann zum einen auf Rückzahlung.[508] Erfasst seien darüber hinaus aber auch etwaige Folgeschäden, so namentlich, wenn kausale Folge der „Eigenkapitalentnahme" die Insolvenz der Gesellschaft und eine Verkürzung der Insolvenzmasse sei.[509]

b) Stellungnahme

Auf Grundlage von *Schläfkes* Ansatz wäre die Dispositionsfreiheit der Gesellschafter über das Eigenkapital der atypischen KG krisenabhängig beschränkt. Zwar grenzt *Schläfke* den von ihm in zeitlicher Hinsicht favorisierten Anknüpfungspunkt der Kreditunwürdigkeit von der Krise der Gesellschaft im Sinne von § 32a Abs. 1 GmbHG[510] ab. Mit Blick auf die Rechtsprechung des BGH zur Qualifizierung von eigenkapitalersetzenden Gesellschafterleistungen handelt es sich dabei jedoch letztlich um einen Fokus auf einen von drei in Betracht kommenden Anknüpfungspunkten für die Bestimmung des zeitlichen Anwendungsbereichs. Demnach war in zeitlicher Hinsicht zur Annahme einer eigenkapitalersetzenden Gesellschafterleistung die Zahlungsunfähigkeit, Überschuldung oder Kreditun-

504 *Schläfke*, Vermögensbindung, S. 330.
505 *Schläfke*, Vermögensbindung, S. 331.
506 *Schläfke*, Vermögensbindung, S. 331 f. – was den Maßstab für eine Entlastung vom gem. § 280 Abs. 1 S. 2 BGB vermuteten Verschulden anbelangt, lässt *Schläfke*, a.a.O. S. 332, die Frage nach der Anwendbarkeit von § 708 BGB offen.
507 *Schläfke*, Vermögensbindung, S. 332.
508 *Schläfke*, Vermögensbindung, S. 332.
509 *Schläfke*, Vermögensbindung, S. 332 – insoweit weist *Schläfke*, a.a.O. S. 332 f., auf die Überschneidung mit der Existenzvernichtungshaftung hin; siehe für die Frage nach einer Ergänzung des Kapitalschutzes bei atypischen Personenhandelsgesellschaften durch eine Übertragung des Konzepts der Existenzvernichtungshaftung noch unten Teil 2 C.II.
510 Siehe zur Aufhebung von unter anderem § 32a GmbHG durch das MoMiG oben bei Fn. 215.

würdigkeit der Gesellschaft maßgeblich.[511] In all diesen Fällen befand sich die Gesellschaft in der „Krise".[512] Auch der Gesetzgeber hat die Krise der Gesellschaft, wenngleich zunächst nur generalklauselartig umschrieben, als in zeitlicher Hinsicht zur Qualifizierung von Gesellschafterdarlehen maßgeblichen Zeitraum gewählt und insoweit bewusst an die durch die Rechtsprechung herausgearbeiteten Abgrenzungskriterien angeknüpft sowie künftigen Entwicklungen Raum gelassen.[513] Indem *Schläfke* auf die Kreditunwürdigkeit der atypischen KG abstellt, erfolgt nach seinem Ansatz eine Beschränkung der Dispositionsfreiheit der Gesellschafter über die Einlageverpflichtungen im Vorfeld der Insolvenzreife der Gesellschaft.[514]

Bedenken bestehen gegenüber *Schläfkes* Ansatz vor dem Hintergrund der Neukonzeption der rechtlichen Behandlung von Forderungen auf Rückgewähr von Gesellschafterdarlehen und aus wirtschaftlich entsprechenden Rechtshandlungen durch das MoMiG. Wie im Zusammenhang mit dem Sonderrecht für atypische Personenhandelsgesellschaften bereits gezeigt, ist das Merkmal der Krise der Gesellschaft ersatzlos entfallen.[515] Der damit einhergehende wesentliche Unterschied im Vergleich zur vorherigen Rechtslage liegt darin, dass es für die besondere rechtliche Behandlung der von § 39 Abs. 1 Nr. 5 InsO erfassten Forderungen auf eine in der Krise der Gesellschaft getroffene Finanzierungsentscheidung nicht mehr ankommt.[516] *Schläfkes* Ansatz würde zu einer Wiederbelebung dieses aufgegebenen Konzepts an anderer Stelle führen. Unerheblich ist noch, dass *Schläfke* die Bindung an eine einmal getroffene Finanzierungsentscheidung als Finanzierungsfolgenverantwortung bezeichnet. Damit wird lediglich gesagt, dass an eine Finanzierungsentscheidung eine Folge knüpft, ohne aber jene schon dadurch näher zu definieren. Auch insoweit

---

511 Siehe nur BGHZ 76, 326, 329 f. = NJW 1980, 1524, 1525; *Habersack*, in: Ulmer/Habersack/Löbbe, 1. Aufl., §§ 32a/b Rn. 61; *Huber*, in: FS Priester, 259, 268.

512 *Habersack*, in: Ulmer/Habersack/Löbbe, 1. Aufl., §§ 32a/b Rn. 61; *Huber*, in: FS Priester, 259, 268, 272 f.

513 Siehe Begr. RegE GmbH-Novelle, BT-Drucks. 8/1347, S. 39; siehe für den Klammerzusatz „Krise der Gesellschaft" in § 32a Abs. 1 GmbHG – eingefügt durch Art. 10 Nr. 1 des Gesetzes zur Kontrolle und Transparenz im Unternehmensbereich (KonTraG) vom 27. April 1998, BGBl. I S. 786, 793 – Beschlussempfehlung und Bericht des Rechtsausschusses (6. Ausschuss), BT-Drucks. 13/10038, S. 28.

514 Vgl. *Habersack*, in: Ulmer/Habersack/Löbbe, 1. Aufl., §§ 32a/b Rn. 62 (mit Bezug auf das Eigenkapitalersatzrecht).

515 *Habersack*, in: Habersack/Casper/Löbbe, Anh § 30 Rn. 15; siehe dazu mit weiteren Nachweisen bereits oben bei Fn. 228.

516 Siehe oben Teil 1 B.II.1.b)(2).

könnte man von einer „Leerformel" sprechen, so wie dies im Schrifttum mit Bezug auf die Verwendung des Begriffs der Finanzierungsfolgenverantwortung zur Begründung der besonderen rechtlichen Behandlung der nach § 39 Abs. 1 Nr. 5 InsO erfassten Forderungen nach der Konzeption des MoMiG erfolgt.[517] Die Bezeichnung als Finanzierungsfolgenverantwortung ist mithin nicht schädlich, aber auch nicht nützlich, weil damit ein bestimmtes Verständnis verbunden ist.[518] Freilich bestehen zwischen der Annahme sowie der rechtlichen Behandlung eigenkapitalersetzender Gesellschafterleistungen nach alter Rechtslage und *Schläfkes* Vorschlag schon im Ansatz konzeptionelle Unterschiede. So kommt es nach *Schläfkes* Vorschlag für die Beschränkung der Dispositionsfreiheit der Gesellschafter über die Einlageverpflichtungen nicht auf eine Finanzierungsentscheidung während der Krise der Gesellschaft an. Erst bei der Umwandlung von Eigen- in Fremdkapital ist die Kreditunwürdigkeit der atypischen KG entscheidend. Jedoch verwischen die Grenzen zur besonderen rechtlichen Behandlung der von § 39 Abs. 1 Nr. 5 InsO erfassten Forderungen, wenn man den Fall betrachtet, dass eine bereits geleistete Einlage in Fremdkapital umgewandelt wird. Nach *Schläfkes* Ansatz kommt es auf eine Auszahlung nicht an.[519] Ein von der Kreditunwürdigkeit der Gesellschaft abhängiger Treupflichtverstoß ist also auch dann anzunehmen, wenn die betreffenden Finanzierungsmittel der Gesellschaft als Fremdkapital belassen werden. Für den Fall, dass nach der Umwandlung von Eigen- in Fremdkapital eine Auszahlung an den betreffenden Kommanditisten erfolgt, weist zwar *Schläfke* einerseits darauf hin, dass die Treupflicht dieser grundsätzlich nicht entgegenstehe.[520] Einschlägig seien insoweit die §§ 39 Abs. 1 Nr. 5, 135 InsO.[521] Zugleich kann die Gesellschaft aber nach *Schläfkes* Ansatz eine erfolgte Auszahlung im Falle eines Treupflichtverstoßes nach § 812 Abs. 1 S. 1 Var. 1 BGB[522] oder nach § 280 Abs. 1 GmbHG zurückverlangen.[523]

---

517 So *Habersack*, in: Habersack/Casper/Löbbe, Anh § 30 Rn. 20 (Hervorhebung im Original nicht übernommen); ähnlich *Huber*, in: Liber Amicorum Winter, 261, 276 (Fn. 50) – siehe dazu bereits oben bei den Fn. 232 f.

518 *Huber*, FS Priester, 259, 271; *ders.*, in: Liber Amicorum Winter, 261, 276 (Fn. 50).

519 Siehe oben bei den Fn. 500 f.

520 Siehe oben bei den Fn. 502 f.

521 *Schläfke*, Vermögensbindung, S. 328 mit S. 327.

522 *Schläfke*, Vermögensbindung, S. 331, spricht insoweit genau genommen nur von einer Rückabwicklung nach Bereicherungsrecht.

523 Siehe oben bei den Fn. 505, 508.

Der bestehende Unterschied zwischen Kapitalgesellschaften und atypischen Personenhandelsgesellschaften, den *Schläfke* durch seinen Ansatz zu adressieren sucht,[524] ist offensichtlich: Die Gesellschafter einer Kapitalgesellschaft sind nicht nur im Falle von Fremdkapital durch die rechtliche Behandlung der von § 39 Abs. 1 Nr. 5 InsO erfassten Forderungen vorrangig vor außenstehenden Gläubigern am unternehmerischen Risiko beteiligt.[525] Ungeachtet der Besonderheiten bei der UG bestehen daneben grundsätzlich Mindestanforderungen an die Eigenkapitalausstattung, die namentlich von Regelungen zur Kapitalaufbringung und Kapitalerhaltung sowie speziellen Voraussetzungen für eine Kapitalherabsetzung flankiert werden.[526] Dergleichen ist für atypische Personenhandelsgesellschaften gesetzlich nicht vorgesehen, obwohl keine natürliche Person dem Risiko einer unbeschränkten Haftung ausgesetzt ist. Der Vorrang außenstehender Gläubiger einer Gesellschaft, für deren Verbindlichkeiten keine natürliche Person unbeschränkt haftet, soll aber nach der gesetzlichen Konzeption insoweit, als die Unternehmensfinanzierung durch Fremdkapital erfolgt, unabhängig von der finanziellen Situation der Gesellschaft im Zeitpunkt der Gesellschafterfinanzierung gewährleistet werden. Vor diesem Hintergrund kann es nicht überzeugen, dem zum Gläubigerschutzsystem bei den Kapitalgesellschaften noch bestehenden Unterschied durch ein Konzept der Krisenfinanzierung zu begegnen. Auf die Frage nach dem Erfordernis prinzipiell insolvenzunabhängiger Beschränkungen von Vermögensverlagerungen auf die Gesellschafter bei atypischen Personenhandelsgesellschaften wird ebenso wie auf den Aspekt einer Mindestrisikobeteiligung im dritten Teil dieser Arbeit zurückzukommen sein.

---

524 *Schläfke*, Vermögensbindung, S. 323 („Funktion von Eigenkapital als vertraglich überlassenem Risikokapital"), S. 324 („Verteilung von Chancen und Risiken").

525 Siehe bzgl. der rechtlichen Behandlung der von § 39 Abs. 1 Nr. 5 InsO erfassten Forderungen oben Teil 1 B.II.1.b)(3).

526 Siehe zur Beteiligung am unternehmerischen Risiko nur *Huber*, in: FS Priester, 259, 275 f.; *Huber/Habersack*, in: Kapital der Aktiengesellschaft, 370, 394; *Vetter*, ZGR 2005, 788, 800, 825.

B. Kapitalerhaltung im Rahmen der Liquidation einer atypischen Kommanditgesellschaft

I. Ausgangslage

1. Fehlen einer liquidationsspezifischen Kapitalerhaltung im Recht der Personenhandelsgesellschaften

a) Prinzipieller Vorrang der Gläubigerbefriedigung

Ungeachtet der spezifisch auf atypische Personenhandelsgesellschaften anwendbaren Vorschriften und noch ohne Rücksicht auf rechtsfortbildende Ansätze sehen anscheinend bereits die allgemeinen Vorschriften über Personenhandelsgesellschaften den Vorrang der Gläubigerbefriedigung vor der Verteilung eines etwaigen Überschusses im Rahmen der Liquidation der Gesellschaft vor. Zu den in § 149 S. 1 HGB genannten Aufgaben der Liquidatoren zählt die Befriedigung der Gläubiger. Ein etwa nach Berichtigung der Schulden verbleibendes Vermögen wird gemäß § 155 Abs. 1 HGB nach dem sich aus der Schlussbilanz ergebenden Verhältnis der Kapitalanteile unter den Gesellschaftern verteilt. Von der Schlussverteilung ist die in § 155 Abs. 2 S. 1 HGB vorgesehene vorläufige Verteilung des während der Liquidation entbehrlichen Geldes zu unterscheiden. In Zusammenschau einerseits mit der in § 155 Abs. 1 HGB vorausgesetzten Berichtigung der Schulden und andererseits mit der Zurückbehaltungspflicht der Liquidatoren nach Maßgabe des § 155 Abs. 2 S. 2 HGB ergibt sich, dass das Gesellschaftsvermögen insoweit nicht entbehrlich ist und mithin nicht vorläufig verteilt werden darf, als es zur Befriedigung fälliger und unstreitiger oder zur Deckung noch nicht fälliger oder streitiger Verbindlichkeiten benötigt wird.[527]

b) Dispositionsfreiheit der Gesellschafter

Auf Grundlage des allgemein auf Personenhandelsgesellschaften anwendbaren Liquidationsrechts müssen die Gesellschaftsverbindlichkeiten jedoch nicht zwingend vorrangig befriedigt bzw. gesichert werden, bevor ein etwaiger Überschuss an die Gesellschafter verteilt werden darf. Dies

---

527 Vgl. *Habersack*, in: Habersack/Schäfer, § 155 Rn. 20, mit Bezug auf das gem. § 155 Abs. 2 S. 2 HGB zurückzubehaltende Vermögen.

ergibt sich allerdings nicht bereits mit Blick auf die vorläufige Verteilung des Gesellschaftsvermögens und namentlich die Zurückbehaltungspflicht der Liquidatoren. So ist zwar § 155 Abs. 2 S. 2 HGB nach allgemeiner Auffassung im Schrifttum kein Schutzgesetz.[528] Erhält jedoch ein Gesellschafter im Rahmen der vorläufigen Verteilung mehr, als ihm bei der Schlussverteilung nach § 155 Abs. 1 HGB gebührt, hat die Gesellschaft einen Rückzahlungsanspruch in Höhe des überschießenden Betrags.[529] Die Anspruchsgrundlage ist umstritten, ohne dass sich die unterschiedlichen Auffassungen im Ergebnis auswirken.[530] Teilweise wird der Rückzahlungsanspruch unmittelbar auf den der vorläufigen Verteilung immanenten Vorbehalt der Rückzahlung gestützt.[531] Die Gegenauffassung zieht § 812 Abs. 1 S. 1 Var. 1 BGB heran, versagt auf Grundlage des genannten Vorbehalts jedoch sowohl die Entreicherungseinrede als auch die Möglichkeit einer Berufung des betreffenden Gesellschafters auf § 814 BGB.[532] Mit Blick zunächst nur auf Personenhandelsgesellschaften, für deren Verbindlichkeiten mindestens eine natürliche Person unbeschränkt haftet, kommt etwaigen Rückzahlungsansprüchen der Gesellschaft freilich angesichts der auch nach deren Auflösung fortbestehenden Gesellschafterhaftung nur dann Bedeutung zu, wenn sie sich gegen einen Kommanditisten richten oder wenn bereits Sonderverjährung nach Maßgabe des § 159 HGB eingetreten ist.[533]

Entscheidend ist dagegen vielmehr die Frage, ob die Gesellschafter über die Gläubigerbefriedigung und damit die Vorgaben der §§ 149 S. 1, 155 Abs. 1 HGB derart disponieren können, dass die Schlussverteilung unter Übergehung von Gesellschaftsverbindlichkeiten und damit bereits vor vollständiger Gläubigerbefriedigung erfolgt. Dies wird im Schrifttum – auch insoweit zunächst ungeachtet der Besonderheiten im Falle einer atypischen Personenhandelsgesellschaft – uneinheitlich beurteilt. Teilweise wird eine derartige Dispositionsmöglichkeit der Gesellschafter unter Vermengung von Schlussverteilung und vorläufiger Verteilung oder schlicht

528 Siehe nur *Habersack*, in: Habersack/Schäfer, § 155 Rn. 16; *Klöhn*, in: Henssler/Strohn, HGB, § 155 Rn. 3; *K. Schmidt*, in: MüKo HGB, § 155 Rn. 1, 15, 50.

529 Siehe zunächst nur *Habersack*, in: Habersack/Schäfer, § 155 Rn. 27.

530 *Hillmann*, in: EBJS, § 155 Rn. 11.

531 *Roth*, in: Hopt, § 155 Rn. 1; *Wertenbruch*, in: Westermann/Wertenbruch, Hdb PersG, Rn. I 1748d (Stand April 2021).

532 *Habersack*, in: Habersack/Schäfer, § 155 Rn. 27; *Klöhn*, in: Henssler/Strohn, HGB, § 155 Rn. 12; *K. Schmidt*, in: MüKo HGB, § 155 Rn. 13.

533 *Habersack*, in: Habersack/Schäfer, § 155 Rn. 28.

ohne Begründung verneint.[534] Demgegenüber wird in Anbetracht der fortbestehenden Gesellschafterhaftung zu Recht angenommen, dass die Liquidatoren auf Grundlage einer entsprechenden Bestimmung im Gesellschaftsvertrag oder eines Gesellschafterbeschlusses die Schlussverteilung des Gesellschaftsvermögens bereits vornehmen dürfen, bevor sämtliche Gesellschaftsverbindlichkeiten erfüllt bzw. gesichert worden sind.[535] Ebenso wenig wie bei der werbenden Personenhandelsgesellschaft ist das Gesellschaftsvermögen im Rahmen der Liquidation zum Schutz der Gläubiger gesichert.[536] Dass sich die auf diese Weise übergangenen Gläubiger, freilich in den Grenzen des § 159 HGB, an die Gesellschafter halten können und bei Vollbeendigung[537] der Gesellschaft auch müssen, entspricht der im Recht der Personenhandelsgesellschaften zum Ausdruck kommenden Wertung.[538]

2. Insolvenzbezogene Sicherung des Gesellschaftsvermögens

a) Ergänzung des § 155 HGB durch die insolvenzbezogenen Liquidatorenpflichten

Auch ohne § 73 GmbHG analog auf eine sich in Liquidation befindliche GmbH & Co. KG anzuwenden – wie von der herrschenden Lehre befürwortet und worauf noch zurückzukommen sein wird –, dürfen die Liquidatoren einer atypischen Personenhandelsgesellschaft die Schlussverteilung nicht unter Übergehung bekannter Verbindlichkeiten vornehmen. Wenngleich im Recht der Personenhandelsgesellschaften eine liquidationsspezifische Kapitalerhaltung zur Sicherung einer vorrangigen Gläubi-

---

534 *Haas*, in: Röhricht/v. Westphalen/Haas, § 155 Rn. 7 (ohne Begründung); *Hillmann*, in: EBJS, § 155 Rn. 12 („im Hinblick auf das Institut der Vorabausschüttung (Abs. 2)").

535 *Habersack*, in: Habersack/Schäfer, § 155 Rn. 16, § 149 Rn. 3, 37, § 159 Rn. 1; *K. Schmidt*, in: MüKo HGB, § 155 Rn. 42 mit Rn. 41; wohl auch *Kamanabrou*, in: Oetker, § 155 Rn. 14, jedoch unter Vermengung von Schlussverteilung und vorläufigen Abschlagszahlungen – deutlich differenzierend demgegenüber *Habersack*, in: Habersack/Schäfer, § 155 Rn. 28.

536 Vgl. *Habersack*, in: Habersack/Schäfer, § 145 Rn. 4 mit § 128 Rn. 1; *K. Schmidt*, in: MüKo HGB, § 155 Rn. 42.

537 Siehe zur Vollbeendigung einer Personenhandelsgesellschaft und der Bedeutung von Nachschusspflichten nach § 735 BGB in diesem Zusammenhang noch unten Teil 3 B.III.2.a).

538 Siehe dazu oben bei Fn. 23.

gerbefriedigung nicht vorgesehen ist, so besteht doch mit Blick speziell auf atypische Personenhandelsgesellschaften ein wesentlicher Unterschied zum allgemein anwendbaren Liquidationsrecht in der insolvenzbezogenen Sicherung des Gesellschaftsvermögens. Adressaten der Insolvenzantragspflicht sowie der insolvenzbezogenen Zahlungsverbote sind, wie gezeigt, auch die Liquidatoren atypischer Personenhandelsgesellschaften.[539] Dies bedeutet im Falle der Insolvenzreife der Gesellschaft einerseits, dass die Liquidatoren sowohl die Insolvenzantragspflicht als auch das Zahlungsverbot des § 15b Abs. 1 S. 1 InsO zu berücksichtigen haben. Ist andererseits die Gesellschaft weder zahlungsunfähig noch überschuldet und erfolgt die Schlussverteilung des Gesellschaftsvermögens, obwohl bekannte Verbindlichkeiten noch nicht vollständig erfüllt sind, führen jene Zahlungen zur Zahlungsunfähigkeit der Gesellschaft und verstoßen mithin grundsätzlich gegen das Zahlungsverbot des § 15b Abs. 5 S. 1 InsO.[540]

b) Kein Schutzmechanismus zugunsten unbekannter Gläubiger

In § 155 HGB ist jedoch kein Schutzmechanismus für unbekannte Gläubiger vorgesehen. An die Stelle eines Sperrjahres, wie es in § 73 Abs. 1 GmbHG im Falle einer GmbH vorausgesetzt ist, können auch nicht die insolvenzbezogenen Verhaltenspflichten der Liquidatoren treten. Der dahinterstehende Gedanke ist mit Blick auf die Zahlungsverbote folgender: Der Anspruch der Gesellschaft wegen verbotswidriger Zahlungen setzt das Verschulden der Liquidatoren voraus. Für die Rechtslage vor dem Inkrafttreten des SanInsFoG entspricht dies, und dass einfache Fahrlässigkeit genügt, der herrschenden Auffassung zu § 130a Abs. 2 S. 1 HGB und parallel namentlich zu § 64 S. 1 und S. 3 GmbHG.[541] Ausweislich

---

539 Siehe die Einführung in Teil 1 A sowie die Präzisierung in Teil 1 A.I.2.

540 Vgl. *H.-F. Müller*, in: MüKo GmbHG, § 73 Rn. 42, mit Bezug auf das vor dem Inkrafttreten des SanInsFoG in der Liquidation einer GmbH über § 71 Abs. 4 GmbHG anwendbare Zahlungsverbot des § 64 S. 3 GmbHG: Dessen Voraussetzungen könnten bei Missachtung der Vorgaben von § 73 Abs. 1, 2 GmbHG „im Einzelfall durchaus erfüllt sein". *H.-F. Müller*, a.a.O., hebt freilich hervor, dass dem Anspruch aus § 64 S. 3 GmbHG neben dem aus § 73 Abs. 3 GmbHG praktisch kaum eigenständige Bedeutung zukomme. Letzteres gilt mit Blick auf atypische Personenhandelsgesellschaften mangels einer dem § 73 Abs. 3 GmbHG entsprechenden Ersatzpflicht der Liquidatoren nicht.

541 Siehe für § 130a Abs. 2 S. 1 HGB statt vieler *Habersack*, in: Habersack/Schäfer, § 130a Rn. 36; *Servatius*, in: Henssler/Strohn, HGB, § 130a Rn. 14, 23; siehe für § 64 S. 1 GmbHG nur BGH NZG 2012, 672, 673 (bzgl. § 64 Abs. 2

der Begründung zum Regierungsentwurf des SanInsFoG sind die Haftungsvorschriften für die Vornahme verbotswidriger Zahlungen in § 15b Abs. 4 InsO zusammengefasst worden.[542] Ferner ist die Ausnahme vom Zahlungsverbot bei Insolvenzreife für den Fall der Beachtung der Sorgfalt eines ordentlichen und gewissenhaften Geschäftsleiters und mithin auch die Entlastungsmöglichkeit für das Zahlungsverbot im Vorfeld der Insolvenz im Grunde unverändert geblieben.[543] Vor diesem Hintergrund dürfte für § 15b Abs. 4 S. 1 InsO auch hinsichtlich des Verschuldenserfordernisses nichts anderes als unter dem alten Recht gelten.[544] Wie für atypische Personenhandelsgesellschaften vor dem Inkrafttreten des SanInsFoG noch explizit in § 130a Abs. 2 S. 2 HGB geregelt, müssen die Liquidatoren gegebenenfalls darlegen und beweisen, dass sie die Sorgfalt eines ordentlichen und gewissenhaften Geschäftsleiters beachtet haben. Verstoßen Auszahlungen an Gesellschafter im Rahmen der Vermögensverteilung aber nur deswegen gegen die Zahlungsverbote, weil bei Berücksichtigung der vermeintlich unbekannten Gläubiger die Gesellschaft bereits insolvent oder deren Zahlungsunfähigkeit durch die Vermögensverteilung verursacht worden wäre, hängt die Darlegung sorgfaltsgemäßen Verhaltens davon ab, ob die betreffenden Verbindlichkeiten der Gesellschaft auch unter Beachtung der genannten Sorgfalt unberücksichtigt bleiben konnten. Ist dies der Fall und hat der Liquidator mithin die betreffenden Verbindlichkeiten nicht sorgfaltswidrig unberücksichtigt gelassen, hieße dies beispielsweise mit Blick auf das Zahlungsverbot des § 15b Abs. 5 S. 1 InsO, dass die die Zahlungsunfähigkeit verursachende Wirkung der Auszahlungen an die Gesellschafter im Rahmen der Schlussverteilung für den Liquidator – trotz Beachtung der erforderlichen Sorgfalt – nicht erkennbar war.[545]

S. 1 GmbHG a.F. vor MoMiG); *Casper*, in: Ulmer/Habersack/Löbbe, 2. Aufl., § 64 Rn. 126; *Haas*, in: Baumbach/Hueck, 22. Aufl., § 64 Rn. 104; *H.-F. Müller*, in: MüKo GmbHG, § 64 Rn. 158; siehe für § 64 S. 3 GmbHG statt vieler *Haas*, in: Baumbach/Hueck, 22. Aufl., § 64 Rn. 137 mit Rn. 104; *H.-F. Müller*, in: MüKo GmbHG, § 64 Rn. 196 mit Rn. 158.

542 Begr. RegE SanInsFoG, BT-Drucks. 19/24181, S. 195.

543 Begr. RegE SanInsFoG, BT-Drucks. 19/24181, S. 194.

544 Vgl. *Casper*, in: Habersack/Casper/Löbbe, Anh § 62 Rn. 168 (bzgl. § 15b Abs. 4 S. 1 InsO), Rn. 203 (bzgl. § 15b Abs. 5 S. 1 InsO); *Haas*, in: Noack/Servatius/Haas, § 64 (aufgehoben) Rn. 138 (bzgl. § 15b Abs. 4 S. 1 InsO), Rn. 202 (bzgl. § 15b Abs. 5 S. 1 InsO).

545 Siehe *Habersack*, in: Habersack/Schäfer, § 130a Rn. 36, hinsichtlich des für die Haftung gemäß § 130a Abs. 2 S. 1 HGB wegen einer schuldhaften Verletzung des Zahlungsverbots des § 130a Abs. 1 S. 3 HGB maßgeblichen Bezugspunkts für das Verschulden und dementsprechend für eine Entlastung nach § 130a

II. Rechtsfortbildung anhand der GmbH & Co. KG

1. Kapitalerhaltung im Rahmen der Liquidation einer GmbH gemäß § 73 GmbHG

a) Zwingende Voraussetzungen für eine Vermögensverteilung unter den Gesellschaftern

Im Falle einer atypischen KG, deren einziger Komplementär eine GmbH ist, findet das in § 73 Abs. 1 und Abs. 2 GmbHG enthaltene „Kapitalerhaltungsgebot in der Liquidation“[546] zunächst einmal im Rahmen der Liquidation der Komplementär-GmbH Anwendung. Gemäß § 73 Abs. 1 GmbHG müssen kumulativ zwei Voraussetzungen erfüllt sein, bevor das gegebenenfalls verbleibende Gesellschaftsvermögen unter den Gesellschaftern verteilt werden darf. Erstens sind bekannte[547] Verbindlichkeiten zu erfüllen bzw. ist nach § 73 Abs. 2 S. 2 GmbHG den Gläubigern, denen gegenüber zwar bekannte, aber noch nicht ausführbare oder streitige Verbindlichkeiten bestehen, Sicherheit zu leisten.[548] Zweitens muss der Ablauf des Sperrjahres abgewartet werden. Dieses beginnt an demjenigen Tag, an dem die Gesellschaftsgläubiger gemäß § 65 Abs. 2 GmbHG im Rahmen der Bekanntmachung der Auflösung in den Gesellschaftsblättern aufgefordert worden sind, sich bei der aufgelösten Gesellschaft zu melden. Die Bedeutung des Sperrjahres liegt vornehmlich darin, dass in diesem Zeitraum unbekannte Gläubiger die Gelegenheit haben, sich bei der Ge-

---

Abs. 2 S. 2 HGB („die Insolvenz verursachende Wirkung der Zahlung“); vgl. wiederum *H.-F. Müller*, in: MüKo GmbHG, § 73 Rn. 42 (siehe bereits den Nachweis oben in Fn. 540), mit Bezug auf § 64 S. 3 GmbHG.

546 BGHZ 179, 344, 355 f. = NJW 2009, 2127, 2130 (Sanitary); BGH NZG 2009, 659, 660 (3. Leitsatz).

547 Siehe für die Maßgeblichkeit der Kenntnis von der betreffenden Gesellschaftsverbindlichkeit für die Differenzierung zwischen bekannten und unbekannten Gläubigern *K. Schmidt*, ZIP 1981, 1, 2; *Paura*, in: Habersack/Casper/Löbbe, § 73 Rn. 11.

548 Zu berücksichtigen ist auch § 73 Abs. 2 S. 1 GmbHG, der allerdings entgegen seines missverständlichen Wortlauts keine Pflicht zur Hinterlegung begründet; liegen die Voraussetzungen für eine Hinterlegung vor, hat der Schuldner ein Wahlrecht zwischen einer Hinterlegung und einer Sicherheitsleistung gemäß § 73 Abs. 2 S. 2 GmbHG – siehe zu diesen Aspekten *H.-F. Müller*, in: MüKo GmbHG, § 73 Rn. 20, 22; *Nerlich*, in: MHLS, § 73 Rn. 22; *Paura*, in: Habersack/Casper/Löbbe, § 73 Rn. 22, 24.

sellschaft zu melden und dadurch zu bekannten Gläubigern zu werden.[549] Ansprüche bekannter Gläubiger sind unabhängig vom Sperrjahr zu befriedigen bzw. zu sichern.[550] Diese Voraussetzungen sind ihrer gläubigerschützenden Funktion entsprechend zwingend.[551]

b) Thesaurierungsgebot

Der Rechtsprechung des BGH sowie der herrschenden Lehre zufolge handelt es sich bei § 73 Abs. 1 GmbHG um ein striktes Auszahlungsverbot im Sinne eines vollständigen Thesaurierungsgebots.[552] Zugunsten einer vorrangigen Gläubigerbefriedigung sei auch die Liquidität des Gesellschaftsvermögens zu erhalten.[553] Demnach sind mithin im Unterschied zu § 155 Abs. 2 S. 1 HGB auch Abschlagszahlungen auf die künftigen Liquidationsquoten der Gesellschafter unzulässig.[554]

c) Korrespondierendes Haftungssystem

Liquidatoren, die den Bestimmungen von § 73 Abs. 1 und 2 GmbHG zuwiderhandeln, haften gemäß § 73 Abs. 3 S. 1 GmbHG der Gesellschaft solidarisch auf Ersatz der verteilten Beträge. Aus dem Verweis in § 73 Abs. 3 S. 2 GmbHG auf § 43 Abs. 3 und 4 GmbHG wird allgemein zum einen die Schlussfolgerung gezogen, dass die Liquidatoren nur bei Verschulden haften, welches allerdings bei einem Verstoß gegen § 73 Abs. 1

549 Statt vieler *Kleindiek*, in: Lutter/Hommelhoff, § 73 Rn. 1; *H.-F. Müller*, in: MüKo GmbHG, § 73 Rn. 6.

550 Statt vieler *H.-F. Müller*, in: MüKo GmbHG, § 73 Rn. 6; *K. Schmidt*, in: Scholz, 11. Aufl., § 73 Rn. 3.

551 BGH NZG 2009, 659, 662; OLG Rostock GmbHR 1996, 621, 622; statt vieler außerdem *Haas*, in: Noack/Servatius/Haas, § 73 Rn. 1, 2a; *Servatius*, in: Bork/Schäfer, § 73 Rn. 1.

552 BGH NZG 2009, 659, 662; so grds. bereits *K. Schmidt*, DB 1994, 2013, 2015; siehe außerdem *K. Schmidt*, in: Scholz, 11. Aufl., § 73 Rn. 2, und daneben statt vieler *Paura*, in: Habersack/Casper/Löbbe, § 73 Rn. 3.

553 BGH NZG 2009, 659, 662; zuvor bereits *K. Schmidt*, DB 1994, 2013, 2015; siehe außerdem *K. Schmidt*, in: Scholz, 11. Aufl., § 73 Rn. 2c.

554 *K. Schmidt*, in: Scholz, 11. Aufl., § 73 Rn. 2c (ohne Bezug auf § 155 Abs. 2 S. 1 HGB).

bzw. 2 GmbHG zu vermuten sei.[555] Außerdem kann für die Gesellschaft grundsätzlich weder durch einen Verzicht oder Vergleich über den Ersatzanspruch disponiert werden, noch vermag die Befolgung eines entsprechenden Gesellschafterbeschlusses die Ersatzpflicht der Liquidatoren zu beseitigen, soweit der Ersatz zur Befriedigung der Gläubiger erforderlich ist.[556] Daneben haften die Gesellschafter, die dem liquidationsspezifischen Kapitalerhaltungsgebot zuwider Auszahlungen aus dem Gesellschaftsvermögen erhalten, gegenüber der Gesellschaft in analoger Anwendung von § 31 Abs. 1 GmbHG.[557] Die Erstattungspflicht ist einerseits durch den erhaltenen Betrag begrenzt, besteht andererseits aber nur insoweit, als die Erstattung zur Befriedigung der Gläubiger erforderlich ist.[558]

2. Analoge Anwendung von § 73 GmbHG im Falle einer GmbH & Co. KG

Wie bereits angedeutet, bleibt es der herrschenden Lehre zufolge für eine sich in Liquidation befindliche GmbH & Co. KG nicht dabei, dass sich die Vermögensverteilung nach dem allgemein auf Personenhandelsgesellschaften anwendbaren Liquidationsrecht, für atypische Personenhandelsgesellschaften ergänzt durch die insolvenzbezogenen Verhaltenspflichten der Liquidatoren, richtet. Vielmehr wird im Anschluss an *K. Schmidt* eine analoge Anwendung von § 73 GmbHG auf die GmbH & Co. KG selbst befürwortet.[559]

Demnach müssten vor Durchführung der Schlussverteilung zum einen zwingend bekannte Gläubiger befriedigt bzw. ihnen müsste entsprechend § 73 Abs. 2 S. 2 GmbHG Sicherheit geleistet werden, ohne dass es insoweit eines Rückgriffs auf die insolvenzbezogenen Verhaltenspflichten der

555 Statt vieler *H.-F. Müller*, in: MüKo GmbHG, § 73 Rn. 34; *Paura*, in: Habersack/Casper/Löbbe, § 73 Rn. 40.

556 §§ 43 Abs. 3 S. 2, 9b Abs. 1 GmbHG bzw. § 43 Abs. 3 S. 3 GmbHG jeweils iVm § 73 Abs. 3 S. 2 GmbHG.

557 BGH NZG 2009, 659, 662; BGHZ 179, 344, 357 f. = NJW 2009, 2127, 2131 (Sanitary); BGH NZG 2020, 260, 261.

558 Statt vieler *K. Schmidt*, in: Scholz, 11. Aufl., § 73 Rn. 21.

559 *K. Schmidt*, GmbHR 1989, 141, 144; *ders.*, in: Scholz, 11. Aufl., § 73 Rn. 39; *Altmeppen*, GmbHG, § 73 Rn. 35; *Gesell*, in: Rowedder/Schmidt-Leithoff, § 73 Rn. 37; *Habersack*, in: Habersack/Schäfer, § 155 Rn. 17; *Henze/Notz*, in: EBJS, Anh 1 § 177a Rn. 295; *H.-F. Müller*, in: MüKo GmbHG, § 73 Rn. 62; *Nerlich*, in: MHLS, § 73 Rn. 72 f.; *Paura*, in: Habersack/Casper/Löbbe, § 73 Rn. 60; *Servatius*, in: Bork/Schäfer, § 73 Rn. 1; dagegen *Binz/Sorg*, GmbH & Co. KG, § 7 Rn. 13.

Liquidatoren bedürfte. Nach dem mit Bezug auf § 73 Abs. 1 GmbHG im direkten Anwendungsbereich bereits Gesagten wären außerdem entgegen § 155 Abs. 2 S. 1 HGB Abschlagszahlungen unzulässig.[560] Zum anderen würde durch das zwingende Erfordernis, auch im Rahmen der Liquidation der GmbH & Co. KG selbst ein Sperrjahr einzuhalten, ein Schutzmechanismus zugunsten unbekannter Gläubiger eingeführt.[561]

Dem Anliegen dieses Abschnitts der Arbeit entsprechend soll diese Rechtsfortbildung nicht am Beispiel der GmbH & Co. KG beurteilt werden. Stattdessen bedarf es zunächst einer Auseinandersetzung mit der Frage, ob anhand dieses Ansatzes das Gläubigerschutzsystem für die atypische KG oder gar generell für atypische Personenhandelsgesellschaften um einen liquidationsspezifischen Kapitalschutz ergänzt werden kann. Im Folgenden wird zu diesem Zweck zunächst zwischen einer komplementärabhängigen und einer komplementärunabhängigen Anwendung von § 73 GmbHG zu differenzieren sein.

III. Liquidationsspezifischer Kapitalschutz für die atypische Kommanditgesellschaft?

1. Heranziehung der auf den jeweiligen Komplementär anwendbaren Kapitalschutzvorschrift

In Betracht kommt zunächst ein komplementärabhängiges Verständnis der analogen Anwendung von § 73 GmbHG in dem Sinne, dass diese

---

560 Siehe oben Teil 2 B.II.1.b).

561 Im Schrifttum werden unterschiedliche Anknüpfungspunkte für den Beginn des Sperrjahres bei einer GmbH & Co. KG befürwortet, sofern überhaupt eine Auseinandersetzung mit dieser Frage erfolgt – siehe *K. Schmidt*, in: Scholz, 11. Aufl., § 65 Rn. 28 (§ 65 Abs. 2 GmbHG analog; solange eine auf die KG bezogene Bekanntmachung im Bundesanzeiger noch nicht der geübten Praxis entspreche, sei zu fragen, ob auch eine auf die Komplementär-GmbH bezogene Bekanntmachung das Sperrjahr für die KG in Gang setze); *K. Schmidt/Scheller*, in: Scholz, § 65 Rn. 30 (Bekanntmachung der Eintragung der Auflösung der KG im Handelsregister); *Danzeglocke/Fischer*, NZG 2019, 886, 889 (Beginn des Sperrjahres der Komplementär-GmbH bzw., sofern diese nicht aufgelöst ist, Eintragung der Auflösung der KG im Handelsregister); *D. Roth*, GmbHR 2017, 901, 905 (neben auf KG bezogener Bekanntmachung entsprechend § 65 Abs. 2 GmbHG sollte Bekanntmachung der Eintragung der Auflösung der KG im Handelsregister für Beginn des Sperrjahres genügen); *Servatius*, in: Bork/Schäfer, § 73 Rn. 1 (§ 65 Abs. 2 GmbHG analog).

Vorschrift auf eine atypische KG nur dann analog angewandt wird, wenn deren – angenommen einziger – Komplementär eine GmbH ist. Eine derartige Anwendung von § 73 GmbHG scheint dem allgemeinen Verständnis der diesen rechtsfortbildenden Ansatz befürwortenden Stimmen im Schrifttum zu entsprechen. Darauf deutet zum einen hin, dass die analoge Anwendung von § 73 GmbHG überwiegend nur mit Bezug auf die GmbH & Co. KG diskutiert wird, ohne generell die atypische KG oder gar atypische Personenhandelsgesellschaften in den Blick zu nehmen.[562] Demgegenüber geht es vereinzelt zwar nicht nur um die GmbH & Co. KG, sondern um die Kapitalgesellschaft & Co. KG, wobei jedoch neben § 73 GmbHG explizit auch § 272 AktG genannt wird.[563]

Übertragen auf weitere Erscheinungsformen einer atypischen KG hieße dies, dass je nach Rechtsform des Komplementärs unterschiedliche, nämlich die für den jeweiligen Komplementär geltenden Vorschriften Anwendung fänden. Diese Herangehensweise ist bereits von der Prüfung der Übertragbarkeit des BGH-Konzepts zur Anwendung von § 30 Abs. 1 GmbHG auf Auszahlungen aus dem Vermögen einer GmbH & Co. KG bekannt. Anhand von zwei Beispielen sind die Schwierigkeiten aufgezeigt worden, die mit einer komplementärabhängigen und mithin nur reflexartigen Sicherung des KG-Vermögens verbunden sind.

Ähnliche Schwierigkeiten bestünden demgegenüber bei einer Anwendung der jeweiligen Sperrjahresregelung auf die betreffende atypische KG jedenfalls dann nicht, wenn deren Komplementär eine juristische Person deutscher Rechtsform wäre. Für eine UG & Co. KG wäre ebenfalls § 73 GmbHG heranzuziehen. Eine dem § 73 GmbHG vergleichbare Vorschrift enthält neben § 272 AktG für die AG auch § 90 GenG für die Genossenschaft. Für den Verein sind in den §§ 51, 52 BGB entsprechende Bestimmungen enthalten. Über § 88 S. 3 BGB finden jene Vorschriften auch im Rahmen der Liquidation einer Stiftung Anwendung.[564] Kom-

562 Siehe *Altmeppen*, GmbHG, § 73 Rn. 35; *Gesell*, in: Rowedder/Schmidt-Leithoff, § 73 Rn. 37; *Henze/Notz*, in: EBJS, Anh 1 § 177a Rn. 295; *Nerlich*, in: MHLS, § 73 Rn. 72 f.; *Paura*, in: Habersack/Casper/Löbbe, § 73 Rn. 60; *Servatius*, in: Bork/Schäfer, § 73 Rn. 1; wenngleich ansatzweise für atypische KG verallgemeinernd, letztlich auch mit Bezug auf GmbH & Co. KG *H.-F. Müller*, in: MüKo GmbHG, § 73 Rn. 62.

563 *K. Schmidt*, BB 2011, 707; mit Bezug auch auf die Kapitalgesellschaft & Co. OHG *Habersack*, in: Habersack/Schäfer, § 155 Rn. 17 mit § 145 Rn. 4.

564 Entgegen des Wortlauts von § 88 S. 1 BGB („Erlöschen“) wird die Stiftung grds. im Rahmen eines Liquidationsverfahrens abgewickelt; hingegen findet ein Liquidationsverfahren nicht statt, wenn das Stiftungsvermögen im Wege der

plexer könnte es hingegen im Falle eines Komplementärs ausländischer Rechtsform werden. Dies liegt daran, dass über Rechtsfragen im Zusammenhang mit der Abwicklung einer Gesellschaft grundsätzlich das Gesellschaftsstatut entscheidet.[565] Aus den sogleich darzulegenden Gründen, die bereits gegen ein komplementärabhängiges Verständnis der analogen Anwendung von § 73 GmbHG sprechen, kann eine nähere Auseinandersetzung mit diesem Aspekt jedoch unterbleiben.

2. Komplementärunabhängige Anwendung von § 73 GmbHG

a) Gründe für ein komplementärunabhängiges Verständnis

(1) Unmittelbare Anknüpfung an das KG-Vermögen

Gegen ein komplementärabhängiges Verständnis der analogen Anwendung von § 73 GmbHG und einer darauf aufbauenden Prüfung der Übertragbarkeit auf andere Erscheinungsformen einer atypischen KG wie im eben skizzierten Sinne sprechen schon konzeptionelle Bedenken. Im Unterschied zur Anwendung von § 30 Abs. 1 GmbHG auf Auszahlungen aus dem Vermögen einer GmbH & Co. KG kommt hinsichtlich § 73 GmbHG von vornherein nur eine unmittelbare Anknüpfung an das KG-Vermögen in Betracht.[566] Dies ist dem Umstand geschuldet, dass Auszahlungen aus dem Gesellschaftsvermögen vor Erfüllung der mit Bezug auf § 73 GmbHG im direkten Anwendungsbereich genannten Voraussetzungen strikt unzulässig sind, es im Unterschied zum Auszahlungsverbot des § 30 Abs. 1 GmbHG mithin nicht auf die Verursachung oder das Bestehen einer Unterbilanz ankommt.[567] Bei Auszahlungen aus dem KG-Vermögen ist eben nur dieses, nicht aber das Vermögen der Komplementär-GmbH gegenständlich betroffen.[568] Eine reflexartige Anwendung von § 73 GmbHG, wie sie zwar nicht *K. Schmidt*, doch aber der BGH und die

---

Gesamtrechtsnachfolge an den Fiskus fällt – siehe zu diesen Aspekten *Schlüter*, in: Henssler/Strohn, BGB, § 88 Rn. 1; *Weitemeyer*, in: MüKo BGB, § 88 Rn. 5 m.w.N.

565 Siehe für die Maßgeblichkeit des Gesellschaftsstatuts *Behrens/Hoffmann*, in: Habersack/Casper/Löbbe, Einleitung Rn. B 128; *Kindler*, in: MüKo BGB, IntGesR Rn. 639; *Leible*, in: MHLS, Systematische Darstellung 2 Rn. 178.

566 Vgl. *K. Schmidt*, GmbHR 1989, 141, 144.

567 Vgl. nur BGH NZG 2009, 659, 662; *K. Schmidt*, GmbHR 1989, 141, 144.

568 *K. Schmidt*, GmbHR 1989, 141, 144.

herrschende Auffassung im Schrifttum für § 30 Abs. 1 GmbHG mit Bezug auf Auszahlungen aus dem Vermögen einer GmbH & Co. KG annehmen, kommt daher nicht in Betracht.[569] Soweit im Schrifttum eine analoge Anwendung von § 73 GmbHG auf eine sich in Liquidation befindliche GmbH & Co. KG mit dem Argument befürwortet wird, es handele sich dabei um eine konsequente bzw. folgerichtige Fortsetzung der bereits höchstrichterlich angenommenen Anwendung von § 30 Abs. 1 GmbHG, ohne auf den doch wesentlichen Unterschied in der Funktionsweise der Konzepte einzugehen, erscheint dies schon nicht ganz widerspruchsfrei.[570]

(2) Ergänzung des Kapitalschutzes bei einer GmbH & Co. KG als atypischer KG

Aber auch der Sache nach zielt die analoge Anwendung von § 73 GmbHG auf eine Ergänzung des Kapitalschutzes bei einer GmbH & Co. KG als atypischer KG ab.[571] In einem Aufsatz begründet *K. Schmidt* die analoge Anwendung von § 73 GmbHG bzw. § 272 AktG im Rahmen der Liquidation einer Kapitalgesellschaft & Co. KG anhand der diesen Bestimmungen zugrundeliegenden *ratio legis*.[572] Diese liege in der sowohl für Gläubiger einer Kapitalgesellschaft als auch einer Kapitalgesellschaft & Co. KG bestehenden Gefahr, dass der betreffende Schuldner mit dessen Vollbeendigung ersatzlos erlösche.[573] Selbst wenn vor Auskehrung an die Gesellschafter noch Vermögen vorhanden gewesen sei, entfalle mit der Vollbeendigung, vorbehaltlich einer Insolvenzanfechtung, für die Gläubiger jegliche Möglichkeit, auf das vormalige Gesellschaftsvermögen zuzugreifen.[574]

Im Falle einer Personengesellschaft, für deren Verbindlichkeiten mindestens eine natürliche Person unbeschränkt haftet, entspricht das Fehlen einer liquidationsspezifischen Kapitalerhaltung angesichts der fortbeste-

569 Siehe für die Anwendung von § 30 Abs. 1 GmbHG einerseits im Sinne der Rspr. des BGH und der h.M. im Schrifttum und andererseits im Sinne des Konzepts von *K. Schmidt* oben Teil 2 A.I.1 und A.I.2.b)(3); siehe für die Anwendung von § 73 GmbHG *K. Schmidt*, GmbHR 1989, 141, 144.

570 So aber *Gesell*, in: Rowedder/Schmidt-Leithoff, § 73 Rn. 37 („konsequenterweise"); *H.-F. Müller*, in: MüKo GmbHG, § 73 Rn. 62 („folgerichtig").

571 Siehe namentlich *K. Schmidt*, GmbHR 1989, 141, 144 mit 142.

572 *K. Schmidt*, BB 2011, 707, 709.

573 *K. Schmidt*, BB 2011, 707, 709.

574 *K. Schmidt*, BB 2011, 707, 709.

henden Gesellschafterhaftung der gesetzgeberischen Wertung.[575] Handelt es sich jedoch um eine atypische Personenhandelsgesellschaft, beispielsweise eine GmbH & Co. KG, hängt der Umfang des Vermögens einer selbst nicht unternehmenstragenden Komplementär-GmbH von dem Umfang des KG-Vermögens, gar dem Bestand der KG überhaupt, ab.[576] Die dem Personengesellschaftsrecht zugrundeliegende Wertung kann in diesen Fällen nicht herangezogen werden, um das Fehlen eines zwingenden Gläubigerschutzes durch Kapitalsicherung zu begründen.[577]

(3) Von der Liquidation des Komplementärs unabhängige Anwendung

Schon wegen der Funktionsweise des strikten Auszahlungsverbots des § 73 Abs. 1 GmbHG kann dessen analoge Anwendung im Falle einer GmbH & Co. KG nicht davon abhängen, dass § 73 GmbHG zugleich auf die Komplementär-GmbH anwendbar ist, sich also auch diese in Liquidation befindet.[578] Dies ist schlicht eine Konsequenz dessen, dass die Frage nach einem Verstoß gegen § 73 Abs. 1 GmbHG allein auf KG-Ebene beurteilt wird, ohne dass es eines Rückbezugs auf das Komplementärvermögen bedarf. Aber auch aus dem Zweck der Sperrjahresregelung ergibt sich nichts anderes. Zur Erläuterung der Plausibilität der Anwendung von § 73 GmbHG bzw. § 272 AktG im Rahmen der Liquidation einer Kapitalgesellschaft & Co. KG hat *K. Schmidt* auf das Beispiel des sich erst nach dem Erlöschen der KG meldenden Unternehmensgläubigers verwiesen.[579] Anzunehmen sei, dass beide Gesellschaften, also die KG und ihre Komplementärin, simultan

---

575 Siehe dazu bereits oben Teil 2 B.I.1.b).

576 Siehe *K. Schmidt*, BB 2011, 707, 708, der die Abhängigkeit vom Bestand der KG am Bsp. unbekannter Unternehmensgläubiger, die sich erst nach dem Erlöschen der KG und während des Sperrjahres der Komplementär-Gesellschaft melden, verdeutlicht.

577 Vgl. *Gesell*, in: Rowedder/Schmidt-Leithoff, § 73 Rn. 37; *Habersack*, in: Habersack/Schäfer, § 155 Rn. 17 mit Rn. 16, § 145 Rn. 4.

578 So im Ergebnis auch *K. Schmidt*, in: Scholz, 11. Aufl., § 73 Rn. 40; *Habersack*, in: Habersack/Schäfer, § 155 Rn. 17; *K. Schmidt/Scheller*, in: Scholz, § 73 Rn. 55; mit Bezug explizit nur auf das Erfordernis des Ablaufs eines Sperrjahres *Danzeglocke/Fischer*, NZG 2019, 886, 888 (wohingegen das Thesaurierungsgebot keine Anwendung finde, stattdessen auch während des Sperrjahres das Auszahlungsverbot des § 30 Abs. 1 GmbHG nach Maßgabe der BGH-Rspr. auf Auszahlungen aus dem KG-Vermögen anzuwenden sei – so *Danzeglocke/Fischer*, a.a.O. S. 889).

579 *K. Schmidt*, BB 2011, 707, 708 – siehe dazu bereits oben Fn. 576.

aufgelöst werden.[580] Würde die einschlägige Sperrjahresregelung allein auf die Komplementär-Gesellschaft, nicht aber auf die KG angewandt werden, wäre die Komplementärin bei sich nach dem Erlöschen der KG meldenden, zuvor unbekannten Gläubigern infolge dieser Verbindlichkeiten und mangels aktivierbarer Freistellungsansprüche regelmäßig überschuldet.[581] Dass sich nach dem Erlöschen der KG meldende, bis dahin unbekannte Gläubiger in derartigen Fällen auch nicht mit Erfolg an die Komplementär-Gesellschaft halten können, ist aber unabhängig davon, ob jene sich im Zeitpunkt der Schlussverteilung des KG-Vermögens ebenfalls in Liquidation befindet.

Vor diesem Hintergrund verwundert es daher nicht, dass diejenigen, die das Erfordernis einer gleichzeitigen Anwendung von § 73 GmbHG auf die Komplementär-GmbH und die KG befürworten, diese Annahme einerseits nicht begründen und andererseits fälschlicherweise auf *K. Schmidt* verweisen, der jedoch trotz anderslautender Beispiele ersichtlich nicht vom Erfordernis einer simultanen Anwendung ausgeht.[582]

b) Liquidationsspezifische Kapitalerhaltung bei atypischen Personenhandelsgesellschaften de lege lata?

Wenn aber eine analoge Anwendung von § 73 GmbHG sowohl konzeptionell als auch der Sache nach auf Ebene der GmbH & Co. KG als atypischer KG ansetzt, erscheint allein eine komplementärunabhängige Anwendung des § 73 GmbHG konsequent. Konkret hieße dies, § 73 GmbHG im Rahmen der Liquidation einer atypischen KG anzuwenden, ohne dass es im Einzelnen darauf ankäme, welche juristische Person als Komplementär fungiert.[583] Ein vergleichbarer Ansatz ist bereits im Zusammenhang mit dem BGH-Konzept zur Anwendung der §§ 30, 31 GmbHG auf Auszahlun-

---

580 *K. Schmidt*, BB 2011, 707, 708.

581 *K. Schmidt*, BB 2011, 707, 708.

582 Für das Erfordernis einer gleichzeitigen Anwendung von § 73 GmbHG auf die Komplementär-GmbH *Lüke*, in: Mueller-Thuns, Hdb GmbH & Co. KG, Rn. 9.72; *Salger*, in: Reichert, GmbH & Co. KG, § 47 Rn. 67; siehe demgegenüber *K. Schmidt*, in: Scholz, 11. Aufl., § 73 Rn. 40.

583 In diese Richtung geht der Verweis von *K. Schmidt*, GmbHR 1989, 141, 144, dass eine analoge Anwendung von § 73 GmbHG auf das KG-Vermögen „eine Ausdehnung auf jede Kommanditgesellschaft ohne natürlichen Komplementär" erlaube, nur scheinbar – die vorangehenden Ausführungen konkret zu § 73 GmbHG beziehen sich auf die GmbH & Co. KG.

gen aus dem Vermögen einer GmbH & Co. KG dargestellt worden. Wie gezeigt befürwortet *K. Schmidt* eine analoge Anwendung dieser Vorschriften auf die KG selbst.[584] Man könnte meinen, die bereits mit Bezug auf jenen Ansatz für die GmbH & Co. KG im Besonderen und die atypische KG im Allgemeinen geübte Kritik würde auch für eine gleichsame Anwendung von § 73 GmbHG gelten. Hinsichtlich des Auszahlungsverbots des § 30 Abs. 1 GmbHG hat sich im Wesentlichen das Problem gestellt, dass wegen der vom Komplementärvermögen abhängigen Unterbilanzprüfung ein für die atypische KG allgemeingültiges Konzept auf diese Weise nur im Wege der Vereinheitlichung ebendieser mittelbaren Auswirkung möglich ist. Diese Herausforderung besteht hingegen bei einer analogen Anwendung von § 73 GmbHG auf die atypische KG nicht. Für einen Verstoß gegen das Auszahlungsverbot des § 73 Abs. 1 GmbHG kommt es, wie gesagt, nicht auf die Verursachung oder das Bestehen einer Unterbilanz an. Da es mithin von vornherein um eine Erhaltung des gesamten KG-Vermögens ohne Rückbezug auf die Auswirkungen zulasten des Komplementärvermögens ginge, könnte auf diese Weise ein einheitlich wirkendes Konzept für die atypische KG etabliert werden.

Geht man noch einen Schritt weiter und bezieht auch die atypische OHG in die Überlegungen ein,[585] ist mithin die entscheidende Frage, ob eine dem § 73 GmbHG entsprechende, liquidationsspezifische Kapitalerhaltung bereits *de lege lata* für atypische Personenhandelsgesellschaften angenommen werden kann. Die Folge wäre eine insolvenzunabhängige Beschränkung von Vermögensverschiebungen auf die Gesellschafter im Rahmen der Liquidation einer atypischen Personenhandelsgesellschaft. Wie bereits mit Bezug auf ein Auszahlungsverbot an der Grenze zur bilanziellen Überschuldung angenommen, spricht konkret gegen eine planwidrige Regelungslücke wiederum, dass *de lege lata* zugunsten der Gesellschafter erfolgende Vermögensverschiebungen für atypische Personenhandelsgesellschaften nur insolvenzabhängig begrenzt sind.[586] Wie gezeigt, ergänzen die insolvenzbezogenen Liquidatorenpflichten, also die Insolvenzantragspflicht und die Zahlungsverbote, die allgemein auf Perso-

---

584 Siehe auch für die folgenden Verweise auf die bereits erfolgte Auseinandersetzung mit diesem Ansatz die Ausführungen und Nachweise oben in Teil 2 A.I.2.b)(3).

585 In diese Richtung bereits *Habersack*, in: Habersack/Schäfer, § 155 Rn. 17 mit § 145 Rn. 4.

586 Vgl. die Stellungnahme oben in Teil 2 A.III.1.b).

nenhandelsgesellschaften anwendbaren Liquidationsvorschriften zugunsten der Gläubiger einer atypischen Personenhandelsgesellschaft.

Gegen die Annahme eines auf Ebene der atypischen Personenhandelsgesellschaften ansetzenden und mithin gesellschafterunabhängigen Auszahlungsverbots in der Liquidation spricht aber auch folgende Überlegung: Sowohl die Anwendung von § 30 Abs. 1 GmbHG als auch von § 73 GmbHG auf Auszahlungen aus dem Vermögen einer GmbH & Co. KG bezwecken eine Ergänzung des Kapitalschutzes der GmbH & Co. KG als atypischer KG. Hinsichtlich erstgenannten Auszahlungsverbots gilt dies jedenfalls mit Blick auf die Einbeziehung von Nur-Kommanditisten in das Haftungskonzept. Insoweit kann es von vornherein nicht allein um eine auf die Erhaltung des GmbH-Vermögens ausgerichtete, zweckentsprechende Anwendung von § 30 Abs. 1 GmbHG gehen.[587] Ein Blick auf den direkten Anwendungsbereich dieser Auszahlungsverbote zeigt jedoch, dass es sich um zwei Normen eines zusammenhängenden, aufeinander abgestimmten Kapitalschutzkonzepts für die GmbH handelt. Deutlich wird dies zum einen daran, dass das Auszahlungsverbot des § 30 Abs. 1 GmbHG solange neben § 73 GmbHG anwendbar bleibt, bis die Auszahlungssperre des § 73 Abs. 1 GmbHG aufgehoben ist.[588] Zum anderen haften entgegen § 73 Abs. 1 GmbHG begünstigte Gesellschafter, wie gezeigt, analog § 31 GmbHG auf Erstattung der erhaltenen Beträge, soweit dies zur Gläubigerbefriedigung erforderlich ist.[589] Für atypische Personenhandelsgesellschaften scheitert ein entsprechendes, in sich geschlossenes Kapitalschutzkonzept *de lege lata* bereits am Fehlen einer dem Auszahlungsverbot des § 30 Abs. 1 GmbHG jedenfalls in funktionaler Hinsicht vergleichbaren Begrenzung von Vermögensverschiebungen auf die Gesellschafter. Einerseits jedenfalls für die werbende atypische KG eine nur reflexartige, stark vom jeweiligen Komplementär abhängige Sicherung des Gesellschaftsvermögens anzunehmen, andererseits im Rahmen der Liquidation auf Ebene der atypischen Personenhandelsgesellschaften selbst anzusetzen, wirkt konstruiert. Außerdem ginge es zu weit, gesellschafterunabhängig auf Ebene der atypischen Personenhandelsgesellschaften das Erfordernis des Abwartens eines Sperrjahres anzunehmen, wenn doch auf Basis des § 155 HGB, selbst ergänzt durch die insolvenzbezogenen Liquidatorenpflichten, eine Differenzierung zwischen bekannten und unbekannten Gläubigern nicht erfolgt.

---

587 Siehe dazu einerseits Teil 2 A.I.2.a) und andererseits Teil 2 A.I.2.b)(1).
588 BGHZ 179, 344, 357 = NJW 2009, 2127, 2131 (Sanitary).
589 Siehe oben bei den Fn. 557 f.

Anliegen eines Kapitalschutzkonzepts für atypische Personenhandelsgesellschaften sollte insbesondere auch sein, die aktuell von nicht unwesentlicher Rechtsunsicherheit und Komplexität geprägte Rechtslage einer eindeutigen und gesellschafterunabhängigen Lösung zuzuführen. Dafür ist sowohl die werbende als auch die sich in Liquidation befindliche Gesellschaft in den Blick zu nehmen. Auf die Frage nach dem Erfordernis einer Ergänzung des Kapitalschutzes bei atypischen Personenhandelsgesellschaften wird gerade auch in dieser Hinsicht im dritten Teil der vorliegenden Arbeit und damit im Rahmen der Ausarbeitung eines Reformvorschlags zurückzukommen sein.

C. *Haftung wegen existenzvernichtenden Eingriffs in das Gesellschaftsvermögen*

Das als „Existenzvernichtungshaftung“[590] bezeichnete Haftungskonzept ist vom BGH in mehreren, maßgeblich durch den einschlägigen Diskurs im Schrifttum begleiteten Etappen entwickelt worden. Ausgangspunkt war die Haftung im so genannten qualifiziert faktischen Konzern, ehe unter Aufgabe der konzernrechtlichen Einbettung das Rechtsinstitut der Existenzvernichtungshaftung etabliert worden ist.[591] Um eine genauere Nachzeichnung ebendieser Entwicklung soll es allerdings nicht gehen. Maßgebend für die Ausrichtung der folgenden Auseinandersetzung ist die in diesem Abschnitt der Arbeit zu beantwortende Frage, ob das Gläubigerschutzsystem der atypischen Personenhandelsgesellschaften *de lege lata* durch das Mittel einer Gesellschafterhaftung wegen existenzvernichtenden Eingriffs in das Gesellschaftsvermögen erweitert wird. Der Blick ist mithin gerichtet auf das Haftungskonzept in seiner Ausgestaltung seit der Trihotel-Entscheidung[592] des II. Zivilsenats. Darin ist die Existenzvernichtungshaftung als besondere Fallgruppe einer vorsätzlichen sittenwidrigen Schädigung gemäß § 826 BGB verortet worden.[593] Im Folgenden soll es zunächst um die für die Beantwortung der leitenden Frage notwendigen

590 Der II. Zivilsenat hält in seiner Trihotel-Entscheidung explizit an dieser Bezeichnung fest – siehe BGHZ 173, 246, 252 = NJW 2007, 2689, 2690.

591 Siehe für einen Überblick über die Entwicklung des Haftungskonzepts *Altmeppen*, GmbHG, Anh § 13 Rn. 158–165; *Habersack*, ZGR 2008, 533, 538–542; siehe für die explizite Lösung von der konzernrechtlichen Anknüpfung BGHZ 149, 10, 16 = NJW 2001, 3622, 3623 (Bremer Vulkan) und dazu *Habersack*, ZGR 2008, 533, 541.

592 BGHZ 173, 246 = NJW 2007, 2689.

593 BGHZ 173, 246, 252 = NJW 2007, 2689, 2690 (Trihotel).

Grundlagen dieses Haftungskonzepts gehen. Dabei wird auch die sich in Liquidation befindliche GmbH zu berücksichtigen sein.

I. Grundlagen der Existenzvernichtungshaftung

1. Ergänzung des Kapitalerhaltungssystems

Bei der Existenzvernichtungshaftung gemäß § 826 BGB handelt es sich um eine Haftung der Gesellschafter[594] für sittenwidrige, zur Insolvenz der GmbH führende oder diese vertiefende Eingriffe in das zur Erfüllung der Gesellschaftsverbindlichkeiten erforderliche Gesellschaftsvermögen.[595] Nach der Rechtsprechung des BGH beruht das Konzept der Existenzvernichtungshaftung auf den Prinzipien der Vermögenstrennung und der Zweckbindung des Gesellschaftsvermögens zur vorrangigen Gläubigerbefriedigung.[596] Die auf die Respektierung dieser Zweckbindung bezogene, den Gesellschaftern auferlegte Rücksichtnahmepflicht sei der systemimmanente Ausgleich zur Haftungsbeschränkung.[597] Vor der Neukonzeption der Existenzvernichtungshaftung durch die Trihotel-Entscheidung hat der BGH auf dieser Grundlage den Verlust des Haftungsprivilegs im Falle einer Missachtung der gebotenen Rücksichtnahme auf die Erhaltung der Fähigkeit der Gesellschaft zur Erfüllung ihrer Verbindlichkeiten begründet.[598]

Ausgangspunkt für das Erfordernis der Existenzvernichtungshaftung ist die Lückenhaftigkeit des Kapitalerhaltungssystems.[599] Diese beruht neben

---

594 Siehe zur Haftung mittelbarer Gesellschafter („Gesellschafter-Gesellschafter") BGH NZG 2005, 177, 178 (Autovertragshändler); BGHZ 173, 246, 263 f. = NJW 2007, 2689, 2693 f. (Trihotel); über § 830 Abs. 2 BGB können auch Teilnehmer Adressaten der Haftung sein – siehe dazu *Habersack*, ZGR 2008, 533, 546; *Weller*, ZIP 2007, 1681, 1687; vgl. dazu auch BGHZ 220, 179, 194 = NJW 2019, 589, 593.

595 BGHZ 173, 246, 252 f. = NJW 2007, 2689, 2690 (Trihotel); BGHZ 220, 179, 189 = NJW 2019, 589, 592.

596 BGHZ 173, 246, 256 f. = NJW 2007, 2689, 2691 (Trihotel); BGHZ 220, 179, 195 = NJW 2019, 589, 593 f.; ebenso schon für die Konzeption als Durchgriffhaftung BGHZ 151, 181, 186 f. = NJW 2002, 3024, 3025 (KBV).

597 BGHZ 173, 246, 256 f. = NJW 2007, 2689, 2691 („systemimmanente normative Korrelat der Instrumentalisierung der GmbH als haftungsbegrenzende Institution") (Trihotel); so bereits zuvor *Zöllner*, in: FS Konzen, 999, 1021.

598 BGHZ 151, 181, 186 f. = NJW 2002, 3024, 3025 (KBV).

599 BGHZ 173, 246, 256 = NJW 2007, 2689, 2691 (Trihotel).

der dem § 30 Abs. 1 GmbHG immanenten Begrenzung durch das Stammkapital zum einen darauf, dass Verstöße gegen jenes Auszahlungsverbot auf Grundlage einer den Anforderungen von § 42 GmbHG entsprechenden Bilanz bemessen werden.[600] Maßgeblich sind demnach die auf den Zeitpunkt der Auszahlung fortgeführten Buchwerte.[601] Beeinträchtigungen der Ertragskraft bzw. Überlebensfähigkeit[602] der Gesellschaft infolge von Vermögensverlagerungen auf die Gesellschafter werden insoweit, als sie über die bilanziell messbaren Auswirkungen hinausgehen, nicht berücksichtigt.[603] Doch selbst wenn der betreffende Vermögensentzug von § 30 Abs. 1 GmbHG erfasst wird, vermag ein Einzelausgleich nach § 31 GmbHG so genannte „Kollateralschäden"[604], die namentlich mit der Verursachung der Insolvenz der Gesellschaft einhergehen, nicht zu kompensieren.[605] Vor diesem Hintergrund soll die Existenzvernichtungshaftung den durch §§ 30, 31 GmbHG gewährleisteten Basisschutz im Sinne einer darüber hinausgehenden, mit der repressiven Anordnung einer Schadensersatzhaftung verbundenen Entnahmesperre ergänzen.[606] Im Einklang damit ist die Existenzvernichtungshaftung seit der Trihotel-Entscheidung als Innenhaftung des Gesellschafters gegenüber der Gesellschaft konzipiert.[607] Zwischen Schadensersatzansprüchen der Gesellschaft aus § 826 BGB in der Fallgruppe der Existenzvernichtungshaftung und

600 Siehe für die Bemessung eines Verstoßes gegen § 30 Abs. 1 GmbHG BGHZ 109, 334, 337 = NJW 1990, 1109; BGH NJW 2009, 68, 69; BGH NZG 2018, 1069, 1070; aus dem Schrifttum statt vieler *Habersack*, in: Habersack/Casper/Löbbe, § 30 Rn. 33; siehe mit Bezug auf die Lückenhaftigkeit des Kapitalerhaltungssystems BGHZ 173, 246, 256 = NJW 2007, 2689, 2691 (Trihotel); zuvor *Röhricht*, in: FS 50 Jahre BGH, 83, 93.

601 BGHZ 109, 334, 337 = NJW 1990, 1109; BGHZ 173, 246, 256 = NJW 2007, 2689, 2691 (Trihotel); BGH NZG 2018, 1069, 1070; siehe aus dem Schrifttum nur *Habersack*, in: Habersack/Casper/Löbbe, § 30 Rn. 33; *Röhricht*, in: FS 50 Jahre BGH, 83, 93.

602 Im Sinne von *Röhricht*, in: FS 50 Jahre BGH, 83, 93, verstanden als Fähigkeit der Gesellschaft, ihre Verbindlichkeiten vollständig zu begleichen.

603 *Röhricht*, in: FS 50 Jahre BGH, 83, 93 f.; vgl. BGHZ 173, 246, 256 = NJW 2007, 2689, 2691 (Trihotel); siehe auch *Habersack*, ZGR 2008, 533, 537.

604 BGHZ 173, 246, 254 = NJW 2007, 2689, 2691 (Trihotel).

605 BGHZ 173, 246, 256, 260 = NJW 2007, 2689, 2691 f. (Trihotel); *Röhricht*, in: FS 50 Jahre BGH, 83, 94; siehe dazu auch *Fastrich*, in: Noack/Servatius/Haas, § 13 Rn. 68; *Habersack*, ZGR 2008, 533, 537 f.

606 BGHZ 173, 246, 257 f. = NJW 2007, 2689, 2692 (Trihotel); siehe bzgl. der Ergänzung des Kapitalschutzsystems für die GmbH auch BGHZ 220, 179, 195 = NJW 2019, 589, 593.

607 BGHZ 173, 246, 257 f., 260 f. = NJW 2007, 2689, 2692 f. (Trihotel).

Ansprüchen aus § 31 GmbHG besteht nach der Neukonzeption außerdem Anspruchsgrundlagenkonkurrenz.[608]

2. Existenzvernichtungshaftung im Liquidationsstadium

Eine Existenzvernichtungshaftung kommt auch im Liquidationsstadium der GmbH in Betracht.[609] Was die Haftungsvoraussetzungen und Rechtsfolge anbelangt, bestehen im Vergleich zu einer werbenden GmbH grundsätzlich keine Unterschiede.[610] Nach der Sanitary-Entscheidung des BGH kann eine Gesellschafterhaftung nach § 826 BGB darüber hinaus auf eine sittenwidrige Verletzung der Liquidationsvorschriften, insbesondere des § 73 Abs. 1 GmbHG, gestützt werden, ohne dass die „Zusatzkriterien“ der Insolvenzverursachung bzw. -vertiefung erfüllt sein müssen.[611] Durch das in § 73 Abs. 1 und Abs. 2 GmbHG normierte, liquidationsspezifische Kapitalerhaltungsgebot werde die Zweckbindung des Gesellschaftsvermögens zur vorrangigen Gläubigerbefriedigung besonders hervorgehoben.[612] Eine gegenüber der Existenzvernichtungshaftung eigenständige Fallgruppe des § 826 BGB wurde damit indes nicht geschaffen. Zwar legt die Sanitary-Entscheidung dies nahe.[613] Insbesondere ist in den Entscheidungsgründen im Zusammenhang mit der Begründung des Verzichts auf das Kriterium der Insolvenzverursachung bzw. -vertiefung nicht von einer Haftung wegen existenzvernichtenden Eingriffs die Rede.[614] In einer späteren Entscheidung hat der II. Zivilsenat jedoch konkret mit Bezug auf die Existenzvernichtungshaftung den Umstand, dass im Liquidationsstadium ein gegen § 73 Abs. 1 GmbHG verstoßender Vermögensentzug genüge, als Modifikation der Haftungsvoraussetzungen dargestellt.[615]

608 BGHZ 173, 246, 262 f. = NJW 2007, 2689, 2693 (Trihotel).
609 BGHZ 179, 344 (1. Leitsatz) = NJW 2009, 2127 (Sanitary).
610 Vgl. BGHZ 179, 344, 349 f. = NJW 2009, 2127, 2128 f. (Sanitary).
611 BGHZ 179, 344, 355 = NJW 2009, 2127, 2130 (Sanitary).
612 BGHZ 179, 344, 355 f. = NJW 2009, 2127, 2130 (Sanitary).
613 Zutreffend allein vor diesem Hintergrund *Kölbl*, BB 2009, 1037, 1040, Anmerkung zu BGH, Urteil v. 9.2.2009 – II ZR 292/07 (Sanitary); *Rubner*, DStR 2009, 1538, 1543; *Weller*, LMK 2009, 284304, Anmerkung zu BGH, Urteil v. 9.2.2009 – II ZR 292/07 (Sanitary) – jeweils hinsichtlich der Einordnung als weitere Fallgruppe einer sittenwidrigen Schädigung gem. § 826 BGB.
614 Vgl. BGHZ 179, 344, 355 f. = NJW 2009, 2127, 2130 f. (Sanitary).
615 BGHZ 193, 96, 99 = NZG 2012, 667, 668.

Es stellt sich die Frage, wie das Tatbestandsmerkmal der Sittenwidrigkeit insolvenzunabhängig ausgefüllt werden kann. Orientierung bietet zum einen eine neuere Entscheidung des II. Zivilsenats, in der die Anhaltspunkte für die Ausfüllung des Tatbestandsmerkmals der Sittenwidrigkeit präzisiert worden sind. Entgegen einer teilweise vertretenen Ansicht im Schrifttum genüge für die Annahme der Sittenwidrigkeit eine Schädigung des zweckgebundenen Gesellschaftsvermögens allein nicht.[616] Zutreffend sei zwar mit Blick auf § 826 BGB, dass eine deliktische Haftung des Gesellschafters weder dessen noch die Bereicherung eines Dritten voraussetze.[617] Demgegenüber werde aber im Rahmen der besonderen Fallgruppe der Existenzvernichtungshaftung aus dem Vermögenstransfer im Sinne einer Selbstbedienung des Gesellschafters zulasten der Gesellschaftsgläubiger und zum eigenen Vorteil oder zugunsten eines Dritten ein die Sittenwidrigkeit des Eingriffs kennzeichnendes Merkmal abgeleitet.[618] Der Sittenwidrigkeitsvorwurf lasse sich nur aus solchen Umständen ableiten, aus denen sich eine Missachtung der Prinzipien der Vermögenstrennung und Kapitalbindung ergebe.[619]

Maßgebend ist zum anderen das Schadenserfordernis. Eine Ersatzpflicht kommt von vornherein nur in Betracht, wenn infolge des Eingriffs das Gesellschaftsvermögen nicht mehr zur vollständigen Gläubigerbefriedigung ausreicht.[620]

Für die Annahme einer Gesellschafterhaftung nach § 826 BGB wegen sittenwidriger Verletzung des liquidationsspezifischen Kapitalerhaltungsgebots lässt sich anhand dieser Aspekte die Schlussfolgerung ziehen, dass es jedenfalls eines Vermögensentzugs auf Kosten der Gesellschaftsgläubiger bedarf. Ist die Gesellschaft infolge des Eingriffs zahlungsunfähig oder überschuldet im Sinne von § 19 Abs. 2 S. 1 InsO, erlangt der Wegfall der „Zusatzkriterien“ freilich keinen selbständigen Wert.[621] Um der Erleichterung der Haftungsvoraussetzungen eine eigenständige Bedeutung beizumessen, könnte § 73 Abs. 3 S. 2 GmbHG als Anhaltspunkt dienen. Konkret geht es um den Verweis auf § 43 Abs. 3 S. 2 GmbHG und mithin letztlich

616 BGHZ 220, 179, 194 f. = NJW 2019, 589, 593.

617 BGHZ 220, 179, 195 = NJW 2019, 589, 593.

618 BGHZ 220, 179, 193–195 = NJW 2019, 589, 593.

619 BGHZ 220, 179, 195 = NJW 2019, 589, 593 f.

620 Vgl. BGHZ 173, 246, 256, 258 = NJW 2007, 2689, 2691 f. (Trihotel) („soweit es zur Gläubigerbefriedigung benötigt wird“); BGHZ 179, 344, 352 = NJW 2009, 2127, 2129 (Sanitary) (der Schaden der Gesellschaft bestehe „im Verlust ihrer Schuldendeckungsfähigkeit gegenüber den Gesellschaftsgläubigern“).

621 Vgl. *Rubner*, DStR 2009, 1538, 1543 f.

auf § 9b Abs. 1 S. 1 GmbHG. Diesen Vorschriften ist gemein, dass ein Verzicht oder ein Vergleich der Gesellschaft über die betreffenden Ersatzansprüche unwirksam ist, soweit der Ersatz zur Befriedigung der Gläubiger erforderlich ist. Entsprechendes ist in § 31 Abs. 2 und Abs. 3 GmbHG umgekehrt als Begrenzung der Haftung eines entgegen § 30 GmbHG begünstigten, wegen guten Glaubens hinsichtlich der Unzulässigkeit der Auszahlung aber privilegierten Gesellschafters[622] bzw. als Begrenzung der Ausfallhaftung der Mitgesellschafter vorgesehen. Einer Entscheidung des BGH zu § 31 Abs. 2 und Abs. 3 GmbHG zufolge ist die Erstattung von nach § 30 GmbHG verbotenen Auszahlungen grundsätzlich zur Gläubigerbefriedigung erforderlich, wenn die Gesellschaft zahlungsunfähig oder nach den Grundsätzen einer Überschuldungsbilanz überschuldet ist.[623] Nach der damals und bis zur Änderung durch das FMStG[624] geltenden Fassung des § 19 Abs. 2 InsO folgte aus einer anhand einer Überschuldungsbilanz ermittelten rechnerischen Überschuldung zugleich eine Überschuldung im insolvenzrechtlichen Sinne.[625] Einer positiven Fortführungsprognose gemäß § 19 Abs. 2 S. 2 InsO a.F. kam für die Prüfung des Vorliegens einer Überschuldung im insolvenzrechtlichen Sinne insoweit Bedeutung zu, als in der Überschuldungsbilanz nicht Liquidations-, sondern Fortführungswerte anzusetzen waren.[626] Der in Bezug genommenen BGH-Entscheidung lässt sich jedoch für die Annahme, dass eine Haftung nach § 31 Abs. 2 bzw. Abs. 3 GmbHG zur Gläubigerbefriedigung erforderlich ist, keine Begrenzung auf Fälle der Insolvenz der Gesellschaft entnehmen.[627] Im Schrifttum wird verbreitet im Interesse der Gläubiger angenommen, dass auch Zahlungsstockungen genügen.[628] Entsprechendes könnte man

---

622 Siehe dazu nur *Habersack*, in: Habersack/Casper/Löbbe, § 31 Rn. 33–36.

623 BGH NJW 2003, 3629 (1. Leitsatz), 3631 f.; siehe dazu aus dem Schrifttum nur *Habersack*, in: Habersack/Casper/Löbbe, § 31 Rn. 39, 54; *Verse*, in: Scholz, § 31 Rn. 43, 51.

624 Gesetz zur Umsetzung eines Maßnahmenpakets zur Stabilisierung des Finanzmarktes (Finanzmarktstabilisierungsgesetz – FMStG) vom 17. Oktober 2008, BGBl. I S. 1982.

625 Siehe zur Maßgeblichkeit der rechnerischen Überschuldung nach § 19 Abs. 2 InsO a.F. nur BGHZ 171, 46, 54 = NZG 2007, 347, 349 f.; *Bitter*, in: Scholz, Vor § 64 Rn. 45, 47 mit Rn. 44; *Drukarczyk/Schüler*, in: MüKo InsO, § 19 Rn. 41 f.

626 BGHZ 171, 46, 54 = NZG 2007, 347, 350; anschaulich *Drukarczyk/Schüler*, in: MüKo InsO, § 19 Rn. 41 f.

627 Vgl. dazu auch *Verse*, in: Scholz, § 31 Rn. 43 (Fn. 2).

628 Siehe für § 31 Abs. 2 und Abs. 3 GmbHG nur *Habersack*, in: Habersack/Casper/Löbbe, § 31 Rn. 40, 54; *Verse*, in: Scholz, § 31 Rn. 43, 51; siehe für § 9b Abs. 1

für eine sittenwidrige Verletzung des liquidationsspezifischen Kapitalerhaltungsgebots bei Vorliegen der subjektiven Voraussetzungen annehmen. Vermutlich kommt dieser Konstellation aber keine praktisch erhebliche Bedeutung zu.

II. Ergänzung des Gläubigerschutzsystems der atypischen Personenhandelsgesellschaften

1. Mittelbar existenzvernichtender Eingriff in das Komplementärvermögen

a) Bedeutung und Vorgehensweise

Mit Bezug auf eine atypische Personenhandelsgesellschaft kommt eine Anwendung der Grundsätze zur Existenzvernichtungshaftung zunächst im Sinne eines mittelbar existenzvernichtenden Eingriffs in Betracht.[629] Gemeint ist damit eine durch die Verringerung des Vermögens der Personenhandelsgesellschaft vermittelte, sittenwidrige Verursachung der Insolvenz bzw. Vertiefung einer bereits bestehenden Insolvenz eines Komplementärs bzw. eines OHG-Gesellschafters. Dieser Ansatz entspricht dem BGH-Konzept zur Anwendung der §§ 30, 31 GmbHG auf Auszahlungen aus dem Vermögen einer GmbH & Co. KG insoweit, als die Rechtsfolge eines unmittelbar nur die Personenhandelsgesellschaft betreffenden Vermögensentzugs auf dessen Auswirkungen zulasten des Vermögens eines persönlich haftenden Gesellschafters basiert. Im Einklang mit der entsprechenden Vorgehensweise hinsichtlich rechtsfortbildender Ansätze zur Kapitalerhaltung beziehen sich die folgenden Ausführungen daher auf die atypische KG. Konkret soll die Anwendbarkeit der Grundsätze zur Existenzvernichtungshaftung im Sinne eines mittelbar existenzvernichtenden

---

S. 1 GmbHG nur *Veil*, in: Scholz, § 9b Rn. 8 („nicht nur kurzfristig behebbare Zahlungsschwierigkeiten"); a.A. etwa *Ekkenga*, in: MüKo GmbHG, § 31 Rn. 50, 57 (bzgl. § 31 Abs. 2 und Abs. 3 GmbHG).

629 Siehe auch für die folgende Erklärung – mit Bezug allerdings auf die GmbH & Co. KG bzw. die atypische KG – *Blaum*, in: Westermann/Wertenbruch, Hdb PersG, Rn. I 3363 (Stand September 2017) („mittelbar existenzvernichtender Eingriff" – Hervorhebung im Original nicht übernommen); *Höhne*, Ltd. & Co. KG, S. 265 („indirekte Existenzvernichtung"); *Schläfke*, Vermögensbindung, S. 305 („mittelbar existenzvernichtender Eingriff"); *Schlichte*, DB 2006, 2672, 2673 („mittelbare Existenzvernichtungshaftung").

Eingriffs in das Komplementärvermögen zunächst anhand der GmbH & Co. KG beurteilt werden, bevor es anschließend erneut um die Frage geht, ob es möglich ist, auf diese Weise zu einem verallgemeinerungsfähigen Haftungskonzept zum Schutz der Gläubiger einer atypischen KG zu gelangen.[630]

Davon zu unterscheiden ist eine Gesellschafterhaftung wegen sittenwidrigen Eingriffs unmittelbar in das Komplementärvermögen. Aufgrund der regelmäßig geringen Kapitalausstattung des Komplementärs ist jene Konstellation allerdings von geringer praktischer Relevanz.[631]

b) Komplementärabhängige Anwendung des Haftungskonzepts auf eine GmbH & Co. KG

(1) Zweckgerechte Anwendung der Grundsätze zur Existenzvernichtungshaftung

Das Mittel einer Gesellschafterhaftung wegen sittenwidrigen Eingriffs in das Gesellschaftsvermögen soll, wie bereits gezeigt, Lücken im Kapitalerhaltungssystem schließen. Für eine als Komplementär fungierende, selbst nicht unternehmenstragende GmbH besteht jedoch die Besonderheit, dass das zur vorrangigen Gläubigerbefriedigung zweckgebundene Vermögen vornehmlich durch Auszahlungen aus dem KG-Vermögen gefährdet wird. Dieser Zusammenhang ist von der Auseinandersetzung mit der Anwendung von § 30 Abs. 1 GmbHG und § 73 Abs. 1 GmbHG auf Auszahlungen aus dem Vermögen einer GmbH & Co. KG bereits bekannt.[632] Eine zweckgerechte Anwendung des Haftungskonzepts zur Existenzvernichtungshaftung erfordert vor diesem Hintergrund, nicht anders als eine sinnentsprechende Kapitalerhaltung auf Grundlage der §§ 30, 31 GmbHG,

---

630 Entsprechend geht *Höhne*, Ltd. & Co. KG, S. 265–279, zur Beurteilung der Frage vor, inwieweit sich die Grundsätze zur Existenzvernichtungshaftung im Sinne eines mittelbar existenzvernichtenden Eingriffs in das Komplementärvermögen auf die Ltd. & Co. KG bzw. allgemein die atypische KG anwenden lassen; siehe auch *Schlichte*, DB 2006, 2672, 2673–2675, für eine entsprechende Vorgehensweise mit Blick auf die Ltd. & Co. KG.

631 *Blaum*, in: Westermann/Wertenbruch, Hdb PersG, Rn. I 3363 (Stand September 2017); *Höhne*, Ltd. & Co. KG, S. 265.

632 Siehe oben Teil 2 A.I.1.a) bzw. B.III.2.a)(2) und B.III.2.a)(3).

dass auch Eingriffe in das KG-Vermögen erfasst werden, die mittelbar eine Insolvenz der Komplementär-GmbH verursachen bzw. vertiefen.[633]

Dagegen spricht auch nicht, dass sich eine mittelbare Beeinträchtigung des Vermögens einer Komplementär-GmbH ohne Kapitalbeteiligung nur in Gestalt einer Erhöhung der Verbindlichkeiten, hingegen nicht in Form einer Verringerung des Aktivvermögens, auswirkt.[634] Denkbar ist einerseits, für den Vermögensentzug auf die Verringerung des KG-Vermögens abzustellen und nur die für die Existenzvernichtungshaftung erforderliche Auswirkung, mithin die Verursachung oder Vertiefung einer Insolvenz, anhand des Komplementärvermögens zu beurteilen. Ob eine derartige Differenzierung zwischen den Anknüpfungspunkten für die Haftungsvoraussetzungen geboten ist, kann jedoch dahinstehen, weil eine Erhöhung der Verbindlichkeiten zur Annahme eines Entzugs des Gesellschaftsvermögens genügt.[635] Dies hat der II. Zivilsenat – freilich für den direkten Anwendungsbereich des Haftungskonzepts auf eine GmbH – klargestellt und insoweit die Haftungsvoraussetzungen präzisiert.[636] Der Tatbestand des existenzvernichtenden Eingriffs werde in diesen Fällen durch die Merkmale der Finalität und Betriebsfremdheit des Vermögensentzugs eingegrenzt.[637] Von einem zielgerichteten Vermögensentzug wird aber bei einer nur mittelbaren Auswirkung auf das Komplementärvermögen kaum die Rede sein können. Dies spricht jedoch nicht gegen die Konstruktion eines mittelbar existenzvernichtenden Eingriffs, weil die genannte Maßgabe darauf ausgerichtet ist, eine auf unternehmerischen Fehlleistungen beruhende,

---

633 Im Ergebnis für eine derartige Anwendung der Grundsätze zur Existenzvernichtungshaftung in Anlehnung an das BGH-Konzept zur entsprechenden Anwendung der §§ 30, 31 GmbHG *Höhne*, Ltd. & Co. KG, S. 265–267 (GmbH & Co. KG); *Schläfke*, Vermögensbindung, S. 305 (Kapitalgesellschaft & Co. KG); *Schlichte*, DB 2006, 2672, 2673 f. (GmbH & Co. KG); erwägend für die GmbH & Co. KG auch *Blaum*, in: Westermann/Wertenbruch, Hdb PersG, Rn. I 3363 (Stand September 2017); wohl auch *Schiessl*, in: Mueller-Thuns, Hdb GmbH & Co. KG, 20. Aufl., § 5 Rn. 80 (angesichts der maßgeblich auf das BGH-Konzept zur Anwendbarkeit der §§ 30, 31 GmbHG gestützten Begründung ist wohl eine Haftung wegen mittelbar existenzvernichtenden Eingriffs gemeint; mangels Differenzierung zu einer unmittelbaren Anwendung des Haftungskonzepts auf die GmbH & Co. KG ist dies aber nicht eindeutig); *Wenzel*, in: Mueller-Thuns, Hdb GmbH & Co. KG, Rn. 5.91 (der vorhergehende Hinweis zu *Schiessl*, a.a.O., gilt ebenso).

634 So bereits *Höhne*, Ltd. & Co. KG, S. 265–267.

635 Siehe für Letzteres BGHZ 220, 179, 189 f. = NJW 2019, 589, 592.

636 Siehe den Nachweis in voriger Fn.; siehe für eine weitere Präzisierung der Haftungsvoraussetzungen im Rahmen dieses Urteils bereits oben bei Fn. 616.

637 BGHZ 220, 179, 190 = NJW 2019, 589, 592.

insolvenzverursachende oder -vertiefende Erhöhung der Verbindlichkeiten auszuklammern.[638]

Haftungsadressaten einer durch die Verringerung des KG-Vermögens vermittelten Existenzvernichtung der Komplementär-GmbH müssten jedenfalls mit Blick auf die Rechtsprechung des BGH zur Anwendung von § 30 Abs. 1 GmbHG auf Auszahlungen aus dem Vermögen einer GmbH & Co. KG sämtliche Kommanditisten sein. Von diesem Standpunkt aus bedarf es jedoch hinsichtlich der Haftung von mittelbaren Gesellschaftern einer Modifikation. Diese nimmt der BGH im direkten Anwendungsbereich des Haftungskonzepts jedenfalls dann an, wenn jene einen beherrschenden Einfluss auf die geschädigte Gesellschaft ausüben können.[639] Im Falle einer GmbH & Co. KG wäre jedoch nicht die Möglichkeit einer Einflussname im Verhältnis zur Komplementär-GmbH, sondern zur KG entscheidend. Die Besonderheit der hier betrachteten Konstellation liegt gerade in der Mittelbarkeit der Insolvenzverursachung oder -vertiefung.

(2) Übertragung der subjektiven Haftungsvoraussetzungen

Mit Blick auf die subjektiven Haftungsvoraussetzungen wirkt sich die Verortung der Gesellschafterhaftung wegen existenzvernichtenden Eingriffs in § 826 BGB insoweit aus, als sich der Vorsatz auch auf den Schaden beziehen muss.[640] Für die besondere Fallgruppe der Existenzvernichtungshaftung hat der BGH dies in der Trihotel-Entscheidung wie folgt präzisiert: Dem Vorsatzerfordernis sei genügt, wenn dem handelnden Gesellschafter diejenigen Tatsachen bewusst sind, auf denen der Sittenwidrigkeitsvorwurf basiert.[641] Dabei gehe es nicht nur um Fälle, in denen die Vermögensentziehung erfolgt, um den Zugriff der Gläubiger auf ebendieses Vermögen zu verhindern.[642] Ausreichend sei, wenn der Gesellschafter die faktische dauerhafte Beeinträchtigung der Fähigkeit der Gesellschaft, ihre Verbindlichkeiten zu erfüllen, als voraussehbare Folge des Eingriffs erkennt und billigend in Kauf nimmt.[643]

---

638 Siehe für Letzteres BGHZ 220, 179, 190 = NJW 2019, 589, 592.

639 BGH NZG 2005, 177, 178 (Autovertragshändler); BGHZ 173, 246, 263 f. = NJW 2007, 2689, 2693 f. (Trihotel).

640 Siehe zu diesem Aspekt des Vorsatzerfordernisses BGH NJW 1962, 1766; *Habersack*, ZGR 2008, 533, 545.

641 BGHZ 173, 246, 259 = NJW 2007, 2689, 2692 (Trihotel).

642 BGHZ 173, 246, 259 = NJW 2007, 2689, 2692 (Trihotel).

643 BGHZ 173, 246, 259 = NJW 2007, 2689, 2692 (Trihotel).

Übertragen auf die Konstellation eines mittelbar existenzvernichtenden Eingriffs in das Komplementärvermögen genügt es nicht, wenn ein entsprechender Eventualvorsatz hinsichtlich der Auswirkungen des Eingriffs für das Vermögen der KG besteht. Im Falle einer selbst nicht unternehmenstragenden Komplementär-GmbH mit einer über den Betrag des Mindeststammkapitals nicht oder nicht wesentlich hinausgehenden Kapitalausstattung zieht die Insolvenz der KG freilich regelmäßig die Insolvenz der Komplementär-GmbH nach sich.[644] Als Konsequenz der spezifischen Konstruktion einer Existenzvernichtungshaftung wäre jedoch im Einzelfall zu prüfen, ob dem betreffenden Kommanditisten die zur Erkenntnis dieses Zusammenhangs erforderlichen Tatsachen bekannt sind.[645]

(3) Anspruchszuordnung

Was die Zuordnung eines Anspruchs wegen mittelbar existenzvernichtenden Eingriffs anbelangt, spricht zunächst die entsprechende Handhabung des BGH hinsichtlich der Anwendung der §§ 30, 31 GmbHG auf Auszahlungen aus dem Vermögen einer GmbH & Co. KG für eine Schadensersatzpflicht des betreffenden Kommanditisten gegenüber der KG. Wie im direkten Anwendungsbereich der Existenzvernichtungshaftung könnte auf diese Weise ein Gleichlauf zur Kapitalerhaltung nach §§ 30, 31 GmbHG erreicht werden.[646] Im Rahmen eines Insolvenzverfahrens hätte dies den Vorteil, dass sowohl Ansprüche der KG aus § 31 GmbHG wegen eines mittelbaren Verstoßes gegen § 30 Abs. 1 GmbHG als auch solche wegen eines mittelbar existenzvernichtenden Eingriffs vom Insolvenzverwalter geltend zu machen wären.[647]

---

644 Vgl. nur *Habersack*, in: Habersack/Schäfer, § 130a Rn. 4 (zum entsprechenden Zusammenhang zwischen der Insolvenz einer atypischen OHG und derjenigen ihrer Gesellschafter); *K. Schmidt*, BB 2011, 707.

645 So im Ergebnis auch *Schläfke*, Vermögensbindung, S. 308–310, der mit Blick auf die Verantwortlichkeit von Nur-Kommanditisten für das Komplementärvermögen u.a. aus diesem Grund die Existenzvernichtungshaftung als ein gegenüber der analogen Anwendung der §§ 30, 31 GmbHG passenderes Mittel erachtet; über das Vorsatzerfordernis könne einzelfallabhängig den unterschiedlichen Einflussnahmemöglichkeiten und Informationsrechten der Kommanditisten Rechnung getragen werden – so *Schläfke*, Vermögensbindung, S. 309 f.

646 Siehe zum Gleichlauf BGHZ 173, 246, 255 f., 261 = NJW 2007, 2689, 2691, 2693 (Trihotel).

647 Siehe BGHZ 173, 246, 261 = NJW 2007, 2689, 2693 (Trihotel) zum direkten Anwendungsbereich des Haftungskonzepts.

Demgegenüber knüpft die Ersatzpflicht nach § 826 BGB wegen existenzvernichtenden Eingriffs im direkten Anwendungsbereich jedoch an das durch den Verstoß gegen die Pflicht zur Respektierung der Zweckbindung zur vorrangigen Gläubigerbefriedigung verletzte Schutzobjekt an.[648] Im Rahmen der Konstruktion eines mittelbar existenzvernichtenden Eingriffs handelt es sich dabei um das GmbH-Vermögen, anhand dessen die Verursachung oder Vertiefung einer Insolvenz beurteilt wird. Außerdem ist zu berücksichtigen, dass eine Schadensersatzpflicht wegen existenzvernichtenden Eingriffs entsprechend der Lückenschließungsfunktion dieses Haftungskonzepts gegebenenfalls über einen Ausgleich des einzelnen Vermögensentzugs hinausgeht.[649] Diese Bedenken hinsichtlich der Anspruchszuordnung können jedoch dahinstehen. In jedem Fall ginge es um eine – unmittelbare oder durch eine Wiederauffüllung des KG-Vermögens vermittelte – Erhaltung des Komplementärvermögens. Ein komplementärabhängiges Verständnis der Existenzvernichtungshaftung eignet sich jedoch nur eingeschränkt für eine Ergänzung des Kapitalschutzes allgemein bei einer atypischen KG. Dies soll im Folgenden gezeigt werden.

c) Wiederkehrende Grenzen eines komplementärabhängigen Ansatzes

Tritt an die Stelle der Komplementär-GmbH eine andere juristische Person, müssen auf jene die Grundsätze zur Existenzvernichtungshaftung anwendbar sein, damit eine Kommanditistenhaftung wegen mittelbar existenzvernichtenden Eingriffs nach dem anhand der GmbH & Co. KG aufgezeigten Muster konstruiert werden kann.[650] Aufgrund dieser Voraussetzung ist eine Verallgemeinerung des Haftungskonzepts nur eingeschränkt möglich und mit Schwierigkeiten verbunden.

Dies lässt sich zunächst anhand von Komplementären inländischer Rechtsform verdeutlichen, wobei als Beispiele die UG und die Stiftung dienen können. Im erstgenannten Fall findet das Haftungskonzept wie für die GmbH Anwendung, handelt es sich bei der UG doch lediglich um eine Rechtsformvariante.[651] Inwiefern eine Gesellschafterhaftung wegen sittenwidrigen Vermögensentzugs bei der UG eine praktische Rolle

648 BGHZ 173, 246, 256 f. = NJW 2007, 2689, 2691 (Trihotel).

649 Siehe zu diesem Aspekt der Ergänzung des Kapitalerhaltungssystems für die GmbH oben bei den Fn. 605 f.

650 *Höhne*, Ltd. & Co. KG, S. 267 f.; *Schlichte*, DB 2006, 2672, 2674.

651 Vgl. *Schäfer*, in: Henssler/Strohn, GmbHG, § 5a Rn. 5.

spielt, ist eine andere Frage.[652] Demgegenüber spricht gegen eine Anwendbarkeit auf die Stiftung bereits das Fehlen von Mitgliedern.[653] Die strukturellen Unterschiede zur GmbH, anhand derer der BGH ohne nähere Begründung eine Übertragung des Haftungskonzepts auf den eingetragenen, nicht wirtschaftlichen Verein abgelehnt hat,[654] erscheinen angesichts dessen noch gravierender.

Die mit einem komplementärabhängigen Verständnis der Existenzvernichtungshaftung verbundenen Schwierigkeiten lassen sich abstrakt auch für eine nach dem Recht eines anderen EU-Mitgliedstaates oder eines EWR-Staates gegründete Kapitalgesellschaft, die ihren tatsächlichen Sitz im Inland hat, verdeutlichen. Ob die Grundsätze zur Existenzvernichtungshaftung auf eine derartige Kapitalgesellschaft Anwendung finden, wird in mehrfacher Hinsicht kontrovers beurteilt.

Was zunächst die kollisionsrechtliche Anwendbarkeit anbelangt, lassen sich im Wesentlichen folgende Auffassungen ausmachen: Verbreitet wird eine insolvenzrechtliche Qualifikation der Existenzvernichtungshaftung befürwortet.[655] Sofern sich der Interessenmittelpunkt der ausländischen Kapitalgesellschaft im Inland befindet, könnte § 826 BGB in der besonderen Fallgruppe der Existenzvernichtungshaftung demnach auf Grundlage der in Art. 7 iVm Art. 3 EuInsVO vorgesehenen Anknüpfung angewandt werden.[656] Eine andere Auffassung gelangt über eine deliktsrechtliche Qualifikation regelmäßig zu einem parallelen Ergebnis.[657] Wieder ande-

---

652 Siehe demgegenüber für eine mögliche Relevanz der Existenzvernichtungshaftung im Zusammenhang mit der Überführung einer UG in eine GmbH und anschließender Auflösung einer etwaigen, nach der Stammkapitalerhöhung noch verbliebenen Rücklage *Servatius*, in: Noack/Servatius/Haas, § 5a Rn. 34; *H. P. Westermann*, in: Scholz, § 5a Rn. 31.

653 Siehe insoweit zum Stiftungsbegriff nur *Backert*, in: BRHP, § 80 Rn. 3; *Weitemeyer*, in: MüKo BGB, § 80 Rn. 1, 4 f.

654 BGHZ 175, 12, 22 = NZG 2008, 670, 673 (Kolpingwerk).

655 So etwa *Casper*, in: Ulmer/Habersack/Löbbe, 2. Aufl., Anh § 77 Rn. 183; *Kindler*, in: MüKo BGB, IntGesR Rn. 599; *ders.*, IPRax 2009, 189, 193; *Lieder*, DZWIR 2008, 145, 148; nach der Entscheidung des EuGH in der Rechtssache *Kornhaas* auch *Habersack/Verse*, Europäisches Gesellschaftsrecht, § 3 Rn. 32; erwägend *Mankowski*, NZG 2016, 281, 285 f.

656 Siehe dazu nur *Casper*, in: Ulmer/Habersack/Löbbe, 2. Aufl., Anh § 77 Rn. 184.

657 Für eine deliktsrechtliche Qualifikation *Blaum*, in: Westermann/Wertenbruch, Hdb PersG, Rn. I 3491 (Stand Januar 2018); *Leible*, in: MHLS, Systematische Darstellung 2 Rn. 166; *Paefgen*, DB 2007, 1907, 1912; *Weller*, ZIP 2007, 1681, 1688 f. (als Vorfrage sei jedoch die Insuffizienz des gesellschaftsrechtlichen Gläubigerschutzes nach dem Gesellschaftsstatut zu bestimmen); siehe zum

re befürworten eine gesellschaftsrechtliche Qualifikation.[658] Wie schon für die Anwendung von deutschen Kapitalerhaltungsvorschriften gezeigt, stellt sich dann die Frage, auf welche Weise man in kollisionsrechtlicher Hinsicht zu einer Anwendbarkeit des deutschen Rechtsinstituts gelangt.[659] Geht man mit der herrschenden Auffassung von der Einheitlichkeit des Gesellschaftsstatuts aus, wäre im Falle einer nach dem Recht eines anderen Mitgliedstaates gegründeten Kapitalgesellschaft grundsätzlich das Recht des Herkunftsstaates anwendbar.[660] Um das deutsche Haftungskonzept wegen existenzvernichtenden Eingriffs in das Gesellschaftsvermögen anzuwenden, bedürfte es dann einer Sonderanknüpfung.[661] Ob die Voraussetzungen für eine Sonderanknüpfung erfüllt sind, wird unterschiedlich beurteilt.[662] Andererseits wird im Schrifttum die Anwendung der Haftung wegen existenzvernichtenden Eingriffs in das Gesellschaftsvermögen auch unter der Annahme, dass sich das Gesellschaftsstatut ohnehin nicht einheitlich nach dem Gründungsrecht bestimme, befürwortet.[663]

Davon zu unterscheiden ist die Frage, ob eine Anwendung der Existenzvernichtungshaftung mit der Niederlassungsfreiheit vereinbar ist.[664] Unabhängig von der für eine Anwendbarkeit in kollisionsrechtlicher Hinsicht relevanten Qualifikation wird uneinheitlich beurteilt, ob die Anwendung der Haftung wegen existenzvernichtenden Eingriffs in das Gesellschaftsvermögen die Niederlassungsfreiheit beschränkt.[665] Bejahendenfalls verlagert sich die Prüfung auf die Ebene der Rechtfertigung. In deren Rahmen

---

Gleichlauf mit einer insolvenzrechtlichen Anknüpfung *Casper*, in: Ulmer/Habersack/Löbbe, 2. Aufl., Anh § 77 Rn. 184.

658 *Behrens/Hoffmann*, in: Habersack/Casper/Löbbe, Einleitung Rn. B 117; *Ego*, in: MüKo AktG, Europäische Niederlassungsfreiheit Rn. 474; *Osterloh-Konrad*, ZHR 172 (2008), 274, 300–302; erwägend auch *Schanze*, NZG 2007, 681, 685.

659 Siehe oben Teil 2 A.II.2.b)(1)(a).

660 Siehe oben bei Fn. 383.

661 Siehe oben bei Fn. 384; siehe dazu auch *Habersack/Verse*, Europäisches Gesellschaftsrecht, § 3 Rn. 32 (Fn. 126).

662 Ablehnend *Osterloh-Konrad*, ZHR 172 (2008), 274, 303; auf Ausnahmefälle beschränkend *Behrens/Hoffmann*, in: Habersack/Casper/Löbbe, Einleitung Rn. B 119; exemplarisch ohne vorherige Festlegung auf eine gesellschaftsrechtliche Qualifikation bejahend *Weller*, in: MüKo BGB, Einleitung Rn. 504–507.

663 So *Ego*, in: MüKo AktG, Europäische Niederlassungsfreiheit Rn. 474 (alternativ Anwendung des Rechts des Gründungsstaates oder Anknüpfung an den tatsächlichen Sitz – siehe dazu den Überblick von *Ego*, a.a.O. Rn. 319).

664 Siehe zu dieser Differenzierung oben bei den Fn. 379–381.

665 Bejahend etwa *Fleischer*, in: Europäische Auslandsgesellschaften, 49, 124 f. (noch vor der Trihotel-Entscheidung des BGH, jedoch mit einer nicht nur auf die noch einschlägige Konzeption als Durchgriffshaftung bezogenen Begründung);

stellt sich die Frage, ob und, wenn ja, inwieweit die nach dem Recht des Herkunftsstaates vorgesehenen Gläubigerschutzmittel zu berücksichtigen sind.[666] Unter der Prämisse, dass es einer Lücke im Gläubigerschutz auf Grundlage des Rechts der Herkunftsstaates bedarf,[667] würde die Anwendbarkeit des deutschen Haftungskonzepts wegen existenzvernichtenden Eingriffs in das Gesellschaftsvermögen stark von der Rechtsform des konkreten Komplementärs abhängen.[668]

Angesichts dieser mit einem komplementärabhängigen Verständnis verbundenen Schwierigkeiten stellt sich die Frage, ob die Grundsätze zur Existenzvernichtungshaftung auch unmittelbar auf die atypische KG anwendbar sind. Konkret wären dann sämtliche Haftungsvoraussetzungen, einschließlich der Insolvenzverursachung bzw. -vertiefung als Folge des Eingriffs, mit Blick auf die atypische KG zu beurteilen.[669] Darum soll es im Folgenden gehen.

---

verneinend etwa *Altmeppen*, IWRZ 2017, 107, 112; *Kindler*, in: MüKo BGB, IntGesR Rn. 599.

666 Siehe dazu oben bei den Fn. 388, 424–427.

667 So *Fleischer*, in: Europäische Auslandsgesellschaften, 49,125; *Vetter*, BB 2007, 1965, 1970; *Weller*, ZIP 2007, 1681, 1688 f. (wobei es jedoch nicht um die Frage nach der Rechtfertigung einer Beschränkung der Niederlassungsfreiheit der betreffenden ausländischen Gesellschaft, sondern um die Anwendbarkeit in kollisionsrechtlicher Hinsicht geht; *Weller*, a.a.O., zufolge sei die Insuffizienz des gesellschaftsrechtlichen Gläubigerschutzes als materiellrechtliche Vorfrage nach dem Gesellschaftsstatut zu bestimmen – siehe bereits oben Fn. 657); siehe im Kontext der Durchgriffshaftung auch *Behrens/Hoffmann*, in: Habersack/Casper/Löbbe, Einleitung Rn. B 121.

668 Dies gilt freilich auch dann, wenn man eine Gesellschafterhaftung wegen mittelbar existenzvernichtenden Eingriffs in das Komplementärvermögen anhand eines vergleichbaren Rechtsinstituts nach dem Recht des Herkunftsstaates konstruieren möchte – siehe zum Aspekt vergleichbarer Rechtsinstitute ohne Bezug auf eine Haftung wegen mittelbar existenzvernichtenden Eingriffs *Blaum*, in: Westermann/Wertenbruch, Hdb PersG, Rn. I 3492 (Stand Januar 2018).

669 Vgl. *Höhne*, Ltd. & Co. KG, S. 279 f.; *Schlichte*, DB 2006, 2672.

2. Unmittelbar existenzvernichtender Eingriff in das Vermögen der atypischen Personenhandelsgesellschaft

a) Zweckbindung des Gesellschaftsvermögens zur vorrangigen Gläubigerbefriedigung

Im Falle einer GmbH liegt dem Konzept der Existenzvernichtungshaftung nach Maßgabe des BGH zusammengefasst die Überlegung zugrunde, dass die Zweckbindung des Gesellschaftsvermögens zur vorrangigen Gläubigerbefriedigung ein systemimmanenter Ausgleich zur Haftungsbeschränkung ist und es des Mittels einer Gesellschafterhaftung wegen existenzvernichtenden Eingriffs bedarf, um dieser Zweckbindung Geltung zu verschaffen.[670] Mit einer entsprechenden Begründung lassen sich die Grundsätze zur Existenzvernichtungshaftung auch zur Ergänzung des Gläubigerschutzsystems der atypischen Personenhandelsgesellschaften heranziehen.[671]

Das Recht der Personenhandelsgesellschaften kennt zwar – auch unter Berücksichtigung der zur Ergänzung des Gläubigerschutzes bei den atypischen Personenhandelsgesellschaften eingeführten Sonderregelungen – keine prinzipiell insolvenzunabhängige Beschränkung von Auszahlungen an die Gesellschafter, wie sie namentlich mit § 30 Abs. 1 GmbHG im Falle der GmbH vorgesehen ist. Angesichts dessen eignet sich die Lückenschließungsfunktion der Existenzvernichtungshaftung, soweit es um Lücken im Kapitalerhaltungssystem der §§ 30, 31 GmbHG geht, nicht dazu, dieses Haftungskonzept auf atypische Personenhandelsgesellschaften zur Anwendung zu bringen.[672]

---

670 Siehe oben Teil 2 C.I.1.

671 In diesem Sinne mit Bezug auf die atypische KG auch *Höhne*, Ltd. & Co. KG, insbesondere S. 280–284; *Schläfke*, Vermögensbindung, S. 298 f.; *Teichmann*, ZGR 2014, 220, 249 (Fn. 162); für eine unmittelbare Anwendbarkeit der Grundsätze zur Existenzvernichtungshaftung mit Bezug auf die GmbH & Co. KG im Ergebnis auch *Blaum*, in: Westermann/Wertenbruch, Hdb PersG, Rn. I 3363 (Stand September 2017); siehe auch *Binz/Sorg*, GmbH & Co. KG, § 12 Rn. 76, wobei mangels entsprechender Differenzierung und angesichts dessen, dass sich die Begründung maßgeblich auf das BGH-Konzept zur Anwendbarkeit der §§ 30, 31 GmbHG stützt, unklar ist, ob eine unmittelbare Anwendbarkeit auf die GmbH & Co. KG gemeint ist; a.A. *Schlichte*, DB 2006, 2672, 2673 (mit Bezug auf die atypische KG).

672 Im Sinne eines Erst-recht-Schlusses, neben weiteren Begründungsansätzen, aber *Schläfke*, Vermögensbindung, S. 299.

Das Mittel einer Gesellschafterhaftung wegen sittenwidrigen Eingriffs in das Gesellschaftsvermögen ergänzt jedoch – blickt man auf den direkten Anwendungsbereich des Haftungskonzepts – nicht nur jenes Kapitalerhaltungssystem. Vielmehr soll es der Zweckbindung des Gesellschaftsvermögens zur vorrangigen Gläubigerbefriedigung während der gesamten Lebensdauer der GmbH Geltung verschaffen, indem die Umgehung eines der vorrangigen Gläubigerbefriedigung verhafteten Insolvenz- bzw. Liquidationsverfahrens sanktioniert wird.[673]

Letztgenannter Aspekt lässt sich ohne Weiteres auf atypische Personenhandelsgesellschaften übertragen, soweit es um die Missachtung der Zweckbindung des Gesellschaftsvermögens zur vorrangigen Befriedigung der Gläubiger im Rahmen eines künftigen Insolvenzverfahrens geht. Der Gesetzgeber hat das Gläubigerschutzsystem in Anbetracht der Vermeidung der unbeschränkten Haftung natürlicher Personen unter anderem um die Mittel der Insolvenzantragspflicht sowie der insolvenzbezogenen Zahlungsverbote erweitert und es damit jedenfalls in dieser Hinsicht demjenigen der Kapitalgesellschaften angepasst.[674] Ziel der Insolvenzantragspflicht und des Verbots von Zahlungen bei Insolvenzreife ist, wie bereits gezeigt, namentlich die Erhaltung des Gesellschaftsvermögens zur gleichmäßigen Befriedigung der künftigen Insolvenzgläubiger.[675] Mit Blick auf das seit dem Inkrafttreten des SanInsFoG rechtsformneutral in § 15b Abs. 5 S. 1 InsO enthaltene Zahlungsverbot tritt daneben das Anliegen, Vermögensverschiebungen auf Gesellschafter zu unterbinden, die zur Zahlungsunfähigkeit der Gesellschaft führen.[676] Diese an die materielle Insolvenz geknüpfte Sicherung des Gesellschaftsvermögens besteht sowohl für die werbende als auch für die sich in Liquidation befindliche atypische Personenhandelsgesellschaft.[677] Adressaten der Insolvenzantragspflicht und der

---

673 Siehe BGHZ 151, 181, 186 f. = NJW 2002, 3024, 3025 (KBV) zum Aspekt der Zweckbindung während der gesamten Lebensdauer der GmbH; aufgegriffen in BGHZ 179, 344, 356 = NJW 2009, 2127, 2130 (Sanitary); siehe zum Aspekt der Umgehung eines auf die vorrangige Gläubigerbefriedigung ausgerichteten Abwicklungsverfahrens BGHZ 220, 179, 198 = NJW 2019, 589, 594 (liquidationslose Abwicklung durch Verschmelzung); *Schwab*, ZIP 2008, 341, 346 f.; *Weller*, Europäische Rechtsformwahlfreiheit, S. 274.

674 Siehe dazu im Einzelnen oben Teil 1 A.

675 Siehe oben Teil 1 A.II.1.a) und A.II.2.b)(1).

676 Siehe oben Teil 1 A.II.2.a).

677 Demgegenüber eine Zweckbindung des Gesellschaftsvermögens zur vorrangigen Gläubigerbefriedigung mit Bezug auf die KG, ohne Differenzierung für die atypische KG, verneinend *Schiessl*, in: Mueller-Thuns, Hdb GmbH & Co. KG, 20. Aufl., § 5 Rn. 80; *Schlichte*, DB 2006, 2672, 2673.

Zahlungsverbote sind gerade auch die Abwickler der Gesellschaft. Damit fügt sich die Existenzvernichtungshaftung in das bereits *de lege lata* bestehende Gläubigerschutzsystem ein, welches sich in diesem Teilbereich neben den genannten Gläubigerschutzmitteln auch aus den Anfechtungstatbeständen der InsO bzw. des AnfG zusammensetzt.[678]

b) Einschränkung mangels liquidationsspezifischen Kapitalerhaltungsgebots

Demgegenüber lässt sich *de lege lata* eine Existenzvernichtungshaftung wegen sittenwidriger Verletzung der Liquidationsvorschriften nicht in der Weise begründen, wie dies der II. Zivilsenat in seiner Sanitary-Entscheidung für die GmbH angenommen hat.[679] Das Recht der Personenhandelsgesellschaften enthält kein liquidationsspezifisches Kapitalerhaltungsgebot, auf dessen Grundlage eine entsprechende Erleichterung der Haftungsvoraussetzungen begründet werden kann. Praktische Relevanz dürfte dieser Einschränkung allerdings regelmäßig nicht zukommen. Da die Existenzvernichtungshaftung einen durch den Vermögensentzug bedingten Gläubigerausfallschaden kompensieren soll,[680] wird in der Regel ohnehin eine Insolvenzverursachung bzw. -vertiefung zu bejahen sein.[681]

---

678 In diesem Sinne auch *Höhne*, Ltd. & Co. KG, S. 282 f.; *Schläfke*, Vermögensbindung, S. 298 f.; vgl. Begr. RegE MoMiG, BT-Drucks. 16/6140, S. 46, zur Systemergänzung aus der Perspektive des § 64 S. 3 GmbHG; vgl. auch *Habersack*, ZGR 2008, 533, 543 (mit Bezug auf die GmbH: „Flankierung der Insolvenzverschleppungshaftung"); *Weller*, Europäische Rechtsformwahlfreiheit, S. 269 f., 275 (zur Funktionsäquivalenz zwischen der Existenzvernichtungshaftung und der Insolvenzanfechtung).

679 Siehe zur Existenzvernichtungshaftung im Liquidationsstadium der GmbH oben Teil 2 C.I.2.

680 Siehe neben den Nachweisen oben in Fn. 620 auch *Habersack*, ZGR 2008, 533, 543.

681 Vgl. BGHZ 179, 344, 351 = NJW 2009, 2127, 2129 (Sanitary).

Teil 3: Kapitalschutz bei atypischen Personenhandelsgesellschaften de lege ferenda

Unter besonderer Berücksichtigung rechtsfortbildender Ansätze ist im Verlauf dieser Arbeit gezeigt worden, dass es bislang bei den atypischen Personenhandelsgesellschaften trotz Wegfalls der unbeschränkten Gesellschafterhaftung in funktionaler Hinsicht, nämlich als potentiell präventiv wirkendes Gläubigerschutzmittel, lediglich bei einer insolvenzbezogenen Sicherung des Gesellschaftsvermögens geblieben ist. Mit dem Versuch, die Rechtsprechung des BGH zur Anwendung der §§ 30, 31 GmbHG auf Auszahlungen aus dem Vermögen einer GmbH & Co. KG auf andere Erscheinungsformen einer atypischen KG zu übertragen, gehen erhebliche Schwierigkeiten und Zweifelsfragen einher. Diese sind anhand einer als Komplementär fungierenden UG sowie am Beispiel einer nach dem Recht eines anderen Mitgliedstaates gegründeten Kapitalgesellschaft herausgearbeitet worden. Auch für die sich in Liquidation befindliche atypische Personenhandelsgesellschaft bleibt es nach den im Rahmen des zweiten Teils dieser Arbeit gewonnenen Erkenntnissen dabei, dass es an einer liquidationsspezifischen, von den insolvenzbezogenen Liquidatorenpflichten unabhängigen Kapitalerhaltung fehlt.

Dass unmittelbar auf Ebene einer atypischen Personenhandelsgesellschaft Vermögensverlagerungen auf die Gesellschafter im Unterschied zum Gläubigerschutzsystem bei den Kapitalgesellschaften nur abhängig von der Insolvenzreife der Gesellschaft beschränkt sind, erscheint in rechtspolitischer Hinsicht jedoch willkürlich. Einerseits akzeptiert der Gesetzgeber, dass durch die Besetzung der Stelle des einzigen bzw. sämtlicher persönlich haftender Gesellschafter mit juristischen Personen *de facto* eine Personengesellschaft mit beschränkter Haftung[682] errichtet werden kann. Anstelle eines ausdrücklichen oder faktischen[683] Verbots atypischer

682 Davon zu differenzieren ist die Einführung einer derartigen Rechtsform *de lege ferenda* – dafür haben sich unlängst *Henssler*, in: FS K. Schmidt I, 449, 451, 453–455, sowie *Röder*, ZHR 184 (2020), 457, 461–469, 502–506 ausgesprochen; siehe zum Vorschlag von *Röder* hinsichtlich der Ausgestaltung des Gläubigerschutzes noch unten Teil 3 A.II.1.c).

683 Dies bezweckte der Arbeitskreis GmbH-Reform (bestehend aus den Professoren *Götz Hueck*, *Marcus Lutter*, *Hans-Joachim Mertens*, *Eckard Rehbinder*, *Peter Ulmer*, *Herbert Wiedemann* und *Wolfgang Zöllner*) mit seinem als Alternative

Personenhandelsgesellschaften ist das Gläubigerschutzsystem schrittweise, namentlich um die insolvenzbezogenen Verhaltenspflichten der Geschäftsleiter und Liquidatoren, ergänzt und insoweit an dasjenige der Kapitalgesellschaften angepasst worden. Dies erfolgte in Anbetracht dessen, dass sich aus Gläubigerperspektive eine atypische Personenhandelsgesellschaft mangels unbeschränkter Haftung einer natürlichen Person nicht wesentlich von einer Kapitalgesellschaft unterscheidet.

Das Ziel dieses Teils der Arbeit ist, einen Reformvorschlag zu unterbreiten, mit dem sich die verbliebene Lücke im Gläubigerschutzsystem bei atypischen Personenhandelsgesellschaften in systemkonsistenter Weise schließen lässt. Zu diesem Zweck soll ein insolvenzunabhängiges Kapitalschutzkonzept entwickelt werden. Dafür wird nicht nur die werbende, sondern auch die sich in Liquidation befindliche atypische Personenhandelsgesellschaft in den Blick zu nehmen sein.

Daneben tritt als weiteres, im Rahmen der Reformüberlegungen zu berücksichtigendes Anliegen, die Handhabung des Kapitalschutzes bei atypischen Personenhandelsgesellschaften durch unmittelbar anwendbare Kapitalerhaltungsvorschriften zu vereinfachen.[684] Die aktuelle Rechtslage ist von einer nicht unerheblichen Rechtsunsicherheit und Komplexität geprägt. Wie vornehmlich mit Blick auf die atypische KG gezeigt, stellen sich sowohl für die werbende als auch für die sich in Liquidation befindliche atypische Personenhandelsgesellschaft hinsichtlich der Anwendbarkeit von Kapitalschutzvorschriften und dem Konzept der Existenzvernichtungshaftung wiederkehrend gleich gelagerte Fragen. Zusammenfassend geht es dabei vornehmlich um die Frage, ob ein Schutzmechanismus unmittelbar auf die Personenhandelsgesellschaft angewandt werden kann oder das Gesellschaftsvermögen lediglich reflexartig über den auf die als Komplementär fungierende juristische Person anwendbaren Kapitalschutz erhalten

---

zur GmbH & Co. KG intendierten Entwurf einer Handelsgesellschaft auf Einlagen – siehe zum Anliegen der Ablösung der GmbH & Co. KG Arbeitskreis GmbH-Reform, Handelsgesellschaft auf Einlagen, S. 23 f.; nach § 161a Abs. 1 des Entwurfs sollten sich die Kommanditisten einer KG, für deren Verbindlichkeiten nicht mindestens eine natürliche Person unbeschränkt haftet, den Gläubigern gegenüber „nicht auf die vereinbarte Haftungsbeschränkung berufen" können (a.a.O. S. 32). Demgegenüber verneinte der Arbeitskreis GmbH-Reform seinerzeit einen entsprechenden rechtspolitischen Bedarf für die atypische OHG (a.a.O. S. 24).

684 Vgl. zum rechtspolitischen Ziel der Rechtsvereinfachung *Huber/Habersack*, in: Kapital der Aktiengesellschaft, 370, 390 (mit Bezug auf das Recht eigenkapitalersetzender Gesellschafterdarlehen vor der Reformierung durch das MoMiG).

wird. Zudem hat sich mit Bezug sowohl auf das Auszahlungsverbot des § 30 Abs. 1 GmbHG als auch des § 73 Abs. 1 GmbHG die Frage gestellt, ob nur eine komplementärabhängige Anwendung dieser Vorschriften oder auch eine vom konkreten Komplementär bzw. allgemein von der Rechtsform der persönlich haftenden Gesellschafter unabhängige Anwendung in Betracht kommt. Bedingt durch die maßgebliche Perspektive, also je nachdem, wie man den rechtsfortbildenden Ansatz anhand der eben genannten Fragen kategorisiert, ist zu beurteilen, ob eine entsprechende Ergänzung des Gläubigerschutzes bei atypischen Personenhandelsgesellschaften bereits *de lege lata* angenommen werden kann. Diese Fragestellungen könnten sich mit einem umfassend gesellschafterunabhängigen, also insolvenzbezogen wie insolvenzunabhängig auf Ebene der atypischen Personenhandelsgesellschaften ansetzenden Kapitalschutzkonzept erübrigen.

A. *Kapitalschutzkonzept für werbende atypische Personenhandelsgesellschaften*

I. Einführung eines Mindestkapitals für atypische Personenhandelsgesellschaften?

1. Grundlagen

a) Ausgangsüberlegung

Kennzeichnend für Kapitalgesellschaften ist das Erfordernis, Eigenkapital in Höhe eines gesetzlich vorgeschriebenen Mindestbetrags aufzubringen.[685] Im Falle einer GmbH darf das jedenfalls zur Deckung dieses Mindestbetrags erforderliche Gesellschaftsvermögen nicht durch Verlagerungen auf die Gesellschafter, die auf dem Gesellschaftsverhältnis beruhen, beeinträchtigt werden.[686] Mit dem Ziel einer systemkonsistenten Ergän-

685 Statt vieler *Fleischer*, in: MHLS, Systematische Darstellung 5 Rn. 62; *ders.* in: MüKo GmbHG, Einleitung Rn. 9; *Wiedemann*, GesR I, § 2 I 3 a) (S. 101 f.).

686 Nach h.M. unterliegen dem Auszahlungsverbot des § 30 Abs. 1 GmbHG von vornherein nur solche Vermögensverlagerungen auf die Gesellschafter, die aufgrund des Gesellschaftsverhältnisses erfolgen – siehe nur BGHZ 13, 49, 54 = NJW 1954, 1157; *Habersack*, in: Habersack/Casper/Löbbe, § 30 Rn. 58; *Servatius*, in: Noack/Servatius/Haas, § 30 Rn. 29; *Verse*, in: Scholz, § 30 Rn. 30. Gegen das Auszahlungsverbot können im Übrigen auch Leistungen an Dritte verstoßen, sofern jene Dritte eine gesellschafterähnliche Stellung innehaben – siehe dazu statt vieler *Habersack*, in: Habersack/Casper/Löbbe, § 30 Rn. 71–74; *Verse*, in:

zung des Gläubigerschutzsystems bei den atypischen Personenhandelsgesellschaften vor Augen liegt daher zunächst die Überlegung nahe, ein Mindestkapital auch für ebendiese vorzuschreiben.[687] Führt man diesen Gedanken noch ungeachtet der Ausgestaltung im Einzelnen fort, könnte nicht nur eine Anwendung der §§ 30, 31 GmbHG auf Auszahlungen aus dem Vermögen einer GmbH & Co. KG und damit eine reflexartige Kapitalerhaltung obsolet werden. Vielmehr könnte es sich um einen gesellschafterunabhängigen Ansatz für sämtliche atypische Personenhandelsgesellschaften – und damit auch für die atypische OHG – handeln.

b) Höhe des Mindestkapitals

Das „Ob" und die Festlegung der Höhe eines Mindestkapitals sind rechtspolitische Entscheidungen.[688] Der Gesetzgeber hat, was die Höhe des Mindestkapitals anbelangt, einerseits für die GmbH und andererseits für die AG bzw. KGaA unterschiedliche Entscheidungen getroffen. Das Mindestkapital für atypische Personenhandelsgesellschaften wäre an dem Mindeststammkapital der GmbH zu orientieren.[689] Dies ergibt sich daraus, dass insbesondere die GmbH & Co. KG – als praktisch häufigste Erscheinungsform einer atypischen Personenhandelsgesellschaft –[690] und die GmbH regelmäßig austauschbar sind, wenn es um die Wahl der im Einzelfall passenden Rechtsform geht. Zur Begründung dieser Überlegung genügt nicht allein ein Blick auf die wesentlichen der Gründung einer GmbH & Co. KG zugrundeliegenden Motive. Dabei handelt es sich um die Erzielung einer faktischen allseitigen Haftungsbeschränkung sowie von Fremdorganschaft.[691] Beides kann zwar auch unter Heranziehung der Rechtsform der

Scholz, § 30 Rn. 49–51; von diesen Fallgruppen zu unterscheiden sind durch Dritte vermittelte Leistungen an Gesellschafter – siehe nur *Habersack*, in: Habersack/Casper/Löbbe, § 30 Rn. 71; *Verse*, in: Scholz, § 30 Rn. 35, 49.

687 Dies mit Bezug auf die atypische OHG vorschlagend *Habersack*, ZGR 2020, 539, 565.

688 Vgl. nur *Vetter*, ZGR 2005, 788, 825 f., mit Bezug auf das Mindeststammkapital der GmbH.

689 So mit Bezug auf die atypische OHG *Habersack*, ZGR 2020, 539, 565.

690 Siehe zur praktischen Relevanz der GmbH & Co. KG *Binz/Sorg*, GmbH & Co. KG, § 1 Rn. 37–40; *Oetker*, in: Oetker, § 161 Rn. 72; *Röder*, ZHR 184 (2020), 457, 465 f., 468; *Roth*, in: Hopt, Anh § 177a Rn. 2.

691 Siehe für diese Motive nur *Grunewald*, in: MüKo HGB, § 161 Rn. 50 f.; *Roth*, in: Hopt, Anh § 177a Rn. 3.

AG erreicht werden.[692] Vorteilhaft sowohl an der GmbH als auch an einer (atypischen) Personenhandelsgesellschaft ist aber aus Sicht der Beteiligten vor allem die Dispositionsfreiheit mit Bezug auf das Innenverhältnis, die sich auch in einer weitreichenden Satzungsautonomie widerspiegelt.[693] Insoweit besteht *de lege lata* der wesentliche Unterschied darin, dass auf dem Gesellschaftsverhältnis beruhende Maßnahmen, die sich, wie namentlich Ausschüttungen, auf das GmbH-Vermögen auswirken, nur in den Grenzen des Kapitalerhaltungsgebots des § 30 GmbHG zulässig sind.[694] Eben an dieser Stelle würde ein aufzubringendes und zu erhaltendes Mindestkapital für atypische Personenhandelsgesellschaften ansetzen. Aspekte, die für die Wahl der einen oder anderen Rechtsform sprechen,[695] würden weiter eingeebnet. In deutlichem Kontrast dazu steht die Rechtsform der AG. Die Dispositionsfreiheit der Aktionäre ist durch das in § 23 Abs. 5 AktG normierte Prinzip der Satzungsstrenge auch mit Bezug auf das Innenverhältnis weitgehend eingeschränkt.[696] Bezweckt wird damit die Sicherung der Verkehrsfähigkeit der Aktie, aber auch der Schutz der Gesellschaftsgläubiger.[697] Dem entspricht es, dass die wirtschaftliche Bedeutung der AG darin liegt, Kapital zahlreicher Anleger konzentriert für einen meist wirtschaftlichen Zweck einzusetzen, der für den Einzelnen in Anbetracht des erforderlichen Kapitals nicht erreichbar wäre.[698]

---

692 Insoweit käme auch eine atypische KGaA in Betracht, d.h. eine KGaA, bei der kein persönlich haftender Gesellschafter eine natürliche Person ist – siehe dazu BGHZ 134, 392 = NJW 1997, 1923 (1. und 2. Leitsatz) (GmbH als einzige Komplementärin) sowie die in § 279 Abs. 2 AktG enthaltene Firmierungsanforderung.

693 Vgl. *Ulmer/Habersack*, in: Habersack/Casper/Löbbe, Einleitung Rn. A 21; siehe auch *Oppenländer*, in: Oppenländer/Trölitzsch, Hdb GmbH-Geschäftsführung, § 3 Rn. 18 (GmbH im Vergleich zur AG).

694 *Ulmer/Habersack*, in: Habersack/Casper/Löbbe, Einleitung Rn. A 21.

695 Vgl. *Oppenländer*, in: Oppenländer/Trölitzsch, Hdb GmbH-Geschäftsführung, § 3 Rn. 27 mit Rn. 4.

696 Siehe nur *Röhricht/Schall*, in: Hirte/Mülbert/Roth, Großkomm AktG, § 23 Rn. 173; *Ulmer/Habersack*, in: Habersack/Casper/Löbbe, Einleitung Rn. A 49.

697 *Grigoleit*, in: Grigoleit AktG, Einleitung Rn. 1; *Koch*, AktG, § 23 Rn. 34; siehe auch *Röhricht/Schall*, in: Hirte/Mülbert/Roth, Großkomm AktG, § 23 Rn. 174.

698 *Habersack*, in: MüKo AktG, Einleitung Rn. 5; siehe auch *Grigoleit*, in: Grigoleit AktG, Einleitung Rn. 1; *Ulmer/Habersack*, in: Habersack/Casper/Löbbe, Einleitung Rn. A 18.

2. Ausgestaltung des Mindestkapitalkonzepts

a) Orientierung am GmbH-Modell

Auch für die Ausgestaltung eines auf einem gesetzlich vorgeschriebenen Mindestkapital aufbauenden Konzepts kommt ein am GmbH-Modell orientierter Ansatz in Betracht. Was zunächst die Kapitalaufbringung anbelangt, hieße dies konkret, eine präventive Kapitalaufbringungskontrolle vorzusehen.[699] Diese basiert im GmbH-Recht auf zahlreichen, etwa die auf die Erbringung von Sacheinlagen bezogenen Vorschriften. So sind der Anmeldung zum Handelsregister gemäß § 8 Abs. 1 Nr. 5 GmbHG Unterlagen als Nachweis darüber beizufügen, dass der Wert der Sacheinlagen den Nennbetrag der dafür übernommenen Geschäftsanteile erreicht. Dadurch soll dem zuständigen Registergericht die entsprechende Prüfung ermöglicht werden.[700] Sind Sacheinlagen nicht unwesentlich überbewertet, hat das Registergericht gemäß § 9c Abs. 1 S. 2 GmbHG die Eintragung abzulehnen. Erfolgt die Eintragung dennoch, haftet der die betreffende Sacheinlage schuldende Gesellschafter gemäß § 9 Abs. 1 S. 1 GmbHG in Höhe der Differenz gegenüber der Gesellschaft.[701]

Dieser Ansatz lässt sich jedoch schon in rechtstechnischer Hinsicht nicht auf atypische Personenhandelsgesellschaften übertragen. Grund dafür ist der folgende, wesentliche Unterschied zwischen einer GmbH und einer Personenhandelsgesellschaft: Aus § 11 Abs. 1 GmbHG ergibt sich, dass eine GmbH „als solche" erst mit der Handelsregistereintragung entsteht. Demgegenüber kann eine Personenhandelsgesellschaft nach § 123 Abs. 2 HGB „als solche", mithin als eine dem Recht der Handelsgesellschaften zu unterstellende Gesellschaft,[702] auch vor ihrer Eintragung in das Handelsregister Wirksamkeit im Verhältnis zu Dritten erlangen, sofern sie ein Handelsgewerbe betreibt und ihre Geschäfte aufnimmt. Eine darauffolgende Eintragung in das Handelsregister – mag die Anmeldung zur Eintragung auch in § 106 Abs. 1 HGB vorgeschrieben sein – wirkt nur deklaratorisch. Was spezifisch atypische Personenhandelsgesellschaften anbelangt, lässt sich darüber hinaus anhand von Veränderungen im

---

699 Vgl. für die Herangehensweise im GmbH-Recht nur *Vetter*, ZGR 2005, 788, 801.

700 Siehe nur *Herrler*, in: MüKo GmbHG, § 8 Rn. 35.

701 Auch eine Eintragung unter Verstoß gegen § 9c GmbHG lässt die GmbH als juristische Person entstehen – siehe nur *Servatius*, in: Noack/Servatius/Haas, § 9c Rn. 11; *Veil*, in: Scholz, § 10 Rn. 24.

702 Siehe die Differenzierung von *K. Schmidt*, in: MüKo HGB, § 123 Rn. 1, zum Regelungsgegenstand des § 123 HGB.

Gesellschafterbestand verdeutlichen, dass sich eine präventive Kapitalaufbringungskontrolle nicht sicherstellen ließe. Mit Blick zunächst auf eine OHG, zu deren Gesellschaftern neben juristischen Personen auch eine natürliche Person gehört, kann durch das Ausscheiden ebendieser eine atypische OHG entstehen. Auf eine KG umgemünzt gilt Entsprechendes, wenn einer von mehreren Komplementären eine natürliche Person ist und ausscheidet oder etwa die Komplementär- in eine Kommanditbeteiligung umgewandelt wird.[703]

b) Orientierung am Modell der Kommanditistenhaftung

(1) Verlagerung der Prüfung von Kapitalaufbringung und Kapitalerhaltung auf den Streitfall

Außerdem kommt ein am Modell der Kommanditistenhaftung orientierter Ansatz zur Ausgestaltung des Mindestkapitalkonzepts in Betracht.[704] Ein Kommanditist trägt im Streitfall die Darlegungs- und Beweislast für eine gemäß § 171 Abs. 1 Hs. 2 HGB haftungsbefreiende Einlageleistung.[705] Gegenüber dem Vorwurf einer haftungsauslösenden Einlagenrückgewähr muss der Kommanditist darlegen und beweisen, dass die – vom Gläubiger bzw. Insolvenzverwalter darzulegende und zu beweisende –[706] Ausschüttung haftungsunschädlich war.[707] Praktisch erledigen sich etwaige, aus Gläubigerperspektive bestehende Beweisschwierigkeiten dadurch, dass die

703 Siehe zur Beteiligungsumwandlung in anderem Kontext (Kommanditistenhaftung für Altverbindlichkeiten gemäß § 173 Abs. 1 HGB) *K. Schmidt*, in: MüKo HGB, § 173 Rn. 9.

704 Vgl. *Vetter*, ZGR 2005, 788, 801 f.; vgl. auch *Eidenmüller/Engert*, GmbHR 2005, 433, 436 f., mit Bezug auf eine Verlagerung der Kapitalaufbringungsprüfung bei der GmbH *de lege ferenda*.

705 BGH WM 1977, 167, 168; *K. Schmidt*, in: MüKo HGB, §§ 171, 172 Rn. 63; *Thiessen*, in: Staub, § 171 Rn. 226.

706 Auf diese Weise differenzierend *K. Schmidt*, in: MüKo HGB, §§ 171, 172 Rn. 76; *Scholz*, in: Westermann/Wertenbruch, Hdb PersG, Rn. I 2980 (Stand Juni 2019); *Thiessen*, in: Staub, § 172 Rn. 192; ebenso OLG Hamm NZG 2018, 940; a.A. etwa *Bartlitz*, Die Haftung des Kommanditisten auf der Grundlage kapitalgesellschaftsrechtlicher Prinzipien, S. 85 f (Kommanditist auch bzgl. des Fehlens einer Vermögensübertragung beweisbelastet).

707 BGH NJW 2011, 2351, 2353; BGHZ 207, 54, 66 = NJW 2015, 3789, 3792; aus dem Schrifttum statt vieler *K. Schmidt*, in: MüKo HGB, §§ 171, 172 Rn. 76.

Kommanditistenhaftung in der Regel gemäß § 171 Abs. 2 HGB vom Insolvenzverwalter geltend gemacht wird.[708]

(2) Haftung der Gesellschafter für einen Fehlbetrag

(a) Anknüpfung an die Einlageverpflichtungen der Gesellschafter?

In Anbetracht der auf die jeweilige Haftsumme bezogenen Kommanditistenhaftung erscheint es zunächst naheliegend, die Frage danach, ob die Gesellschafter einer atypischen Personenhandelsgesellschaft Einlagen jedenfalls in Höhe des Mindestkapitals geleistet und im Gesellschaftsvermögen belassen haben, ebenfalls separat mit Blick auf die Einlageverpflichtung des jeweiligen Gesellschafters zu beantworten. Geeignet wäre dieser Ansatz allerdings nur, wenn sichergestellt werden könnte, dass die Summe der Einlageverpflichtungen fortwährend dem – jedenfalls in Höhe des gesetzlich vorgeschriebenen Mindestbetrags – aufzubringenden Kapital entspricht. *De lege ferenda* liegt die damit verbundene Schwierigkeit nicht vornehmlich darin, dass die Dispositionsfreiheit der Gesellschafter in Bezug auf die Einlageforderungen der Gesellschaft eingeschränkt werden müsste. Als problematisch erweist sich stattdessen, dass eine tatbestandliche Anknüpfung an die Einlageverpflichtungen voraussetzen würde, dass die Gesellschafter Einlageverpflichtungen vorsehen, bei deren vollständiger Erfüllung wenigstens das gesetzlich vorgeschriebene Mindestkapital aufgebracht wäre. Eine entsprechende Vorschrift, einhergehend mit einer Pflicht zur Anmeldung der Einlageverpflichtungen zum Handelsregister, ist zwar denkbar. Erneut käme man dann jedoch zum Ausgangspunkt, nämlich dazu, dass das Entstehen einer Personenhandelsgesellschaft „als solcher" nicht unbedingt deren Eintragung in das Handelsregister bedarf. Eine Zuhilfenahme der registergerichtlichen Prüfung könnte mithin nicht in jedem Fall zu einer funktionsfähigen Ausgestaltung des Mindestkapitalkonzepts beitragen.

708 *Thiessen*, in: Staub, § 172 Rn. 194 mit § 171 Rn. 226; siehe für den Aspekt, dass die Kommanditistenhaftung regelmäßig vom Insolvenzverwalter geltend gemacht wird, in anderem Kontext auch *K. Schmidt*, DB 2011, 1149, 1154.

(b) Gesamtschuldnerische Haftung der Gesellschafter

Um diesen Schwierigkeiten zu entgehen, könnte man vorsehen, dass sämtliche Gesellschafter für die Kapitalaufbringung in voller Höhe verantwortlich sind.[709] Gleich, ob als Innen- oder Außenhaftung ausgestaltet, hieße dies, dass ein Gesellschafter auch dann in Höhe des nicht durch Einlagen gedeckten Betrags haften würde, wenn er selbst seiner gegenüber der Gesellschaft bestehenden Einlageverpflichtung nachgekommen bzw. wenn eine Einlagenrückgewähr zugunsten eines Mitgesellschafters erfolgt ist. In ähnlicher Weise ist eine derartige, am Modell der Kommanditistenhaftung orientierte, im Unterschied dazu jedoch solidarische Haftung der Gesellschafter für ein aufzubringendes Kapital bereits im *Oechelhäuserschen* Entwurf einer Gesellschaft mit beschränkter Haftbarkeit aus dem Jahre 1884 vorgesehen worden.[710] Wenngleich gemäß § 3 des *Oechelhäuserschen* Entwurfs in der Anmeldung zum Handelsregister sowohl das frei bestimmbare Grundkapital als auch die Beteiligung eines jeden Gesellschafters anzugeben gewesen wären, sollte sich die Haftung der Gesellschafter für Gesellschaftsverbindlichkeiten allein danach beurteilen, inwieweit das nach § 4 des Entwurfs außerdem zu veröffentlichende Grundkapital durch Einlageleistungen der Gesellschafter gedeckt ist. Bei vollständiger Deckung sollte die persönliche Haftung der Gesellschafter ausgeschlossen sein.[711] Andernfalls sollten gemäß § 5 S. 2 des *Oechelhäuserschen* Entwurfs die Gesellschafter solidarisch „für alle nicht einbezahlten Beträge" unmittelbar gegenüber den Gesellschaftsgläubigern haften.[712]

---

709 Einen derartigen Ansatz verfolgte bereits der *Oechelhäusersche* Entwurf einer Gesellschaft mit beschränkter Haftbarkeit aus dem Jahre 1884 (im Folgenden: *Oechelhäuserscher* Entwuf), abgedruckt in *Schilling*, in: FG Kunze, 189, 205–207. In Anlehnung an den *Oechelhäuserschen* Entwurf hat auch schon *Schilling*, in: FG Kunze, 189, 204, für eine Personengesellschaft mit beschränkter Haftung *de lege ferenda* mit Bezug auf ein Mindestkapital, welches gesetzlich festzusetzen wäre, eine gesamtschuldnerische Außenhaftung vorgeschlagen. Eine nähere Darstellung beider Ansätze erfolgt, soweit diese für die folgenden Ausführungen relevant sind, sogleich im Text.

710 Siehe neben dem Nachweis zum *Oechelhäuserschen* Entwurf in voriger Fn. auch *Röder*, ZHR 184 (2020), 457, 470 f., zur rechtshistorischen Einbettung des *Oechelhäuserschen* Entwurfs.

711 Siehe § 5 mit § 1 Abs. 1 des *Oechelhäuserschen* Entwurfs.

712 In § 5 des *Oechelhäuserschen* Entwurfs war nicht explizit eine Außenhaftung unmittelbar gegenüber den Gesellschaftsgläubigern vorgesehen. Eine derartige Haftungsausgestaltung ergibt sich jedoch daraus, dass die entworfene Handelsgesellschaft mit beschränkter Haftbarkeit gemäß § 2 des *Oechelhäuserschen* Ent-

Für atypische Personenhandelsgesellschaften wäre indessen nicht von einem im Handelsregister einzutragenden, sondern vom gesellschaftsvertraglich festgelegten Kapital auszugehen. In Anbetracht einer gesetzlichen Mindestvorgabe könnte eine gesellschaftsvertragliche Bestimmung jedoch nur dann gegenüber den Gläubigern relevant sein, wenn diese ein über den Mindestbetrag hinausgehendes Kapital vorsieht. Um das Risiko einer gesamtschuldnerischen Haftung in Höhe des gesamten aufzubringenden Kapitals zu vermeiden,[713] käme aus Gesellschafterperspektive in Betracht, im Gesellschaftsvertrag ein Gesellschaftskapital in Höhe des gesetzlich vorgegeben Mindestbetrags zu bestimmen. Daneben blieben darüber hinausgehende Einlageverpflichtungen der Gesellschafter im Innenverhältnis möglich, die – entsprechend der aktuellen Rechtslage – der Gesellschafterdisposition unterliegen würden. Diese Überlegung ist angelehnt an den Vorschlag von *Schilling* zur Ausgestaltung der Haftung und damit einhergehend des Gläubigerschutzes bei einer *de lege ferenda* einzuführenden Personengesellschaft mit beschränkter Haftung.[714] Demzufolge wäre hinsichtlich der Kapitalausstattung samt korrespondierender Gesellschafterhaftung zwischen der Aufbringung und Erhaltung eines gesetzlich vorgeschriebenen Mindestkapitals und der Höhe nach frei bestimmbarer „Zusatzeinlagen" zu differenzieren.[715] Nach dem Vorschlag von *Schilling* sollten die Gesellschafter nur in Bezug auf das Mindestkapital einer gesamtschuldnerischen Außenhaftung unterliegen, also nur insoweit unmittelbar gegenüber den Gläubigern haften, als das Mindestkapital nicht durch Einlagen gedeckt ist.[716] Dem Modell der Kommanditistenhaftung entsprechend wäre potentiell haftungsauslösend mithin nicht nur das Unterbleiben von Einlageleistungen, sondern auch eine Einlagenrückgewähr.[717] In Bezug

---

wurfs im Übrigen, d.h. sofern dieser keine Sonderbestimmungen vorsah, den auf die OHG anwendbaren Vorschriften unterliegen sollte; siehe dazu auch *Röder*, ZHR 184 (2020), 457, 471.

713 Vgl. *Schilling*, in: FG Kunze, 189, 203, der die im *Oechelhäuserschen* Entwurf vorgesehene, gesamtschuldnerische Außenhaftung sämtlicher Gesellschafter in Höhe des eingetragenen Kapitals als „zu hart und zu grob" bezeichnet hat.

714 Siehe *Schilling*, in: FG Kunze, 189, 202–204.

715 *Schilling*, in: FG Kunze, 189, 204.

716 *Schilling*, in: FG Kunze, 189, 204.

717 Siehe *Schilling*, in: FG Kunze, 189, 204, mit Bezug auch auf die Rückzahlung von Einlagen sowie die Entnahme von Gewinnanteilen. In § 6 des *Oechelhäuserschen* Entwurfs war für den Fall einer Gewinnausschüttung bei durch Verlust vermindertem Grundkapital eine solidarische Innenhaftung der Gesellschafter hinsichtlich der verteilten Beträge vorgesehen; im Unterschied dazu bliebe es auf Grundlage von *Schillings* Vorschlag (a.a.O.) auch insoweit bei der soeben im

auf die „Zusatzeinlagen" wäre die Gesellschafterhaftung separat zu bestimmen, die Herangehensweise würde damit auch insoweit derjenigen für die Kommanditistenhaftung entsprechen.[718] Im Einklang damit bezog sich *Schilling* mit „Einlagen", also auch mit „Zusatzeinlagen", nicht auf die Einlageversprechen im Innenverhältnis, sondern auf die im Handelsregister eingetragene Haftsumme.[719]

3. Beurteilung des Mindestkapitalkonzepts mit Blick auf die rechtspolitischen Ziele

a) Keine insolvenzunabhängige Begrenzung von Vermögensverschiebungen auf die Gesellschafter

Mittels einer Verlagerung der Prüfung von Kapitalaufbringung und -erhaltung auf den Streitfall sowie einer gesamtschuldnerischen Haftung der Gesellschafter in Höhe eines etwaigen Fehlbetrags kann ein auf der gesetzlichen Vorgabe eines Mindestkapitals aufbauendes Konzept für atypische Personenhandelsgesellschaften funktionsfähig umgesetzt werden. Das Ziel einer insolvenzunabhängigen Begrenzung von Vermögensverschiebungen zugunsten der Gesellschafter wird auf diese Weise allerdings nicht erreicht. Vermögensverschiebungen stünden den Gesellschaftern mangels Auszahlungsverbots grundsätzlich weiterhin frei. Praktisch relevant wäre die auf den Streitfall verlagerte Prüfung von Kapitalaufbringung und -erhaltung erst bei Insolvenz der Gesellschaft.

b) Zusätzliche Anforderung an die Rechnungslegung

Im Falle einer atypischen KG wäre die Folgefrage zu beantworten, in welchem Verhältnis einerseits die gesamtschuldnerische Haftung in Bezug auf das Mindestkapital und andererseits die durch die persönliche Haftsumme begrenzte Kommanditistenhaftung zueinander stehen. Verdeutlichen lässt sich dieser Gedanke sowohl mit Blick auf Einlageleistungen als auch

---

Text skizzierten Differenzierung, d.h. bei einer gesamtschuldnerischen Außenhaftung der Gesellschafter, soweit das Mindestkapital nicht durch Einlagen gedeckt ist.

718 *Schilling*, in: FG Kunze, 189, 204.

719 *Schilling*, in: FG Kunze, 189, 204.

auf eine etwaige Einlagenrückgewähr. Fraglich wäre, in welcher Reihenfolge Leistungen an die Gesellschaft und Vermögenszuwendungen an die Kommanditisten anzurechnen wären. Konkret geht es darum, ob sich diese Vorgänge zunächst auf die Deckung des Mindestkapitals bzw. eines darüberhinausgehenden satzungsmäßigen Kapitals oder auf die Deckung der auf den jeweiligen Kommanditisten bezogenen Haftsumme auswirken würden. Diese Frage hat sich *Schilling* in Konsequenz seines differenzierten Ansatzes bereits gestellt und vorgeschlagen, dass Entnahmen und Verlustanteile zunächst auf die der Kommanditeinlage entsprechenden Zusatzeinlage anzurechnen wären und „bei deren Erschöpfung auf die Einlage zum Mindestkapital".[720]

Unabhängig von der Reihenfolge der Anrechnung würde eine solche Verknüpfung von solidarischer und persönlicher Verantwortlichkeit mit unterschiedlichen Bezugspunkten zum einen dazu führen, dass hinsichtlich der Kapitalaufbringung der Saldo sämtlicher Kapitalanteile entscheidend wäre.[721] Zum anderen wäre der für die Deckung der persönlichen Haftsumme heranzuziehende Einlagebetrag auszuklammern, da man diesen andernfalls doppelt berücksichtigen würde.

Erforderlich wäre angesichts dessen eine Anpassung der Rechnungslegungsvorschriften, konkret von § 264c Abs. 2 HGB hinsichtlich der Ausweisung des Eigenkapitals. *De lege lata* sind die Kapitalanteile der Kommanditisten gemäß § 264c Abs. 2 S. 6 HGB gesondert von denjenigen der persönlich haftenden Gesellschafter auszuweisen. Eine Zusammenfassung der Kapitalanteile ist jeweils, also einerseits bezogen auf die Kapitalanteile der persönlich haftenden Gesellschafter und andererseits auf die der Kommanditisten, möglich, aber nicht vorgeschrieben. Außerdem ist umstritten, ob positive und negative Kapitalanteile saldiert ausgewiesen werden dürfen.[722] *De lege ferenda* müssten zum einen die Kapitalanteile sämtlicher Gesellschafter saldiert und zum anderen die Kapitalanteile der Kommanditisten zusätzlich separat auszuweisen sein. Dadurch könnte spiegelbildlich die Deckung des Mindestkapitals bzw. des satzungsmäßigen Kapitals sowie der jeweiligen persönlichen Haftsumme im Sinne des erarbeiteten Konzepts anhand der Rechnungslegung der Gesellschaft bestimmt wer-

720 *Schilling*, in: FG Kunze, 189, 204.

721 Siehe zu diesem Aspekt *Schilling*, in: FG Kunze, 189, 205, konkret dessen Vorschlag einer jährlichen Mitteilungspflicht der Geschäftsführer über „den Stand der Einlagekonten [...] in Summa" gegenüber dem Handelsregister.

722 Bejahend etwa *Bitter/Grashoff*, DB 2000, 833, 835; *Hoffmann*, DStR 2000, 837, 840 f.; verneinend etwa *Hüttemann/Meyer*, in: Staub, § 264c Rn. 13; *Theile*, BB 2000, 555, 557.

den. Für den praktisch jedenfalls bei der GmbH & Co. KG relevanten Fall, dass die Komplementär-GmbH keinen Kapitalanteil innehat,[723] wäre mithin, sofern keine weiteren Komplementäre vorhanden sind, für die Bestimmung der Deckung des Mindestkapitals zusätzlich zur separaten Ausweisung der Kapitalanteile der Kommanditisten der Saldo der Kapitalanteile sämtlicher Kommanditisten relevant.[724] Anders als das Fehlen einer insolvenzunabhängigen Begrenzung von Vermögensverschiebungen auf die Gesellschafter stellt diese zusätzliche Anforderung an die Rechnungslegung das Mindestkapitalkonzept allein nicht in Frage.

II. Auszahlungsverbot

1. Auszahlungsverbot ohne vorherige Kapitalaufbringung

a) Rückbesinnung auf das Ziel einer insolvenzunabhängigen Kapitalsicherung

Für eine insolvenzunabhängige Begrenzung von Vermögensverschiebungen zugunsten der Gesellschafter bedarf es nicht zwingend einer vorherigen Kapitalaufbringung.[725] Zwar mag gerade das Anliegen, das auf atypische Personenhandelsgesellschaften anwendbare Recht um einen vom Bestehen wie auch der Verursachung der materiellen Insolvenz unabhängigen Kapitalschutz zu ergänzen, den Verzicht auf eine vorherige Kapitalaufbringung schwierig erscheinen lassen. Jedoch ist mit dem von *Karollus* für atypische Personenhandelsgesellschaften und von *Blaum* mit Bezug auf die atypische KG erwogenen Auszahlungsverbot an der Grenze zur bilanziellen Überschuldung eben ein solcher Ansatz bereits aus dem zwei-

723 Siehe die Nachweise in Fn. 461.

724 Dies gilt unabhängig davon, ob die Gesellschafter beim gesetzlichen Standardmodell eines variablen Kapitalkontos bleiben oder, wie üblich, davon abweichend mehrere Konten für jeden Gesellschafter vorsehen – siehe zur gesetzlichen Regelung *Casper*, in: Staub, § 167 Rn. 17; *Schäfer*, in: Habersack/Schäfer, § 120 Rn. 58 f.; siehe für abweichende Gestaltungen und deren praktische Relevanz *Casper*, in: Staub, § 167 Rn. 24 f., 27; *Schäfer*, in: Habersack/Schäfer, § 120 Rn. 64. Im letztgenannten Fall müssten die relevanten Kapitalkonten sowohl bzgl. des jeweiligen Kommanditisten als auch für sämtliche Kommanditisten saldiert werden – vgl. *Schäfer*, in: Habersack/Schäfer, § 120 Rn. 69, zur Feststellung eines negativen Kapitalanteils im Falle mehrerer Kapitalkonten.

725 Siehe nur *Schön*, Der Konzern 2004, 162, 168; *Vetter*, ZGR 2005, 788, 806 f.

ten Teil dieser Arbeit bekannt.[726] Dieses an § 30 Abs. 1 GmbHG und § 31 Abs. 1 GmbHG orientierte Kapitalerhaltungskonzept ist im Kontext komplementärunabhängiger Ansätze *de lege lata* unter anderem mangels planwidriger Regelungslücke abgelehnt worden.[727] Zum Zwecke der Entwicklung eines Kapitalschutzkonzepts *de lege ferenda* soll dieser Ansatz nun wiederaufgegriffen werden.

b) Tatbestand des Auszahlungsverbots

Im Einzelnen geht es mithin um ein Auszahlungsverbot bei atypischen Personenhandelsgesellschaften, wonach auf dem Gesellschaftsverhältnis beruhende Auszahlungen an die Gesellschafter oder ihnen gleichzustellende Dritte[728] nicht zulasten des zur Deckung der Verbindlichkeiten erforderlichen Vermögens erfolgen dürften.[729] Anders ausgedrückt wären Auszahlungen verboten, die entweder bei bereits bestehender Überschuldung erfolgen oder eine Überschuldung herbeiführen. Das Reinvermögen, also die sich anhand eines Abzugs der Verbindlichkeiten samt Rückstellungen für ungewisse Verbindlichkeiten vom Aktivvermögen ergebende Differenz, dürfte mithin nicht negativ sein oder werden.[730] Für die Feststellung eines Verstoßes gegen das Auszahlungsverbot wäre im Einklang mit der Rechtslage für § 30 Abs. 1 GmbHG die Vermögenssituation der Gesellschaft im Zeitpunkt der Auszahlung maßgeblich.[731] Der Auszahlungsbegriff in § 30 Abs. 1 GmbHG ist nicht auf Geldleistungen beschränkt, sondern weit auszulegen.[732] Erfasst sind Leistungen aller Art, die das

---

726 Siehe oben Teil 2 A.III.1.a).

727 Siehe oben Teil 2 A.III.1.b).

728 Siehe bzgl. § 30 Abs. 1 GmbHG sowohl hinsichtlich der Erfassung von Leistungen an Dritte als auch für die davon zu unterscheidende Konstellation mittelbarer Leistungen an die Gesellschafter oben Fn. 686.

729 Siehe bzgl. § 30 Abs. 1 GmbHG für das Erfordernis einer auf dem Gesellschaftsverhältnis beruhenden Vermögensverlagerung oben Fn. 686; siehe ebenfalls bzgl. § 30 Abs. 1 GmbHG hinsichtlich dessen Anwendbarkeit im Falle der Verursachung bzw. bei Bestehen bilanzieller Überschuldung oben Fn. 324.

730 Siehe für die Berechnung des Reinvermögens oben Fn. 327.

731 Im Ausgangspunkt ist dies für § 30 Abs. 1 GmbHG unstreitig – siehe nur BGH NJW 1988, 139, 140; BGH NJW 2003, 3629, 3631; *Ekkenga*, in: MüKo GmbHG, § 30 Rn. 92; *Habersack*, in: Habersack/Casper/Löbbe, § 30 Rn. 44; *Verse*, in: Scholz, § 30 Rn. 53.

732 Ständige Rspr., siehe nur BGHZ 179, 344, 357 = NJW 2009, 2127, 2131 (Sanitary); BGHZ 214, 258, 263 = NZG 2017, 658, 659 f.; siehe aus dem Schrifttum statt

Gesellschaftsvermögen verringern.[733] Dies würde ebenso für das an § 30 Abs. 1 GmbHG angelehnte Auszahlungsverbot bei atypischen Personenhandelsgesellschaften gelten. Auf die Frage, ob im Falle der Begründung einer Verbindlichkeit auf das Verpflichtungsgeschäft oder die Erfüllung der Verbindlichkeit abzustellen ist, wird am Beispiel der Rückzahlung von Einlagen zurückzukommen sein. Orientiert an § 30 Abs. 1 GmbHG wäre Maßstab für die Prüfung eines Verstoßes gegen das Auszahlungsverbot prinzipiell eine auf den Zeitpunkt der Auszahlung bezogene, nach handelsbilanziellen Grundsätzen aufzustellende Bilanz.[734]

c) Parallele zur Diskussion über die Einführung einer neuen Rechtsform

Eine derartige Begrenzung von Auszahlungen zugunsten der Gesellschafter findet man auch im Vorschlag von *Röder* mit Bezug auf die Ausgestaltung des Gläubigerschutzes bei einer *de lege ferenda* einzuführenden Personengesellschaft mit beschränkter Haftung (PmbH).[735] Verboten wäre danach jeder durch das Gesellschaftsverhältnis veranlasste Vermögenstransfer an einen Gesellschafter, der „nicht durch das nach handelsrechtlichen Grundsätzen ermittelte bilanzielle Eigenkapital gedeckt ist".[736]

Als Vorzüge einer derartigen Ausgestaltung des Gläubigerschutzes nennt *Röder* zum einen, dass auf diese Weise der externe Gläubigerschutz vollständig von der internen Finanzverfassung der Gesellschaft entkoppelt werde.[737] Mithin bedürfte es keinerlei gesetzlicher Vorgaben für ein im Gesellschaftsvertrag festzulegendes Gesellschaftskapital.[738] Über den Verzicht auf ein Mindestkapital gehe dieser Aspekt insoweit hinaus, als etwa im Falle einer UG, wenngleich ein Mindeststammkapital gesetzlich nicht vorgesehen ist, jeder Gesellschafter mindestens einen Geschäftsanteil in

---

vieler *Habersack*, in: Habersack/Casper/Löbbe, § 30 Rn. 47; *Servatius*, in: Noack/Servatius/Haas, § 30 Rn. 33.

733 Ständige Rspr., siehe nur die Nachweise in voriger Fn.; aus dem Schrifttum statt vieler *Habersack*, in: Habersack/Casper/Löbbe, § 30 Rn. 47 (mit Bezug grds. nur auf das Aktivvermögen); *Servatius*, in: Noack/Servatius/Haas, § 30 Rn. 33.

734 Siehe bzgl. § 30 Abs. 1 GmbHG nur BGH NJW 2009, 68, 69; BGH NZG 2018, 1069, 1070; *Habersack*, in: Habersack/Casper/Löbbe, § 30 Rn. 33; *Servatius*, in: Noack/Servatius/Haas, § 30 Rn. 15, 18; *Verse*, in: Scholz, § 30 Rn. 58.

735 *Röder*, ZHR 184 (2020), 457, 460 (Bezeichnung), 486 f. (Ausschüttungsbeschränkung samt korrespondierender Gesellschafter- und Geschäftsleiterhaftung).

736 *Röder*, ZHR 184 (2020), 457, 487.

737 *Röder*, ZHR 184 (2020), 457, 488.

738 *Röder*, ZHR 184 (2020), 457, 488.

Höhe von zumindest einem Euro innehaben müsse.[739] Zum anderen ermögliche ein bilanzieller Ausschüttungstest ohne Mindestkapitalerfordernis, dass vollständig auf eine präventive Kapitalaufbringungskontrolle verzichtet werden könnte.[740] Beide Aspekte gelten in besonderem Maße auch für atypische Personenhandelsgesellschaften. Wie gezeigt geht es in dieser Hinsicht, was die Umsetzung eines auf die Aufbringung und Erhaltung eines gesetzlich vorgegebenen Mindestkapitals ausgerichteten Kapitalschutzkonzepts anbelangt, nicht erst um eine regelungstechnisch sowie praktisch einfache Ausgestaltung, sondern bereits darum, dass ein am GmbH-Modell orientiertes Konzept nicht funktionsfähig wäre.

2. Einschränkung der Dispositionsfreiheit der Gesellschafter über Einlageforderungen

a) Relevanz des Auszahlungsverbots

Der Verzicht auf eine vorherige Kapitalaufbringung hätte nicht nur zur Folge, dass die Gesellschafter weiterhin frei hinsichtlich des Umfangs der Ausstattung der Gesellschaft mit Eigenkapital wären. Zwangsläufig fehlte es darüber hinaus auch an Vorschriften zur Sicherung der Kapitalaufbringung. Vorbehaltlich des insolvenzbezogenen Kapitalschutzes und noch ungeachtet eines Auszahlungsverbots im skizzierten Sinne, könnten die Gesellschafter weiterhin über Einlageforderungen der Gesellschaft disponieren.[741] Was insoweit den Kapitalschutz bei der GmbH anbelangt, ist nicht primär das Auszahlungsverbot nach § 30 Abs. 1 GmbHG einschlägig, sondern spezielle Vorschriften wie namentlich § 19 Abs. 2 GmbHG und § 58 GmbHG[742]. Demgegenüber stellt sich für atypische Personenhandelsgesellschaften mangels entsprechender Vorschriften die Frage, ob Dispositionen der Gesellschafter hinsichtlich offener Einlagepflichten oder geleisteter Einlagen unter das Auszahlungsverbot subsumiert werden können. Im Folgenden soll dies zunächst für den vollständigen bzw. teilweisen Erlass von Einlagepflichten beantwortet werden. Anschließend geht es

739 *Röder*, ZHR 184 (2020), 457, 488.

740 *Röder*, ZHR 184 (2020), 457, 488.

741 Siehe dazu oben bei den Fn. 31 f.; a.A. im Rahmen der Krise einer atypischen KG „im engeren Sinne“ *Schläfke*, Vermögensbindung siehe dazu im Einzelnen sowie für Nachweise oben Teil 2 A.III.2.a).

742 Siehe hinsichtlich der Rückzahlung einer Stammeinlage nur *Ekkenga*, in: MüKo GmbHG, § 30 Rn. 3; *Habersack*, in: Habersack/Casper/Löbbe, § 30 Rn. 8.

um die Rückzahlung geleisteter Einlagen auf Grundlage einer von den Gesellschaftern vereinbarten Rückzahlungsverpflichtung der Gesellschaft gegenüber dem betreffenden Gesellschafter.

b) Erlass von Einlagepflichten

Der weit zu verstehende Auszahlungsbegriff des § 30 Abs. 1 GmbHG erfasst auch den Verzicht auf eine bestehende Forderung.[743] Dies würde ebenso für das an § 30 Abs. 1 GmbHG angelehnte Auszahlungsverbot bei atypischen Personenhandelsgesellschaften gelten. Was konkret Forderungen der Gesellschaft auf Einlageleistungen anbelangt, gilt für Kapitalgesellschaften § 272 Abs. 1 S. 2 HGB hinsichtlich deren bilanzieller Ausweisung im Jahresabschluss. Darin ist eine Differenzierung zwischen eingeforderten und nicht eingeforderten ausstehenden Einlagen vorgesehen. Gemäß § 272 Abs. 1 S. 2 Hs. 1 HGB sind nicht eingeforderte ausstehende Einlagen vom gezeichneten Kapital offen abzusetzen. Hingegen sind eingeforderte ausstehende Einlagen gemäß § 272 Abs. 1 S. 2 letzter Hs. HGB unter den Forderungen auszuweisen, also zu aktivieren. Dennoch befürwortet die wohl herrschende Meinung im Schrifttum für die Prüfung, ob eine Auszahlung im Einklang mit § 30 Abs. 1 GmbHG erfolgt ist, in beiden Fällen eine Aktivierung in Höhe des wirtschaftlichen Wertes der betreffenden Einlageforderung.[744] Für die Ausweisung ausstehender Einlagen im Jahresabschluss atypischer Personenhandelsgesellschaften gilt § 272 Abs. 1 S. 2 HGB entsprechend.[745] In Anbetracht dessen wären Einlageforderungen wiederum in beiden Fällen, also unabhängig davon, ob sie eingefordert sind oder nicht, in Höhe ihres wirtschaftlichen Werts zu aktivieren.

Mit Blick auf die Frage nach der Subsumierbarkeit unter das Auszahlungsverbot hieße dies konkret, dass der Erlass bzw. die Verringerung einer Einlageforderung mittels einer Änderung des Gesellschaftsvertrags oder eines Gesellschafterbeschlusses gegen das Auszahlungsverbot versto-

---

743 Statt vieler *Habersack*, in: Habersack/Casper/Löbbe, § 30 Rn. 54 mit Rn. 47; *Verse*, in: Scholz, § 30 Rn. 23 mit Rn. 18.

744 So die Überlegung von *Kropff*, ZIP 2009, 1137, 1139 f.; siehe für die wohl h.M. statt vieler *Hommelhoff*, in: Lutter/Hommelhoff, § 30 Rn. 13; *Verse*, in: Scholz, § 30 Rn. 63; a.A. *Thiessen*, in: Bork/Schäfer, § 30 Rn. 20 f. (nur für den Fall eingeforderter Einlagen).

745 *Böcking/Gros/Oser*, in: EBJS, § 264c Rn. 11; *Schmidt/K. Hoffmann*, in: Beck Bil-Komm, HGB, § 264c Rn. 20 (persönlich haftende Gesellschafter), 31 (Kommanditisten).

ßen würde, wenn entweder bereits im Zeitpunkt der relevanten „Auszahlung" eine Überschuldung vorliegt oder soweit eine Überschuldung verursacht wird. Wie bei einem Verstoß gegen § 30 Abs. 1 GmbHG beliefe sich der Erstattungsanspruch der Gesellschaft gegen den Leistungsempfänger[746] grundsätzlich auf eine gegenständliche Rückgewähr, nicht auf Wertersatz.[747] Im Falle eines Erlasses hätte die Gesellschaft mithin einen Anspruch auf Wiederbegründung der Forderung oder könnte, sofern die Forderung fällig ist, unmittelbar Zahlung verlangen.[748] Bei einem teilweisen Verzicht auf die Forderung würde sich der Anspruch gegebenenfalls, nämlich sofern eine Überschuldung erst verursacht worden ist, auf denjenigen Betrag beschränken, der für eine Wiederherstellung der Deckung der Verbindlichkeiten erforderlich ist.[749]

c) Rückzahlung von Einlagen

(1) Einwendung gegen den Rückzahlungsanspruch des Gesellschafters

Auch hinsichtlich der Rückzahlung von Einlagen kann das Auszahlungsverbot des § 30 Abs. 1 GmbHG zur Orientierung herangezogen werden. Zwar geht die Rückzahlung einer Stammeinlage nicht zwingend mit einem Verstoß gegen § 30 Abs. 1 GmbHG einher, sondern kann auch aus nicht gebundenem Gesellschaftsvermögen erfolgen.[750] Umgekehrt liegt ein Verstoß gegen das Auszahlungsverbot jedoch dann vor, wenn infolge der Auszahlung das Reinvermögen nicht mehr das Stammkapital deckt bzw. wenn dies bereits im Zeitpunkt der Auszahlung der Fall war.[751] Blickt man auf die der Rückzahlung zugrundeliegende Verbindlichkeit der Gesellschaft, kommt in Betracht, schon deren Eingehung unter den

---

746 Siehe zur Haftung des Leistungsempfängers noch unten Teil 3 A.II.3.b)(1).

747 Siehe bzgl. § 31 GmbHG nur BGHZ 176, 62, 64 f. = NZG 2008, 467, 468; *Habersack*, in: Habersack/Casper/Löbbe, § 31 Rn. 23; *Verse*, in: Scholz, § 31 Rn. 16 f.

748 Vgl. BGHZ 95, 188, 193 = NJW 1985, 2947, 2948, in Bezug auf § 31 Abs. 1 GmbHG.

749 Entsprechend ist der Erstattungsanspruch einer GmbH aus § 31 Abs. 1 GmbHG auf denjenigen Betrag beschränkt, der zur Wiederherstellung der Deckung des Stammkapitals erforderlich ist – siehe nur *Ekkenga*, in: MüKo GmbHG, § 31 Rn. 8; *Habersack*, in: Habersack/Casper/Löbbe, § 31 Rn. 22.

750 *Habersack*, in: Habersack/Casper/Löbbe, § 30 Rn. 8; *Heidinger*, in: MHLS, § 30 Rn. 151; *Servatius*, in: Noack/Servatius/Haas, § 30 Rn. 21.

751 Siehe nur *Habersack*, in: Habersack/Casper/Löbbe, § 30 Rn. 8; *Servatius*, in: Noack/Servatius/Haas, § 30 Rn. 21.

weiten Auszahlungsbegriff zu subsumieren.[752] Der herrschenden Ansicht zufolge liegt die Auszahlung aber jedenfalls im Falle von Gesellschaftsverbindlichkeiten gegenüber Gesellschaftern nicht schon in der Eingehung der Verbindlichkeit, sondern erst in deren Erfüllung.[753] Zwar führt diese zu einer bloßen Bilanzverkürzung.[754] Wenn jedoch die Verpflichtung der Gesellschaft nicht auf einem Austauschgeschäft mit dem Gesellschafter beruht, das dem Drittvergleich standhält, steht deren Erfüllung unter dem Vorbehalt des § 30 Abs. 1 GmbHG.[755] Solange eine Unterbilanz besteht oder verursacht werden würde, muss die Gesellschaft mithin die Erfüllung des Gesellschafteranspruchs verweigern.[756] Im Rahmen eines Prozesses wäre diese Einwendung von Amts wegen zu berücksichtigen.[757]

Entsprechendes würde für das an § 30 Abs. 1 GmbHG orientierte Auszahlungsverbot bei atypischen Personenhandelsgesellschaften gelten. Eine „Auszahlung“ läge nicht schon in der Eingehung einer auf die vollständige oder teilweise Rückzahlung der Einlage gerichteten Pflicht der Gesellschaft mittels Änderung des Gesellschaftsvertrags oder durch einen Gesellschafterbeschluss. Die Rückzahlung selbst stünde jedoch unter dem Vorbehalt, dass das Aktivvermögen der Gesellschaft auch infolgedessen die Verbindlichkeiten samt Rückstellungen deckt.

---

752 Siehe neben den Nachweisen in Fn. 732 zur weiten Auslegung des Auszahlungsbegriffs konkret mit Bezug auf die Eingehung einer Verbindlichkeit BGHZ 220, 179, 192 = NZG 2019, 187, 191 (Begründung oder Übernahme einer Verbindlichkeit als Auszahlung iSv § 30 Abs. 1 GmbHG); siehe aber auch *Habersack*, in: Habersack/Casper/Löbbe, § 30 Rn. 52.

753 BGHZ 224, 235, 247 = NZG 2020, 384, 387 (bzgl. des maßgeblichen Zeitpunkts für die Beurteilung, ob durch die Auszahlung eine Unterbilanz bzw. Überschuldung verursacht oder vertieft werde; siehe im Zusammenhang mit Fn. 731); aus dem Schrifttum statt vieler *Ekkenga*, in: MüKo GmbHG, § 30 Rn. 136; *Habersack*, in: Habersack/Casper/Löbbe, § 30 Rn. 52 (anders für den Fall einer im Interesse eines Gesellschafters eingegangenen Verbindlichkeit gegenüber einem Dritten: Auszahlung bereits mit Begründung der Verbindlichkeit); *Servatius*, in: Noack/Servatius/Haas, § 30 Rn. 22; *Verse*, in: Scholz, § 30 Rn. 21 (Einschränkung für Verbindlichkeiten gegenüber Dritten wie *Habersack*, a.a.O.); a.A. *Hommelhoff*, in: Lutter/Hommelhoff, § 30 Rn. 8 mit Rn. 17.

754 *Habersack*, in: Habersack/Casper/Löbbe, § 30 Rn. 53; *Verse*, in: Scholz, § 30 Rn. 22.

755 Siehe nur BGHZ 69, 274, 280 f. = NJW 1978, 160, 162; *Ekkenga*, in: MüKo GmbHG, § 30 Rn. 136, 219, 290; *Habersack*, in: Habersack/Casper/Löbbe, § 30 Rn. 44, 53 mit Rn. 64; *Verse*, in: Scholz, § 30 Rn. 22, 117 mit Rn. 19.

756 Siehe nur *Ekkenga*, in: MüKo GmbHG, § 30 Rn. 290; *Habersack*, in: Habersack/Casper/Löbbe, § 30 Rn. 115; *Verse*, in: Scholz, § 30 Rn. 117.

757 Siehe neben den Nachweise in voriger Fn. BGH NJW 1996, 1341, 1342 („Einwendung“).

(2) Abgrenzung zur Rückzahlung eines Gesellschafterdarlehens

Einen etwas anders gelagerten Fall hatte der II. Zivilsenat des BGH in Bezug auf die Rückzahlung der Pflichteinlage eines Kommanditisten einer GmbH & Co. KG zu beurteilen.[758] In dem zugrundeliegenden Fall folgte die Rückzahlung nicht unmittelbar auf die Begründung der entsprechenden Pflicht der KG und des korrespondierenden Anspruchs des in diesem Zuge ausgeschiedenen Kommanditisten. Stattdessen beließ der Kommanditist den Betrag zunächst noch als „Darlehen" im Gesellschaftsvermögen.[759] Die Rede war insoweit von einer Umdeutung der Einlage in ein Darlehen.[760] Auf den ersten Blick erscheint in dieser Konstellation die spätere Rückzahlung des belassenen Betrags als Befriedigung einer Forderung auf Rückgewähr des Gesellschafterdarlehens. Mit Blick auf atypische Personenhandelsgesellschaften hieße dies *de lege lata*, dass eine derartige Disposition über die Gesellschaftereinlagen nicht vom Auszahlungsverbot erfasst wäre, müsste doch der in § 30 Abs. 1 S. 3 GmbHG enthaltene Anwendungsausschluss ebenso gelten. Eine Rückgewähr des ausgezahlten Betrags könnte dann im Rahmen eines Insolvenzverfahrens allenfalls über eine Anfechtung nach § 135 Abs. 1 Nr. 2 InsO erreicht werden. Dass dies für die geschilderte Konstellation nicht zutrifft, lässt sich jedoch mit der BGH-Entscheidung am Beispiel einer GmbH & Co. KG und anschließend hinsichtlich eines unmittelbar auf atypische Personenhandelsgesellschaften anwendbaren Auszahlungsverbots verdeutlichen.

Die in Bezug genommene BGH-Entscheidung ist nach alter Rechtslage ergangen. Damals erfolgte die rechtliche Behandlung von Forderungen auf Rückgewähr von Gesellschafterdarlehen noch allein nach den Rechtsprechungsgrundsätzen zu eigenkapitalersetzenden Gesellschafterdarlehen. Mithin verstieß eine Rückzahlung gegebenenfalls gegen das analog angewandte Auszahlungsverbot des § 30 Abs. 1 GmbHG in der damaligen Fassung.[761] Der Entscheidung des II. Zivilsenats zufolge wäre auf Basis des in der Revisionsinstanz zugrunde zu legenden Sachverhalts die Auszahlung des zunächst als „Darlehen" belassenen Betrags an den ausgeschiedenen Kommanditisten wegen Verstoßes gegen § 30 Abs. 1 GmbHG nach § 31

758 BGHZ 69, 274 = NJW 1978, 160.
759 BGHZ 69, 274, 276 = NJW 1978, 160, 161.
760 BGHZ 69, 274, 276 f. = NJW 1978, 160, 161.
761 Siehe oben Teil 1 B.I.1.b).

Abs. 1 GmbHG an die GmbH & Co. KG zu erstatten.[762] Maßgebend für diese rechtliche Beurteilung waren jedoch nicht die Rechtsprechungsregeln zum Eigenkapitalersatzrecht.[763] Vielmehr konnte eine „echte Fremdverbindlichkeit"[764] nicht begründet werden, weil im Zeitpunkt der Umwandlung der Einlage in ein Darlehen die KG und infolgedessen wegen der persönlichen Gesellschafterhaftung auch die Komplementär-GmbH überschuldet war.[765] In jenem Zeitpunkt hätte eine unmittelbare Auszahlung nicht ohne Verstoß gegen § 30 Abs. 1 GmbHG erfolgen können.[766] Andernfalls, also wenn bereits bei der Umwandlung der Einlage in ein Darlehen das Auszahlungsverbot des § 30 Abs. 1 GmbHG nicht betroffen gewesen wäre, hätte eine „echte Fremdverbindlichkeit" begründet werden können, deren Erfüllung nicht unter dem Vorbehalt des Auszahlungsverbots gestanden hätte.[767]

Mit Blick nun wieder auf das hier betrachtete, unmittelbar auf atypische Personenhandelsgesellschaften anwendbare Auszahlungsverbot würde Entsprechendes gelten. Insoweit müssten die auf den Komplementär bzw. allgemein die auf die persönlich haftenden Gesellschafter anwendbaren Kapitalschutzvorschriften nicht herangezogen werden. Was zunächst die Begründung eines Rückzahlungsanspruchs zugunsten des betreffenden Gesellschafters anbelangt, kann auf die Ausführungen zur Anwendbarkeit des Auszahlungsverbots sowie zur Maßgeblichkeit der Erfüllung der Verbindlichkeit verwiesen werden. Mithin stünde die Erfüllung des Gesellschafteranspruchs unter dem Vorbehalt, dass damit kein Verstoß gegen das Auszahlungsverbot einherginge. Zugleich hieße dies, im Einklang mit der skizzierten Entscheidung des II. Zivilsenats, dass eine echte Fremdverbindlichkeit nicht begründet werden könnte, solange die atypische Personenhandelsgesellschaft überschuldet wäre. Andernfalls, wenn also mangels Überschuldung des Gesellschaftsvermögens eine nicht unter dem Vorbehalt des Auszahlungsverbots stehende Verbindlichkeit der Gesellschaft

---

762 BGHZ 69, 274, 278 f. = NJW 1978, 160, 161; insoweit geht es um das bekannte Konzept nach der Rspr. des BGH, § 30 Abs. 1 GmbHG auf Auszahlungen aus dem Vermögen einer GmbH & Co. KG anzuwenden.

763 Siehe demgegenüber *Schläfke*, Vermögensbindung, S. 213, demzufolge die Pflichteinlage lediglich „über das Instrumentarium der Rechtsprechungsregeln zum Eigenkapitalersatz" dem Anwendungsbereich der §§ 30, 31 GmbHG unterfallen sei.

764 BGHZ 69, 274, 281 = NJW 1978, 160, 162.

765 BGHZ 69, 274, 279, 281 = NJW 1978, 160, 161 f.

766 Vgl. BGHZ 69, 274, 281 = NJW 1978, 160, 162.

767 BGHZ 69, 274, 281 = NJW 1978, 160, 162.

begründet werden könnte, wäre hinsichtlich deren Erfüllung *de lege lata* allein die besondere rechtliche Behandlung von nach § 39 Abs. 1 Nr. 5 InsO erfassten Forderungen relevant.

3. Haftungssystem

a) Kapitalerhaltungshaftung der Geschäftsleiter

Adressaten des Auszahlungsverbots wären die Geschäftsleiter der atypischen Personenhandelsgesellschaft, also die unmittelbaren bzw. mittelbaren organschaftlichen Vertreter der zur Vertretung der Personenhandelsgesellschaft berechtigten Gesellschafter.[768] Um in jedem Fall eine natürliche Person zu adressieren, wäre eine dem § 15a Abs. 2 InsO entsprechende Vorschrift aufzunehmen. Die Schadensersatzpflicht der so ermittelten Geschäftsleiter wegen eines Verstoßes gegen das Auszahlungsverbot wäre in systemkonsistenter Weise, mithin nach dem Vorbild von § 43 Abs. 3 GmbHG, zu konstruieren.[769] Im Einzelnen hieße dies Folgendes: Die Geschäftsleiter wären zum einen verpflichtet, eigenhändige, dem Verbot zuwiderlaufende Auszahlungen zu unterlassen.[770] Zum anderen müssten sie jeweils dafür sorgen, dass derartige Auszahlungen nicht von etwaigen weiteren Geschäftsleitern oder anderen zur Vertretung der Gesellschaft ermächtigten Personen vorgenommen werden.[771] Ebenfalls im Einklang mit der entsprechenden Annahme für die Haftung des GmbH-Geschäftsführers gemäß § 43 Abs. 3 S. 1 GmbHG wäre das Verschulden des Geschäftsleiters vermutet.[772] Mit Blick auf § 130a Abs. 2 S. 2 HGB in der Fassung vor Inkrafttreten des SanInsFoG kommt auch eine entsprechende explizite Regelung in Betracht. Die Haftung bestünde gegenüber der atypischen Personenhandelsgesellschaft. Außerdem bedürfte es einer den Bestimmungen in § 43 Abs. 3 S. 2, 3 GmbHG und damit auch denjenigen

---

768 Siehe für das Auszahlungsverbot des § 30 GmbHG nur BGHZ 148, 167, 169 = NJW 2001, 3123.

769 So auch *Röder*, ZHR 184 (2020), 457, 487 (Fn. 193), im Rahmen des von ihm vorgeschlagenen Gläubigerschutzsystems für eine *de lege ferenda* einzuführende PmbH.

770 Siehe für die auf das Auszahlungsverbot des § 30 Abs. 1 GmbHG bezogenen Geschäftsleiterpflichten BGHZ 148, 167, 170 = NJW 2001, 3123.

771 Siehe den Nachweis in voriger Fn.

772 Siehe bzgl. § 43 Abs. 3 S. 1 GmbHG BGH NJW 2009, 68, 70; aus dem Schrifttum statt vieler *Fleischer*, in: MüKo GmbHG, § 43 Rn. 292.

des § 15b Abs. 4 S. 3–5 InsO entsprechenden Einschränkung der Dispositionsfreiheit der Gesellschaft und mithin ihrer Gesellschafter, soweit der Ersatz zur Gläubigerbefriedigung erforderlich ist.[773]

b) Gesellschafterhaftung

(1) Haftung des Leistungsempfängers

Daneben bestünde eine an § 31 Abs. 1 GmbHG angelehnte Erstattungspflicht desjenigen Gesellschafters, der die betreffende Leistung unter Verstoß gegen das Auszahlungsverbot erhält.[774] Die Konstellation der Auszahlung an einen gesellschafterähnlichen Dritten soll hier nicht separat aufgegriffen werden.[775]

(2) Keine Ausfallhaftung der Mitgesellschafter

Es stellt sich die Frage, ob nach dem Vorbild von § 31 Abs. 3 GmbHG auch eine Ausfallhaftung der Mitgesellschafter vorzusehen wäre. Naheliegend erscheint zunächst, dies mangels einer Begrenzungsmöglichkeit zu verneinen.[776] Für die subsidiäre Ausfallhaftung der GmbH-Gesellschafter gemäß § 31 Abs. 3 GmbHG entspricht es nämlich der Rechtsprechung des BGH und der herrschenden Auffassung im Schrifttum, dass es einer Haftungsbegrenzung bedarf.[777] Unterschiedlich beurteilt wird, wonach die Begrenzung auszurichten ist. Die herrschende Meinung befürwortet im Falle eines Verstoßes gegen § 30 Abs. 1 GmbHG eine Beschränkung durch den

---

773 Siehe oben Teil 1 A.III.1.

774 Siehe bzgl. § 31 Abs. 1 GmbHG für diesen Regelfall nur *Habersack*, in: Habersack/Casper/Löbbe, § 31 Rn. 14; siehe auch *Röder*, ZHR 184 (2020), 457, 487, bzgl. einer entsprechenden Erstattungspflicht im Rahmen des von ihm vorgeschlagenen Gläubigerschutzsystems für eine *de lege ferenda* einzuführende PmbH.

775 Siehe bzgl. § 31 Abs. 1 GmbHG oben Fn. 686 und daneben nur *Fleischer*, in: Henssler/Strohn, GmbHG, § 30 Rn. 10–13; *Verse*, in: Scholz, § 31 Rn. 13 f.

776 So *Röder*, ZHR 184 (2020), 457, 487, der auf das Fehlen eines (Mindest-)Stammkapitals abstellt.

777 Siehe nur BGHZ 150, 61, 64–66 = NJW 2002, 1803, 1804; *Ulmer*, in: FS 100 Jahre GmbHG, 363, 371; a.A. etwa *Gätsch*, BB 1999, 701, 704–706.

Betrag des Stammkapitals.[778] Demgegenüber wird vereinzelt auf die Höhe der Einlageverpflichtung des ausfallenden Gesellschafters abgestellt.[779] Keiner dieser Anknüpfungspunkte würde sich im Rahmen des hier betrachteten Auszahlungsverbots für atypische Personenhandelsgesellschaften zur Einschränkung einer Ausfallhaftung der Mitgesellschafter eignen. Ein Grund dafür ist das Fehlen eines Mindestkapitals.[780] Hinzukommt die Vertragsfreiheit der Gesellschafter in Bezug auf die Vereinbarung und – soweit das Auszahlungsverbot nicht tangiert ist – die Veränderung von Einlageverpflichtungen.

Eine Ausfallhaftung der Mitgesellschafter des durch die Auszahlung begünstigten Gesellschafters ist jedoch schon aus konzeptionellen Gründen abzulehnen. Das dargestellte Auszahlungsverbot bezweckt, die Grenze zwischen zulässigen und unzulässigen Vermögensverschiebungen auf die Gesellschafter zu definieren.[781] Demgegenüber zielt eine subsidiäre Ausfallhaftung der Mitgesellschafter auf die Erhaltung eines bestimmten, zugunsten der vorrangigen Gläubigerbefriedigung gesicherten Haftungsfonds ab.[782] Dementsprechend ist zur Sicherstellung der vollständigen Aufbringung des Haftungsfonds in § 24 GmbHG eine subsidiäre Ausfallhaftung für die Erbringung der Stammeinlagen vorgesehen. Dass es für das hier betrachtete Kapitalerhaltungskonzept an einem zur Haftungsbegrenzung tauglichen Anknüpfungspunkt fehlt, ist somit vielmehr die Folge der von der Aufbringung und Erhaltung eines Haftungsfonds unabhängigen Konzeption der Auszahlungsbegrenzung.

---

778 Siehe nur BGH NJW 2003, 3629, 3632; *Habersack*, in: Habersack/Casper/Löbbe, § 31 Rn. 55; *Ulmer*, in: FS 100 Jahre GmbHG, 363, 372.

779 *K. Schmidt*, BB 1985, 154, 157 f.; *ders.*, BB 1995, 529, 531 f.

780 So auch *Röder*, ZHR 184 (2020), 457, 487.

781 Sehr deutlich *Vetter*, ZGR 2005, 788, 802, zu diesem, „vom Haftungsfonds-Gedanken unabhängigen“ Zweck eines Kapitalschutzkonzepts, unter Nennung auch der Überschuldung als denkbarer Ausschüttungs- bzw. Entnahmebegrenzung.

782 Siehe *Vetter*, ZGR 2005, 788, 801, 807–809.

4. Beurteilung des Auszahlungsverbots anhand der rechtspolitischen Ziele

a) Systemkonsistente Ergänzung des Gläubigerschutzes

(1) Insolvenzunabhängige Begrenzung von Vermögensverschiebungen auf die Gesellschafter

Mittels des dargestellten Auszahlungsverbots würde der Kapitalschutz bei atypischen Personenhandelsgesellschaften um eine insolvenzunabhängige Begrenzung von Vermögensverschiebungen zugunsten der Gesellschafter ergänzt werden. Hinsichtlich der wesentlichen Unterschiede zwischen einer nach handelsbilanziellen Grundsätzen zu bestimmenden Überschuldung und einer Überschuldung im Sinne von § 19 Abs. 2 S. 1 InsO kann auf die Stellungnahme zu den Ansätzen von *Karollus* und *Blaum* verwiesen werden.[783]

(2) Blick auf die atypische Außen-GbR

Gegen ein derartiges Auszahlungsverbot könnte eingewandt werden, dass es sich mangels Rechnungslegungspflicht nach handelsbilanziellen Grundsätzen nicht auch für die atypische Außen-GbR eignet. Eine entsprechende Ergänzung des Kapitalschutzes wäre aus Gläubigerschutzperspektive in der Tat konsequent. Nicht anders als bei einer atypischen Personenhandelsgesellschaft haftet für die Verbindlichkeiten einer atypischen GbR keine natürliche Person unbeschränkt, entspricht die Situation der Gläubiger mithin insoweit derjenigen gegenüber einer Kapitalgesellschaft.[784] Im Einklang damit sind die rechtsformneutral in § 15a InsO und § 15b InsO geregelten Verhaltenspflichten, also die Insolvenzantragspflicht und die Zahlungsverbote, unmittelbar auch im Falle einer atypischen Außen-GbR anwendbar.

Der Grund für eine insoweit verbleibende Lücke liegt jedoch in der Differenzierung zwischen kaufmännischen und nicht kaufmännischen Personengesellschaften. Diese wurde auch nach der Reform des Personengesellschaftsrechts beibehalten.[785] Ein anderer möglicher, im Schrifttum

---

783 Siehe oben Teil 2 A.III.1.b).

784 Vgl. RefE MoPeG, S. 193; Mauracher Entwurf, S. 117.

785 RegE MoPeG, BT-Drucks. 19/27635, S. 105, 112; siehe zum Mauracher Entwurf *Habersack*, ZGR 2020, 539, 541 (Kernelement des Mauracher Entwurfs); siehe

befürworteter Ansatz wäre gewesen, das Recht der Personenhandelsgesellschaften für sämtliche Personengesellschaften mit nach außen gerichteter Tätigkeit zu öffnen.[786] Um eine nähere Auseinandersetzung mit diesem und weiteren Reformvorschlägen soll und muss es an dieser Stelle nicht gehen. Deutlich wird bereits vor diesem Hintergrund, dass die Nichtanwendbarkeit des dargelegten Auszahlungsverbots auf die atypische Außen-GbR nicht als dessen Mangel selbst verzeichnet werden kann. Ursächlich sind vielmehr vorgelagerte Grundentscheidungen, die auf unterschiedliche Weise getroffen werden können.

(3) Unzulänglichkeit des Auszahlungsverbots?

Bliebe man für die werbende atypische Personenhandelsgesellschaft bei einem Auszahlungsverbot an der Grenze zur bilanziellen Überschuldung stehen, hieße dies zum einen, dass die Gesellschafter weiterhin frei darin wären, den Umfang von Einlageverpflichtungen festzulegen und damit die Eigenkapitalausstattung der Gesellschaft zu bestimmen. Demgegenüber wäre die Dispositionsbefugnis der Gesellschafter über Einlageforderungen sowie geleistete Einlagen durch das Auszahlungsverbot zwar eingeschränkt. Dennoch bliebe eine vollständige Aufzehrung des Eigenkapitals zulässig. Mit Blick speziell auf die atypische KG hinge aufgrund der freien Bestimmbarkeit der Haftsummen der Kommanditisten weiterhin vom Belieben der Gesellschafter und damit vom konkreten Einzelfall ab, inwieweit die fortbestehende bzw. wieder auflebende Kommanditistenhaftung aus Gläubigerschutzperspektive als Ausgleich für die weitgehenden Entnahmemöglichkeiten angesehen werden könnte.[787] Zusammengefasst bedeutete dies, dass die Gründung einer atypischen Personenhandelsgesellschaft nach wie vor ohne oder im Falle einer atypischen KG angesichts

---

mit Bezug auf den Mauracher Entwurf auch *Bachmann*, NZG 2020, 612, 614; *Fleischer*, DB 2020, 1107, 1113.

786 Dafür mit Unterschieden in der näheren Ausgestaltung etwa *Habersack*, ZGR 2020, 539, 556 (einhergehend mit einer für die Erlangung der Rechtsfähigkeit konstitutiven „Eintragung in das zum Unternehmerregister fortentwickelte Handelsregister" – siehe dazu auch a.a.O. S. 554 f.); *K. Schmidt*, ZHR 180 (2016), 411, 417 f. (an § 105 Abs. 2 HGB orientiertes Optionsrecht zur Registrierung einer Außen-GbR).

787 Siehe für die freie Bestimmbarkeit der Haftsummen nur *K. Schmidt*, in: MüKo HGB, §§ 171, 172 Rn. 22 (einschränkend für den Fall einer bloß formalen Haftsumme in Höhe von bspw. einem Euro); *Thiessen*, in: Staub, § 172 Rn. 19, 21.

der Haftsummen jedenfalls ohne nennenswertes persönliches Risiko der Gesellschafter bzw. der an ihnen beteiligten natürlichen Personen möglich wäre.

Demgegenüber müssen die Gesellschafter einer GmbH jedenfalls in Höhe des Mindeststammkapitals Eigenkapital aufbringen. Spiegelbildlich ist das Auszahlungsverbot des § 30 Abs. 1 GmbHG auf die Erhaltung des zur Deckung des Stammkapitals erforderlichen Vermögens ausgerichtet. Dadurch wird nicht nur die Grenze zwischen zulässigen und unzulässigen Vermögensverlagerungen auf die Gesellschafter definiert.[788] Darüber hinaus hat diese Ausgestaltung eine Mindestrisikobeteiligung der Gesellschafter zur Folge.[789] Außerdem wird auf diese Weise ein über die Schuldendeckungsfähigkeit hinausgehender „Puffer“ vor Eingriffen der Gesellschafter geschützt.[790] Letzteres kann jedenfalls in Theorie zu einer gewissen Insolvenzprophylaxe beitragen.[791]

Vor diesem Hintergrund stellt sich mit Blick auf atypische Personenhandelsgesellschaften die Frage, ob bzw. auf welche Weise das dargestellte Auszahlungsverbot in funktionaler Hinsicht entsprechend ergänzt werden kann. Darauf wird im Anschluss an die Beurteilung des Auszahlungsverbots anhand von zwei Ansätzen zurückzukommen sein.

b) Rechtsvereinfachung

(1) Regelungstechnische Ausgestaltung

Das dargestellte Auszahlungsverbot ist ein für atypische Personenhandelsgesellschaften einheitlich umsetzbares, „minimalinvasives“ Mittel zur

788 Siehe für diese Funktion eines Kapitalschutzkonzepts *Vetter*, ZGR 2005, 788, 802.

789 Deutlich hinsichtlich dieser Funktion des Stammkapitals *Vetter*, ZGR 2005, 788, 800 f.; siehe zum Aspekt der Beteiligung der Gesellschafter am unternehmerischen Risiko auch *Eidenmüller/Engert*, GmbHR 2005, 433, 435; *Habersack*, Habersack/Casper/Löbbe, § 30 Rn. 2; *Verse*, in: Scholz, § 30 Rn. 2.

790 *Habersack*, in: Habersack/Casper/Löbbe, § 30 Rn. 3; siehe auch *Mülbert*, Der Konzern 2004, 151, 154 („Risikopuffer“); *Vetter*, ZGR 2005, 788, 801 („Haftungsfonds als Risikopuffer“), 826 („Puffer der Unterbilanz […] im Vorfeld der Überschuldung“).

791 Vgl. *Ekkenga*, in: MüKo GmbHG, § 30 Rn. 15; *Engert*, BB 2005, 1951, 1952; *Habersack*, in: Habersack/Casper/Löbbe, § 30 Rn. 3; *Mülbert*, Der Konzern 2004, 151, 154; kritisch *Haas*, in: Ständige Deputation DJT, Verhandlungen des 66. DJT, Band I, S. E 127–130.

Ergänzung des Kapitalschutzes. Regelungstechnisch wäre es samt Erstattungspflicht des begünstigten Gesellschafters und der Kapitalerhaltungshaftung der Geschäftsleiter im OHG-Recht aufzunehmen und demzufolge über § 161 Abs. 2 HGB auch auf eine atypische KG anwendbar. Eine Zusammenfassung des Auszahlungsverbots mit dem korrespondierenden Haftungssystem in einer Vorschrift kommt hinsichtlich der Geschäftsleiterhaftung jedenfalls solange in Betracht, wie eine unmittelbar im Verhältnis zwischen den Geschäftsleitern und der atypischen Personenhandelsgesellschaft bestehende allgemeine Sorgfaltspflicht gesetzlich nicht geregelt ist, sondern weiterhin über die Grundsätze zum Vertrag mit Schutzwirkung zugunsten Dritter hergeleitet wird.[792]

(2) Vergleich mit einer reflexartigen Kapitalsicherung am Beispiel der GmbH & Co. KG

Im Rahmen der Stellungnahme zu den Vorschlägen von *Karollus* und *Blaum* ist mit Bezug auf eine GmbH & Co. KG bereits herausgestellt worden, dass ein an der Grenze zur bilanziellen Überschuldung ansetzendes Auszahlungsverbot potentiell hinter einer reflexartigen Kapitalerhaltung nach Maßgabe des BGH-Konzepts zurückbleibt. Dies gilt allerdings nur, wenn die Komplementär-GmbH am Kapital der KG beteiligt ist, nicht jedoch, wenn die mittelbare Beeinträchtigung des Komplementärvermögens allein auf der persönlichen Gesellschafterhaftung beruht.[793] Auch mit Blick auf die erstgenannte, praktisch weniger relevante[794] Konstellation ist jedoch auf der „Haben“-Seite[795] zugunsten eines Auszahlungsverbots in der dargelegten Form zu verbuchen, dass auf diese Weise nicht nur

792 Siehe *Wicke*, in: Ständige Deputation DJT, Verhandlungen des 71. DJT, Band II/1, S. O 31, 47 f., für eine komplementärunabhängige Regelung von Verhaltenspflichten in diesem Verhältnis auf Ebene der atypischen KG; im Falle einer für die atypische KG bzw. generell für atypische Personenhandelsgesellschaften geltenden Regelung der allgemeinen Sorgfaltspflicht samt korrespondierender Geschäftsleiterhaftung würde sich in regelungstechnischer Hinsicht eine Orientierung an § 43 GmbHG anbieten; siehe hinsichtlich des Aspekts der Herleitung über die Grundsätze zum Vertrag mit Schutzwirkung zugunsten Dritter oben Teil 1 A.III.2.

793 Siehe oben Teil 2 A.III.1.b).

794 Siehe demgegenüber oben bei Fn. 461 zur praktisch relevanten Konstellation, in der die Komplementär-GmbH nicht am Kapital der KG beteiligt ist.

795 Formulierung angelehnt an *Habersack*, ZGR 2020, 539, 554; siehe auch *dens.*, in: Staub, Anh § 129a Rn. 6.

eine für die atypische KG komplementärunabhängige Ergänzung des Kapitalschutzes möglich ist, sondern dass dieser Ansatz ebenso zugunsten der Gläubiger einer atypischen OHG fruchtbar gemacht werden kann. Darauf, ob die vom II. Zivilsenat des BGH für die Behandlung von Auszahlungen aus dem Vermögen einer GmbH & Co. KG entwickelten Grundsätze auf eine GmbH & Co. OHG anwendbar sind, käme es zur Ergänzung des Gläubigerschutzes nicht entscheidend an.

Neben einem unmittelbar für atypische Personenhandelsgesellschaften geltenden Auszahlungsverbot würden außerdem die auf die persönlich haftenden Gesellschafter anwendbaren Kapitalschutzvorschriften noch insoweit Geltung beanspruchen, als es um eine zweckentsprechende Anwendung ebendieser geht.[796] Mit Blick auf eine GmbH & Co. KG lassen sich auf diese Weise verbleibende Unterschiede für den Fall, dass die Komplementär-GmbH am Kapital der KG beteiligt ist, jedenfalls dann ausgleichen, wenn Leistungen an Kommanditisten, die zugleich GmbH-Gesellschafter sind, in Frage stehen. Demgegenüber ließe sich mangels planwidriger Regelungslücke eine Haftung von Nur-Kommanditisten nicht mehr aufrechterhalten.

III. Ergänzung des Auszahlungsverbots

1. Mindestbetrag aggregierter Haftsummen

a) Ausgangsüberlegungen

(1) Mindestrisikobeteiligung der Kommanditisten einer atypischen Kommanditgesellschaft

Mit dem Ziel, das an der Grenze zur bilanziellen Überschuldung ansetzende Auszahlungsverbot zu ergänzen, soll im Folgenden zunächst der Vorschlag von *Habersack*, einen am Mindeststammkapital der GmbH orientierten Betrag aggregierter Haftsummen für die atypische KG vorzuschreiben, untersucht werden.[797]

---

796 Siehe demgegenüber für die Ansätze von *Karollus* und *Blaum* oben bei den Fn. 447, 457.

797 Zuletzt *Habersack*, ZGR 2020, 539, 565; bereits zuvor *ders.*, in: Ständige Deputation DJT, Verhandlungen des 71. DJT, Band II/1, S. O 188 f. (noch mit abwei-

Noch ungeachtet der Ausgestaltung im Einzelnen und damit auch der praktischen Umsetzbarkeit könnte auf diese Weise zwar kein über die Erhaltung des zur Deckung der Verbindlichkeiten erforderlichen Aktivvermögens hinausgehender „Puffer" im Sinne einer Insolvenzprophylaxe geschaffen werden.[798] Praktisch relevant ist die Außenhaftung der Kommanditisten vielmehr erst bei Insolvenz der Gesellschaft.[799] Regelmäßig wird sie daher gemäß § 171 Abs. 2 HGB vom Insolvenzverwalter geltend gemacht. Dieser Aspekt wie auch die nachgelagerte Prüfung, inwieweit die jeweilige Haftsumme durch an die Gesellschaft geleistete und im Gesellschaftsvermögen belassene Einlagen gedeckt ist, wurde bereits im Rahmen der Überlegungen zur Ausgestaltung eines funktionsfähigen Mindestkapitalkonzepts für atypische Personenhandelsgesellschaften herausgestellt.[800]

Wiederum vorbehaltlich der sogleich folgenden Auseinandersetzung mit dem Vorschlag im Einzelnen könnte jedoch das Auszahlungsverbot durch einen Mindestbetrag aggregierter Haftsummen um eine dem Mindeststammkapital der GmbH vergleichbare Mindestrisikobeteiligung der Kommanditisten ergänzt werden. Weiterhin läge die Eigenkapitalausstattung der Gesellschaft in den Händen der Gesellschafter. Auch bliebe eine vollständige Aufzehrung des Eigenkapitals unverändert zulässig. Im Unterschied zu einem schlichten Auszahlungsverbot in der dargelegten Form wäre jedoch die unmittelbare Haftung der Kommanditisten nicht ausgeschlossen, soweit diese insgesamt keine Einlagen im Wert von jedenfalls 25.000 € geleistet und im Gesellschaftsvermögen belassen. Für den Fall, dass etwaige Einlageleistungen vollständig an die Kommanditisten zurückfließen oder dieses Ergebnis praktisch durch die Einbringung von „Negativwerte[n]"[801], etwa in Gestalt eines überschuldeten Unternehmens,[802] erreicht wird, würde jedenfalls in Höhe des Mindestbetrags die Außenhaftung der Kommanditisten wieder aufleben bzw. fortbestehen. Die Kommanditisten müssten mithin zumindest in dieser Höhe ein Haftungsrisiko eingehen und zugleich das Risiko einer etwaigen Unzulänglichkeit des Gesellschaftsvermögens vorrangig vor den Gläubigern tragen. Was die

---

chender Bezeichnung als „Mindestbetrag an Kommanditeinlagen", siehe a.a.O. S. O 189).

798 Siehe dazu mit Bezug auf das Kapitalschutzkonzept für die GmbH oben bei den Fn. 790 f.

799 Siehe nur *K. Schmidt*, DB 2011, 1149, 1154; *Thiessen*, in: Staub, § 171 Rn. 157.

800 Siehe oben Teil 3 A.I.2.b)(1).

801 So die Formulierung von *K. Schmidt*, in: MüKo HGB, §§ 171, 172 Rn. 56.

802 Siehe nur *K. Schmidt*, in: MüKo HGB, §§ 171, 172 Rn. 56; *Thiessen*, in: Staub, § 171 Rn. 151.

Höhe des Mindestbetrags anbelangt, überzeugt eine Orientierung am Mindeststammkapital der GmbH aus den zur Frage eines Mindestkapitals für atypische Personenhandelsgesellschaften bereits dargelegten Gründen.

(2) KG-spezifische Ergänzung des Auszahlungsverbots

Durch einen Mindestbetrag aggregierter Haftsummen könnte das Auszahlungsverbot freilich lediglich KG-spezifisch ergänzt werden. Der Schutz der Gläubiger einer atypischen OHG bliebe insoweit dahinter zurück. Eine derartige Differenzierung[803] stünde jedoch im Einklang mit der deutlich überwiegenden praktischen Relevanz der atypischen KG im Vergleich zur atypischen OHG.[804] Auf diese Weise wären einerseits Vermögensverschiebungen zugunsten der Gesellschafter einer atypischen Personenhandelsgesellschaft generell sowie insolvenzunabhängig begrenzt, wohingegen sich die Ergänzung um eine Mindestrisikobeteiligung auf den praktisch relevanten Fall der atypischen KG beschränken würde.

Es ist nicht zu erwarten, dass infolgedessen in der Praxis vermehrt die Gründung einer atypischen OHG gegenüber derjenigen einer atypischen KG bevorzugt werden würde, nur um den Mindestbetrag aggregierter Haftsummen zu vermeiden. Dafür spricht zum einen, dass dieser Betrag relativ gering ist.[805] Jedenfalls wäre aber die Wahl einer atypischen OHG nicht in jedem Fall eine geeignete Alternative, um den Mindestbetrag aggregierter Haftsummen als über das Auszahlungsverbot hinausgehende Beschränkung der Dispositionsfreiheit der Gesellschafter zu umgehen. Im Falle einer GmbH & Co. OHG würde an die Stelle einer Mindestrisikobeteiligung auf Ebene der Personenhandelsgesellschaft diejenige auf Gesellschafterebene treten. Vermieden werden könnte dies freilich durch die Wahl von persönlich haftenden Gesellschaftern anderer Rechtsform, namentlich der UG oder ausländischer Kapitalgesellschaften ohne Mindestkapitalerfordernis. Es ist jedoch fragwürdig, inwiefern derartige Konstellationen, was die Wahl einer geeigneten Rechtsform anbelangt, praktisch noch als „Konkurrenz“ zu einer atypischen KG, insbesondere einer GmbH

803 Vgl. Arbeitskreis GmbH-Reform, Handelsgesellschaft auf Einlagen, S. 23 f., für eine Differenzierung zwischen atypischer KG und atypischer OHG anhand des rechtspolitischen Bedürfnisses.

804 Siehe mit Blick auf die praktische Relevanz der GmbH & Co. KG die Nachweise in Fn. 690.

805 Vgl. *Habersack*, in: Habersack/Casper/Löbbe, § 30 Rn. 5, mit Bezug auf das Mindeststammkapital bei der GmbH.

& Co. KG, angesehen werden können. Zu berücksichtigen wären die mit der Wahl einer im Rechtsverkehr wenig bekannten Konstruktion potentiell einhergehenden Einbußen hinsichtlich der Kreditwürdigkeit der Gesellschaft.

b) Praktische Umsetzbarkeit eines Mindestbetrags aggregierter Haftsummen

(1) Zuhilfenahme der registergerichtlichen Prüfung

(a) Ablehnung des Eintragungsantrags bei Unterschreitung des Mindestbetrags

Was nun die praktische Umsetzbarkeit eines Mindestbetrags aggregierter Haftsummen anbelangt, stellt sich – vergleichbar zur Sicherung einer Kapitalaufbringung in gesetzlich vorgeschriebener Mindesthöhe – die Frage, ob bzw. auf welche Weise sichergestellt werden kann, dass die Gesellschafter im Rahmen der Gründung der KG Haftsummen vereinbaren, die insgesamt den Mindestbetrag erreichen. Den Ausgangspunkt bildet – erneut im Einklang mit den Ausführungen zum Mindestkapitalkonzept – die Besonderheit, dass die Entstehung atypischer Personenhandelsgesellschaften nicht an die Eintragung in das Handelsregister geknüpft ist, sofern es sich um eine ein Handelsgewerbe betreibende OHG bzw. KG handelt. Dies gilt sowohl für die Entstehung einer Personenhandelsgesellschaft *per se* als auch für eine solche ohne natürliche Person in der Rolle eines unbeschränkt haftenden Gesellschafters. Konstitutive Bedeutung hat die Eintragung aber gemäß § 172 Abs. 1 HGB insoweit, als es um die Bestimmung der gegenüber den Gesellschaftsgläubigern maßgeblichen Haftsumme geht.[806] Mangels Eintragung der KG und mithin mangels Eintragung der Haftsumme in das Handelsregister haften die Kommanditisten gemäß § 176 Abs. 1 S. 1 HGB, sofern sie dem Geschäftsbeginn zugestimmt haben, für die bis zur Eintragung der Gesellschaft begründeten Verbindlichkeiten unbeschränkt. Zur Sicherstellung eines Mindestbetrags aggregierter Haftsummen könnte man dies folgendermaßen nutzen: Das Registergericht müsste die Eintragung der KG durch Beschluss ablehnen, sofern die angemeldeten Haftsummen nicht insgesamt den gesetzlich vorgeschrieben

806 Statt vieler *K. Schmidt*, in: MüKo HGB, §§ 171, 172 Rn. 25; *Thiessen*, in: Staub, § 172 Rn. 32.

Mindestbetrag erreichen. Eine Zwischenverfügung gemäß § 382 Abs. 4 S. 1 FamFG dürfte hingegen mangels behebbaren Hindernisses nicht ergehen.[807] Die zum Vollzug der Anmeldung erforderliche Anpassung des Antrags bestünde darin, dass die Gesellschafter einzelne Haftsummen entsprechend erhöhen oder etwa einen weiteren Kommanditisten mit einer Haftsumme in Höhe des noch fehlenden Betrags aufnehmen.

(b) Verbleibende Lücken

Eine verbleibende Lücke ist zum einen dem Umstand geschuldet, dass eine atypische Personenhandelsgesellschaft durch Veränderungen im Gesellschafterbestand „entstehen" kann.[808] Konkret ließe sich eine auch auf die Deckung des Mindestbetrags ausgerichtete registergerichtliche Prüfung dadurch umgehen, dass zunächst neben einer juristischen Person eine natürliche Person die Rolle eines weiteren Komplementärs einnimmt. Da es sich dann um keine atypische KG handelte, würde der Mindestbetrag aggregierter Haftsummen nicht gelten. Demzufolge dürfte das Registergericht die Eintragung der KG auch nicht wegen einer Unterschreitung des Mindestbetrags ablehnen. Scheidet daraufhin die natürliche Person aus, mag dies insoweit unproblematisch sein, als es um die fortbestehende Haftung für Altverbindlichkeiten geht.[809] Im Übrigen würde auf diese Weise jedoch eine atypische KG ohne Einhaltung des Mindestbetrags aggregierter Haftsummen entstehen.

Eine weitere Lücke hängt damit zusammen, dass ein Kommanditist nicht unbeschränkt gemäß § 176 Abs. 1 S. 1 HGB haftet, wenn dem betreffenden Gläubiger im Zeitpunkt der Begründung der Verbindlichkeit die Beteiligung als Kommanditist bekannt war.[810] Die Darlegungs- und

807 Siehe zum Anwendungsbereich für Zwischenverfügungen *Krafka*, in: MüKo FamFG, § 382 Rn. 19 f.; *dens.*, NZG 2019, 9, 10 f.

808 Siehe oben Teil 3 A.I.2.a).

809 Siehe zur Unterscheidung zwischen Alt- und Neuverbindlichkeiten unten Teil 3 A.III.1.b)(2)(a) – darauf wird erst im Zusammenhang mit dem nachträglichen Unterschreiten des Mindestbetrags infolge des Ausscheidens eines Kommanditisten einzugehen sein.

810 Die dogmatische Einordnung von § 176 Abs. 1 S. 1 letzter Hs. HGB ist umstritten: Siehe einerseits *K. Schmidt*, in: MüKo HGB, § 176 Rn. 13 (haftungsausschließender Einwand); andererseits *Thiessen*, in: Staub, § 176 Rn. 68, 78 (Einrede). Siehe für den maßgeblichen Zeitpunkt der Gläubigerkenntnis statt vieler *Thiessen*, in: Staub, § 176 Rn. 89.

Beweislast trifft insoweit zwar grundsätzlich den Kommanditisten.[811] Nach der herrschenden Auffassung im Schrifttum, die Stütze auch in der Rechtsprechung findet, ist für die GmbH & Co. KG eine Gläubigerkenntnis im dargelegten Sinne jedoch bei Firmierung nach Maßgabe von § 19 Abs. 2 HGB anzunehmen.[812] Freilich geht mit einer Firmierung im Sinne von § 19 Abs. 2 HGB nicht zwingend einher, dass keine natürliche Person unbeschränkt haftet.[813] Neben den praktischen Erwägungen, die gegen eine derartige Argumentation sprechen,[814] ist jedoch zu berücksichtigen, dass der Gesetzgeber mit § 19 Abs. 2 HGB das Gläubigerschutzsystem der atypischen Personenhandelsgesellschaften auch insoweit nach kapitalgesellschaftsrechtlichen Prinzipien fortentwickelt hat.[815] Soll aber einerseits mittels einer entsprechenden Firmierung für den Rechtsverkehr erkenntlich gemacht werden, dass keine natürliche Person unbeschränkt haftet, erscheint es andererseits interessengerecht und konsequent, die damit akzeptierte, faktisch erreichte Haftungsbeschränkung für sämtliche natürliche Personen auch im Rahmen von § 176 HGB grundsätzlich hinzunehmen.[816] Kommt man zu dem Ergebnis, dass der Kommanditist nicht unbeschränkt haftet – sei es mit der eben skizzierten Auffassung, sei es aufgrund konkreter Gläubigerkenntnis –, ist auch gegenüber den Gläubigern die vertraglich bedungene, eventuell durch Auslegung zu ermittelnde Haftsumme relevant.[817] Auch in dieser Konstellation entfiele mithin die

811 BGHZ 82, 209, 212 f. = NJW 1982, 883, 884.

812 BAG ZIP 2008, 1740, 1744; OLG Frankfurt a.M. ZIP 2007, 1809; OLG Schleswig DZWIR 2005, 163; *K. Schmidt*, in: MüKo HGB, § 176 Rn. 50; *Strohn*, in: EBJS, § 176 Rn. 22; tendenziell auch BGH NJW 1983, 2258, 2260; a.A. etwa *Keil*, DZWIR 2005, 163, 164, Anmerkung zu OLG Schleswig, Beschluss v. 14.9.2004 – 5 U 86/04.

813 Siehe nur *Binz/Sorg*, GmbH & Co. KG, § 5 Rn. 41.

814 So namentlich die geringe praktische Relevanz einer GmbH & Co. KG, bei der neben der Komplementär-GmbH auch eine natürliche Person unbeschränkt haftet – siehe dazu *Binz/Sorg* GmbH & Co. KG, § 5 Rn. 34; *K. Schmidt*, in: MüKo HGB, § 176 Rn. 50; daneben aber auch der Aspekt, dass mangels Geltung des § 19 Abs. 2 HGB regelmäßig eine abweichende, die unbeschränkte Haftung jedenfalls auch einer natürlichen Person zum Ausdruck bringende Firmierung gewählt wird – so die einleuchtende Annahme von *Binz/Sorg* GmbH & Co. KG, § 5 Rn. 34.

815 Siehe oben die Einführung in Teil 1.

816 Siehe die überzeugende Argumentation von *Binz/Sorg*, GmbH & Co. KG, § 5 Rn. 36 f.

817 BGH NJW 1977, 1820, 1821; OLG Frankfurt a.M. ZIP 2007, 1809; *Herchen*, in: MHdb GesR II, § 30 Rn. 99; *Riegger*, BB 1979, 1380, 1381 f. (insbesondere zum

Möglichkeit, mittels registergerichtlicher Prüfung sicherzustellen, dass die vereinbarten Haftsummen insgesamt den Mindestbetrag erreichen.

Angesichts dieser Lücken, die bei einer rein präventiven Kontrolle verblieben, ist für die praktische Umsetzung einer Mindestrisikobeteiligung der Kommanditisten einer atypischen KG entscheidend, eine Unterschreitung des Mindestbetrags auszugleichen bzw. zu sanktionieren. Auf diesen Aspekt wird sogleich im Zusammenhang mit dem Ausscheiden eines Kommanditisten zurückzukommen sein.

(2) Unterschreitung des Mindestbetrags infolge des Ausscheidens eines Kommanditisten

(a) Eingrenzung der relevanten Fälle

Unter der Prämisse, dass der Mindestbetrag aggregierter Haftsummen zunächst, also im Zeitpunkt der Eintragung der KG in das Handelsregister bzw. der Aufnahme der Geschäfte, erreicht wird, müsste des Weiteren sichergestellt sein, dass der Mindestbetrag bis zur Beendigung der Gesellschaft nicht mit Wirkung gegenüber den Gläubigern unterschritten werden kann. Problematisch könnte in dieser Hinsicht das Ausscheiden von Kommanditisten aus der fortbestehenden Gesellschaft dann sein, wenn die Haftsumme des betreffenden Kommanditisten jedenfalls teilweise erforderlich ist, um den Mindestbetrag zu decken. Dabei ist das Ausscheiden nicht nur im „technischen Sinne", das heißt als Austritt, Ausschließung oder als ein Fall von § 131 Abs. 3 HGB zu verstehen.[818] In die Betrachtung einzubeziehen sind grundsätzlich auch die Anteilsübertragung unter Lebenden, die Rechtsnachfolge von Todes wegen sowie die Umwandlung der Mitgliedschaft.[819]

Hinsichtlich der Auswirkungen des Ausscheidens mit Blick auf die Deckung eines gesetzlich vorgeschriebenen Mindestbetrags aggregierter Haftsummen ist zunächst zwischen Alt- und Neuverbindlichkeiten zu differenzieren. Eine Unterschreitung des Mindestbetrags unmittelbar mit

---

Aspekt der Vertragsauslegung); *Kindler*, in: KKRD, § 176 Rn. 5; *K. Schmidt*, in: MüKo HGB, § 176 Rn. 16.

818 Siehe *K. Schmidt*, in: MüKo HGB, § 143 Rn. 5, für Bezeichnung dieser Fälle als „Ausscheiden im technischen Sinne"; vgl. auch *Habersack*, in: Habersack/Schäfer, § 160 Rn. 12.

819 Siehe *K. Schmidt*, in: MüKo HGB, § 143 Rn. 7–9, für die dem Ausscheiden im technischen Sinne gleichstellten Fälle.

Wirksamkeit des Ausscheidens kommt von vornherein nur hinsichtlich Neuverbindlichkeiten, also solcher Verbindlichkeiten in Betracht, die erst infolgedessen begründet werden.[820] Mangels Gesellschafterstellung im Zeitpunkt ihrer Begründung haftet der ausgeschiedene Kommanditist, vorbehaltlich des § 15 Abs. 1 HGB oder einer Haftung wegen konkret veranlassten Rechtsscheins, nicht.[821] Anderes gilt in Bezug auf Altverbindlichkeiten, da insoweit die persönliche Gesellschafterhaftung bis zum Ablauf der Nachhaftungsfrist fortbesteht und mit ihr die dafür relevante Haftsumme.[822] Der Beginn der Nachhaftungsfrist ist gemäß § 160 Abs. 1 S. 2 HGB an die Eintragung des Ausscheidens in das Handelsregister gebunden. Naheliegend erscheint daher, wiederum an die registergerichtliche Prüfung anzuknüpfen, um jedenfalls in Bezug auf Altverbindlichkeiten die Deckung des Mindestbetrags aufrechtzuerhalten. Diesen Gedanken wird man jedoch verwerfen müssen. Zwar lässt sich dagegen nicht allein einwenden, dass der entsprechenden Eintragung in das Handelsregister für das Ausscheiden eines Gesellschafters keine konstitutive Bedeutung zukommt.[823] Nichts anderes gilt nämlich, wie bereits dargelegt, hinsichtlich der Außenwirksamkeit einer ein Handelsgewerbe betreibenden Personenhandelsgesellschaft. Ein wesentlicher Unterschied besteht aber darin, dass durch die Ablehnung der Eintragung eines wirksamen Ausscheidens ein unrichtiger Registerinhalt perpetuiert werden würde. Festhalten lässt sich mithin auch in Bezug auf die Haftung für Altverbindlichkeiten, dass infol-

820 Siehe *Habersack*, in: Habersack/Schäfer, § 128 Rn. 60, § 160 Rn. 9 f., bezüglich des maßgeblichen Zeitpunkts für die Unterscheidung zwischen Alt- und Neuverbindlichkeiten.

821 Siehe *Habersack*, in: Habersack/Schäfer, § 160 Rn. 9 mit Rn. 4, § 128 Rn. 54 f. mit Rn. 3. Im Schrifttum ist vor dem Hintergrund von § 162 Abs. 2 Hs. 2 HGB die Anwendbarkeit von § 15 HGB in Bezug auf fehlerhafte, die Kommanditisten betreffende Eintragungen umstritten. Einer Auffassung zufolge ist § 15 HGB insgesamt unanwendbar – so namentlich *K. Schmidt*, DB 2011, 1149, 1150–1153. Die Vertreter der Gegenansicht möchten § 15 HGB nur in Bezug auf die Bekanntmachung unangewendet lassen – siehe statt vieler *Casper*, in: Staub, § 162 Rn. 24–28. Legt man die Gegenansicht zugrunde, haftet ein ausgeschiedener Kommanditist, sofern sein Ausscheiden nicht in das Handelsregister eingetragen worden ist, bei Vorliegen der weiteren Voraussetzungen des § 15 Abs. 1 HGB auch für Neuverbindlichkeiten – vgl. *Casper*, in: Staub, § 162 Rn. 24 (Anwendung von § 15 Abs. 1 HGB, wenn es nur auf die Eintragung ankomme).

822 Siehe bzgl. der Nachhaftung für Altverbindlichkeiten *Habersack*, in: Habersack/Schäfer, § 128 Rn. 54 mit Rn. 3, § 160 Rn. 1 mit Rn. 4; *K. Schmidt*, in: MüKo HGB, § 160 Rn. 25.

823 Siehe für Letzteres nur *K. Schmidt*, in: MüKo HGB, § 143 Rn. 20.

ge des Ausscheidens eines Kommanditisten, wenngleich zeitlich verzögert, eine Unterschreitung des Mindestbetrags möglich wäre.

Darüber hinaus ist jedoch entscheidend, ob an die Stelle des Ausscheidenden ein bereits vorhandener oder neuer Kommanditist tritt. Dies ist sowohl bei einer Anteilsübertragung unter Lebenden als auch im Wege der Erbfolge der Fall. Die in Frage stehende Haftsumme bliebe dann sowohl bezüglich Alt- als auch Neuverbindlichkeiten grundsätzlich erhalten.[824] Einer näheren Betrachtung bedürfen mithin nur diejenigen Fälle, in denen ein Kommanditist ersatzlos ausscheidet und infolgedessen der Mindestbetrag aggregierter Haftsummen unterschritten wird.

(b) Parallele zur Diskussion über die Folgen der Einziehung eines GmbH-Geschäftsanteils

Das Anliegen, die Summe der Haftsummen auch infolge von Veränderungen in der Zusammensetzung der Gesellschafter in einer bestimmten Mindesthöhe zu erhalten, erinnert an die in der Rechtsprechung und im Schrifttum geführte Diskussion über die Folgen der Einziehung eines GmbH-Geschäftsanteils nach § 34 GmbHG mit Blick auf das Verhältnis zwischen der Summe der Geschäftsanteile und dem Stammkapital.[825] § 5 Abs. 3 S. 2 GmbHG sieht im Regelungszusammenhang der Gründung einer GmbH vor, dass die Summe der Nennbeträge aller Geschäftsanteile mit dem Stammkapital übereinstimmen muss. Der Begründung des Regierungsentwurfs zum MoMiG zufolge bezieht sich das Konvergenzgebot[826] jedoch „nicht nur auf das Gründungsstadium, sondern auch auf den weiteren Verlauf der Gesellschaft".[827] Ein Auseinanderfallen der Summe der Geschäftsanteile und des Stammkapitals infolge der Einziehung eines

824 Siehe für den Fall einer Anteilsübertragung unter Lebenden BGH NZG 2006, 15; *K. Schmidt*, in: MüKo HGB, § 173 Rn. 29; *Thiessen*, in: Staub, § 173 Rn. 80 f.; davon zu unterscheiden ist die Konstellation, in der die Anteilsübertragung mit einer Haftsummenherabsetzung einhergeht – siehe dazu *Fedke*, GmbHR 2013, 180, 182 f.; *Thiessen*, in: Staub, § 173 Rn. 96. Siehe für den Fall einer Rechtsnachfolge von Todes wegen *K. Schmidt*, in: MüKo HGB, § 173 Rn. 44; *Thiessen*, in: Staub, § 173 Rn. 106.

825 Siehe zunächst nur *Ulmer/Habersack*, in: Habersack/Casper/Löbbe, § 34 Rn. 65, 65a.

826 BGHZ 203, 303, 308 = NJW 2015, 1385, 1387 („Gebot einer Konvergenz"); siehe aus dem Schrifttum nur *Ulmer/Casper*, in: Habersack/Casper/Löbbe, § 5 Rn. 23.

827 Begr. RegE MoMiG, BT-Drucks. 16/6140, S. 31.

Geschäftsanteils sei „künftig im Gegensatz zum geltenden Recht unzulässig".[828] Dies hat im Schrifttum zu der eingangs erwähnten Diskussion geführt.[829] Die in diesem Kontext vertretenen Auffassungen und hervorgebrachten Ansätze lassen sich möglicherweise für die Umsetzung eines Mindestbetrags aggregierter Haftsummen heranziehen.

(c) Anknüpfung an einen zugrundeliegenden Gesellschafterbeschluss?

Vor diesem Hintergrund kommt zunächst in Betracht, an den Gesellschafterbeschluss anzuknüpfen, der dem Ausscheiden des Kommanditisten zugrunde liegt. Konkret könnte man annehmen, dass der Gesellschafterbeschluss nichtig oder jedenfalls anfechtbar ist, wenn infolge des darauf basierenden Ausscheidens eines Kommanditisten der gesetzlich vorgegebene Mindestbetrag durch die Summe der verbleibenden Haftsummen nicht mehr gedeckt wäre. In Bezug auf die Einziehung eines GmbH-Geschäftsanteils hat der BGH entschieden, dass der relevante Gesellschafterbeschluss nicht schon wegen eines Auseinanderfallens der Summe der Nennbeträge der Geschäftsanteile und des Stammkapitals nichtig oder anfechtbar ist.[830] Aus Gläubigerschutzperspektive ist insoweit, wie vom BGH in jener Entscheidung hervorgehoben, zum einen zu berücksichtigen, dass die Höhe des Stammkapitals unverändert bleibt.[831] Zum anderen ist die Einziehung eines Geschäftsanteils wegen § 19 Abs. 2 S. 1 GmbHG nur zulässig, wenn die auf den betreffenden Geschäftsanteil zu erbringende Einlageleistung vollständig erbracht worden ist.[832]

Demgegenüber geht es mit der Erhaltung einer zuvor gegebenen Deckung des Mindestbetrags aggregierter Haftsummen um die Sicherung des Gläubigerschutzmittels selbst. Zu diesem Zweck an die Frage der Wirksamkeit des relevanten Gesellschafterbeschlusses anzuknüpfen, kommt jedoch von vornherein nicht in sämtlichen Fällen in Betracht. Dies liegt daran, dass das ersatzlose Ausscheiden eines Kommanditisten, im Unterschied zur Einziehung eines GmbH-Geschäftsanteils,[833] nicht stets auf

---

828 Begr. RegE MoMiG, BT-Drucks. 16/6140, S. 31.
829 Siehe zum Hintergrund nur *Ulmer*, DB 2010, 321.
830 BGHZ 203, 303, 306–310 = NJW 2015, 1385, 1386 f.
831 BGHZ 203, 303, 309 f. = NJW 2015, 1385, 1387.
832 BGHZ 203, 303, 310 f. = NJW 2015, 1385, 1387.
833 Zum einen schreibt § 34 Abs. 1 GmbHG zwingend eine Satzungsgrundlage vor, die nicht nur für die Zwangseinziehung, sondern auch für die Einziehung mit Zustimmung des betroffenen Gesellschafters gilt – siehe dazu nur *Strohn*,

einer gesellschaftsvertraglichen Regelung bzw. auf einem Gesellschafterbeschluss basiert. Dies gilt mangels abweichender Bestimmung, wenn der Kommanditist gemäß § 131 Abs. 3 S. 1 Nr. 2 HGB infolge der Eröffnung des Insolvenzverfahrens über sein Vermögen aus der fortbestehenden Gesellschaft ausscheidet.

(d) Verhältnismäßige Verteilung der wegfallenden Haftsumme?

Ein in sämtlichen Konstellationen funktionierender Ansatz könnte mithilfe einer hinsichtlich der Rechtsfolgen der Einziehung eines GmbH-Geschäftsanteils vereinzelt vertretenen Auffassung entwickelt werden. So wird in jenem Zusammenhang teilweise angenommen, dass infolge der Einziehung eines GmbH-Geschäftsanteils auch ohne eine damit einhergehende Kapitalherabsetzung keine Divergenz zwischen der Summe der Nennbeträge der Geschäftsanteile und dem unveränderten Stammkapital entstehe.[834] Vielmehr würden die Nennbeträge der verbleibenden Geschäftsanteile automatisch anteilig um den Nennbetrag des eingezogenen Geschäftsanteils erhöht.[835]

Zieht man diesen Ansatz zur Erhaltung aggregierter Haftsummen in Höhe des Mindestbetrags heran, könnte die Lösung darin liegen, die weggefallene Haftsumme auf die übrigen Kommanditisten nach dem Verhältnis ihrer Haftsummen zu verteilen, soweit dies zur Deckung des Mindestbetrags erforderlich ist. Dagegen spricht aber bereits, dass sich ein solcher Automatismus nicht in die Ausgestaltung der Kommanditistenhaftung im Übrigen einbetten ließe. Gemäß § 172 Abs. 1 HGB ist die eingetragene

---

in: MüKo GmbHG, § 34 Rn. 8; *Ulmer/Habersack*, in: Habersack/Casper/Löbbe, § 34 Rn. 14 (freiwillige Einziehung), Rn. 32 (Zwangseinziehung), jeweils mit Rn. 7 (zwingende Geltung). Außerdem bedarf es zur Einziehung grds. eines Beschlusses des zuständigen Gesellschaftsorgans, bei dem es sich gem. § 46 Nr. 4 GmbHG mangels abweichender Bestimmung um die Gesellschafterversammlung handelt – siehe dazu nur *Ulmer/Habersack*, in: Habersack/Casper/Löbbe, § 34 Rn. 49 mit Rn. 8 (zur Satzungsautonomie).

834 *Lutter*, GmbHR 2010, 1177, 1179; ihm folgend *Priester*, in: FS Kellermann, 337, 346–351; im Ergebnis ebenso *Altmeppen*, GmbHG, § 34 Rn. 93–95 (Parallele zur Anwachsung gem. § 738 Abs. 1 S. 1 BGB bei den Personengesellschaften); sympathisierend *Grunewald*, GmbHR 2012, 769, 772.

835 Siehe die Nachweise in voriger Fn.; dagegen die h.M. – siehe BGHZ 203, 303, 310 = NJW 2015, 1385, 1387 („unverändert gebliebenen Nennbeträgen ihrer Geschäftsanteile" mit Bezug auf die verbliebenen Gesellschafter); aus dem Schrifttum statt vieler *Ulmer/Habersack*, in: Habersack/Casper/Löbbe, § 34 Rn. 65, 65a.

Haftsumme maßgeblich, was vorbehaltlich von § 172 Abs. 2 HGB auch für eine Erhöhung der Haftsumme gilt.[836] Andernfalls, nämlich sofern eine Eintragung noch nicht erfolgt ist, haftet der Kommanditist gemäß § 176 Abs. 1 HGB bzw. § 176 Abs. 2 HGB unbeschränkt oder dessen Haftung bestimmt sich nach der gesellschaftsvertraglich bestimmten, gegebenenfalls durch Auslegung zu ermittelnden Haftsumme.[837]

(e) Erhaltung bzw. Wiederherstellung der Deckung des Mindestbetrags

Schließlich könnte man im Einklang mit der herrschenden Auffassung zur Diskussion um die Einziehung eines GmbH-Geschäftsanteils im Ausgangspunkt hinnehmen, dass das ersatzlose Ausscheiden eines Kommanditisten in der oben beschriebenen, zwischen Alt- und Neuverbindlichkeiten differenzierenden Weise zu einer Divergenz zwischen den aggregierten Haftsummen und dem Mindestbetrag führt.[838] Ein dem Ausscheiden gegebenenfalls zugrundeliegender Gesellschafterbeschluss wäre nicht bereits deswegen nichtig oder anfechtbar. Im Unterschied zur Einziehungsproblematik ginge es jedoch vordergründlich nicht um eine Wiederherstellung, sondern um die Erhaltung der Deckung des Mindestbetrags. Dies folgt aus dem bereits geäußerten Gedanken, dass sich eine Unterschreitung des Mindestbetrags unmittelbar auf den Umfang des Gläubigerschutzes auswirkt, es um die Erhaltung des gesetzlich vorgeschriebenen Schutzumfangs selbst ginge. Dementsprechend müssten die Gesellschafter in denjenigen Fällen, in denen das Ausscheiden eines Kommanditisten und eine damit einhergehende Unterschreitung des Mindestbetrags auf einem Gesellschafterbeschluss basiert, zugleich eine Wiederherstellung der Deckung in Gang setzen. Dies könnte insbesondere durch die Anmeldung der Er-

836 Siehe für die konstitutive Bedeutung der Eintragung für die Bestimmung der gegenüber den Gläubigern maßgeblichen Haftsumme oben die Nachweise in Fn. 806; siehe für die konstitutive Bedeutung der Eintragung einer Erhöhung der Haftsumme nur *K. Schmidt*, in: MüKo HGB, §§ 171, 172 Rn. 34; *Thiessen*, in: Staub, § 172 Rn. 53.

837 Siehe für § 176 Abs. 1 S. 1 HGB und die letztgenannte Variante oben Teil 3 A.III.1.b)(1).

838 Siehe für die h.M. zur Rechtsfolge der Einziehung eines GmbH-Geschäftsanteils (Divergenz zwischen der Summe der Nennbeträge der verbliebenen Geschäftsanteile und dem Stammkapital) BGHZ 203, 303, 310 = NJW 2015, 1385, 1387 („unverändert gebliebenen Nennbeträgen ihrer Geschäftsanteile" mit Bezug auf die verbliebenen Gesellschafter); aus dem Schrifttum statt vieler *Ulmer/Habersack*, in: Habersack/Casper/Löbbe, § 34 Rn. 65, 65a.

höhung vorhandener Haftsummen zum Handelsregister erfolgen. In den übrigen, nicht auf einer Entscheidung der verbleibenden Gesellschafter beruhenden Fällen könnte es demgegenüber ohne weitere Regelung notwendigerweise nur um eine Wiederherstellung der Deckung gehen.

In beiden Varianten stellt sich die Frage, auf welche Weise die Gesellschafter zur Erhaltung bzw. Wiederherstellung der Deckung des Mindestbetrags angehalten werden können. Sich an § 176 HGB zu orientieren und entsprechend eine unbeschränkte Haftung der Kommanditisten anzunehmen, solange der Mindestbetrag aggregierter Haftsummen nicht gedeckt ist, wäre gerade in denjenigen Fällen, in denen die Unterschreitung des Mindestbetrags ohne Zutun der verbliebenen Gesellschafter erfolgt ist, unverhältnismäßig. Eine unbeschränkte Haftung sämtlicher Kommanditisten stünde jedoch auch im Übrigen außer Verhältnis zum Ziel, die entstandene Lücke zu schließen.

Ein möglicher Ansatz könnte eine solidarische Verantwortlichkeit der verbliebenen Kommanditisten in Höhe des Differenzbetrags sein. Konkret hieße dies mit Blick auf den einzelnen Kommanditisten, dass dessen Haftung gegenüber den Gesellschaftsgläubigern nur solange ausgeschlossen wäre, wie geleistete und im Gesellschaftsvermögen belassene Einlagen sowohl dessen persönliche Haftsumme als auch den Differenzbetrag abdecken. Für Letzteres käme es nicht darauf an, ob die Deckung auf einer Einlageleistung des betreffenden Kommanditisten oder eines anderen, ebenso verantwortlichen Kommanditisten beruht. Eine derartige Fehlbetragshaftung eignet sich nicht nur im Falle eines nachträglichen Unterschreitens des Mindestbetrags, sondern auch zur Schließung derjenigen Lücken, die bei einer rein präventiven Kontrolle verblieben.

Ein solcher, nur die Kommanditisten adressierender Ansatz müsste sich konsequenterweise jedoch auch auf die Kompetenz bezüglich Maßnahmen, die eine Differenz zum Mindestbetrag beseitigen sollen, auswirken. Dies lässt sich am Beispiel der Erhöhung einer Haftsumme wie folgt verdeutlichen: Sofern praktisch relevant, also sofern nicht ohnehin sämtliche Kommanditisten zugleich Gesellschafter des – hier angenommen – einzigen Komplementärs sind, müsste jedenfalls aus der Treupflicht ein Anspruch der Kommanditisten gegenüber dem Komplementär auf Mitwirkung an der Veränderung der Haftsumme folgen. Dies beträfe dann sowohl die interne Vereinbarung als auch die Anmeldung der Erhöhung zur Eintragung in das Handelsregister gemäß § 175 S. 1 HGB.[839]

---

839 Vgl. bzgl. der Anmeldung zur Eintragung in das Handelsregister die gesellschaftsvertragliche Mitwirkungspflicht der Mitgesellschafter für den Fall, dass

c) Fazit

Mittels eines gesetzlich vorgeschriebenen Mindestbetrags aggregierter Haftsummen könnte ein an der Grenze zur bilanziellen Überschuldung ansetzendes Auszahlungsverbot in KG-spezifischer Weise ergänzt werden. Die Parallele zu einem am Modell der Kommanditistenhaftung orientierten Mindestkapitalkonzept liegt auf der Hand. Der Unterschied zwischen dem dargestellten Mindestkapitalkonzept und dem hier betrachteten Vorschlag eines Mindestbetrags aggregierter Haftsummen liegt im Wesentlichen darin, dass ein sich der Höhe nach entsprechender Mindestbetrag auf der einen Seite prinzipiell von sämtlichen Gesellschaftern, auf der anderen Seite von vornherein lediglich von den Kommanditisten aufzubringen wäre. Die für eine funktionsfähige Umsetzung zu bewältigenden Schwierigkeiten laufen dementsprechend weitgehend parallel. Zusammengefasst geht es dabei zum einen darum, dass die registergerichtliche Prüfung nicht lückenlos im Sinne einer präventiven Kontrolle eingesetzt werden kann. Zum anderen hat sich einerseits, was die Ausgestaltung eines Mindestkapitalkonzepts anbelangt, die Freiheit der Gesellschafter bezüglich der Eigenkapitalausstattung der Gesellschaft als hinderlich für eine Anknüpfung der Gesellschafterhaftung an die jeweilige Einlageverpflichtung erwiesen. Andererseits muss hinsichtlich eines Mindestbetrags aggregierter Haftsummen die Möglichkeit eines ersatzlosen Wegfalls einer zur Deckung des Mindestbetrags erforderlichen Haftsumme berücksichtigt werden. In beiden Fällen kann diesen Schwierigkeiten mittels einer gesamtschuldnerischen, im Übrigen jedoch am Modell der Kommanditistenhaftung orientierten Haftung der Gesellschafter bzw. Kommanditisten begegnet werden.

Angesichts dieses Gleichlaufs vermag es nicht zu verwundern, dass sich auch hier die Folgefrage stellt, in welchem Verhältnis einerseits die gesamtschuldnerische Haftung in Bezug auf eine Differenz zum Mindestbetrag aggregierter Haftsummen und andererseits die durch die persönliche Haftsumme begrenzte Kommanditistenhaftung zueinander stünden. Insoweit kann im Wesentlichen auf die im Zusammenhang mit der Ausgestaltung eines Mindestkapitalkonzepts bereits erfolgten Ausführungen zur Ausweisung des Eigenkapitals einer atypischen Personenhandelsgesellschaft gemäß § 264c Abs. 2 HGB und den insoweit erforderlichen Anpas-

---

die Gesellschafter eine Veränderung der Haftsumme vereinbart haben und dazu *K. Schmidt*, in: MüKo HGB, § 175 Rn. 6, 9; *Thiessen*, in: Staub, § 175 Rn. 13 (jedenfalls aus der Treupflicht).

sungen *de lege ferenda* verwiesen werden.[840] Neben einer separaten Ausweisung der Kapitalanteile der Kommanditisten wäre jedoch von vornherein deren saldierte Ausweisung erforderlich, um spiegelbildlich die Deckung nicht nur der persönlichen Haftsumme des jeweiligen Kommanditisten, sondern auch des Differenzbetrags anhand der Rechnungslegung feststellen zu können. Für den praktisch jedenfalls bei der GmbH & Co. KG relevanten Fall, dass die Komplementär-GmbH keinen Kapitalanteil innehat, und sofern keine weiteren Komplementäre vorhanden sind, handelt es sich dabei freilich um eine nur vermeintliche Differenz im Vergleich zum Mindestkapitalkonzept.

Ein wesentlicher Unterschied liegt jedoch in der für die Beurteilung des hier betrachteten Ansatzes maßgeblichen Perspektive. Mit dem dargestellten Auszahlungsverbot an der Grenze zur bilanziellen Überschuldung wäre bereits eine tatbestandlich von der materiellen Insolvenz der atypischen Personenhandelsgesellschaft unabhängige Begrenzung von Vermögensverschiebungen auf die Gesellschafter vorhanden. Der Vorschlag eines Mindestbetrags aggregierter Haftsummen ist von vornherein lediglich als Mittel zur Ergänzung dieses Auszahlungsverbots betrachtet worden. Aus diesem Grund spricht gegen diesen Ansatz nicht der Aspekt, dass auf diese Weise keine Begrenzung von Vermögensverschiebungen erreicht werden kann.

2. Begrenzte Thesaurierungspflicht

a) Grundlagen des Konzepts

(1) Orientierung am UG-Modell

Ein weiteres Mittel zur Ergänzung des Auszahlungsverbots wird ersichtlich, wenn man sich gedanklich sowohl von der Kommanditistenhaftung als auch von dem für die GmbH geltenden, auf einem Mindeststammkapital aufbauenden Kapitalschutzkonzept löst. Stattdessen orientiert sich der im Folgenden näher auszuführende Ansatz an einem bereits vorhandenen gesetzlichen Modell zur allmählichen Erhöhung der Eigenkapitalausstattung bei Fehlen eines Mindestkapitals.[841] Gemeint ist damit das in

840 Siehe oben Teil 3 A.I.3.b).

841 Siehe für die UG Begr. RegE MoMiG, BT-Drucks. 16/6140, S. 32, und dazu bereits oben bei Fn. 298.

§ 5a Abs. 3 GmbHG für die UG vorgeschriebene „Ansparmodell“[842]. Konkret könnte der Kapitalschutz bei atypischen Personenhandelsgesellschaften mittels einer an § 5a Abs. 3 S. 1 GmbHG orientierten Thesaurierungspflicht ergänzt werden, deren Höhe sich anhand des um einen Verlustvortrag aus dem Vorjahr geminderten Jahresüberschusses bemessen würde.[843] Die Bestimmung der prozentual ausgedrückten Höhe der jährlichen Dotierung ist für die Ausgestaltung des Konzepts nicht entscheidend und kann daher offen bleiben. Von den in § 5a Abs. 3 S. 2 GmbHG enthaltenen Verwendungsbeschränkungen wären mangels Möglichkeit einer Kapitalerhöhung aus Gesellschaftsmitteln sinnvollerweise nur diejenigen der letzten beiden Nummern zu übertragen.[844]

(2) Begrenzung der Thesaurierungspflicht

Im Unterschied zur Ausgestaltung der Thesaurierungspflicht bei der UG bedürfte es für atypische Personenhandelsgesellschaften jedoch einer Be-

---

842 *Fastrich*, in: Gesellschaftsrecht in der Diskussion 2010, 119, 142.

843 Anders *Sawada*, UG (haftungsbeschränkt) & Co. KG, S. 256–267, zusammenfassend S. 271 f. (siehe dazu bereits oben Fn. 348), der eine analoge Anwendung von § 5a Abs. 3 GmbHG auf eine UG & Co. KG befürwortet, deren einziger Komplementär eine nicht am Gewinn der KG beteiligte UG ist bzw. wenn dies auf sämtliche Komplementäre zutrifft (a.a.O. S. 256, 266 f., 271 f.); *Sawada*, befürwortet die Analogie unter der weiteren Voraussetzung, dass die sich aus den „Hafteinlagen“ – gemeint sind die Haftsummen (a.a.O. S. 260) – der Kommanditisten und dem Stammkapital der Komplementär-UG ergebende Summe nicht das Mindeststammkapital einer GmbH erreicht (a.a.O. S. 266, 272); im Anschluss an seine Darlegung des Vorliegens der Analogievoraussetzungen meint *Sawada*, dass eine entsprechende Regelung *de lege ferenda* vorzugswürdig sei (a.a.O. S. 264); mit *Sawadas* Vorschlag nur *de lege ferenda* sympathisierend *Wicke*, GmbHG, § 5a Rn. 19.

844 Siehe demgegenüber *Sawada*, UG (haftungsbeschränkt) & Co. KG, S. 262–264, 266, der im Rahmen seines Vorschlags unter den in voriger Fn. genannten Voraussetzungen eine analoge Anwendung auch von § 5a Abs. 3 S. 2 GmbHG auf eine UG & Co. KG befürwortet; unproblematisch sei die analoge Anwendung der in § 5a Abs. 3 S. 2 Nr. 2 und Nr. 3 GmbHG vorgesehenen Verwendungsmöglichkeiten (a.a.O. S. 262); bzgl. § 5a Abs. 3 S. 2 Nr. 1 GmbHG schlägt *Sawada* die Zulässigkeit einer Verwendung für eine Erhöhung der „Hafteinlagen“ der Kommanditisten vor (a.a.O. S. 263), womit er eine Erhöhung der Haftsummen meint (a.a.O. S. 266); im gleichen Umfang seien die Pflichteinlagen aus der Rücklage zu erhöhen (a.a.O. S. 266).

grenzung.[845] Im Falle einer UG gelten gemäß § 5a Abs. 5 Hs. 1 GmbHG die vorhergehenden Absätze und damit auch die Thesaurierungspflicht solange, bis das Stammkapital der Gesellschaft derart erhöht wird, dass es jedenfalls den Betrag des Mindeststammkapitals nach § 5 Abs. 1 GmbHG erreicht. Wenngleich dies selbst bei einer dafür ausreichend dotierten Rücklage nicht vorgeschrieben ist, so ist doch das in § 5a Abs. 3 und Abs. 5 GmbHG verankerte Kapitalaufholungsmodell ersichtlich darauf angelegt, eine UG schrittweise in eine GmbH überzuführen.[846] Ein derartiges Ziel gibt es bei einer atypischen Personenhandelsgesellschaft nicht. Mittels einer an § 5a Abs. 3 GmbHG orientierten Thesaurierungspflicht könnte das Auszahlungsverbot, wenngleich nicht durch eine Mindestrisikobeteiligung der Gesellschafter, so doch durch einen gewissen „Puffer" im Vorfeld einer bilanziellen Überschuldung ergänzt werden.[847] Über dieses Ziel würde eine unbegrenzte Thesaurierungspflicht jedoch hinausschießen. Vorzusehen wäre daher eine betragliche Obergrenze, die – aus den bereits mit Bezug auf ein Mindestkapital genannten Gründen – am Mindeststammkapital der GmbH auszurichten, also aktuell bei 25.000 € anzusetzen wäre.[848] Den Gesellschaftern würde es freistehen, im Gesellschaftsvertrag einen höheren Betrag zur Begrenzung der Thesaurierungspflicht zu vereinbaren. Eine derart begrenzte Pflicht zur Bildung einer gesetzlichen Rücklage wäre kein Fremdkörper im deutschen Gesellschaftsrecht, sondern ist insoweit vergleichbar bereits in § 150 Abs. 2 AktG vorgesehen.

(3) Bilanzielle Ausweisung der gesetzlichen Rücklage

Was schließlich die bilanzielle Ausweisung einer derart gebildeten Rücklage anbelangt, bedürfte es *de lege ferenda* einzelner Anpassungen. Da für

845 Siehe bzgl. der unbegrenzten Thesaurierungspflicht bei der UG Begr. RegE MoMiG, BT-Drucks. 16/6140, S. 32, sowie den folgenden Text.

846 Vgl. *Fastrich*, in: Gesellschaftsrecht in der Diskussion 2010, 119, 142; *Joost*, ZIP 2007, 2242, 2245; *Kleindiek*, in: Lutter/Hommelhoff, § 5a Rn. 4 f., 34; *Veil*, ZGR 2009, 623, 633.

847 Siehe zur Funktion als „Puffer" *H.-F. Müller*, ZGR 2012, 81, 83, 91, 108; *Vetter*, ZGR 2005, 788, 826.

848 Ähnlich insoweit *Sawada*, UG (haftungsbeschränkt) & Co. KG, S. 266, 272, der eine analoge Anwendung von § 5a Abs. 3 GmbHG auf eine UG & Co. KG unter anderem unter der Voraussetzung befürwortet, dass die sich aus den Haftsummen der Kommanditisten und dem Stammkapital der Komplementär-UG ergebende Summe nicht das Mindeststammkapital einer GmbH erreicht – siehe dazu bereits oben Fn. 843.

Personenhandelsgesellschaften gesetzlich keine Rücklagenbildung vorgeschrieben ist, sind gemäß § 264c Abs. 2 S. 8 HGB als Rücklagen nur aufgrund einer gesellschaftsvertraglichen Vereinbarung gebildete Rücklagen auszuweisen.[849] Insoweit ist auch kein gesonderter Ausweis von Gewinn- und Kapitalrücklagen vorgesehen.[850] *De lege ferenda* wäre § 264c Abs. 2 S. 8 HGB einhergehend mit der Einführung einer Thesaurierungspflicht um die auf dieser Grundlage gebildete gesetzliche Rücklage zu ergänzen. Diese müsste gegenüber etwaigen weiteren, auf Basis gesellschaftsvertraglicher Vereinbarung gebildeten Rücklagen gesondert ausgewiesen werden. Im Übrigen, also hinsichtlich letztgenannter Rücklagen, könnte es dabei bleiben, dass keine Untergliederung vorgegeben wird.[851]

b) Differenzierte Ergänzung des Auszahlungsverbots im Vorfeld der bilanziellen Überschuldung

(1) Erhaltung des zur Deckung der bereits dotierten Rücklage erforderlichen Vermögens

Um die Bedeutung einer derartigen Thesaurierungspflicht als Ergänzung des dargestellten Auszahlungsverbots konkret zu erfassen, bedarf es, wie auch für die Kapitalerhaltung bei einer UG, einer Differenzierung zwischen der bereits dotierten und der noch zu dotierenden Rücklage. Mit Blick zunächst auf die bereits dotierte Rücklage hätte die Thesaurierungspflicht für den Kapitalschutz bei den atypischen Personenhandelsgesellschaften zur Folge, dass Auszahlungen verboten wären, wenn bereits im Zeitpunkt der Auszahlung oder soweit infolge der Auszahlung das Aktivvermögen die Summe aus Verbindlichkeiten und Rückstellungen samt der dotierten Rücklage nicht decken würde.

Im Unterschied zur UG, bei der zur Erhaltung des für die Deckung einer bereits dotierten Rücklage erforderlichen Vermögens das Auszahlungsverbot des § 30 Abs. 1 GmbHG analog angewandt wird,[852] könnte für atypische Personenhandelsgesellschaften das Auszahlungsverbot an der

---

849 Begr. RegE KapCoRiLiG, BT-Drucks. 14/1806, S. 21; siehe dazu auch *Reiner*, in: MüKo HGB, §§ 264a–264c Rn. 27.

850 Siehe dazu Begr. RegE KapCoRiLiG, BT-Drucks. 14/1806, S. 21.

851 Siehe insoweit für die geltende Rechtslage *Hoffmann*, DStR 2000, 837, 839; *Hüttemann/Meyer*, in: Staub, § 264c Rn. 26.

852 Siehe oben Teil 2 A.II.1.b)(2)(a).

Grenze zur bilanziellen Überschuldung samt der darauf bezogenen Erstattungspflicht jedoch nicht herangezogen werden. Zwar würde auch durch eine Thesaurierungspflicht, je nach Jahresüberschuss, der Umfang desjenigen Vermögens erweitert, welches vor Verlagerungen auf die Gesellschafter geschützt werden soll.[853] Auf Grundlage allein des Auszahlungsverbots müssten jedoch lediglich die echten Passiva[854] gedeckt sein. Dies wäre bereits der Fall, wenn und solange das Reinvermögen nicht negativ ist. Mangels Stammkapitals bedürfte es darüber hinaus nicht der Deckung eines als Eigenkapital ausgewiesenen Passivpostens.[855] Daher müsste das Auszahlungsverbot, um auch eine bereits dotierte Rücklage zu erfassen, entsprechend ergänzt werden.

(2) Gewinnausschüttungen infolge unterbliebener oder unzureichender Dotierung

(a) Nichtigkeit der relevanten Gesellschafterbeschlüsse

Mit Blick auf eine noch zu dotierende Rücklage bietet sich ebenfalls eine Orientierung an der Kapitalerhaltung bei der UG an. Relevant wären mithin einerseits Gewinnausschüttungen, die auf einem Jahresabschluss beruhen, in welchem die gesetzliche Rücklage nicht oder nicht in vollständiger Höhe dotiert worden ist. In diesem Fall sind nach herrschender Auffassung der den Jahresabschluss der UG feststellende Gesellschafterbeschluss analog § 256 Abs. 1 Nr. 1 AktG und der darauf basierende Gewinnverwendungsbeschluss analog § 253 AktG nichtig.[856]

Auch bei atypischen Personenhandelsgesellschaften würde eine unterbliebene oder unvollständige Dotierung der gesetzlichen Rücklage wegen

853 Vgl. *H.-F. Müller*, ZGR 2012, 81, 93, zur analogen Anwendung der §§ 30, 31 GmbHG bzgl. einer gebildeten bzw. zu bildenden gesetzlichen Gewinnrücklage bei der UG.

854 D.h. die Passiva ohne Berücksichtigung des Eigenkapitals – siehe nur *Habersack*, in: Habersack/Casper/Löbbe, § 30 Rn. 39 mit Rn. 25; *Verse*, in: Scholz, § 30 Rn. 58.

855 Siehe dazu bereits oben Teil 2 A.III.1.b).

856 Statt vieler *H.-F. Müller*, ZGR 2012, 81, 91 f.; *Paura*, in: Habersack/Casper/Löbbe, § 5a Rn. 50; *Rieder*, in: MüKo GmbHG, § 5a Rn. 33; a.A. (§ 256 Abs. 1 Nr. 4 AktG analog) *Hirte*, ZInsO 2008, 933, 935; *Veil*, ZGR 2009, 623, 634; siehe auch Begr. RegE MoMiG, BT-Drucks. 16/6140, S. 32 (ohne Präzisierung der einschlägigen Nummer von § 256 Abs. 1 AktG).

Verstoßes gegen die Thesaurierungspflicht im Ergebnis zur Nichtigkeit sowohl des Beschlusses über die Feststellung des Jahresabschlusses als auch des darauf aufbauenden Gewinnverwendungsbeschlusses führen. Die rechtliche Behandlung von Beschlussmängeln bei Personengesellschaften, namentlich deren Folgen und deren Geltendmachung, ist *de lege lata* umstritten.[857] Der tradierten Auffassung zufolge sind mangelhafte Gesellschafterbeschlüsse grundsätzlich nichtig.[858] Dagegen wird eine Differenzierung zwischen nichtigen, also unwirksamen, und anfechtbaren Beschlüssen befürwortet.[859]

Doch auch wenn man im letztgenannten Sinne differenziert, wären die wegen einer Verletzung gegen die Thesaurierungspflicht fehlerhaften Gesellschafterbeschlüsse nichtig. Wie bei der UG würde die Thesaurierungspflicht eine allmähliche Erhöhung der Eigenkapitalausstattung und damit insbesondere den Schutz der Gläubiger bezwecken.[860] Raum für eine Disposition der Gesellschafter, sei es auch dadurch, dass diese eine Anfech-

---

857 Siehe für einen Überblick *Enzinger*, in: MüKo HGB, § 119 Rn. 94; *Freitag*, in: EBJS, § 119 Rn. 77. Das MoPeG sieht mit den §§ 110–115 HGB (Art. 51 Nr. 3 MoPeG, BGBl. 2021 I S. 3436, 3458 f.) für die Personenhandelsgesellschaften ein am Anfechtungsmodell des AktG orientiertes Beschlussmängelrecht vor – siehe dazu RegE MoPeG, BT-Drucks. 19/27635, S. 110–112, 227–230; die Regelung des Beschlussmängelrechts für Personenhandelsgesellschaften gehört zum wesentlichen Inhalt des MoPeG – siehe dazu RegE MoPeG, BT-Drucks. 19/27635, S. 102 f., 110 f.; im Unterschied zum Mauracher Entwurf sollen die Regelungen zum Beschlussmängelrecht grds. nicht auf die GbR Anwendung finden – siehe einerseits RegE MoPeG, BT-Drucks. 19/27635, S. 111, 113, und andererseits Mauracher Entwurf, S. 90.

858 BGH NJW 1987, 1262, 1263; BGH NJW 1999, 3113, 3114; BGH NZG 2003, 127, 128; siehe aus dem Schrifttum nur *Kindler*, in: KKRD, § 119 Rn. 14 f.; *Roth*, in: Hopt, § 119 Rn. 31; grds. auch *Schäfer*, in: Habersack/Schäfer, § 119 Rn. 77 f.; siehe bzgl. fehlerhafter Beschlüsse über die Feststellung des Jahresabschlusses *Ehricke*, in: EBJS, § 120 Rn. 51; *Lieder*, in: Oetker, § 120 Rn. 35.

859 Die einschlägigen Auffassungen unterscheiden sich hinsichtlich ihrer Einzelheiten – siehe für eine gute Übersicht die zahlreichen Nachweise von *Schäfer*, in: Habersack/Schäfer, § 119 Rn. 76. Namentlich für eine derartige Rechtsfortbildung *K. Schmidt*, in: FS Stimpel, 217, insbesondere 218–220, 232, 240, 242 f., mit Bezug auf „diejenigen Personengesellschaften, deren Gesellschafter sich in Abweichung von § 119 Abs. 1 HGB der Mehrheitsherrschaft unterworfen haben" (a.a.O. S. 232); siehe auch *dens.*, GesR, § 15 II 3 b (S. 448 f.); siehe bzgl. fehlerhafter Beschlüsse über die Feststellung des Jahresabschlusses *Priester*, in: FS Hadding, 607, 617.

860 Siehe bzgl. § 5a Abs. 3 GmbHG *H.-F. Müller*, ZGR 2012, 81, 91; siehe zum Zweck des Gläubigerschutzes auch *Hennrichs*, NZG 2009, 921, 924.

tung der relevanten Gesellschafterbeschlüsse unterlassen, bliebe nicht.[861] Vielmehr wären *de lege lata* die §§ 256, 253 AktG auch zur Sicherung der Thesaurierungspflicht bei atypischen Personenhandelsgesellschaften analog anwendbar. Unabhängig von den Besonderheiten einer atypischen Personenhandelsgesellschaft wird vereinzelt eine analoge Anwendung von § 256 AktG auf Personenhandelsgesellschaften diskutiert und mit der Begründung befürwortet, dass auch deren Jahresabschluss öffentlich-rechtliche Dokumentationspflichten erfülle.[862] Speziell mit Blick auf atypische Personenhandelsgesellschaften könnte dieses Ergebnis wohl schon auf § 264a Abs. 1 HGB gestützt werden.[863] Jedenfalls bei Einführung einer an § 5a Abs. 3 GmbHG orientierten Thesaurierungspflicht für atypische Personenhandelsgesellschaften wäre jedoch eine unterschiedliche Behandlung im Vergleich zu den Folgen fehlerhafter Gesellschafterbeschlüsse über die Feststellung des Jahresabschlusses und die Verwendung eines etwaigen Gewinns bei einer UG sachlich nicht gerechtfertigt.

(b) Rückgewähranspruch der Gesellschaft

Den Blick zunächst wieder auf die UG gerichtet, ist die Rechtsfolge von Gewinnausschüttungen, die wegen unterbliebener oder zu geringer Dotierung der gesetzlichen Rücklage auf einem nichtigen Gewinnverwendungsbeschluss beruhen, dass der begünstigte Gesellschafter das Empfangene zurückzugewähren hat, soweit dies für eine ordnungsgemäße, also vollständige Dotierung der gesetzlichen Rücklage erforderlich ist.[864] Der darauf ausgerichtete Anspruch der Gesellschaft folgt, so die herrschende Meinung, nicht nur aus § 812 Abs. 1 S. 1 Var. 1 BGB, sondern auch aus

861 Siehe für den Zusammenhang zwischen der Differenzierung von Anfechtbarkeit und Nichtigkeit mit der Dispositionsbefugnis in materiell-rechtlicher Hinsicht RegE MoPeG, BT-Drucks. 19/27635, S. 111, 229, zu dem durch das MoPeG vorgesehenen Beschlussmängelrecht für Personenhandelsgesellschaften.

862 *Priester*, in: MüKo HGB, § 120 Rn. 70; *ders.*, in: FS Hadding, 607, 618; ähnlich *Lieder*, in: Oetker, § 120 Rn. 35 (soweit Verstoß gegen öffentlich-rechtliche Dokumentationspflichten); tendenziell auch *Ehricke*, in: EBJS, § 120 Rn. 50.

863 Vgl. die Überlegung von *Priester*, in: FS Hadding, 607, 618, der eine analoge Anwendbarkeit des § 256 AktG jedoch nicht speziell mit Blick auf atypische Personenhandelsgesellschaften diskutiert und daher seine Begründung schon deswegen nicht auf § 264a HGB stützen kann.

864 Siehe zum Umfang *Fastrich*, in: Baumbach/Hueck, 21. Aufl., § 5a Rn. 26.

einer analogen Anwendung der §§ 30, 31 GmbHG, also konkret aus § 31 Abs. 1 GmbHG.[865]

Einen entsprechenden Rückgewähranspruch hätten atypische Personenhandelsgesellschaften auch aus der auf das Auszahlungsverbot bezogenen Erstattungspflicht des begünstigten Gesellschafters. Für einen Verstoß gegen das um die Bindung der gesetzlichen Rücklage ergänzte Auszahlungsverbot könnte es keinen Unterschied machen, ob das für die Deckung einer bereits gebildeten Rücklage erforderliche Vermögen gemindert wird oder ob im Widerspruch zur Thesaurierungspflicht schon keine ausreichende Dotierung erfolgt.[866] Im letztgenannten Fall würde die Erstattungspflicht des durch eine unzulässige Gewinnausschüttung begünstigten Gesellschafters aus einer zweckentsprechenden Anwendung des Auszahlungsverbots resultieren.

(3) Verbot verdeckter Gewinnausschüttungen bis zur Erreichung der Obergrenze

Schließlich wäre konsequenterweise – wie mit Bezug auf die UG befürwortet – auch für atypische Personenhandelsgesellschaften von einem Verbot verdeckter Gewinnausschüttungen auszugehen. Mithin dürfte grundsätzlich nur ein unter Berücksichtigung der Thesaurierungspflicht festgestellter Jahresüberschuss an die Gesellschafter ausgeschüttet werden. Dies könnte explizit geregelt oder in den Händen der Rechtsprechung, gestützt durch die einschlägige Diskussion im Schrifttum, belassen werden. Hinsichtlich erstgenannter Variante ist jedoch zu berücksichtigen, dass sich diese Entscheidung auch auf die parallele Problematik bei der UG auswirken würde.

Im Unterschied zu einer UG unterläge eine atypische Personenhandelsgesellschaft einer derart strengen Kapitalerhaltung jedoch nur, wenn

865 Statt vieler *Fastrich*, in: Baumbach/Hueck, 21. Aufl., § 5a Rn. 26; *Paura*, in: Habersack/Casper/Löbbe, § 5a Rn. 50; für eine direkte Anwendung von § 30 Abs. 1 GmbHG *Pentz*, in: Rowedder/Schmidt-Leithoff, § 30 Rn. 8a; unklar Begr. RegE MoMiG, BT-Drucks. 16/6140, S. 32 („gegebenenfalls kann man auch ausdrücklich auf die Kapitalerhaltung nach den §§ 30, 31 verweisen"); abweichend von der h.M. etwa *H.-F. Müller*, ZGR 2012, 81, 94 (Vorrang von § 31 Abs. 1 GmbHG analog); *Servatius*, in: Noack/Servatius/Haas, § 5a Rn. 22 (Rückzahlung allein nach § 31 Abs. 1 GmbHG analog).

866 Siehe für die analoge Anwendung der §§ 30, 31 GmbHG im Falle einer UG oben Teil 2 A.II.1.b)(2)(b).

im Zeitpunkt der relevanten Auszahlung die gesetzliche Rücklage nicht mindestens in Höhe des die Thesaurierungspflicht begrenzenden Betrags dotiert ist.[867] Bei entsprechender Dotierung entfiele das Erfordernis, die Erfüllbarkeit einer noch ausstehenden Thesaurierung zu sichern. Solange wären daher auch verdeckte Vermögenszuwendungen[868] mit der Maßgabe zulässig, dass das zur Deckung der Verbindlichkeiten zuzüglich der bereits dotierten Rücklage erforderliche Vermögen erhalten wird.

c) Fazit

Mittels einer begrenzten Thesaurierungspflicht könnte das Auszahlungsverbot um einen „Puffer“ im Vorfeld der bilanziellen Überschuldung ergänzt werden. Indem Vermögensverlagerungen zugunsten der Gesellschafter im Vergleich zum schlichten Auszahlungsverbot stärker beschränkt wären, könnte einer durch Eingriffe der Gesellschafter verursachten Insolvenz auf diese Weise jedenfalls theoretisch vorgebeugt werden. In praktischer Hinsicht ist dieser Ansatz freilich mit der Schwäche verbunden, dass die Dotierung der Rücklage gewinnabhängig ist. Dieser Aspekt war bereits im Rahmen der Auseinandersetzung mit der Frage nach der Zulässigkeit einer UG & Co. KG relevant.[869] Durch eine an § 5a Abs. 3 GmbHG orientierte Thesaurierungspflicht kann mithin nicht sichergestellt werden, dass die Eigenkapitalausstattung der betreffenden atypischen Personenhandelsgesellschaft zu irgendeinem Zeitpunkt jedenfalls die Höhe des Mindeststammkapitals einer GmbH erreicht. Davon zu unterscheiden ist das mit der Gewinnabhängigkeit der Thesaurierungspflicht ebenfalls einhergehende Problem, dass die Erzielung eines Jahresüberschusses und damit die Möglichkeit der Rücklagenbildung nachteilig durch Vermögensverlagerungen auf die Gesellschafter beeinflusst werden kann. Angesichts der bei einer UG im Wesentlichen parallel verlaufenden Schwierigkeiten können insoweit Lösungsansätze, die in jenem Zusammenhang im Schrifttum entwickelt worden sind, fruchtbar gemacht werden. So kann namentlich eine noch ausstehende Dotierung dadurch gesichert werden, dass verdeck-

---

867 Siehe demgegenüber *Rieder*, in: MüKo GmbHG, § 5a Rn. 37, mit Bezug auf das Verbot verdeckter Gewinnausschüttungen bei der UG (keine Begrenzung des Verbots, etwa bis eine Rücklage in Höhe von 25.000 € dotiert ist, da Thesaurierungspflicht nach § 5a Abs. 3 S. 1 GmbHG ihrerseits unbegrenzt).

868 Siehe zur synonymen Verwendung dieser Bezeichnung anstelle von „verdeckte Gewinnausschüttungen“ oben bei Fn. 339.

869 Siehe oben Teil 2 A.II.1.a).

te Vermögenszuwendungen unzulässig sind, wenn im Zeitpunkt der relevanten Vermögensverschiebung die gesetzliche Rücklage noch nicht in Höhe des die Thesaurierungspflicht begrenzenden Betrags dotiert worden ist.

3. Zwischenergebnis

Zusammenfassend lässt sich zunächst festhalten, dass ein an der Grenze zur bilanziellen Überschuldung ansetzendes Auszahlungsverbot zum Schutz der Gläubiger einer atypischen Personenhandelsgesellschaft sowohl in KG-spezifischer Weise durch die Einführung eines Mindestbetrags aggregierter Haftsummen als auch mittels einer begrenzten Thesaurierungspflicht ergänzt werden kann. Es drängt sich die Frage auf, ob einer dieser Ansätze im Vergleich zum jeweils anderen vorzugswürdig ist.

Die auf einem Vorschlag von *Habersack* beruhende Idee, das Auszahlungsverbot um einen Mindestbetrag aggregierter Haftsummen zu ergänzen, würde den Kapitalschutz in funktionaler Hinsicht um eine dem Mindeststammkapital der GmbH vergleichbare Mindestrisikobeteiligung der Kommanditisten erweitern.[870] Diesem Modell ist zum einen immanent, dass eine Insolvenzprophylaxe damit nicht einmal theoretisch angelegt ist.[871] Zum anderen ließe sich der Kapitalschutz auf diese Weise nur KG-spezifisch ergänzen. Angesichts dessen, dass die praktische Relevanz der atypischen KG diejenige der atypischen OHG deutlich überwiegt und auch nicht zu erwarten ist, dass sich dieses Verhältnis infolge der Einführung eines Mindestbetrags aggregierter Haftsummen ändern würde, lässt sich dies in rechtspolitischer Hinsicht jedoch nicht als Mangel des Konzepts begreifen.[872]

Demgegenüber baut die Idee, das Auszahlungsverbot um eine begrenzte Thesaurierungspflicht zu ergänzen, auf dem durch das MoMiG für die UG eingeführten Mittel zum Ausgleich des Fehlens eines Mindestkapitals auf.[873] Mittels einer an § 5a Abs. 3 GmbHG orientierten Thesaurierungspflicht wären zulasten der Gläubiger erfolgende Vermögensverlagerungen auf die Gesellschafter auch im Vorfeld der bilanziellen Überschuldung

870 Siehe oben Teil 3 A.III.1.a)(1).
871 Siehe oben Teil 3 A.III.1.a)(1).
872 Siehe oben Teil 3 A.III.1.a)(2).
873 Siehe oben Teil 3 A.III.2.a)(1).

beschränkt.[874] Diesem Modell ist einerseits immanent, dass eine gewisse Eigenkapitalausstattung der Gesellschaft mangels Jahresüberschüssen oder wegen auszugleichender Jahresfehlbeträge bzw. Verlustvorträge möglicherweise gar nicht erreicht wird.[875] Außerdem bliebe es dabei, dass die Gründung einer atypischen Personenhandelsgesellschaft ohne nennenswertes Risiko der Gesellschafter möglich ist.[876]

Beide Kombinationen sind dazu geeignet, die im Fehlen einer insolvenzunabhängigen Begrenzung von Vermögensverschiebungen zugunsten der Gesellschafter bei atypischen Personenhandelsgesellschaften bestehende Lücke in systemkonsistenter Weise zu schließen. Dennoch sprechen für eine Ergänzung eines an der Grenze zur bilanziellen Überschuldung ansetzenden Auszahlungsverbots durch eine an § 5a Abs. 3 GmbHG orientierte Thesaurierungspflicht letztlich die folgenden Argumente:

Erstens ist die Gewinnabhängigkeit der Thesaurierungspflicht eine mit diesem Modell verbundene Schwäche, die der Gesetzgeber im Rahmen der Ausgestaltung des Gläubigerschutzes bei der UG bewusst in Kauf genommen hat.[877] An diese rechtspolitische Entscheidung würde zur Begegnung gleichgelagerter Probleme aus Gläubigerperspektive angeknüpft werden. Insoweit geht es, wie generell im Vergleich von atypischen Personenhandelsgesellschaften mit Kapitalgesellschaften, zunächst darum, dass keine natürliche Person dem Risiko einer unbeschränkten persönlichen Haftung ausgesetzt ist.[878] Hinzukommt in beiden Fällen die weitgehende Freiheit der Gesellschafter hinsichtlich der Eigenkapitalausstattung der Gesellschaft bei deren Gründung.[879]

Zweitens ist die funktionsfähige Umsetzung eines Mindestbetrags aggregierter Haftsummen im Vergleich zu einem auf dem bekannten UG-Modell aufbauenden Kapitalschutzkonzept recht komplex. Mit der Kombination aus Auszahlungsverbot und begrenzter Thesaurierungspflicht geht der Vorteil einher, dass Lösungsansätze, die im Schrifttum für mit der Thesaurierungspflicht bei der UG einhergehende Schwierigkeiten entwickelt worden sind, für die Ausgestaltung des Kapitalschutzes bei atypischen Personenhandelsgesellschaften fruchtbar gemacht werden können. Insoweit ist die Annahme eines Verbots verdeckter Vermögenszuwendungen zur

---

874 Siehe oben Teil 3 A.III.2.b).
875 Siehe oben Teil 3 A.III.2.a)(1) und A.III.2.c).
876 Siehe oben Teil 3 A.II.4.a)(3).
877 Siehe oben Teil 2 A.II.1.b)(3).
878 Siehe nur oben die Einführung in Teil 1.
879 Siehe oben Teil 2 A.II.1.a) und A.II.1.b)(1) (zur UG); Teil 3 A.I.2.b)(2)(a) und A.II.4.a)(3) (zur atypischen Personenhandelsgesellschaft).

Sicherung einer noch ausstehenden Dotierung bereits hervorgehoben worden.[880]

Schließlich besticht ein um die Bindung einer gesetzlichen Rücklage ergänztes Auszahlungsverbot für atypische Personenhandelsgesellschaften dadurch, dass auf diese Weise bei Erreichen der am Mindeststammkapital der GmbH orientierten Obergrenze der Thesaurierungspflicht das Auszahlungsverbot des § 30 Abs. 1 GmbHG imitiert würde. Auszahlungen aus dem Vermögen einer atypischen Personenhandelsgesellschaft wären in dieser Konstellation verboten, wenn bereits im Zeitpunkt der Auszahlung oder soweit infolge der Auszahlung das Aktivvermögen hinter der Summe aus den echten Passiva und der dotierten Rücklage zurückbliebe.[881] Wie nach § 30 Abs. 1 GmbHG bedürfte es mithin für die Zulässigkeit von Auszahlungen über die Schuldendeckungsfähigkeit des Gesellschaftsvermögens hinaus der Deckung eines als Eigenkapital verbuchten Postens in Höhe von mindestens 25.000 €.

B. Liquidationsspezifischer Kapitalschutz für atypische Personenhandelsgesellschaften

I. Ausgangsüberlegung

1. Anknüpfung an die Ausführungen zu einer analogen Anwendung von § 73 GmbHG

Schließlich soll hinsichtlich eines liquidationsspezifischen Kapitalschutzes für atypische Personenhandelsgesellschaften an die einschlägige Auseinandersetzung im Rahmen des zweiten Teils dieser Arbeit angeknüpft werden. Dies liegt nur zu nahe, ist doch ein komplementärunabhängiges Verständnis der analogen Anwendung von § 73 GmbHG befürwortet worden.[882] Eine unmittelbar auf Ebene der atypischen Personenhandelsgesellschaften ansetzende liquidationsspezifische Kapitalsicherung wurde jedoch *de lege lata* abgelehnt.[883] Zur Begründung ist in jenem Kontext namentlich zum einen angeführt worden, dass Vermögensverschiebungen auf Gesellschafter unmittelbar auf Ebene atypischer Personenhandelsgesellschaften nur

880 Siehe oben Teil 3 A.III.2.c).

881 Siehe oben Teil 3 A.III.2.b)(1) (zur Deckung einer bereits dotierten Rücklage).

882 Siehe oben Teil 2 B.III.2.a).

883 Siehe oben Teil 2 B.III.2.b).

insolvenzbezogen beschränkt sind. Zum anderen entstünde durch die Annahme eines liquidationsspezifischen Auszahlungsverbots eine Diskrepanz zum Kapitalschutz bei der werbenden Gesellschaft. Diese Gründe sind für die Herausarbeitung eines Reformvorschlags nicht einschlägig. Anliegen ist es doch gerade, ein insolvenzunabhängiges, die werbende sowie die sich in Liquidation befindliche atypische Personenhandelsgesellschaft berücksichtigendes Kapitalschutzkonzept zu entwickeln.

2. Vorgehensweise

Gegenstand der folgenden Betrachtung ist mithin ein Auszahlungsverbot auf Ebene der atypischen Personenhandelsgesellschaften, welches inhaltlich dem des § 73 Abs. 1 GmbHG entspricht. Um die sich daraus ergebenden Voraussetzungen für eine Schlussverteilung des Gesellschaftsvermögens soll es hier nicht nochmals gehen. Insoweit kann auf die bereits mit Bezug auf das Auszahlungsverbot des § 73 GmbHG im direkten bzw. – nach der von *K. Schmidt* begründeten Auffassung – im analogen Anwendungsbereich erfolgten Ausführungen verwiesen werden.[884] Berechtigt erscheint insoweit lediglich zu wiederholen, dass entgegen § 155 Abs. 2 S. 1 HGB Abschlagszahlungen während der Auszahlungssperre nicht zulässig wären.[885] Im Übrigen ist Anliegen der folgenden Betrachtung zunächst, die Ausgestaltung des liquidationsspezifischen Kapitalschutzes aus der hier maßgeblichen Perspektive *de lege ferenda* zu ergänzen.

II. Ergänzungen zur Ausgestaltung des liquidationsspezifischen Kapitalschutzes

1. Beginn des Sperrjahres

Was zunächst den Beginn des Sperrjahres anbelangt, sollte konsequenterweise eine dem § 65 Abs. 2 GmbHG entsprechende Vorschrift für atypische Personenhandelsgesellschaften eingeführt werden. Wie mit Bezug auf eine analoge Anwendung von § 73 GmbHG im Falle einer sich in Liquidation befindlichen GmbH & Co. KG im Schrifttum vertreten wird, käme zwar auch in Betracht, an die Bekanntmachung der Eintragung

884 Siehe oben Teil 2 B.II.
885 Siehe oben Teil 2 B.II.1.b) und B.II.2.

der Auflösung der Gesellschaft in das Handelsregister anzuknüpfen.[886] *De lege ferenda* wäre dies für eine dem § 73 Abs. 1 GmbHG entsprechende Auszahlungssperre unmittelbar auf Ebene der atypischen Personenhandelsgesellschaften jedoch inkonsequent. Hinzukommt, dass eine Pflicht zur Bekanntmachung in den Gesellschaftsblättern – was für eine GmbH gemäß § 12 GmbHG jedenfalls eine Bekanntmachung im Bundesanzeiger bedeutet – kein Fremdkörper im Recht der atypischen Personenhandelsgesellschaften wäre. Über § 264a Abs. 1 HGB ist in § 325 HGB bereits eine auf die Rechnungslegung bezogene Pflicht zur Offenlegung im Bundesanzeiger vorgesehen.

2. Haftungssystem

a) Schadensersatzpflicht der Liquidatoren gegenüber der Gesellschaft

Für die Ausgestaltung des korrespondierenden Haftungssystems dient § 73 Abs. 3 GmbHG als Orientierung. Wie in § 73 Abs. 3 S. 1 GmbHG vorgesehen, würden die Liquidatoren wegen der Auszahlungssperre zuwider vorgenommenen Auszahlungen an die Gesellschafter gegenüber der atypischen Personenhandelsgesellschaft gesamtschuldnerisch haften. Entsprechend § 73 Abs. 3 S. 2 GmbHG und damit auch im Einklang mit § 15b Abs. 4 S. 3–5 InsO könnten die Gesellschafter weder im Vorfeld durch einen Gesellschafterbeschluss noch infolge der Pflichtverletzung über die Ersatzpflicht disponieren, soweit der Ersatz zur Gläubigerbefriedigung erforderlich ist. Schließlich bedürfte es einer dem § 15a Abs. 2 InsO entsprechenden Vorschrift, um unabhängig von der Anzahl und der Besetzung der Gesellschafterebenen das Auszahlungsverbot samt korrespondierender Ersatzpflicht stets an natürliche Personen zu adressieren.[887]

b) Haftung der Gesellschafter auf Rückgewähr rechtswidrig erhaltener Auszahlungen

Neben der Ersatzpflicht der Liquidatoren sollte eine Rückgewährpflicht von Gesellschaftern, die dem liquidationsspezifischen Kapitalerhaltungsgebot zuwider Auszahlungen aus dem Gesellschaftsvermögen erhalten,

886 Siehe oben Fn. 561.
887 Siehe dazu oben Teil 1 A.I.2.

geregelt werden. Im Falle einer GmbH wird diese über eine analoge Anwendung von § 31 Abs. 1 GmbHG erreicht.[888] Die Regelung der Rückgewährpflicht müsste sich konsequenterweise an dem Wortlaut von § 31 Abs. 1 GmbHG orientieren, wäre mit Blick auf die entsprechende Haftung der GmbH-Gesellschafter im Kontext von § 73 GmbHG jedoch auf das zur Gläubigerbefriedigung Erforderliche zu begrenzen.[889]

Orientiert am Verhältnis zwischen dem Auszahlungsverbot des § 30 Abs. 1 GmbHG und dem des § 73 Abs. 1 GmbHG würde auch im Rahmen der Liquidation einer atypischen Personenhandelsgesellschaft bis zur Aufhebung der Auszahlungssperre das für die werbende Gesellschaft dargestellte Auszahlungsverbot Anwendung finden.[890] Dessen praktische Relevanz wäre im Rahmen der Liquidation angesichts der strengen Auszahlungssperre jedoch gering.

c) Unmittelbare Haftung gegenüber rechtswidrig übergangenen Gläubigern

Schließlich müssten die im Kontext von § 73 GmbHG im Schrifttum umstrittenen Rechtsfragen mit Bezug auf eine unmittelbare Haftung der Liquidatoren bzw. der Gesellschafter gegenüber rechtswidrig übergangenen Gläubigern konsequenterweise einheitlich für atypische Personenhandelsgesellschaften wie für die GmbH beurteilt werden. Was zunächst die Haftung der Liquidatoren anbelangt, so handelt es sich der Rechtsprechung des BGH zufolge bei § 73 Abs. 3 GmbHG nicht um ein Schutzgesetz im Sinne von § 823 Abs. 2 BGB.[891] Jedoch könne ein § 73 Abs. 1 GmbHG zuwider übergangener Gläubiger in analoger Anwendung der §§ 268 Abs. 2, 93 Abs. 5 AktG den Anspruch der Gesellschaft aus § 73 Abs. 3 S. 1 GmbHG jedenfalls dann unmittelbar gegen den Liquidator geltend

---

888 Siehe oben bei Fn. 557.

889 Siehe zur Gesellschafterhaftung bei der GmbH oben bei Fn. 558.

890 Siehe zum Verhältnis der genannten Auszahlungsverbote bei der GmbH oben bei Fn. 588.

891 BGHZ 218, 80, 84–87 = NZG 2018, 625, 626; siehe aus dem Schrifttum nur *H.-F. Müller*, in: MüKo GmbHG, § 73 Rn. 43 f.; dagegen die wohl h.L. im Anschluss an *K. Schmidt* – siehe nur *dens.*, in: Scholz, 11. Aufl., § 73 Rn. 32 (Direktanspruch übergangener Gläubiger aus § 823 Abs. 2 BGB iVm § 73 GmbHG; Geltendmachung jedoch subsidiär gegenüber einer Schadensliquidation nach § 73 Abs. 3 GmbHG, also ausgeschlossen, solange eine (Nachtrags-)Liquidation stattfindet); grundlegend *ders.*, ZIP 1981, 1, 7 f.

machen, wenn die Liquidation der GmbH beendet und nur ein Gläubiger vorhanden ist.[892] Demgegenüber verneint der BGH mit Bezug auf die Haftung der Gesellschafter gegenüber der Gesellschaft gemäß bzw. analog § 31 Abs. 1 GmbHG ein unmittelbares Verfolgungsrecht von Gläubigern, die unter Verstoß gegen § 73 Abs. 1 GmbHG übergangen worden sind.[893]

III. Zweiseitige Bedeutung des Sperrjahres

Dass durch die Einführung eines Sperrjahres auch ein Schutzmechanismus für unbekannte Gläubiger geschaffen würde, ist bereits im Rahmen des zweiten Teils dieser Arbeit mit Blick auf eine analoge Anwendung von § 73 GmbHG im Falle einer GmbH & Co. KG gesagt worden.[894] Im Folgenden soll es stattdessen um die Kehrseite, nämlich um die Wirkung des Ablaufs des Sperrjahres zugunsten der Vollbeendigung der Gesellschaft trotz sich nachträglich meldender, bis dahin unbekannter Gläubiger gehen. Zur näheren Erläuterung dieses Gedankens gilt es zunächst die insoweit relevante Rechtslage bei der GmbH zu betrachten, bevor eine Parallele zu den atypischen Personenhandelsgesellschaften hergestellt werden kann.

1. Vollbeendigung der GmbH trotz bestehender Verbindlichkeiten

Im Anschluss an die von *K. Schmidt* begründete Lehre vom Doppeltatbestand nimmt die herrschende Meinung an, dass die Vollbeendigung einer GmbH sowohl deren Vermögenslosigkeit als auch die Löschung der Gesellschaft aus dem Handelsregister voraussetzt.[895] Es genüge dem-

---

892 BGHZ 218, 80, 87–95 = NZG 2018, 625, 626–629; siehe auch BGH NZG 2020, 260, 261 f.; siehe aus dem Schrifttum statt vieler *K. Schmidt*, in: Scholz, 11. Aufl., § 73 Rn. 29 (Einschränkung nur insoweit, als gegenüber der Geltendmachung durch die Gesellschaft subsidiär).

893 BGH NZG 2020, 260, 261; siehe dagegen für ein – gegenüber der Geltendmachung durch die Gesellschaft subsidiäres – Recht der übergangenen Gläubiger zur Geltendmachung des Rückgewähranspruchs der Gesellschaft aus § 31 Abs. 1 GmbHG analog in analoger Anwendung von § 62 Abs. 2 iVm § 264 Abs. 3 AktG nur *H.-F. Müller*, in: MüKo GmbHG, § 73 Rn. 51 mit Rn. 36; *K. Schmidt*, in: Scholz, 11. Aufl., § 73 Rn. 20 mit Rn. 29.

894 Siehe oben Teil 2 B.II.2.

895 *K. Schmidt*, in: Scholz, 11. Aufl., § 74 Rn. 13 f. (auch zur früheren h.M. und zu anderen Ansichten); siehe aus der Rspr. nur BAG GmbHR 2003, 1009, 1110;

nach weder die Vermögenslosigkeit noch die Eintragung der Löschung für sich, vielmehr komme beiden Aspekten konstitutive Bedeutung für die Vollbeendigung einer GmbH zu.[896] Mit Blick auf die Auszahlungssperre des § 73 Abs. 1 GmbHG folgt daraus zunächst, dass die GmbH nicht vollbeendigt ist, wenn die Verteilung des Gesellschaftsvermögens an die Gesellschafter unter Verstoß gegen die Auszahlungssperre stattfindet und demzufolge die Gesellschaft einen Schadensersatzanspruch nach § 73 Abs. 3 GmbHG gegen die Liquidatoren und Rückgewähransprüche gegen die begünstigten Gesellschafter hat.[897] Sofern jedoch die Vermögensverteilung erst erfolgt, nachdem die Auszahlungssperre weggefallen ist, stehen etwa noch vorhandene Verbindlichkeiten der Vollbeendigung der GmbH grundsätzlich nicht entgegen.[898] Melden sich nach dem Wegfall der Auszahlungssperre, aber noch vor Vollbeendigung der Gesellschaft bislang unbekannte Gläubiger, sind jene mit ihren Forderungen nicht ausgeschlossen.[899] Möglicherweise ist aber kein haftendes Vermögen mehr vorhanden.[900] Nur soweit noch Vermögen vorhanden ist, sind jene Gläubiger vorrangig zu befriedigen bzw. ist ihnen Sicherheit zu leisten.[901] Sofern die Vermögensverteilung jedoch bereits unter Berücksichtigung von § 73 Abs. 1 und Abs. 2 GmbHG abgeschlossen ist, fällt gegenüber zuvor unbekannten Gläubigern mit Eintragung der Löschung der Gesellschaft in das

---

OLG Düsseldorf GmbHR 2004, 572, 574; siehe aus dem Schrifttum statt vieler *Haas*, in: Noack/Servatius/Haas, § 60 Rn. 6; *Paura*, in: Habersack/Casper/Löbbe, § 74 Rn. 32.

896 Siehe nur *K. Schmidt*, in: Scholz, 11. Aufl., § 74 Rn. 13 f.

897 Siehe jeweils mit Bezug auf den Anspruch aus § 73 Abs. 3 S. 1 GmbHG BGHZ 218, 80, 90 = NZG 2018, 625, 627; *H.-F. Müller*, in: MüKo GmbHG, § 74 Rn. 44; *K. Schmidt*, in: Scholz, 11. Aufl., § 73 Rn. 28, § 74 Rn. 21; siehe im Kontext der Amtslöschung nach § 394 Abs. 1 S. 1 FamFG zur Voraussetzung der Vermögenslosigkeit auch bzgl. Rückgewähransprüchen gegen die Gesellschafter *Haas*, in: Noack/Servatius/Haas, Anh § 77 Rn. 5a.

898 *K. Schmidt*, in: Scholz, 11. Aufl., § 74 Rn. 21; siehe auch *Haas*, in: Noack/Servatius/Haas, § 74 Rn. 16; siehe mit Bezug auf die Vollbeendigung einer GmbH bei Vermögenslosigkeit und Löschung trotz bestehender Verbindlichkeiten auch *Berner*, in: MüKo GmbHG, § 60 Rn. 41; *Casper*, in: Habersack/Casper/Löbbe, § 60 Rn. 92.

899 Siehe nur *Gesell*, in: Rowedder/Schmidt-Leithoff, § 73 Rn. 24; *Paura*, in: Habersack/Casper/Löbbe, § 73 Rn. 6, 32; *K. Schmidt*, in: Scholz, 11. Aufl., § 73 Rn. 13, 16.

900 Siehe die Nachweise in voriger Fn.

901 Siehe nur *Gesell*, in: Rowedder/Schmidt-Leithoff, § 73 Rn. 25; *Paura*, in: Habersack/Casper/Löbbe, § 73 Rn. 32; *K. Schmidt*, in: Scholz, 11. Aufl., § 73 Rn. 13.

Handelsregister – im Anschluss an den Wegfall des haftenden Vermögens – auch der Schuldner weg.[902]

2. Bedeutung einer Sperrjahresregelung für atypische Personenhandelsgesellschaften mit Blick auf § 735 BGB

a) Vollbeendigung einer atypischen Personenhandelsgesellschaft trotz bestehender Verbindlichkeiten?

Den Blick nun auf atypische Personenhandelsgesellschaften gerichtet, käme der Einführung eines dem § 73 Abs. 1 GmbHG entsprechenden Auszahlungsverbots gerade auch angesichts dieser Kehrseite der Auszahlungssperre Bedeutung zu. Der herrschenden Auffassung zufolge ist eine Personenhandelsgesellschaft vollbeendigt, wenn kein Aktivvermögen mehr vorhanden ist.[903] Dagegen wirke die Eintragung des Erlöschens der Firma der Gesellschaft im Handelsregister nur deklaratorisch, sei also weder hinreichend noch erforderlich für die Vollbeendigung der Gesellschaft.[904] Wiederum ist zu berücksichtigen, dass der Vollbeendigung entgegenstehendes Vermögen auch in Ansprüchen der Gesellschaft gegen die Liquidatoren bzw. gegen die Gesellschafter bestehen kann.[905] Noch ungeachtet eines dem § 73 Abs. 1 GmbHG entsprechenden Auszahlungsverbots sind insoweit zunächst etwaige Ansprüche der Gesellschaft wegen schuldhafter Verletzung der insolvenzbezogenen Liquidatorenpflichten relevant.

Doch selbst wenn ein Verstoß gegen jene Liquidatorenpflichten nicht in Frage steht, insbesondere die Schlussverteilung erst nach Befriedigung

---

902 Vgl. *K. Schmidt*, in: Scholz, 11. Aufl., § 74 Rn. 21 mit Rn. 15.

903 Siehe nur *Haas*, in: Röhricht/v. Westphalen/Haas, § 155 Rn. 12; *Habersack*, in: Habersack/Schäfer, § 155 Rn. 34; dagegen ist *K. Schmidt*, in: MüKo HGB, § 155 Rn. 52 mit § 157 Rn. 13, tendenziell der Auffassung, dass auch die Vollbeendigung von Personenhandelsgesellschaften kumulativ deren Vermögenslosigkeit und Löschung voraussetze.

904 Siehe nur *Habersack*, in: Habersack/Schäfer, § 155 Rn. 34, § 157 Rn. 10; *Hillmann*, in: EBJS, § 155 Rn. 21; mit Bezug auf die h.M. auch *K. Schmidt*, in: MüKo HGB, § 155 Rn. 52 (siehe zu dessen a.A. die vorige Fn.); siehe zur deklaratorischen Wirkung der Eintragung des Erlöschens der Firma außerdem BGH NJW 1979, 1987; siehe zum Aspekt der Eintragung des Erlöschens der Firma *Habersack*, in: Habersack/Schäfer, § 157 Rn. 9; *K. Schmidt*, in: MüKo HGB, § 157 Rn. 13.

905 *Habersack*, in: Habersack/Schäfer, § 155 Rn. 34; vgl. auch BGH NJW 1979, 1987; *Hillmann*, in: EBJS, § 155 Rn. 21.

der bekannten Verbindlichkeiten erfolgt, können der Vollbeendigung der Personenhandelsgesellschaft – wie gesagt ohne Berücksichtigung der Wirkung des liquidationsspezifischen Auszahlungsverbots – noch bestehende Verbindlichkeiten entgegenstehen. Denn solche Verbindlichkeiten können Nachschusspflichten der Gesellschafter nach § 735 BGB begründen. Gemäß § 735 S. 1 BGB haben die Gesellschafter unter anderem dann, wenn das Gesellschaftsvermögen zur Befriedigung der gemeinschaftlichen Schulden nicht ausreicht, für den Fehlbetrag nach dem Verhältnis ihrer Beteiligung am Verlust aufzukommen. Es ist umstritten, ob das Bestehen von Nachschusspflichten der Gesellschafter nach § 735 BGB die Vollbeendigung der Gesellschaft hindert. Einer Auffassung zufolge geht es auch bei der Einforderung von Nachschüssen zur Berichtigung der gemeinschaftlichen Schulden um den Ausgleich zwischen den Gesellschaftern.[906] Dieser zähle mangels anderweitiger Bestimmung der Gesellschafter nicht zu den Aufgaben der Liquidatoren, sondern finde grundsätzlich außerhalb des Liquidationsverfahrens statt.[907] Sofern kein Aktivvermögen mehr vorhanden ist, hindern Nachschusspflichten nach § 735 BGB die Vollbeendigung der Gesellschaft laut den Befürwortern dieser Auffassung mithin nicht.[908] Nach der Gegenansicht sind etwaige Fehlbeträge gemäß § 735 BGB der Gesellschaft geschuldet.[909] Deren Einforderung falle grundsätzlich in den Aufgabenbereich der Liquidatoren.[910] Das Bestehen solcher Sozialansprüche hindere die Vollbeendigung der Gesellschaft.[911] Dieser Auffassung

906 *Hillmann*, in: EBJS, § 149 Rn. 15; *Kamanabrou*, in: Oetker, § 149 Rn. 11.

907 So noch BGH WM 1966, 706; BGH NJW 1984, 435; aus dem Schrifttum *Hillmann*, in: EBJS, § 149 Rn. 15, § 155 Rn. 21; *Kamanabrou*, in: Oetker, § 149 Rn. 11.

908 *Hillmann*, in: EBJS, § 155 Rn. 21 mit § 149 Rn. 15; *Kamanabrou*, in: Oetker, § 155 Rn. 11 mit § 149 Rn. 11.

909 *K. Schmidt*, ZHR 153 (1989), 270, 296; *ders.*, in: MüKo HGB, § 149 Rn. 27; *Habersack*, in: Habersack/Schäfer, § 149 Rn. 24, 31; *Klöhn*, in: Henssler/Strohn, HGB, § 149 Rn. 10, § 155 Rn. 8; *Schäfer*, in: MüKo BGB, § 735 Rn. 5; *Wertenbruch*, in: Westermann/Wertenbruch, Hdb PersG, Rn. I 1782 (Stand April 2021); beschränkend auf die zur Berichtung der Gesellschaftsschulden erforderlichen Nachschüsse *Haas*, in: Röhricht/v. Westphalen/Haas, § 149 Rn. 10, § 155 Rn. 12.

910 *K. Schmidt*, ZHR 153 (1989), 270, 296; *ders.*, in: MüKo HGB, § 149 Rn. 27; zustimmend *Habersack*, in: Habersack/Schäfer, § 149 Rn. 31; *Klöhn*, in: Henssler/Strohn, HGB, § 149 Rn. 10, § 155 Rn. 8; *Wertenbruch*, in: Westermann/Wertenbruch, Hdb PersG, Rn. I 1782a (Stand April 2021); siehe auch *Haas*, in: Röhricht/v. Westphalen/Haas, § 145 Rn. 2.

911 *K. Schmidt*, in: MüKo HGB, § 155 Rn. 53, § 157 Rn. 10; *Habersack*, in: Habersack/Schäfer, § 149 Rn. 24, § 155 Rn. 9, 34; *Klöhn*, in: Henssler/Strohn, HGB,

hat sich der BGH zunächst jedenfalls für Publikumsgesellschaften und jüngst auch mit Bezug auf eine gesetzestypische GbR angeschlossen.[912] Mit Inkrafttreten des MoPeG insoweit am 1. Januar 2024 wird außerdem im neuen § 737 S. 1 BGB geregelt sein, dass etwaige Fehlbeträge der Gesellschaft geschuldet sind.[913] Gelangt man aber vor diesem Hintergrund und im Einklang mit der Rechtsprechung des BGH zu dem Schluss, dass die Einforderung von Nachschüssen grundsätzlich im Rahmen des Liquidationsverfahrens erfolgen muss, dürfte es keinen Unterschied machen, ob die noch bestehenden Gesellschaftsverbindlichkeiten von vornherein bekannt sind oder sich Gläubiger erst im Anschluss an die Vermögensverteilung melden. Auf Grundlage des § 155 HGB, selbst ergänzt um die insolvenzbezogenen Liquidatorenpflichten, ergibt sich eine Differenzierung zwischen der rechtlichen Behandlung bekannter und unbekannter Verbindlichkeiten nicht. Mangels eines gerade auch auf die Sicherung der Befriedigung unbekannter Verbindlichkeiten ausgerichteten Mechanismus müsste dies konsequenterweise für den Fall, dass sich nach der Schlussverteilung bis dahin unbekannte Gläubiger melden, doch bedeuten, dass die Personenhandelsgesellschaft wegen ihrer Ansprüche gegen die Gesellschafter auf Nachschussleistung nur vermeintlich vollbeendigt ist.[914]

b) Angleichung an die Rechtslage für die GmbH

Vor diesem Hintergrund würde sich ein liquidationsspezifisches Auszahlungsverbot des dargestellten Inhalts bei atypischen Personenhandelsgesellschaften parallel zur Rechtslage für die GmbH auch insoweit auswirken, als allein wegen Verbindlichkeiten der Gesellschaft, die erst infolge einer ordnungsgemäßen Vermögensverteilung bekannt werden, keine

---

§ 155 Rn. 8; *Wertenbruch*, in: Westermann/Wertenbruch, Hdb PersG, Rn. I 1757, 1757a (Stand April 2021); beschränkend auf die zur Berichtung der Gesellschaftsschulden erforderlichen Nachschüsse *Haas*, in: Röhricht/v. Westphalen/Haas, § 155 Rn. 12.

912 BGHZ 191, 293, 309 = NJW 2012, 1439, 1443 (Publikums-GbR; ohne Bezug auf den Aspekt der Vollbeendigung); BGHZ 217, 237, 259–261 = NZG 2018, 539, 545 f. (Publikums-KG; mit Bezug auf den Ausgleich unter den Gesellschaftern); BGH NZG 2021, 63, 64 f. (GbR, die keine Publikumsgesellschaft ist).

913 Siehe Art. 1 Nr. 3 MoPeG, BGBl. 2021 I S. 3436, 3446, und dazu Begr. RegE MoPeG, BT-Drucks. 19/27635, S. 188.

914 A.A. anscheinend *K. Schmidt*, in: Scholz, 11. Aufl., § 73 Rn. 38 – siehe dazu sogleich im Text bei Fn. 916.

Nachtragsliquidation in Betracht käme. Freilich würde diese Funktion der Auszahlungssperre im Einzelfall davon abhängen, ob Nachschusspflichten der Gesellschafter überhaupt in Frage stehen. Bei Kommanditisten ist dies gemäß § 167 Abs. 3 HGB grundsätzlich mangels Verlustbeteiligung nicht der Fall.[915] Auf eine Einzelbetrachtung käme es bei einer Vermögensverteilung nach Wegfall der Auszahlungssperre auf Grundlage eines liquidationsspezifischen Auszahlungsverbots jedoch nicht an.

Von den Befürwortern einer analogen Anwendung von § 73 GmbHG im Falle der Liquidation einer GmbH & Co. KG wird in jenem Kontext, soweit ersichtlich, nicht diskutiert, ob erst nach der Vermögensverteilung bekannt werdende Verbindlichkeiten die Vollbeendigung der Gesellschaft in Frage stellen. Dementsprechend wird auch nicht erörtert, worin der Unterschied bei Annahme einer analogen Anwendung von § 73 GmbHG liegt. Bei *K. Schmidt* heißt es mit Bezug auf § 155 HGB hinsichtlich eines sich erst nach der Schlussverteilung mit einer bisher unbekannten Forderung meldenden Gläubigers schlicht, dass dies nicht zu einer Nachtragsliquidation führe.[916]

IV. Beurteilung des Auszahlungsverbots anhand der rechtspolitischen Ziele

1. Systemkonsistente Ergänzung des Gläubigerschutzes

a) Insolvenzunabhängige Begrenzung von Vermögensverschiebungen auf die Gesellschafter

Mittels der dargestellten, im Wesentlichen dem § 73 GmbHG entsprechenden Sperrjahresregelung kann der Kapitalschutz bei atypischen Personenhandelsgesellschaften auch liquidationsspezifisch um eine insolvenzunabhängige Begrenzung von Vermögensverschiebungen auf die Gesellschafter ergänzt werden. Hinzuzufügen ist, dass die grundsätzlich fortbestehende Gesellschafterhaftung in der Regel auch nicht zu einem gegenüber der Rechtslage bei der GmbH überwiegenden Gläubigerschutz führen würde. Dies gilt mit Blick auf eine selbst nicht unternehmenstragende juristische Person, die als persönlich haftender Gesellschafter fungiert, schon deswe-

---

915 Siehe dazu nur BGHZ 86, 122, 126 = NJW 1983, 876, 877; *Casper*, in: Staub, § 167 Rn. 23; *Grunewald*, in: MüKo HGB, § 167 Rn. 16.

916 *K. Schmidt*, in: Scholz, 11. Aufl., § 73 Rn. 38.

gen, weil die Erhaltung des haftenden Vermögens dann grundsätzlich mit dem Bestand der Personenhandelsgesellschaft steht und fällt. Hinsichtlich dieses Zusammenhangs kann auf die Ausführungen zur analogen Anwendung von § 73 GmbHG verwiesen werden.[917] Im Übrigen tritt die Bedeutung einer aufeinander abgestimmten Abwicklung der atypischen Personenhandelsgesellschaft und ihres bzw. ihrer persönlich haftenden Gesellschafter(s) hervor.[918] Sofern nämlich, am Beispiel einer GmbH & Co. KG betrachtet, die KG und ihre Komplementärin parallel abgewickelt werden, wäre die Komplementär-GmbH im Falle von nach der Schlussverteilung des KG-Vermögens bekannt werdenden Verbindlichkeiten regelmäßig ebenfalls vollbeendigt und mithin als Haftungssubjekt weggefallen.

b) Blick auf die atypische Außen-GbR

Wirft man erneut einen Blick auf die atypische Außen-GbR, gilt im Ergebnis nichts anderes als bereits hinsichtlich des auf die werbende atypische Personenhandelsgesellschaft bezogenen Auszahlungsverbots. Dieses konnte freilich schon mangels Rechnungslegungspflicht nach handelsbilanziellen Grundsätzen und mithin mangels Messbarkeit eines etwaigen Verstoßes gegen das Auszahlungsverbot nicht auf die atypische Außen-GbR übertragen werden. Für die hier relevante strikte Auszahlungssperre kommt es zwar nicht darauf an, dass eine Unterbilanz durch die Auszahlung verursacht wird oder bereits besteht. Dennoch kann eine derartige Ergänzung des Kapitalschutzes für die sich in Liquidation befindliche atypische Außen-GbR nicht überzeugen. Eine dem § 65 Abs. 2 GmbHG entsprechende Bekanntmachungspflicht im Bundesanzeiger zur Ingangsetzung des Sperrjahres würde sich gerade nicht neben weitere Publizitätspflichten einreihen. Doch auch angesichts des Anliegens, den Kapitalschutz sowohl für die werbende als auch für die sich in Liquidation befindliche atypische Personenhandelsgesellschaft um insolvenzunabhängige Auszahlungsverbote zu ergänzen, ist konsequenterweise eine Übertragung auf die atypische Außen-GbR insgesamt zu verneinen.

---

917 Siehe oben Teil 2 B.III.2.a)(2) und B.III.2.a)(3).

918 Siehe mit Bezug auf die GmbH & Co. KG für das Erfordernis einer koordinierten Abwicklung *K. Schmidt*, in: Scholz, 11. Aufl., § 74 Rn. 38 – mit Fokus jedoch auf den Aspekt, dass eine Vollbeendigung der Komplementär-GmbH ohne vorherige Vollbeendigung der KG zu vermeiden sei; zustimmend *H.-F. Müller*, in: MüKo GmbHG, § 74 Rn. 55 (jedenfalls wenn kein anderer persönlich haftender Gesellschafter vorhanden sei); *Paura*, in: Habersack/Casper/Löbbe, § 74 Rn. 52.

2. Rechtsvereinfachung

Schließlich würde eine eindeutige Regelung auf Ebene der atypischen Personenhandelsgesellschaften geschaffen. Fragen, die sich mit Bezug auf eine analoge Anwendung von § 73 GmbHG gestellt haben und im Schrifttum kaum und überwiegend nicht mit Blick auf eine generelle Lösung für atypische Personenhandelsgesellschaften erörtert werden, entfielen.

Zusammenfassung der Ergebnisse

Die Ergebnisse dieser Arbeit lassen sich in Form von Thesen folgendermaßen zusammenfassen:

1. Die Sonderregelungen für den Fall, dass keine natürliche Person unbeschränkt für die Gesellschaftsverbindlichkeiten haftet, bilden den Ausgangspunkt für die Beurteilung vorhandener Ansätze zur Ergänzung des Gläubigerschutzes bei atypischen Personenhandelsgesellschaften sowie für die Entwicklung von Vorschlägen *de lege ferenda*. Das Konzept des Gesetzgebers zum Ausgleich der zugunsten der beteiligten natürlichen Personen erreichten Haftungsbeschränkung ist gekennzeichnet durch dessen typisierende und gesellschafterunabhängige Anknüpfung auf Ebene der betreffenden Gesellschaft selbst. Im Unterschied zur Rechtslage bei der GmbH oder AG ist zwar die Haftung für Gesellschaftsverbindlichkeiten bei einer atypischen Personenhandelsgesellschaft nicht auf das Gesellschaftsvermögen beschränkt. Daneben haften die als Komplementäre bzw. OHG-Gesellschafter fungierenden juristischen Personen unbeschränkt. Namentlich anhand der nunmehr insgesamt rechtsformneutral geregelten Insolvenzantragspflicht und Zahlungsverbote sowie der rechtlichen Behandlung von Forderungen auf Rückgewähr von Gesellschafterdarlehen ist ersichtlich, dass der Gesetzgeber darin aus Gläubigerperspektive keinen wesentlichen Unterschied zwischen atypischen Personenhandelsgesellschaften und Kapitalgesellschaften erblickt. Charakteristisch für den im Gesetz zum Ausdruck kommenden Ansatz ist vielmehr die negative Definition des Anwendungsbereichs. Maßgeblich ist demnach im Wesentlichen, dass keine natürliche Person unmittelbar oder mittelbar unbeschränkt für die Gesellschaftsverbindlichkeiten haftet.

2. Die Anwendung der §§ 30, 31 GmbHG auf Auszahlungen aus dem Vermögen einer GmbH & Co. KG auf Grundlage der ständigen Rechtsprechung des BGH erfordert nur insoweit eine spezifisch auf die Ergänzung des Gläubigerschutzes bei einer atypischen KG bezogene Begründung, als der Leistungsempfänger nicht zugleich Gesellschafter der Komplementär-GmbH ist. In Anbetracht der Funktionsweise der Sonderregelungen für atypische Personenhandelsgesellschaften beste-

hen jedoch schon konzeptionelle Bedenken gegen einen Ansatz, der auf die Erhaltung des Komplementärvermögens nach Maßgabe der unmittelbar nur auf den Komplementär anwendbaren Kapitalschutzvorschriften ausgerichtet ist. Diesen Bedenken kann auch nicht durch einen im Schrifttum vertretenen Ansatz begegnet werden, für jede Erscheinungsform einer atypischen KG die §§ 30, 31 GmbHG analog unter Rückbezug auf die mittelbaren Auswirkungen zulasten des Komplementärvermögens anzuwenden.

Die konzeptionellen Bedenken gegen eine reflexartige Erhaltung des KG-Vermögens im Sinne der Rechtsprechung des BGH haben sich bei dem Versuch, diesen Ansatz auf andere Erscheinungsformen einer atypischen KG anzuwenden, bestätigt. Es handelt sich um keine befriedigende Lösung zur Ergänzung des Kapitalschutzes bei einer atypischen KG als solcher. Unter Berücksichtigung der Funktionsweise im Falle einer GmbH & Co. KG hat sich eine Übertragung des Rechtsprechungskonzepts bereits dann als schwierig erwiesen, wenn schon mit Blick nur auf den betreffenden Komplementär die Zulässigkeit von Auszahlungen an die Gesellschafter nicht allein nach einem bilanziellen Test bemessen wird. Darüber hinaus würde ein derartiges Kapitalschutzkonzept mit einer erheblichen Komplexität und Rechtsunsicherheit einhergehen. Erforderlich wäre stets zunächst eine isolierte Betrachtung der Funktionsweise der Kapitalerhaltung für den jeweiligen Komplementär. Insoweit bestehende Kontroversen würden sich auf Ebene der KG fortsetzen. Darüber hinaus wäre je nach Besetzung der Komplementärstelle zu bestimmen, inwiefern sich Auszahlungen aus dem KG-Vermögen auf das Komplementärvermögen auswirken müssen.

3. Für eine Ergänzung des Kapitalschutzes bei einer atypischen Personenhandelsgesellschaft als solcher bedarf es, so wie es das Gesetz mit den Sondervorschriften bereits zeigt, einer gesellschafterunabhängigen Anknüpfung auf Ebene der Personenhandelsgesellschaft selbst.

   Das im Schrifttum erwogene Auszahlungsverbot an der Grenze zu einer nach handelsbilanziellen Grundsätzen bestimmten Überschuldung besticht dadurch, dass die mit der Frage nach der Übertragbarkeit des BGH-Konzepts einhergehende Komplexität im Falle einer atypischen KG entfiele. Bei einer GmbH & Co. KG bliebe der Kapitalschutz nach diesem Ansatz auch nicht generell hinter einer reflexartigen Kapitalerhaltung im Sinne der Rechtsprechung des BGH zurück. *De lege lata* fehlt es für ein derartiges Auszahlungsverbot und eine darauf bezogene Rückgewährpflicht der begünstigten Gesellschafter jedoch an einer Rechtsgrundlage.

Abzulehnen ist auch eine im Schrifttum für die atypische KG „im engeren Sinne“ befürwortete krisenabhängige Beschränkung der Dispositionsfreiheit der Gesellschafter über das Eigenkapital der Gesellschaft. Zwar werden die Gesellschafter einer atypischen Personenhandelsgesellschaft gesetzlich weder durch Mindestanforderungen an die Eigenkapitalausstattung noch durch prinzipiell insolvenzunabhängige Beschränkungen von Vermögensverlagerungen auf die Gesellschafter am unternehmerischen Risiko beteiligt. Soweit die Unternehmensfinanzierung durch Fremdkapital erfolgt, soll aber nach der gesetzlichen Konzeption der Vorrang außenstehender Gläubiger einer Gesellschaft, für deren Verbindlichkeiten keine natürliche Person unbeschränkt haftet, unabhängig von der finanziellen Situation der Gesellschaft im Zeitpunkt der Gesellschafterfinanzierung gewährleistet werden. Vor diesem Hintergrund vermag es nicht zu überzeugen, dem zum Gläubigerschutzsystem bei Kapitalgesellschaften noch bestehenden Unterschied durch ein Konzept der Krisenfinanzierung zu begegnen.

4. Im Recht der Personenhandelsgesellschaften ist keine liquidationsspezifische Kapitalerhaltung zur Sicherung einer vorrangigen Gläubigerbefriedigung vorgesehen. Die Liquidatoren dürfen auf Grundlage einer entsprechenden Bestimmung im Gesellschaftsvertrag oder eines Gesellschafterbeschlusses die Schlussverteilung des Gesellschaftsvermögens bereits vornehmen, bevor sämtliche Gesellschaftsverbindlichkeiten erfüllt bzw. gesichert worden sind. Im Falle einer atypischen Personenhandelsgesellschaft wird das allgemein anwendbare Liquidationsrecht durch die Insolvenzantragspflicht und die Zahlungsverbote ergänzt. Ein Schutzmechanismus für unbekannte Gläubiger geht damit allerdings nicht einher.

   Im Anschluss an *K. Schmidt* ist nach der herrschenden Auffassung im Schrifttum § 73 GmbHG analog im Rahmen der Liquidation einer GmbH & Co. KG anwendbar. Die analoge Anwendung von § 73 GmbHG setzt sowohl konzeptionell als auch der Sache nach auf Ebene der GmbH & Co. KG als atypischer KG an. Konsequent wäre daher eine Anwendung dieser Vorschrift im Rahmen der Liquidation einer atypischen KG, ohne dass es im Einzelnen darauf ankäme, welche juristische Person als Komplementär fungiert. Unter Einbeziehung auch der atypischen OHG fehlt es für eine gesellschafterunabhängige Anwendung von § 73 GmbHG auf atypische Personenhandelsgesellschaften jedoch an einer planwidrigen Regelungslücke. Zu berücksichtigen ist außerdem, dass die Auszahlungsverbote nach § 30 Abs. 1 GmbHG und § 73 Abs. 1 GmbHG Bestandteile eines zusammenhängenden, aufeinander abgestimmten Kapitalschutzkonzepts für die GmbH sind. Für atypische Personenhandelsgesellschaften scheitert ein entsprechendes, in sich geschlossenes Kapitalschutzkonzept *de lege lata* bereits am Fehlen einer dem Auszahlungsverbot des § 30 Abs. 1 GmbHG jedenfalls in funktionaler Hinsicht vergleichbaren Begrenzung von Vermögensverschiebungen auf die Gesellschafter.

5. Das Gläubigerschutzsystem bei den atypischen Personenhandelsgesellschaften wird *de lege lata* durch die Gesellschafterhaftung wegen existenzvernichtenden Eingriffs in das Gesellschaftsvermögen erweitert.
   Für die Übertragung der Grundsätze zur Existenzvernichtungshaftung im Sinne des Konzepts nach der Trihotel-Entscheidung des II. Zivilsenats des BGH kommt zunächst die Konstruktion eines mittelbar existenzvernichtenden Eingriffs in Betracht. Dieser Ansatz lehnt sich an das BGH-Konzept zur Anwendung von § 30 Abs. 1 GmbHG und der Haftung nach § 31 Abs. 1 GmbHG auf Auszahlungen aus dem Vermögen einer GmbH & Co. KG an. Mit Fokus insoweit auf die atypische KG ist mithin eine durch die Verringerung des Vermögens der Personenhandelsgesellschaft vermittelte sittenwidrige Verursachung oder Vertiefung der Insolvenz einer als Komplementär fungierenden juristischen Person gemeint. Ein derart komplementärabhängiges Verständnis der Existenzvernichtungshaftung eignet sich allerdings nur eingeschränkt für eine allgemeine Ergänzung des Kapitalschutzes bei einer atypischen KG.
   Die Grundsätze zur Existenzvernichtungshaftung sind jedoch unmittelbar auf Ebene der atypischen Personenhandelsgesellschaften anwendbar. Das Vermögen einer atypischen Personenhandelsgesellschaft ist zum Zweck der vorrangigen Befriedigung der Gläubiger im Rahmen eines künftigen Insolvenzverfahrens gebunden. Der Gesetzgeber hat den Gläubigerschutz bei atypischen Personenhandelsgesellschaften in Anbetracht der zugunsten der beteiligten natürlichen Personen erreichten Haftungsbeschränkung unter anderem um die Insolvenzantragspflicht sowie die insolvenzbezogenen Zahlungsverbote erweitert. Die mit diesen Verhaltenspflichten einhergehende, an die materielle Insolvenz geknüpfte Sicherung des Gesellschaftsvermögens besteht sowohl für die werbende als auch für die sich in Liquidation befindliche atypische Personenhandelsgesellschaft. In diesen Bereich des Gläubiger-

schutzsystems fügt sich die Existenzvernichtungshaftung bereits auf Grundlage des geltenden Rechts ein. Bedingt durch das Fehlen eines liquidationsspezifischen Kapitalerhaltungsgebots kann jedoch im Unterschied zur Rechtslage bei der GmbH auch im Liquidationsstadium für die Annahme eines existenzvernichtenden Eingriffs in das Gesellschaftsvermögen nicht auf die Voraussetzung der Insolvenzverursachung bzw. -vertiefung verzichtet werden.

6. In rechtspolitischer Hinsicht ist der Gläubigerschutz bei den atypischen Personenhandelsgesellschaften noch ungenügend. Das Fehlen insolvenzunabhängiger Beschränkungen von Vermögensverlagerungen auf die Gesellschafter erscheint in Anbetracht des Kapitalschutzkonzepts bei Kapitalgesellschaften sowohl mit Blick auf die werbende als auch die sich in Liquidation befindliche atypische Personenhandelsgesellschaft willkürlich. Überdies ist die Handhabung des Kapitalschutzes bei atypischen Personenhandelsgesellschaften nach der aktuellen Rechtslage von einer nicht unerheblichen Rechtsunsicherheit und Komplexität geprägt.

7. Orientiert am Kapitalschutzkonzept für die GmbH kommt zunächst in Betracht, auch für atypische Personenhandelsgesellschaften gesetzlich ein Mindestkapital vorzuschreiben und dessen Aufbringung und Erhaltung durch flankierende Regelungen vor Vermögensverlagerungen auf die Gesellschafter zu sichern. Ein auch für die Umsetzung am GmbH-Modell orientierter Ansatz scheitert jedoch schon hinsichtlich einer präventiven Kapitalaufbringungskontrolle. Hingegen lässt sich ein auf der gesetzlichen Vorgabe eines Mindestkapitals aufbauendes Konzept für atypische Personenhandelsgesellschaften mittels einer Verlagerung der Prüfung von Kapitalaufbringung und -erhaltung auf den Streitfall sowie einer gesamtschuldnerischen Haftung der Gesellschafter in Höhe eines etwaigen Fehlbetrags funktionsfähig umsetzen. Das Ziel einer insolvenzunabhängigen Begrenzung von Vermögensverschiebungen zugunsten der Gesellschafter wird auf diese Weise allerdings nicht erreicht.

8. Der Kapitalschutz bei atypischen Personenhandelsgesellschaften kann *de lege ferenda* jedoch mittels eines an § 30 Abs. 1 GmbHG orientierten Auszahlungsverbots um eine prinzipiell insolvenzunabhängige Begrenzung von Vermögensverschiebungen auf die Gesellschafter ergänzt werden. Aufgegriffen wird damit ein im Schrifttum – entgegen in

dieser Arbeit vertretenen Auffassung – bereits *de lege lata* befürworteter Ansatz. Verboten wären demnach auf dem Gesellschaftsverhältnis beruhende Vermögenszuwendungen an die Gesellschafter, die zulasten des zur Deckung der Verbindlichkeiten erforderlichen Vermögens oder bei bereits bestehender Überschuldung erfolgen. Maßstab für die Prüfung, ob eine – im weiten Sinne verstandene – Auszahlung gegen dieses Verbot verstößt, wäre im Wesentlichen eine nach handelsbilanziellen Grundsätzen aufgestellte Bilanz. Adressaten des Auszahlungsverbots wären im Einklang mit den Regelungen für die Insolvenzantragspflicht und die Zahlungsverbote diejenigen natürlichen Personen, die unmittelbar oder mittelbar als organschaftliche Vertreter der zur Vertretung berechtigten Gesellschafter der atypischen Personenhandelsgesellschaft fungieren. Deren Haftung wegen eines Verstoßes gegen das Auszahlungsverbot wäre nach dem Vorbild von § 43 Abs. 3 GmbHG zu konstruieren. Daneben bestünde eine an § 31 Abs. 1 GmbHG angelehnte Erstattungspflicht des unter Verstoß gegen das Auszahlungsverbot begünstigten Gesellschafters. Hingegen ist eine an § 31 Abs. 3 GmbHG orientierte Ausfallhaftung der Mitgesellschafter schon aus konzeptionellen Gründen abzulehnen.

9. Im Vergleich zum Kapitalschutz für die GmbH bestehenden Unzulänglichkeiten eines an der Grenze zur bilanziellen Überschuldung ansetzenden Auszahlungsverbots kann in systemkonsistenter Weise begegnet werden. Aufbauend auf einem Vorschlag von *Habersack* kommt zum einen in Betracht, das Auszahlungsverbot spezifisch für die atypische KG um einen Mindestbetrag aggregierter Haftsummen zu ergänzen. Auf diese Weise kann der Kapitalschutz in funktionaler Hinsicht um eine dem Mindeststammkapital der GmbH vergleichbare Mindestrisikobeteiligung der Kommanditisten erweitert werden. Geeignet ist zum anderen eine am UG-Modell orientierte, der Höhe nach jedoch begrenzte Thesaurierungspflicht. Dadurch würde das Auszahlungsverbot um einen Puffer im Vorfeld der bilanziellen Überschuldung ergänzt. Indem Vermögensverlagerungen zugunsten der Gesellschafter im Vergleich zum schlichten Auszahlungsverbot stärker beschränkt wären, kann einer durch Eingriffe der Gesellschafter verursachten Insolvenz auf diese Weise jedenfalls theoretisch vorgebeugt werden.
   Für eine Ergänzung eines an der Grenze zur bilanziellen Überschuldung ansetzenden Auszahlungsverbots um eine an § 5a Abs. 3 GmbHG orientierte Thesaurierungspflicht sprechen letztlich mehrere Argumente. Namentlich besticht ein um die Bindung einer gesetzlichen Rück-

lage ergänztes Auszahlungsverbot dadurch, dass es bei Erreichen der Obergrenze der Thesaurierungspflicht für die Zulässigkeit von Auszahlungen über die Schuldendeckungsfähigkeit des Gesellschaftsvermögens hinaus der Deckung eines als Eigenkapital verbuchten Postens in Höhe von mindestens 25.000 € bedürfte. Insoweit entspräche dies im Ergebnis dem Auszahlungsverbot des § 30 Abs. 1 GmbHG.

10. Für einen liquidationsspezifischen Kapitalschutz kann auf die von *K. Schmidt* begründete und inzwischen herrschende Lehre aufgebaut werden, wonach § 73 GmbHG analog im Rahmen der Liquidation einer GmbH & Co. KG anwendbar sei. Mittels einer im Wesentlichen dem § 73 GmbHG entsprechenden Sperrjahresregelung lässt sich der Kapitalschutz für die sich in Liquidation befindliche atypische Personenhandelsgesellschaft auch um eine insolvenzunabhängige Begrenzung von Vermögensverschiebungen auf Gesellschafter ergänzen. Auf Grundlage eines derartigen Auszahlungsverbots käme eine Nachtragsliquidation allein wegen Verbindlichkeiten der Gesellschaft, die erst infolge einer ordnungsgemäßen Vermögensverteilung bekannt werden, von vornherein nicht in Betracht. Schließlich würde mit der Einführung von Regelungen auf Ebene der atypischen Personenhandelsgesellschaften eine erhebliche Vereinfachung für den Rechtsanwender einhergehen.

Literaturverzeichnis

Altmeppen, Holger: Anwendung deutschen Gläubigerschutzrechts auf die EU-Scheinauslandsgesellschaft, Auswirkungen des Kornhaas-Urteils des EuGH, in: IWRZ 2017, S. 107–115

– Das neue Recht der Gesellschafterdarlehen in der Praxis, in: NJW 2008, S. 3601–3607

– Gesetz betreffend die Gesellschaften mit beschränkter Haftung, Kommentar, 10. Auflage, München 2021 (zitiert: *Altmeppen*, GmbHG)

– Insolvenzverschleppungshaftung Stand 2001, in: ZIP 2001, S. 2201–2211

– Schutz vor „europäischen" Kapitalgesellschaften, in: NJW 2004, S. 97–104

Altmeppen, Holger / Wilhelm, Jan: Gegen die Hysterie um die Niederlassungsfreiheit der Scheinauslandsgesellschaften, in: DB 2004, S. 1083–1089

– Quotenschaden, Individualschaden und Klagebefugnis bei der Verschleppung des Insolvenzverfahrens über das Vermögen der GmbH, in: NJW 1999, S. 673–681

Arbeitskreis GmbH-Reform (*Hueck, Götz / Lutter, Marcus / Mertens, Hans-Joachim / Rehbinder, Eckard / Ulmer, Peter / Wiedemann, Herbert / Zöllner, Wolfgang*): Die Handelsgesellschaft auf Einlagen – eine Alternative zur GmbH & Co. KG –, Heidelberg 1971 (zitiert: Arbeitskreis GmbH-Reform, Handelsgesellschaft auf Einlagen)

Bachmann, Gregor: Zum Entwurf eines Gesetzes zur Modernisierung des Personengesellschaftsrechts (MoPeG), in: NZG 2020, S. 612–619

Bamberger, Heinz Georg / Roth, Herbert / Hau, Wolfgang / Poseck, Roman (Hrsg.): Bürgerliches Gesetzbuch, Kommentar, Band 1: §§ 1–480, 4. Auflage, München 2019 (zitiert: *Bearbeiter*, in: BRHP)

Bartlitz, David: Die Haftung des Kommanditisten auf der Grundlage kapitalgesellschaftsrechtlicher Prinzipien, Tübingen 2016

Baumbach, Adolf (Begr.): Gesetz betreffend die Gesellschaften mit beschränkter Haftung, 22. Auflage, München 2019 (zitiert: *Bearbeiter*, in: Baumbach/Hueck, 22. Aufl.)

– Gesetz betreffend die Gesellschaften mit beschränkter Haftung, 21. Auflage, München 2017 (zitiert: *Bearbeiter*, in: Baumbach/Hueck, 21. Aufl.)

Beck'scher Bilanz-Kommentar, Handels- und Steuerbilanz, §§ 238 bis 339, 342 bis 342e HGB, herausgegeben von Bernd Grottel u.a., 12. Auflage, München 2020 (zitiert: *Bearbeiter*, in: Beck BilKomm, [Gesetz])

Behrens, Peter: Gemeinschaftsrechtliche Grenzen der Anwendung inländischen Gesellschaftsrechts auf Auslandsgesellschaften nach Inspire Art, in: IPRax 2004, S. 20–26

Berg, Hans-Georg: Rechtsdogmatische Fragen zu § 30 I GmbHG, Berlin 1995

Binz, Mark K. / Mayer, Gerd: Die ausländische Kapitalgesellschaft & Co. KG im Aufwind?, Konsequenzen aus dem „Überseering“-Urteil des EuGH v. 5.11.2002 – Rs. C-208/00, GmbHR 2002, 1137, in: GmbHR 2003, S. 249–257

Binz, Mark K. / Sorg, Martin H.: Die GmbH & Co. KG im Gesellschafts- und Steuerrecht. Handbuch für Familienunternehmen, 12. Auflage, München 2018 (zitiert: *Binz/Sorg*, GmbH & Co. KG)

Bitter, Georg: Flurschäden im Gläubigerschutzrecht durch „Centros & Co.“? – Eine Zwischenbilanz –, in: WM 2004, S. 2190–2200

– Neues Zahlungsverbot in § 15b InsO-E und Streichung des § 64 GmbHG, Überraschender Fortschritt im Regierungsentwurf eines SanInsFoG, in: GmbHR 2020, S. 1157–1160

Bitter, Bernhard / Grashoff, Dietrich: Anwendungsprobleme des Kapitalgesellschaften- und Co-Richtlinie-Gesetzes, in: DB 2000, S. 833–839

Bork, Reinhard: Abschaffung des Eigenkapitalersatzrechts zugunsten des Insolvenzrechts?, in: ZGR 2007, S. 250–270

Bork, Reinhard / Schäfer, Carsten (Hrsg.): GmbHG, Kommentar zum GmbHG, 4. Auflage, Köln 2019 (zitiert: *Bearbeiter*, in: Bork/Schäfer)

Danzeglocke, Michael / Fischer, Jannis: Sperrjahr und Ausschüttungssperre bei Liquidation der GmbH & Co. KG?, in: NZG 2019, S. 886–890

Duys, Oliver: Auslands-Kapitalgesellschaft & Co KG, Systemimmanente Grenzen – Europarechtliche Einflüsse, Regensburg 2001 (zitiert: *Duys*, Auslands-Kapitalgesellschaft & Co. KG)

Ebenroth, Carsten Thomas / Boujong, Karlheinz / Joost, Detlev (Begr.): Handelsgesetzbuch, herausgegeben von Detlev Joost und Lutz Strohn, Band 1: §§ 1–342e, 4. Auflage, München 2020 (zitiert: *Bearbeiter*, in: EBJS)

Eidenmüller, Horst (Hrsg.): Ausländische Kapitalgesellschaften im deutschen Recht, München 2004 (zitiert: *Bearbeiter*, in: Eidenmüller, Ausländische Kapitalgesellschaften)

Eidenmüller, Horst / Engert, Andreas: Rechtsökonomik des Mindestkapitals im GmbH-Recht, in: GmbHR 2005, S. 433–438

Engert, Andreas: Kreditgewährung an GmbH-Gesellschafter und bilanzorientierter Kapitalschutz, Ökonomische Begründbarkeit der BGH-Rechtsprechung und Zukunft des Cash-Pooling, in: BB 2005, S. 1951–1958

Eusani, Guido: Das neue Deckungsgebot und Leistungen causa societatis nach § 30 Abs. 1 GmbHG, in: GmbHR 2009, S. 512–518

Fastrich, Lorenz: Erste Erfahrungen mit der UG (haftungsbeschränkt), in: Gesellschaftsrecht in der Diskussion 2010, herausgegeben von Gesellschaftsrechtliche Vereinigung, Köln 2011, S. 119–155

Fedke, Tibor: GmbH & Co. KG: Kommanditistenhaftung im Spannungsfeld zwischen Anteilsübertragung und Haftsummenherabsetzung, in: GmbHR 2013, S. 180–183

– Konzerninnenfinanzierung nach dem MoMiG in insolvenznahen Szenarien, in: NZG 2009, S. 928–932

Fischer, Michael: Die Verlagerung des Gläubigerschutzes vom Gesellschafts- in das Insolvenzrecht nach „Inspire Art", in: ZIP 2004, S. 1477–1486

Fleischer, Holger: Kapitalschutz und Durchgriffshaftung bei Auslandsgesellschaften, in: Europäische Auslandsgesellschaften in Deutschland, Mit Rechts- und Steuerfragen des Wegzugs deutscher Gesellschaften, herausgegeben von Marcus Lutter, Köln 2005, S. 49–129 (zitiert: *Fleischer*, in: Europäische Auslandsgesellschaften)

– Leitbildwandel im Recht der BGB-Gesellschaft – Ein erster Rundgang durch den Mauracher Entwurf zur Modernisierung des Personengesellschaftsrecht –, in: DB 2020, S. 1107–1114

Fleischer, Holger / Wansleben, Till: Die GmbH & Co. KG als kautelarjuristische Erfolgsgeschichte – BayObLG vom16.2.1912 „Portlandzementfabrik, Stein- und Kalkwerk August M., GmbH & Co. KG" –, in: GmbHR 2017, S. 169–180

Gätsch, Andreas: Ausfallhaftung von Mitgesellschaftern für rückständige Einlagen und verbotswidrige Ausschüttungen – Summenmäßige Beschränkung?, in: BB 1999, S. 701–706

Gehrlein, Markus: Der aktuelle Stand des neuen GmbH-Rechts, in: Der Konzern 2007, S. 771–796

Goette, Wulf: Zur systematischen Einordnung des § 64 Abs. 2 GmbHG, in: ZInsO 2005, S. 1–5

Greulich, Sven / Bunnemann, Jan: Geschäftsführerhaftung für zur Zahlungsunfähigkeit führende Zahlungen an die Gesellschafter nach § 64 II 3 GmbHG-RefE – Solvenztest im deutschen Recht?, in: NZG 2006, S. 681–687

Grigoleit, Hans Christoph (Hrsg.): Aktiengesetz, Kommentar, 2. Auflage, München 2020 (zitiert: *Bearbeiter*, in: Grigoleit AktG)

Grunewald, Barbara: Die Zwangseinziehung von GmbH-Geschäftsanteilen – Welche Neuerungen bringt die Entscheidung des BGH vom 24.1.2012? –, in: GmbHR 2012, S. 769–772

Habersack, Mathias: Das neue Gesetz zur Beschränkung der Haftung Minderjähriger, in: FamRZ 1999, S. 1–7

– Elf Jahre neues Recht der Gesellschafterdarlehen: Zwischenevaluation und Verprobung am Beispiel der Wandelanleihe, in: Recht und Gesetz, Festschrift für Ulrich Seibert zum 65. Geburtstag, herausgegeben von Alfred Bergmann, Michael Hoffmann-Becking und Ulrich Noack, Köln 2019, S. 257–272 (zitiert: *Habersack*, in: FS Seibert)

– Gesellschafterdarlehen nach MoMiG: Anwendungsbereich, Tatbestand und Rechtsfolgen der Neuregelung, in: ZIP 2007, S. 2145–2153

– Modernisierung des Personengesellschaftsrechts – aber wie?, in: ZGR 2020, S. 539–568

– Trihotel – Das Ende der Debatte?, Überlegungen zur Haftung für schädigende Einflussnahme im Aktien- und GmbH-Recht, in: ZGR 2008, S. 533–559

Habersack, Mathias / Casper, Matthias / Löbbe, Marc (Hrsg.): Gesetz betreffend die Gesellschaften mit beschränkter Haftung (GmbHG), Großkommentar (zitiert: *Bearbeiter*, in: Habersack/Casper/Löbbe)

– Band I: Einleitung, §§ 1–28, 3. Auflage, Tübingen 2019

– Band II: §§ 29–52, 3. Auflage, Tübingen 2020

– Band III: §§ 53–88 (sowie EGGmbHG), 3. Auflage, Tübingen 2021

Habersack, Mathias / Foerster, Max: Austauschgeschäfte der insolvenzreifen Gesellschaft – Zur Reichweite der Zahlungsverbote und zu den Folgen verbotener Zahlungen –, in: ZHR 178 (2014), S. 387–418

Habersack, Mathias / Schäfer, Carsten: Das Recht der OHG, Kommentierung der §§ 105 bis 160 HGB, 2. Auflage, Berlin/Boston 2019 (zitiert: *Bearbeiter*, in: Habersack/Schäfer)

Habersack, Mathias / Verse, Dirk A.: Europäisches Gesellschaftsrecht, Einführung für Studium und Praxis, 5. Auflage, München 2019

Heckschen, Heribert: Gründungserleichterungen nach dem MoMiG – Zweifelsfragen in der Praxis, in: DStR 2009, S. 166–174

Heeg, Volker: Die UG (haftungsbeschränkt) & Co. KG als (weiteres) hybrides Rechtsgebilde im deutschen Gesellschaftsrecht, in: DB 2009, S. 719–722

Hennrichs, Joachim: Kapitalschutz bei GmbH, UG (haftungsbeschränkt) und SPE, in: NZG 2009, S. 921–928

Henssler, Martin: Personengesellschaften mit beschränkter Haftung – Reformbedarf und Gestaltungsmöglichkeiten, in: Festschrift für Karsten Schmidt zum 80. Geburtstag, herausgegeben von Katharina Boele-Woelki u.a., Band I, München 2019 (zitiert: *Henssler*, in: FS K. Schmidt I)

Henssler, Martin / Strohn, Lutz (Hrsg.): Gesellschaftsrecht, 5. Auflage, München 2021 (zitiert: *Bearbeiter*, in: Henssler/Strohn, [Gesetz])

Heymann, Ernst (Begr.): Handelsgesetzbuch, Großkommentar, herausgegeben von Norbert Horn u.a., Band 2: §§ 105–237, 3. Auflage, Berlin/Boston 2019 (zitiert: *Bearbeiter*, in: Heymann)

Hirschfeld, Sven: Die niederländische „bv“ nach dem Gesetz zur Vereinfachung und Flexibilisierung des bv-Rechts (flex-bv), in: RIW 2013, S. 134–142

Hirte, Heribert: Die Unternehmergesellschaft (UG) nach dem Gesetz zur Modernisierung des GmbH-Rechts und zur Bekämpfung von Missbräuchen (MoMiG), in: ZInsO 2008, S. 933–937

Hirte, Heribert / Mülbert, Peter O. / Roth, Markus (Hrsg.): AktG, Aktiengesetz, Großkommentar, Band 2/1: §§ 23–40, 5. Auflage, Berlin/Boston 2016 (zitiert: *Bearbeiter*, in: Hirte/Mülbert/Roth, Großkomm AktG)

Hirte, Heribert / Vallender, Heinz (Hrsg.): Insolvenzordnung, Kommentar, Band 1, 15. Auflage, München 2019 (zitiert: *Bearbeiter*, in: Hirte/Vallender)

Höfer, Carl: „Flex-GmbH“ statt UG – Eine attraktive Schwester für die alte GmbH!, Vorschläge für eine weitergehende Modernisierung des Rechts der geschlossenen Kapitalgesellschaft, Köln 2015 (zitiert: *Höfer*, Flex-GmbH)

Höhne, Thorsten: Die Ltd. & Co. KG, Gesellschaftsrechtliche und kollisionsrechtliche Aspekte der Beteiligung einer englischen Limited als Komplementärin einer deutschen Kommanditgesellschaft, Berlin 2011 (zitiert: *Höhne*, Ltd. & Co. KG)

Hoffmann, Wolf-Dieter: Eigenkapitalausweis und Ergebnisverteilung bei Personenhandelsgesellschaften nach Maßgabe des KapCoRiLiG, in: DStR 2000, S. 837–844

Hopt, Klaus J.: Handelsgesetzbuch, 41. Auflage, München 2022 (zitiert: *Bearbeiter*, in: Hopt)

Huber, Ulrich: Finanzierungsfolgenverantwortung de lege lata und de lege ferenda, in: Festschrift für Hans-Joachim Priester zum 70. Geburtstag, herausgegeben von Peter Hommelhoff, Peter Rawert und Karsten Schmidt, Köln 2007, S. 259–283 (zitiert: *Huber*, in: FS Priester)

– Gesellschafterdarlehen im GmbH- und Insolvenzrecht nach der MoMiG-Reform, in: Liber Amicorum für Martin Winter, herausgegeben von Michael Hoffmann-Becking, Uwe Hüffer und Jochem Reichert, Köln 2011, S. 261–278 (zitiert: *Huber*, in: Liber Amicorum Winter)

– Gesellschafterdarlehen in der Inlandsinsolvenz von Auslandsgesellschaften, in: Europäische Auslandsgesellschaften in Deutschland, Mit Rechts- und Steuerfragen des Wegzugs deutscher Gesellschaften, herausgegeben von Marcus Lutter, Köln 2005, S. 131–221 (zitiert: *Huber*, in: Europäische Auslandsgesellschaften)

– Gesellschafterkonten in der Personengesellschaft, in: ZGR 1988, S. 1–103

Huber, Ulrich / Habersack, Mathias: GmbH-Reform: Zwölf Thesen zu einer möglichen Reform des Rechts der kapitalersetzenden Gesellschafterdarlehen, in: BB 2006, S. 1–7

– Zur Reform des Rechts der kapitalersetzenden Gesellschafterdarlehen, in: Das Kapital der Aktiengesellschaft in Europa, ZGR-Sonderheft 17, herausgegeben von Marcus Lutter, Berlin 2006, S. 370–433 (zitiert: *Huber/Habersack*, in: Kapital der Aktiengesellschaft)

Hunscha, Axel: Die Anwendung der §§ 30 Abs. 1, 31 GmbHG auf Zahlungen der GmbH & Co. KG an ihre Kommanditisten, in: GmbHR 1973, S. 257–263

Immenga, Ulrich: Besprechung der Entscheidung BGHZ 60, 324, in: ZGR 1975, S. 487–492

Joost, Detlev: Unternehmergesellschaft, Unterbilanz und Verlustanzeige, in: ZIP 2007, S. 2242–2248

Karollus, Martin: Gedanken zum Kapitalschutz bei der GmbH & Co. KG, in: Festschrift für Bruno Kropff, Aktien- und Bilanzrecht, herausgegeben von Karl-Heinz Forster u.a., Düsseldorf 1997, S. 669–680 (zitiert: *Karollus*, in: FS Kropff)

Kindler, Peter: Internationales Gesellschaftsrecht 2009: MoMiG, Trabrennbahn, Cartesio und die Folgen, in: IPRax 2009, S. 189–202

Klöhn, Lars / Schaper, Martin: Grenzüberschreitende Kombination von Gesellschaftsformen und Niederlassungsfreiheit; Insolvenzverschleppungshaftung, Zahlungsverbot und Kapitalerhaltungsrecht in der Ltd. & Co. KG, in: ZIP 2013, S. 49–56

Koch, Jens: Aktiengesetz, 16. Auflage, München 2022 (zitiert: *Koch*, AktG)

Kock, Stephan / Vater, Nicole / Mraz, Andreas: Die Zulässigkeit einer UG (haftungsbeschränkt) & Co. KG auch bei Gewinnausschluss zulasten der Komplementärin, in: BB 2009, S. 848–851

Kölbl, Angela: Anmerkung zu BGH, Urteil vom 9.2.2009 – II ZR 292/07, in: BB 2009, S. 1040–1041

Koller, Ingo / Kindler, Peter / Roth, Wulf-Henning / Drüen, Klaus-Dieter: Handelsgesetzbuch, Kommentar, 9. Auflage, München 2019 (zitiert: *Bearbeiter*, in: KKRD)

Krafka, Alexander: Zwischenruf zur Zwischenverfügung in Registersachen, in: NZG 2019, S. 9–11

Kropff, Bruno: Nettoausweis des Gezeichneten Kapitals und Kapitalschutz, in: ZIP 2009, S. 1137–1145

Kuhn, Georg: Haftungsprobleme bei der GmbH & Co, in: Ehrengabe für Bruno Heusinger, herausgegeben von Roderich Glanzmann, München 1968, S. 203–216 (zitiert: *Kuhn*, in: Ehrengabe Heusinger)

Lieder, Jan: Die neue Existenzvernichtungshaftung; Zugleich Besprechung der Urteile des BGH vom 7.1.2008 – II ZR 314/05 und vom 13.12.2007 – IX ZR 116/06, in: DZWIR 2008, S. 145–150

Lutter, Marcus: Fehler schaffen neue Fehler – Gegen die Divergenztheorie bei § 5 Abs. 3 und § 34 GmbHG –, in: GmbHR 2010, S. 1177–1180

Lutter, Marcus / Hommelhoff, Peter: GmbH-Gesetz, Kommentar, 20. Auflage, Köln 2020 (zitiert: *Bearbeiter*, in: Lutter/Hommelhoff)

– Nachrangiges Haftkapital und Unterkapitalisierung in der GmbH, in: ZGR 1979, S. 31–66

Mankowski, Peter: Insolvenzrecht gegen Gesellschaftsrecht 2:0 im europäischen Spiel um § 64 GmbHG, Anmerkung zu EuGH, NZG 2016, 115 – Kornhaas, in: NZG 2016, S. 281–286

Michalski, Lutz (Begr.): Kommentar zum Gesetz mit beschränkter Haftung (GmbH-Gesetz), herausgegeben von Andreas Heidinger, Stefan Leible und Jessica Schmidt (zitiert: *Bearbeiter*, in: MHLS)

– Band I: Systematische Darstellungen, §§ 1–34, 3. Auflage, München 2017

– Band II: §§ 35–88, EGGmbHG, 3. Auflage, München 2017

Mülbert, Peter O.: Zukunft der Kapitalaufbringung/Kapitalerhaltung, in: Der Konzern 2004, S. 151–161

Müller, Hans-Friedrich: Die gesetzliche Rücklage bei der Unternehmergesellschaft, in: ZGR 2012, S. 81–112

– Massekürzung und Massezufluss im Regime der Zahlungsverbote, in: DB 2015, S. 723–728

Mueller-Thuns, Thomas (Hrsg.): Handbuch GmbH & Co. KG; Gesellschaftsrecht, Steuerrecht, 22. Auflage, Köln 2020 (zitiert: *Bearbeiter*, in: Mueller/Thuns, Hdb GmbH & Co. KG)

– Handbuch GmbH & Co. KG; Gesellschaftsrecht, Steuerrecht, 20. Auflage, Köln 2009 (zitiert: *Bearbeiter*, in: Mueller/Thuns, Hdb GmbH & Co. KG, 20. Aufl.)

Münchener Handbuch des Gesellschaftsrechts, Band 2: Kommanditgesellschaft, GmbH & Co. KG, Publikums-KG, Stille Gesellschaft, herausgegeben von Hans Gummert und Lutz Weipert, 5. Auflage, München 2019 (zitiert: *Bearbeiter*, in: MHdb GesR II)

Münchener Kommentar zum Aktiengesetz, herausgegeben von Wulf Goette und Mathias Habersack (zitiert: *Bearbeiter*, in: MüKo AktG)

- Band 1: §§ 1–75, 5. Auflage, München 2019
- Band 2: §§ 76–117, MitbestG, DrittelbG, 5. Auflage, München 2019
- Band 7: Europäisches Aktienrecht, SE-VO, SEBG, Europäische Niederlassungsfreiheit, 5. Auflage, München 2021

Münchener Kommentar zum Anfechtungsgesetz, herausgegeben von Hans-Peter Kirchhof, München 2012 (zitiert: *Kirchhof*, in: MüKo AnfG)

Münchener Kommentar zum Bürgerlichen Gesetzbuch, herausgegeben von Franz Jürgen Säcker u.a. (zitiert: *Bearbeiter*, in: MüKo BGB)

- Band 1: Allgemeiner Teil, §§ 1–240, AllgPersönlR, ProstG, AGG, 9. Auflage, München 2021
- Band 7: §§ 705–853, Partnerschaftsgesellschaftsgesetz, Produkthaftungsgesetz, 8. Auflage, München 2020
- Band 13: Internationales Privatrecht II, Internationales Wirtschaftsrecht, Einführungsgesetz zum Bürgerlichen Gesetzbuche (Art. 50–253), 8. Auflage, München 2021 (zitiert: *Kindler*, in: MüKo BGB, IntGesR)

Münchener Kommentar zum FamFG, Gesetz über das Verfahren in Familiensachen und in den Angelegenheiten der freiwilligen Gerichtsbarkeit (FamFG) mit Internationalem und Europäischem Zivilverfahrensrecht in Familiensachen (IZVR, EuZVR), herausgegeben von Thomas Rauscher, Band 2: §§ 271–493, Internationales und Europäisches Zivilverfahrensrecht in Familiensachen, 3. Auflage, München 2019 (zitiert: *Bearbeiter*, in: MüKo FamFG)

Münchener Kommentar zum Gesetz betreffend die Gesellschaften mit beschränkter Haftung, herausgegeben von Holger Fleischer und Wulf Goette (zitiert: *Bearbeiter*, in: MüKo GmbHG)

- Band 1: §§ 1–34, 4. Auflage, München 2022
- Band 2: §§ 35–52, 3. Auflage, München 2019
- Band 3: §§ 53–88, 3. Auflage, München 2018

Münchener Kommentar zum Handelsgesetzbuch, herausgegeben von Karsten Schmidt und Werner F. Ebke (zitiert: *Bearbeiter*, in: MüKo HGB)

- Band 2: §§ 105–160, 4. Auflage, München 2016
- Band 3: §§ 161–237, 4. Auflage, München 2019
- Band 4: §§ 238–342e, 4. Auflage, München 2020

Münchener Kommentar zur Insolvenzordnung, herausgegeben von Rolf Stürner, Horst Eidenmüller und Heinrich Schoppmeyer (zitiert: *Bearbeiter*, in: MüKo InsO)

- Band 1: §§ 1–79, Insolvenzrechtliche Vergütungsverordnung (IVV), 4. Auflage, München 2019

– Band 2: §§ 80–216, 4. Auflage, München 2019

Noack, Ulrich: Der Regierungsentwurf des MoMiG – Die Reform des GmbH-Rechts geht in die Endrunde, in: DB 2007, S. 1395–1400

Noack, Ulrich / Servatius, Wolfgang / Haas, Ulrich: Gesetz betreffend die Gesellschaften mit beschränkter Haftung, 23. Auflage, München 2022 (zitiert: *Bearbeiter*, in: Noack/Servatius/Haas)

Oetker, Hartmut (Hrsg.): Handelsgesetzbuch, Kommentar, 7. Auflage, München 2021 (zitiert: *Bearbeiter*, in: Oetker)

Oppenländer, Frank / Trölitzsch, Thomas (Hrsg.): Praxishandbuch der GmbH-Geschäftsführung, 3. Auflage, München 2020 (zitiert: *Bearbeiter*, in: Oppenländer/Trölitzsch, Hdb GmbH-Geschäftsführung)

Osterloh-Konrad, Christine: Abkehr vom Durchgriff: Die Existenzvernichtungshaftung des GmbH-Gesellschafters nach „Trihotel", in: ZHR 172 (2008), S. 274–305

Paefgen, Walter G.: Existenzvernichtungshaftung nach Gesellschaftsdeliktsrecht – Besprechung des BGH-Urteils vom 16.7.2007 – II ZR 3/04, DB 2007 S. 1802 –, in: DB 2007, S. 1907–1912

Pentz, Andreas: Zum neuen Recht der Gesellschafterdarlehen, in: Festschrift für Uwe Hüffer zum 70. Geburtstag, herausgegeben von Peter Kindler u.a., München 2010, S. 747–775 (zitiert: *Pentz*, in: FS Hüffer)

Pöschke, Moritz / Steenbreker, Thomas: Kapitalerhaltung in der GmbH & Co. KG, in: NZG 2015, S. 614–619

Priester, Hans-Joachim: Anteilsnennwert und Anteilsneubildung nach Einziehung von Geschäftsanteilen, Zum System der Mitgliedstellen in der GmbH, in: Festschrift für Alfred Kellermann zum 70. Geburtstag am 29. November 1990, herausgegeben von Reinhard Goerdeler u.a., Berlin/New York 1991, S. 337–360 (zitiert: *Priester*, in: FS Kellermann)

– Kapitalbildung bei der UG (haftungsbeschränkt) – einer GmbH mit ernst zu nehmenden Sonderregeln –, in: Festschrift für Günter H. Roth zum 70. Geburtstag, herausgegeben von Holger Altmeppen, Hanns Fitz und Heinrich Honsell, München 2011, S. 573–584 (zitiert: *Priester*, in: FS Roth)

Reichert, Jochem (Hrsg.): GmbH & Co. KG, 8. Auflage, München 2021

Reiff, Peter / Arnold, Arnd: Unbeschränkte Konkursverschleppungshaftung des Geschäftsführers einer GmbH auch gegenüber gesetzlichen Neugläubigern?, in: ZIP 1998, S. 1893–1899

Riegger, Bodo: Zur Haftung des Kommanditisten vor der Eintragung ins Handelsregister, in: BB 1979, S. 1380–1382

Röder, Erik: Die Personengesellschaft mit beschränkter Haftung: Eine Lücke im deutschen Gesellschaftsrecht, in: ZHR 184 (2020), S. 457–506

Röhricht, Volker: Die GmbH im Spannungsfeld zwischen wirtschaftlicher Dispositionsfreiheit ihrer Gesellschafter und Gläubigerschutz, in: Festschrift aus Anlaß des fünfzigjährigen Bestehens von Bundesgerichtshof, Bundesanwaltschaft und Rechtsanwaltschaft beim Bundesgerichtshof, herausgegeben von Karlmann Geiß u.a., Köln u.a. 2000, S. 83–122 (zitiert: *Röhricht*, in: FS 50 Jahre BGH)

Röhricht, Volker / Graf von Westphalen, Friedrich / Haas, Ulrich (Hrsg.): Handelsgesetzbuch, Kommentar, 5. Auflage, Köln 2019 (zitiert: *Bearbeiter*, in: Röhricht/v. Westphalen/Haas)

Römermann, Volker: Die Unternehmergesellschaft – manchmal die bessere Variante der GmbH, Wider die vorurteilsbelastete Sicht einer neuen Gesellschaftsform, in: NJW 2010, S. 905–910

Roth, Dominic: Das Sperrjahr bei Liquidation der GmbH & Co. KG, in: GmbHR 2017, S. 901–907

Rowedder, Heinz (Begr.): Gesetz betreffend die Gesellschaften mit beschränkter Haftung, Kommentar, herausgegeben von Christian Schmidt-Leithoff, 6. Auflage, München 2017 (zitiert: *Bearbeiter*, in: Rowedder/Schmidt-Leithoff)

Rubner, Daniel: Liquidationsgesellschaft und Gesellschafterhaftung; Zugleich Besprechung des BGH-Urteils vom 9.2.2009, II ZR 292/07, „Sanitary“, in: DStR 2009, S. 1538–1544

Sawada, Tobias: Der Gläubigerschutz in der UG (haftungsbeschränkt) & Co. KG, Jena 2012 (zitiert: *Sawada*, UG (haftungsbeschränkt) & Co. KG)

Schäfer, Carsten: Rechtsprobleme bei Gründung und Durchführung einer Unternehmergesellschaft, in: ZIP 2011, S. 53–59

Schall, Alexander: Das Kornhaas-Urteil gibt grünes Licht für die Anwendung des § 64 GmbHG auf eine Limited mit Sitz in Deutschland – Alles klar dank EuGH!, Zugleich Besprechung EuGH v. 10.12.2015 – Rs C-594/14, ZIP 2015, 2468 – Kornhaas, in: ZIP 2016, S. 289–295

Schanze, Erich: Gesellschafterhaftung für unlautere Einflussnahme nach § 826 BGB: Die Trihotel-Doktrin des BGH, in: NZG 2007, S. 681–686

Schaper, Martin: Selektion und Kombination von Gesellschaftsformen im institutionellen Wettbewerb, Typenvermischung und hybride Rechtsformen im europäischen und US-amerikanischen Wettbewerb der Gesellschaftsrechte, Berlin 2012

Schilling, Wolfgang: Rechtspolitische Gedanken zur GmbH & Co, in: Recht und Rechtsleben in der sozialen Demokratie, Festgabe für Otto Kunze zum 65. Geburtstag, herausgegeben von Kurt Ballerstedt, Ernst Friesenhahn und Oswald v. Nell-Breuning, Berlin 1969, S. 189–207 (zitiert: *Schilling*, in: FG Kunze)

Schläfke, Henner: Vermögensbindung in der Kapitalgesellschaft & Co. KG als haftungsbeschränkter Personengesellschaft, Baden-Baden 2013 (zitiert: *Schläfke*, Vermögensbindung)

Schlichte, Johannes: Die Zulässigkeit der Ltd. & Co. KG, in: DB 2006, S. 87–92

– Existenzvernichtungshaftung in der Ltd. & Co. KG, in: DB 2006, S. 2672–2676

– Kapitalerhaltung in der Ltd. & Co. KG, in: DB 2006, S. 1357–1362

Schmidt, Karsten: Die Beschlußanfechtungsklage bei Vereinen und Personengesellschaften, Ein Beitrag zur Institutionenbildung im Gesellschaftsrecht, in: Festschrift für Walter Stimpel zum 68. Geburtstag am 29. November, herausgegeben von Marcus Lutter, Hans-Joachim Mertens und Peter Ulmer, Berlin/New York 1985, S. 217–243 (zitiert: *K. Schmidt*, in: FS Stimpel)

– Die GmbH & Co. – eine Zwischenbilanz, in: GmbHR 1984, S. 272–284

– Die Handels-Personengesellschaft in Liquidation, Ein neues Bild des Liquidationsrechts der Gesamthandsgesellschaften, in: ZHR 153 (1989), S. 270–299

– Die Personengesellschaft als Juristentagsthema – Zum Juristentagsgutachten von *Carsten Schäfer* –, in: ZHR 180 (2016), S. 411–421

– Frieden schließen mit § 162 Abs. 2 HGB! – Bemerkungen zum zehnten Geburtstag des NaStraG –, in: DB 2011, S. 1149–1156

– Gesellschafterdarlehen im GmbH- und Insolvenzrecht: Was hat sich geändert?, in: Liber Amicorum für Martin Winter, herausgegeben von Michael Hoffmann-Becking, Uwe Hüffer und Jochem Reichert, Köln 2011, S. 601–626 (zitiert: *K. Schmidt*, in: Liber Amicorum Winter)

– Gesellschaftsrecht, 4. Auflage, Köln u.a. 2002 (zitiert: *K. Schmidt*, GesR)

– (Hrsg.) Insolvenzordnung, InsO mit EuInsVO, 19. Auflage, München 2016 (zitiert: *Bearbeiter*, in: K. Schmidt InsO)

– Kapitalsicherung in der GmbH & Co. KG: Schlußbilanz oder Zwischenbilanz einer Rechtsfortbildung?, Eine Skizze mit Ausblicken auf die Auslandsgesellschaft & Co. sowie auf die Stiftung & Co. KG, in: GmbHR 1989, S. 141–145

– Summenmäßige Begrenzung der Ausfallhaftung nach § 31 Abs. 3 GmbHG, Eine Nachlese zu den Ausführungen in BB 1985, 154, in: BB 1995, S. 529–533

– Summenmäßige Grenzen der Haftung von Mitgesellschaftern aus rückständigen Einlagen (§ 24 GmbHG) und verbotenen Ausschüttungen (§ 31 Abs. 3 GmbHG), in: BB 1985, S. 154–158

– Vermeidung des Sperrjahres bei der Auskehrung von Gesellschaftsvermögen aus der Kapitalgesellschaft & Co., in: BB 2011, S. 707–711

– Vorfinanzierung der Liquidationsquote im Einklang mit dem Ausschüttungssperrjahr? – Die §§ 272 AktG, 73 GmbHG: Kapitalerhaltungsregeln oder Thesaurierungsgebote? –, in: DB 1994, S. 2013–2015

– Weg mit den „Zahlungsverboten" in Insolvenzverschleppungsfällen!, in: ZHR 175 (2011), S. 433–443

– Zur Gläubigersicherung im Liquidationsrecht der Kapitalgesellschaften, Genossenschaften und Vereine; Grundprobleme der §§ 73 GmbHG, 272 AktG, 90 GenG, 51 ff BGB, in: ZIP 1981, S. 1–9

Schön, Wolfgang: Die Zukunft der Kapitalaufbringung/-erhaltung, in: Der Konzern 2004, S. 162–170

Scholz, Franz (Begr.): Kommentar zum GmbH-Gesetz (zitiert: *Bearbeiter*, in: Scholz)

– Band I: §§ 1–34, 12. Auflage, Köln 2017

– Band III: §§ 53–87, 12. Auflage, Köln 2020

– Band III: §§ 53–85, 11. Auflage, Köln 2015 (zitiert: *Bearbeiter*, in: Scholz, 11. Aufl.)

Schwab, Martin: Die Neuauflage der Existenzvernichtungshaftung: Kein Ende der Debatte!, in: ZIP 2008, S. 341–350

Spindler, Gerald / Stilz, Eberhard (Hrsg.): Kommentar zum Aktiengesetz, Band 1: §§ 1–149, 5. Auflage, München 2022 (zitiert: *Bearbeiter*, in: Spindler/Stilz)

Ständige Deputation des Deutschen Juristentages (Hrsg.): Verhandlungen des 71. Deutschen Juristentages, Essen 2016, Band II/1: Sitzungsberichte – Referate und Beschlüsse, München 2017 (zitiert: [*Referent*, in:] Ständige Deputation DJT, Verhandlungen des 71. DJT, Band II/1)

– (Hrsg.) Verhandlungen des 71. Deutschen Juristentages, Essen 2016, Band II/2: Sitzungsberichte – Diskussion und Beschlussfassung, München 2017 (zitiert: *Diskussionsteilnehmer*, in: Ständige Deputation DJT, Verhandlungen des 71. DJT, Band II/2)

– (Hrsg.) Verhandlungen des sechsundsechzigsten deutschen Juristentages, Stuttgart 2006, Band I: Gutachten, Teil E, München 2006 (zitiert: *Haas*, in: Ständige Deputation DJT, Verhandlungen des 66. DJT, Band I)

Staub, Hermann (Begr.): Handelsgesetzbuch, Großkommentar, herausgegeben von Claus-Wilhelm Canaris, Mathias Habersack und Carsten Schäfer (zitiert: *Bearbeiter*, in: Staub)

– Band 3: §§ 105–160, 5. Auflage, Berlin 2009

– Band 4: §§ 161–236, 5. Auflage, Berlin/Boston 2015

– Band 5: §§ 238–289a, 5. Auflage, Berlin/Boston 2014

Stenzel, Igor: Die Pflicht zur Bildung einer gesetzlichen Rücklage bei der UG (haftungsbeschränkt) und die Folgen für die Wirksamkeit des Gesellschaftsvertrags einer UG (haftungsbeschränkt) & Co. KG, in: NZG 2009, S. 168–172

Stimpel, Walter: Aus der Rechtsprechung des II. Zivilsenats (Gesellschafts-, Wertpapier-, Bank- und Schiffahrtsrecht), in: 25 Jahre Bundesgerichtshof am 1. Oktober 1975, herausgegeben von Gerda Krüger-Nieland, München 1975, S. 13–31 (zitiert: *Stimpel*, in: 25 Jahre BGH)

Süß, Rembert / Wachter, Thomas (Hrsg.): Handbuch des internationalen GmbH-Rechts, 4. Auflage, Bonn 2022 (zitiert: *Bearbeiter*, in: Süß/Wachter, Hdb des internationalen GmbH-Rechts)

Tamm, Marina: Die Unternehmergesellschaft (haftungsbeschränkt) – Kapitalaufbringung und Gläubigerschutz –, in: MDR 2010, S. 1025–1030

Teichmann, Christoph: Die Auslandsgesellschaft & Co., in: ZGR 2014, S. 220–251

– Die GmbH im europäischen Wettbewerb der Rechtsformen, in: ZGR 2017, S. 543–582

Teichmann, Christoph / Knaier, Ralf: Auswirkungen des Brexit auf das Gesellschaftsrecht, in: EuZW-Sonderausgabe 1/2020, S. 14–20

Theile, Carsten: Ausweisfragen beim Jahresabschluß der GmbH & Co. KG nach neuem Recht, in: BB 2000, S. 555–560

Ulmer, Peter: Die Einziehung von GmbH-Anteilen – ein Opfer der MoMiG-Reform? – Zur seltsamen Wirkungsgeschichte einer überraschenden Aussage in der MoMiG-Regierungsbegründung –, in: DB 2010, S. 321–323

– Gesellschafterhaftung gegenüber der GmbH bei Vorteilsgewährung unter Verstoß gegen § 30 Abs. 1 GmbHG, in: Festschrift 100 Jahre GmbH-Gesetz, herausgegeben von Marcus Lutter, Peter Ulmer und Wolfgang Zöllner, Köln 1992, S. 363–389 (zitiert: *Ulmer*, in: FS 100 Jahre GmbHG)

– Gläubigerschutz bei Scheinauslandsgesellschaften; Zum Verhältnis zwischen gläubigerschützendem nationalem Gesellschafts-, Delikts- und Insolvenzrecht und der EG-Niederlassungsfreiheit, in: NJW 2004, S. 1201–1210

Ulmer, Peter / Habersack, Mathias / Löbbe, Marc (Hrsg.): Gesetz betreffend die Gesellschaften mit beschränkter Haftung (GmbHG), Großkommentar

– Band II: §§ 29–52, 1. Auflage, Tübingen 2006 (zitiert: *Bearbeiter*, in: Ulmer/Habersack/Löbbe, 1. Aufl.)

– Band III: §§ 53–88 (sowie EGGmbHG), 2. Auflage, Tübingen 2016 (zitiert: *Bearbeiter*, in: Ulmer/Habersack/Löbbe, 2. Aufl.)

Veil, Rüdiger: Die Unternehmergesellschaft im System der Kapitalgesellschaften, in: ZGR 2009, S. 623–643

– Die Unternehmergesellschaft nach dem Regierungsentwurf des MoMiG, Regelungsmodell und Praxistauglichkeit, in: GmbHR 2007, S. 1080–1086

Vetter, Jochen: Die neue dogmatische Grundlage des BGH zur Existenzvernichtungshaftung, in: BB 2007, S. 1965–1970

– Grundlinien der GmbH-Gesellschafterhaftung, in: ZGR 2005, S. 788–831

Weller, Marc-Philippe: Anmerkung zu BGH, Urteil vom 9.2.2009 – II ZR 292/07, in: LMK 2009, 284304

– Die Neuausrichtung der Existenzvernichtungshaftung durch den BGH und ihre Implikationen für die Praxis; Zugleich Besprechung BGH v. 16.7.2007 – II ZR 3/04, ZIP 2007, 1552 („Trihotel"), in: ZIP 2007, S. 1681–1689

– Europäische Rechtsformwahlfreiheit und Gesellschafterhaftung, Zur Anwendung der Existenzvernichtungshaftung auf Scheinauslandsgesellschaften nach „Überseering" und „Inspire Art", Köln u.a. 2004 (zitiert: *Weller*, Europäische Rechtsformwahlfreiheit)

Westermann, Harm Peter / Wertenbruch, Johannes (Hrsg.): Handbuch Personengesellschaften; Gesellschaftsrecht, Steuerrecht, Sozialversicherungsrecht, Verträge und Formulare, Köln, Stand Januar 2022 (82. Ergänzungslieferung) (zitiert: *Bearbeiter*, in: Westermann/Wertenbruch, Hdb PersG)

Wicke, Hartmut: Gesetz betreffend die Gesellschaften mit beschränkter Haftung (GmbHG), Kommentar, 4. Auflage, München 2020 (zitiert: *Wicke*, GmbHG)

Wiedemann, Herbert: Gesellschaftsrecht, Ein Lehrbuch des Unternehmens- und Verbandsrechts, Band I: Grundlagen, München 1980 (zitiert: *Wiedemann*, GesR I)

Zöllner, Wolfgang: Gläubigerschutz durch Gesellschafterhaftung bei der GmbH, in: Festschrift für Horst Konzen zum siebzigsten Geburtstag, herausgegeben von Barbara Dauner-Lieb u.a., Tübingen 2006, S. 999–1021 (zitiert: *Zöllner*, in: FS Konzen)

FSC
www.fsc.org
MIX
Papier | Fördert gute Waldnutzung
FSC® C083411

Kolibri 360 GmbH
Ferdinand-Jühlke-Straße 7
99095 Erfurt, Deutschland
produktsicherheit@kolibri360.de